权威·前沿·原创

皮书系列为
"十二五""十三五""十四五"时期国家重点出版物出版专项规划项目

B
BLUE BOOK

智 库 成 果 出 版 与 传 播 平 台

民宿蓝皮书

BLUE BOOK OF HOMESTAY

中国民宿发展报告（2022）

ANNUAL REPORT ON HOMESTAY IN CHINA (2022)

主　编／过聚荣　熊　颖
副主编／马　勇　王　晨　尤　劲　邹统钎

社会科学文献出版社
SOCIAL SCIENCES ACADEMIC PRESS（CHINA）

图书在版编目（CIP）数据

中国民宿发展报告 . 2022 / 过聚荣，熊颖主编 . --
北京：社会科学文献出版社，2023.3
（民宿蓝皮书）
ISBN 978-7-5228-1213-7

Ⅰ.①中… Ⅱ.①过… ②熊… Ⅲ.①旅馆-服务业
-产业发展-研究报告-中国-2022 Ⅳ.①F726.92

中国版本图书馆 CIP 数据核字（2022）第 232579 号

民宿蓝皮书

中国民宿发展报告（2022）

主　　编／过聚荣　熊　颖
副主编／马　勇　王　晨　尤　劲　邹统钎

出 版 人／王利民
责任编辑／陈　颖　桂　芳
责任印制／王京美

出　　版／社会科学文献出版社·皮书出版分社（010）59367127
　　　　　地址：北京市北三环中路甲 29 号院华龙大厦　邮编：100029
　　　　　网址：www.ssap.com.cn
发　　行／社会科学文献出版社（010）59367028
印　　装／天津千鹤文化传播有限公司

规　　格／开　本：787mm×1092mm　1/16
　　　　　印　张：26　字　数：388 千字
版　　次／2023 年 3 月第 1 版　2023 年 3 月第 1 次印刷
书　　号／ISBN 978-7-5228-1213-7
定　　价／168.00 元

读者服务电话：4008918866

《中国民宿发展报告（2022）》
编　委　会

《中国民宿发展报告（2022）》
编 写 组

主　　　编　　过聚荣　熊　颖

副 主 编　　马　勇　王　晨　尤　劲　邹统钎

核心研究成员　于林惠　仇　瑞　田　野　刘　赛　刘琳琳

　　　　　　　许茜茜　阮晓文　纪文静　苏　炜　李　莹

　　　　　　　杨　文　杨　杰　杨　震　杨若涵　杨清婧

　　　　　　　吴　珏　沈明戈　忻敏洁　张　叶　张　青

　　　　　　　张　苗　张　琳　张　瑜　张毅津　陈思雨

　　　　　　　苗　慧　侍佳雯　周　玮　周成功　胡凌波

　　　　　　　侯满平　姚　缘　姚建园　徐宁宁　高坊洪

　　　　　　　徐灵枝　郭　茜　郭英之　龚　娜　常东芳

　　　　　　　曾晓庆　谢祥项　蔡占军　阚再春　操　阳

　　　　　　　穆鹏云

学 术 秘 书　　周菁雯　蒋　蕴

主编简介

过聚荣 管理学博士，教授，第十一届孙冶方经济科学著作奖获得者，现任上海医药大学执行校长。我国会展经济和旅游管理专家，曾在南京海军指挥学院、上海交通大学任教。曾任青岛工学院党委书记、校长。从 2005 年起，作为主编连续出版了 7 部《中国会展经济发展报告》，上海、四川、郑州、哈尔滨、杭州等省市会展经济规划专家顾问，杭州西湖博览会评估专家。2013 年，在中华人民共和国商务部国际贸易经济合作研究院工作，担任研究院学术委员会秘书长、科研处处长；中华人民共和国商务部商务成果奖秘书长。出版《旅游民宿经营实务》《进入权：公司治理中的关键资源配置》《会展概论》等 10 余部著作，在《管理世界》《中国管理科学》《中国软科学》《世界经济与政治论坛》《生产力研究》《当代财经》《现代管理科学》等学术期刊发表论文数十篇。主持国家社科基金重大项目及省部级社科基金等科研项目多项。宿宿网创始人。

熊　颖 九江职业大学党委书记。曾担任中共九江市委副秘书长、政策研究室主任、九江市全面深化改革领导小组办公室常务副主任，九江市教育局党委书记、局长，在多个县（市、区）担任党委副书记。参与编制了《中共九江市委关于"十二五"规划的建议》《庐山发展战略规划要点（2013—2022 年）》，主持编制了《九江市教育事业发展"十三五"规划》，在《学习与研究》《江西日报》《当代江西》等省级及以上报刊物发表文章 30 余篇。

摘　要

2021 年，在疫情的影响下，全国国内旅游业蹒跚前行。从全国范围来看，民宿产业在这一年从狂热上场高速增长阶段转入关注内涵建设的新阶段，展现出了不同的发展特征。在 2021 年中央一号文件提出的"民族要复兴，乡村必振兴"口号的引领下，乡村民宿成为中国民宿中最为核心的力量和组成。《中国民宿发展报告（2022）》编写组在"民宿蓝皮书"前两部的基础上，组织有关专家和地方民宿行业协会，以 2021 年为研究时段，针对当年中国民宿发展中的热点问题和现象，借助问卷调查、田野调查、开源报告研究、关键人物或代表性人物访谈等方法进行了系统分析。

本书记录了中国民宿如何在疫情防控下进行探索与实践。"内卷"是2021~2022 年民宿的最大特征，这是各地在 2020 年之前经历了大规模投资建设的必然结果，在疫情持续影响的背景下，入住率不高促使民宿经营者尽一切可能去抓住有限的客源。在严峻的经营形势下，大多数民宿经营者都陷入纠结和苦恼之中。经营模式的不同在这个时候表现出了完全不同的生存韧性，以农户为经营主体的乡村民宿成为民宿市场中的绝对主角，也再一次将民宿拉回它最初的定义上来。近年来，互联网内容社群新媒体平台成为民宿经营的潮流营销渠道，民宿经营已经不满足于图文形式的单向传播，更多的民宿经营者将短视频和兴趣圈层互动作为推销自家民宿的运营日常，极大迎合了年轻人的互联网使用习惯和消费习惯。直播和短视频被越来越多的民宿经营者所接受。民宿不再简单地是一座建筑或一个院落，民宿也不再仅仅是食宿服务提供者，民宿已经发展成为一种令人向往的生活体验。"民宿+"

是 2021 年及往后很长一段时间内民宿经营发展的关键趋势。在中国，民宿已经发展成为在地乡村会客厅、土特产品展销厅、风俗文化展览馆……民宿正在展示出全新的活力，推动中国大地"乡村振兴"的脚步持续向前。

本书包括总报告、区域篇、综合篇、案例篇、附录五部分。总报告重点总结了 2021 年民宿发展的基本情况、基本特征与趋势展望。区域篇分别对北京、江苏、浙江、山东、海南等具有一定代表性地区民宿发展的现状和问题进行了重点调研，因地制宜地提出了各地区民宿发展的政策建议。综合篇针对民宿经营困局、民宿对居民环境生活影响与协调发展、民宿与非遗融合发展的创新模式、康养民宿、民宿产业人才、民宿政策等多个维度进行了探究。案例篇分享了苏州太湖国家旅游度假区、浙江莫干山以及重庆三地民宿发展中的最佳实践。附录篇为 2020~2022 年民宿大事记。全书清晰地记录了 2021~2022 年中国民宿发展的特征，为中国民宿的经营与研究提供深入的智库洞见。

关键词： 民宿 乡村振兴 乡村民宿 韧性

目 录 ↖↗

I 总报告

B.1 2021年中国民宿发展形势分析与趋势 ·············· 本书课题组 / 001

 一 2021年中国民宿产业发展环境分析 ····················· / 002

 二 2021年中国民宿的基本情况 ···························· / 006

 三 2021年中国民宿的基本特征 ···························· / 015

 四 2022年中国民宿业发展趋势 ···························· / 021

II 区域篇

B.2 北京民宿行业发展现状、问题及建议

 ·················· 邹统钎 常东芳 仇 瑞 苗 慧 / 026

B.3 高质量发展背景下江苏乡村民宿发展瓶颈与对策建议

 ·················· 周 玮 于林惠 张 瑜 阮晓文 / 039

B.4 浙江省旅游民宿发展报告 ················· 周成功 杨 杰 / 053

B.5 山东省旅游民宿发展报告 ······················· 张 青 / 067

B.6 海南乡村民宿发展的制度集成创新经验与高质量发展路径

………………………………………… 谢祥项 张 琳 吴 珏 / 093

Ⅲ 综合篇

B.7 乡村振兴战略下破解乡村旅游与乡村民宿经营困局

………………………………………………… 尤 劲 / 109

B.8 民宿对居民环境生活影响与协调发展

………… 郭英之 张 苗 徐宁宁 杨若涵 刘 赛 许茜茜 / 132

B.9 中国民宿与非遗融合发展创新模式………… 马 勇 曾晓庆 / 155

B.10 乡村康养民宿发展分析报告

………………… 侯满平 蔡占军 田 野 穆鹏云 郭 茜 / 169

B.11 优化康养民宿发展环境，促进民宿经营品质提升

………………………… 姚 缘 杨清婧 陈思雨 / 179

B.12 民宿产业人才需求与对策研究报告

………………… 操 阳 苏 炜 纪文静 姚建园 / 196

B.13 中国民宿政策变化与解读 ………… 刘琳琳 徐灵枝 / 220

Ⅳ 案例篇

B.14 苏州太湖国家旅游度假区民宿发展报告

………………… 姚 缘 沈明戈 侍佳雯 杨清婧 / 232

B.15 莫干"有家"，生活美学的践行者

——试论民宿餐饮的审美构建 ………… 胡凌波 张毅津 / 262

B.16 用文化 IP 吸引游客，提升民宿品牌价值

——来自庐山民宿的实践案例

………………… 九江职业大学民宿产业发展研究课题组 / 275

B. 17　中国台湾地区民宿成功经验对重庆民宿发展的启示……　龚　娜 / 290

Ⅴ　附录

B. 18　2020~2022年民宿大事记 …………………………………… / 300

Abstract ……………………………………………………………… / 379

Contents ……………………………………………………………… / 381

皮书数据库阅读**使用指南**

总 报 告

General Report

B.1
2021年中国民宿发展形势分析与趋势

本书课题组*

摘 要： 2021年是"十四五"的开局之年，也是两个百年目标交汇与转换之年。2021年中央一号文件指出：民族要复兴，乡村必振兴。在全面推进乡村振兴的大背景下，民宿成为各方关注的焦点，得到各级地方政府的高度重视，广泛出台地方标准。2021年，国内疫情防控措施得当，极大提振了国民的文化自信，国内旅游市场谨慎回暖，民宿产业在挑战中持续探索发展，展现出极大的韧性。在互联网与新媒体时代，中国民宿积极拥抱数字技术，开始在营销获客和客群维护等方面积极尝试。在全国范围内，作为乡村振兴的重要抓手，民宿已成为包含地方土特产宣传与销售新渠道在内的提振地方经济的微型商业综合体。整体上，从2021年开始，中国民宿由狂热高速增长阶段转向了内涵建设品质提升的

---

* 本书课题组成员：过聚荣、尤劲、郭英之、周菁雯、杨震等。执笔：过聚荣，博士，上海医药大学执行校长，教授，主要研究方向为旅游管理；尤劲，博士，国脉（上海）管理咨询有限公司总经理，主要研究方向为行业研究、组织发展、旅游管理等。

新阶段。

关键词： 民宿 乡村振兴 旅游产品 韧性

一 2021年中国民宿产业发展环境分析

2021年，在坚持"外防输入、内防反弹"总政策和"动态清零"总方针下，中国文旅市场悄然发生着巨大的变化。境外旅游市场持续低迷，受强降雨等恶劣天气影响，河南省、山西省等文旅资源大省的文旅产业遭受重创。民宿发展整体呈现南方优于北方的态势。随着乡村振兴战略的持续推进，民宿产业得到各方的关注与支持，各地相继出台乡村旅游促进政策和民宿地方标准，基于民宿的境内旅游特别是乡村旅游，已经成为拉动旅游业发展的新星。

（一）2021年度中国经济宏观基本面

2021年，中国经济运行总体平稳。据国家统计局2022年1月17日发布的2021年宏观经济数据，2021年国内生产总值（GDP）达114.4万亿元，比上年增长8.1%，两年平均增长5.1%。分季度看，一至四季度GDP实际同比增长18.3%、7.9%、4.9%、4.0%。全年全国居民人均可支配收入35128元，比上年名义增长9.1%，两年平均名义增长6.9%，扣除价格因素实际增长8.1%，两年平均增长5.1%，与经济增长同步。

从拉动经济增长的动力来看，消费增速总体处于复苏过程，发挥了稳定经济增长的基础性作用。受疫情影响，消费行为和消费市场的波动明显，网上零售增长强劲。2021年，最终消费支出对经济增长的贡献率为65.4%，拉动GDP增长5.3个百分点，超过疫情突发期平均水平。分季度看，第一、二、三、四季度最终消费支出对经济增长的贡献率分别为50.7%、74.1%、77.5%、85.3%，呈现递增之势。以2019年各季度为基期，2021年一至四季度，最终消费支出对两年经济增长的贡献率分别为 45.4%、35.3%、57.1%、70.0%，呈现波动上行的态势。受疫情影响，2021 年各季度人均消费支出近两年平均增速的波动性较疫情突发前明显加大。从居民消费支出构成来看，受疫情等因素影响，2021 年居民消费支出中服务消费的占比逐季度下降，而实物消费的占比逐季度攀升。在疫情影响之下，全国网上零售额比上年增长 14.1%，近两年平均增长 12.5%；其中，实物商品网上零售额增长 12.0%，近两年平均增长 13.4%，较全部社会消费品零售总额两年平均增速高出 9.4 个百分点。[①] 疫情限制了人们的外出，却助推了在线消费，城市居民展现出"宅"的特征。

2021 年，中国工业经济保持稳定复苏态势，服务业受疫情扰动而结构分化明显。一方面，疫情防控总体稳定、对外贸易持续发展、高新技术产业持续向好以及全面小康目标的顺利实现，为中国宏观经济在疫情期间的持续复苏提供了动力和坚实的基础。另一方面，新冠肺炎疫情的反复、极端天气的出现、大宗商品价格的高企、宏观经济政策的快速常态化、房地产和碳减排等结构性调整政策的同步实施、金融风险的控制以及平台整顿等，使中国宏观经济下行压力自二季度开始加大，经济服务进程有所放缓。

全国服务业增加值同比增长 8.2%，两年平均增长 5.0%，两项数据与全国 GDP 增速水平基本持平。分季度来看，一至四季度服务业增加值同比增速分别为 15.6%、8.3%、5.4% 和 4.6%，近两年平均增速分别为 9.4%、10.2%、9.8%、11.5%，波动程度较 2017~2019 年平均水平明显放大。从行业情况看，2021 年在服务业全行业增加值两年平均增长 5.0% 的情况下，住宿和餐饮业、租赁和商务服务业因受疫情影响较大，行业增加值两年平均增速分别为-2.4%、0.8%，而信息传输、软件和信息技术服务业，金融业实现的增加值两年平均分别增长 16.7%、5.3%。[②] 表明疫情影响之下，不

---

① 国家统计局网站，http://www.stats.gov.cn/xxgk/jd/sjid2020/202201/t20220118_ 1826607. html，最后检索日期：2022 年 12 月 5 日。

② 《经济研究：2021 年中国经济回顾与 2022 经济展望》，https://new.qq.com/rain/a/ 20220210A02QDR00，最后检索日期：2022 年 12 月 5 日。

同服务行业的结构分化较为明显。

受疫情等因素影响,2020 年全国居民收入分配基尼系数为 0.468,较 2019 年上升 0.003,为 2015 年来的高点;2021 年全国居民人均可支配收入 与可支配收入中位数之比为 1.172,高于 2020 年的 1.169 和 2019 年的 1.159,表明居民收入分配差距在 2021 年的复苏过程中尚未明显改善,这可 能会影响居民总体消费水平的提升。

(二)文旅融合下的文旅行业发展

2021 年是我国文旅行业经历"冰封期"后,积极求变、韧性成长的一 年,也是文旅融合从理念层面迈入实践层面的第三年。全年,我国文化产业 恢复情况良好,文化产业的市场主体数量不断增加,展现出较强的韧性,总 体营收平稳上升,文化产业新业态持续增长。然而,旅游业受疫情持续影 响,国内旅游市场整体呈现谨慎稳步复苏、收入同比小幅增长的态势,但出 境游和入境旅游市场仍处于停滞状态。2021 年,夏季我国北方多省份遭遇 持续降雨等极端恶劣天气影响,导致当地旅游产业遭受严重损失。

到 2021 年末,国内游客量为 32.46 亿人次,同比上年增长 12.8%,恢 复至 2019 年同期的 51.0%。国内旅游收入 2.92 万亿元,同比上年增长 31.0%,但与 2019 年相比差距依旧很大。假日经济对国内旅游市场的带动 作用显著,成为我国旅游经济的基本面。7 个主要节假日游客量占全年游客 量的 41.4%,假日旅游收入占全年旅游收入的 31.6%。旅游目的地的距离 方面,中国铁路及民航旅客发送数据显示:国内旅游恢复在 2021 年呈现先 扬后抑的态势,疫情反复是影响旅游业恢复的主要因素。与远距离旅游目的 地不同,根据马蜂窝数据,2021 年"周边游"热度暴涨,搜索热度较上年 增长 258%。携程网数据显示,春节期间本地酒店订单量占比约为 60%, "五一"期间"省内游"订单量占比达到 52%。近郊旅游、乡村度假、自驾 出行成为市场主流。

2021 年,疫情推动在线旅游交易发展。全年交易额达到 1.47 万亿元, 占总收入的近一半。游客、旅游产品供应商及在线旅游平台正在探索在疫情反复的情况下开展旅游活动的最佳路径。经过疫情的洗礼,人们对个人防护的安全意识快速提高,与疫情前相比,游客更看重安全与卫生状况,同时对应急措施、旅游保险、退费政策等方面的重视比例明显上升。旅游产品供应商受到市场及疫情的双重考验,更具韧性,已经针对旅游业快速复苏准备就绪。在线旅游平台通过技术和服务升级,已经将疫情防控充分融合进在线服务中,可以应对各类突发疫情管控。据多家平台用户信息统计,2021年12月在线旅游月新增用户1372万户,同比下降2.2%。"95后"成为在线旅游用户主力军,预订占比28.7%,用户年龄结构及消费偏好分层化加剧,正在给旅游产品及服务需求带来深刻的变革。在移动互联网及新媒体传播日趋成熟的背景下,游客消费对优质内容的锚定越发显著。"内容+旅游"的生态闭环已经形成。内容正在重塑游客与旅游互动的新方式,内容"种草"已经成为旅游业流量获取及转化的重要方式。在线旅游平台用户的跨平台流动更加频繁,在线旅游用户迁移重构正在发生,在线旅游市场的竞争日益激烈。

(三)乡村振兴战略下的乡村旅游

在国内旅游行业大规模解构与重构的过程中,乡村旅游和红色旅游等产品的市场竞争活力得到重视与激活。随着乡村振兴国家战略的推进,乡村旅游市场规模持续扩大。2021年8月,文旅部、国家发展改革委发布《关于公布第三批全国乡村旅游重点村和第一批全国乡村旅游重点镇(乡)名单的通知》。除去此前已有的1000个村入选第一批和第二批全国乡村旅游重点村,新增199个村入选第三批全国乡村旅游重点村,100个镇(乡)入选第一批全国乡村旅游重点镇(乡)。2022年2月11日,国务院印发的《"十四五"推进农业农村现代化规划》中指出在发展乡村产业新业态中要强调和重视优化乡村旅游业的重要作用。依托田园风光、绿水青山、村落建筑、乡土文化、民俗风情等资源优势,建设一批休闲农业重点县、休闲农业精品园区和乡村旅游重点村镇。推动农业与旅游、教育、康养等产业的融合,发展田园养生、研学科普、农耕体验、休闲垂钓、民宿康养等休闲农业新业态。

2022年2月22日,《中共中央 国务院关于做好2022年全面推进乡村振兴重点工作的意见》即中央一号文件发布。文件提出：鼓励各地拓展农业多种功能、挖掘乡村多元价值，重点发展农产品加工、乡村休闲旅游、农村电商等产业；实施乡村休闲旅游提升计划；支持农民直接经营或参与经营的乡村民宿、农家乐特色村（点）发展；将符合要求的乡村休闲旅游项目纳入科普基地和中小学学农劳动实践基地范围。

中央及地方面向乡村振兴和乡村旅游的政策颁布与引导，吸引了旅游产业链上众多企业对乡村旅游产业的关注和进驻，乡村旅游从业人员的供给欠缺和职业素质有待提升、经营创新与在地资源保护开发不足等问题已经逐渐显现，并成为乡村旅游发展道路上至关重要的挑战。

二　2021年中国民宿的基本情况

为厘清2021年中国民宿的基本情况和发展特征，本课题组在参阅大量资料和数据的基础上，面向北京（105家）、江苏（176家）、浙江（137家）、河南（56家）、山西（64家）、陕西（72）、山东（43）、重庆（89）、云南（51）、安徽（47）等地抽样，对800多家民宿进行了问卷调查，并与部分地方文旅局、民宿协会及携程网等相关机构进行了访谈，收集了大量一手资料。2021年，中国民宿在疫情的持续洗礼下，呈现如下七个清晰的发展特征。

（一）乡村民宿是中国民宿的主力组成

伴随着国家乡村振兴战略的持续落地，乡村旅游成为发展乡村地区经济的重要推动力。在新冠肺炎疫情的持续影响下，乡村旅游得到越来越多的国民的认同和接受。乡村民宿正是在乡村振兴战略和国内旅游市场快速复苏的双重外部因素影响下迎来了建设热潮。2021年，我国乡村民宿约占全国民宿总量的87.98%（见图1，其中"其他"为远离城镇的边远地区，包括山林、湖泊和海岛，这部分亦属于乡村地区），约为城镇民宿的7.3倍。城镇民宿受到地产拐点、疫情防控和酒店业竞争等多重因素作用，经营艰难。

2021 年城镇民宿总数较 2020 年同期明显下降，与乡村民宿受到各级地方政府重视形成鲜明对比，城镇民宿发展动力相对匮乏。疫情持续蔓延，对城市的防疫和治安管理等方面提出更高要求，多地将城镇民宿对标酒店业，城镇民宿必须同时具备公安和消防等多部门的前置审批，这给城镇民宿取得合法身份平添很多挑战。

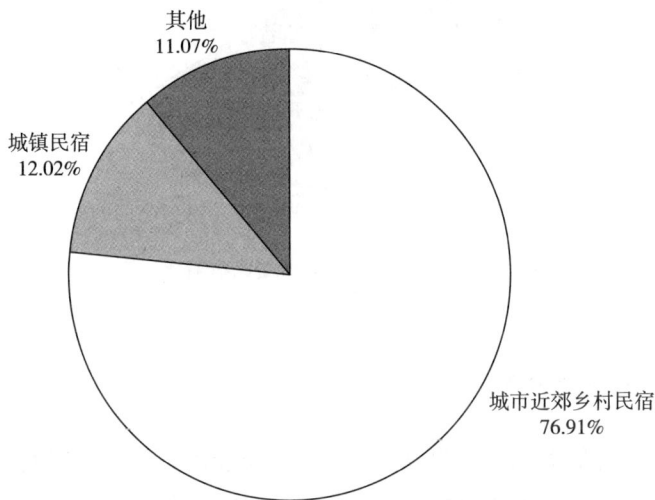

其他
11.07%

城镇民宿
12.02%

城市近郊乡村民宿
76.91%

图 1　乡村民宿与城镇民宿的占比分布

对比历史数据，本课题组发现乡村民宿在 2017 年以后迎来了发展的高速期。2018 年后新建并开张经营的民宿数量远超 2017 年及以前建成在营民宿的总和。2020 年伴随美丽乡村建设和我国在疫情防控方面措施得力，地方政府出台大量优惠政策吸引旅游企业与民间资本在当地进行旧村改造和民宿经营，全国多地掀起了民宿建设与经营的热潮，为迎接乡村旅游的暴发做好准备。然而 2021 年疫情的反复发生与夏季极端天气等因素令国内旅游市场出现先扬后抑的态势，各地民宿经营空窗期显著延长，民宿在新建与经营方面放缓了脚步，新增量占比跌落至不及 2018 年水平（见图 2）。伴随近年来大量民宿建成和开张经营，营销获客和日常运营能力薄弱在疫情下被放大，已然成为民宿高效经营的现实挑战。

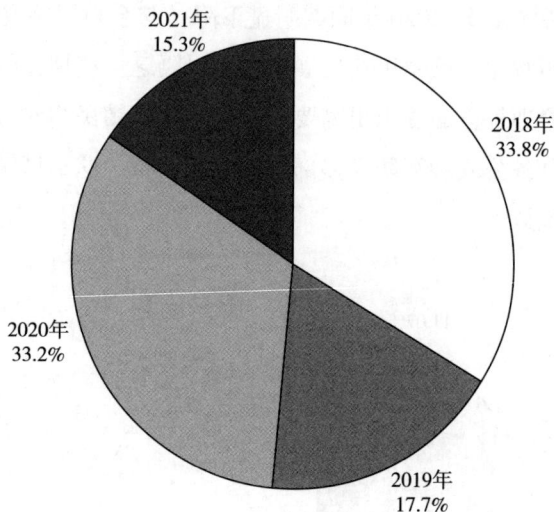

图2　2018~2021年新建民宿对比

（二）生态资源依托型民宿占绝大多数

从民宿自身优势和特色建设的统计上不难看出，我国民宿发展依旧以生态资源依托型为主，占比达到84.21%。历史及文化要素在民宿特色营造方面的挖掘利用还有很大的提升空间（见图3）。在国家大力倡导和发展文化自信的新时代，推动越来越多的民宿肩负起传统文化和地方风情民俗的传承将成为民宿特色建设的重要方向。

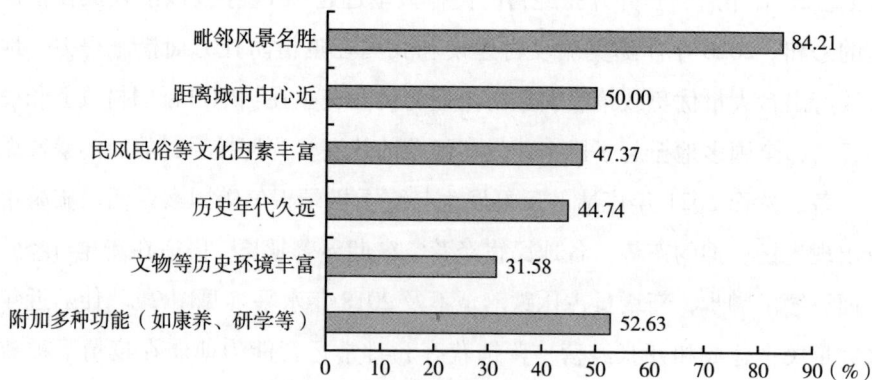

图3　民宿经营特点统计

随着乡村地区生态环境的持续改善和优化，民宿经营已经不限于城市周边的近郊。这得益于我国道路交通基础设施的建设和优化，高速公路和高铁直接缩短了到达旅游目的地的时间。越来越多生态环境优异的地区有机会成为旅游目的地，国内游客对原生态山水自然环境景观的向往和热爱得到更好的满足。

值得注意的是，依旧有近一半的民宿还停留在以食宿为主体经营产品的状态。在民宿主人服务质量自评的小样本调研中，餐饮服务的得分略胜于住宿服务，超出 2.6 分。就不完全抽样访谈与调研发现：乡村民宿在经营过程中已经有部分经营者开始尝试通过开展与康养或亲子研学有关的体验活动来提升自身的价值体验与感知。劳动教育、红色教育、非遗传承制作等活动已逐渐成为乡村民宿（特别是城市近郊乡村民宿）特色体验产品研发的热点。让民宿为游客提供更多的特色产品与服务成为民宿建设的重要方向。

（三）民宿在乡村振兴方面发挥出积极作用，成为农产品及土特产销售渠道

调查显示，除住宿服务之外，近八成的民宿会为游客提供餐饮服务。提供特色农家饭依旧是民宿经营中的重要经济收入来源（见图4）。

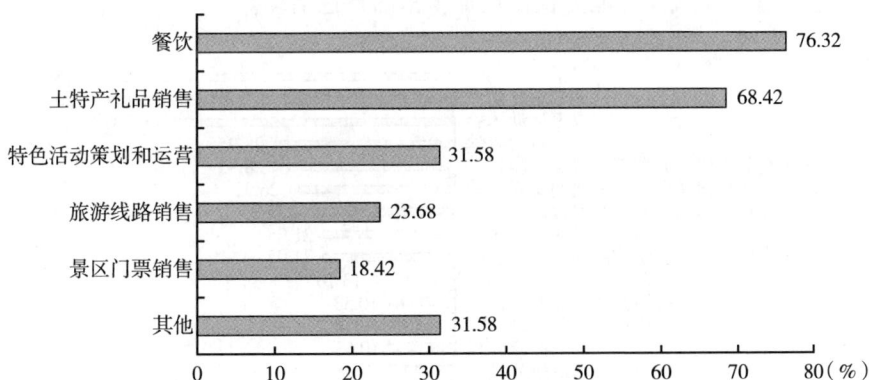

图4　民宿在住宿服务之外的营收项目

值得引起关注的是，土特产礼品销售在 2021 年的调研中已经成为仅次于住宿和餐饮的第三大营收项目。借助住店游客的口碑营销以及互联网新媒体的火爆传播，民宿已经成为推广和销售地方土特产的重要渠道，伴手礼成为众多民宿乐于经营的项目。与上年同期对比，土特产礼品销售的占比提升13.1 个百分点。土特产品和农产品的在线销售日益成为平衡乡村民宿淡旺季收入差异的一项有益方式。

调研显示，超三成民宿开始或正在提供特色活动的策划和运营，相较于上年同期，增长 13.3 个百分点。旅游线路销售相较上年同期增长了 12 个百分点。通过具体访谈，课题组发现很多民宿主人正在探索从传统的果蔬采摘、餐食制作和旅行陪同等相对简单易行的食宿与旅游体验活动朝乡村景点设计开发与乡村旅游线路规划建议等更具创意和深度的特色旅游方向拓展延伸。

（四）民宿在旅游产品和特色活动方面的设计与开发严重滞后

在民宿提供的特色体验活动方面（见图 5），民俗文化体验与地方美食制作高居榜首，农事活动体验紧随其后。虽然半数左右的民宿主人认定这三项是自己正在提供的特色体验活动，但是不足六成的占比还是显示出国内民宿普遍没有关注或没有能力提供更加丰富的特色活动。

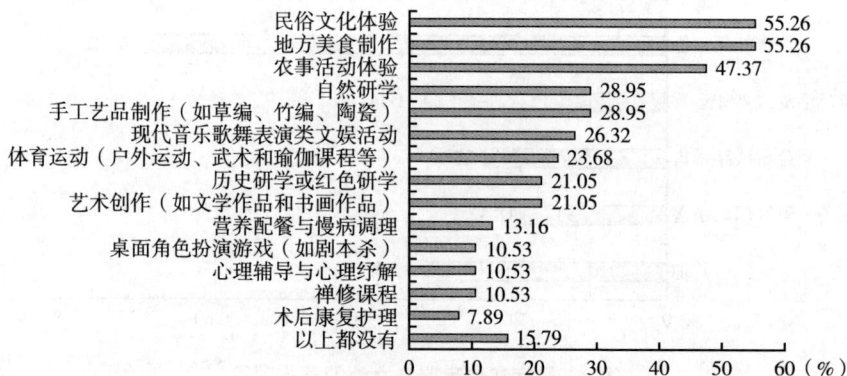

图 5　提供的特色体验活动

在对特色体验活动的调研中，处于第二梯队的是自然研学、手工艺品制作、现代音乐歌舞表演类文娱活动、体育运动、历史研学或红色研学和艺术创作这6类，仅得到了20%~30%的民宿的选择。选择较低的项目是营养配餐与慢病调理、桌面角色扮演游戏、心理辅导与心理纾解、禅修课程及术后康复护理等这类对于专业性要求更高、产品研发投入更大的体验类产品。显然，专业性要求越高的活动，越成为赋予民宿独特魅力和竞争力的关键。对专业性的高要求也让民宿主人们望而却步，折射出国内民宿普遍尚未有效挖掘和启动地方的产业资源和文化资源优势，缺乏在特色经营方面的人才与能力。

（五）国内民宿经营以自营为主，品牌加盟初露头角

调研发现：民宿的房产所有属性方面，当前以利用个人自有或自建住房为主，占全部民宿体量的3/5（见图6）。即便是村集体所有的共有房产，也是通过个体承包的方式进行经营。这与国内民宿以乡村民宿占绝大多数不无关系。文化资源相对富集的地区，在地方政府招商引资的带动下，旅游公司已经切入乡村民宿市场。对空心村进行改造以及对历史保护建筑进行活化以实现民宿建筑空间的获得，进而以民宿经营支持和反哺文化遗产保护成为文旅融合发展的重要实践。

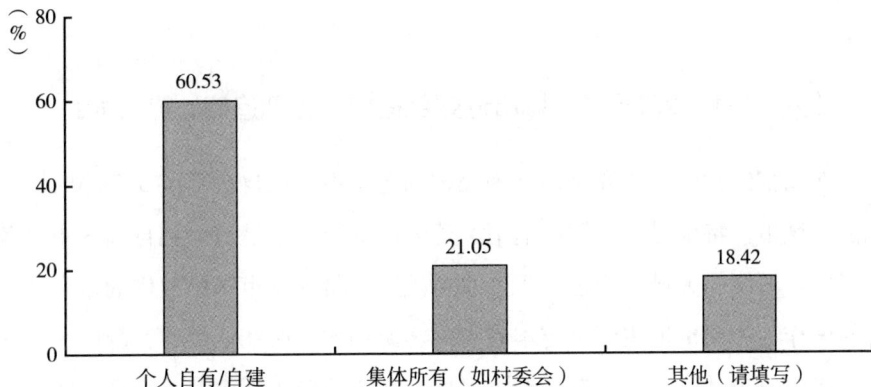

图6　民宿的房产所有属性

专业民宿运营服务商借助品牌经营和市场管理方面的专业优势，也正在从城镇民宿走向乡村民宿，并得到了越来越多乡村民宿主人的认可。在村民自主经营的实践过程中，他们普遍发现获客与引流是日常经营过程中的难点。民宿经营过程中出现的淡旺季现象，在北方地区民宿中表现得尤为突出。

民宿经营主体以自营为主。少数自身资源相对较好的民宿主动开始尝试与专业民宿运营服务商进行合作分工，专注于品牌方提出的统一的运营标准的执行和保障，统计显示，这部分的占比还不高（见图7）。2021年由南至北刚刚崭露头角，但意愿方面占到总数的一半，与上年同期相比增长了6个百分点。

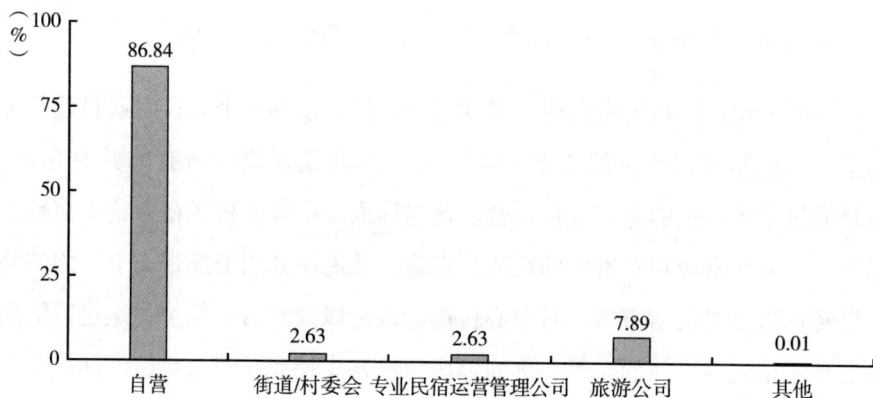

图7　民宿经营主体分布

（六）在疫情背景下，城市近郊民宿持续受到追捧，热力强劲

在民宿经营中，研究普遍认为民宿的客源主要来自自驾游3.5小时距离范围的城市。特别是在疫情影响下，近郊游的半径更是缩短到自驾3小时范围以内。环绕在大城市周边的近郊乡村民宿，将为城市居民提供周末和假日的休闲作为主要价值主张。与本省省内客源相比，所在地级市客源的占比明显高出两成也呼应了疫情造成绝大多数游客更偏向于近郊游的特征。

2021年针对国内民宿的调研结果（见图8）显示：乡村民宿的主要客

源是本市/地级市居民，省内其他地市游客相对较少。另一个重要信息是：外省游客已经普遍成为仅次于本市/地级市游客的第二重要客源，超过了省内其他地市到访的游客。经访谈得知，外省游客大多为邻近省游客，且以自驾或高铁两类方式到达的情况居多。民宿主人通常会协助乘坐高铁到访的游客落地后租车或亲自接送，这类服务已经成为民宿接待的重要内容。

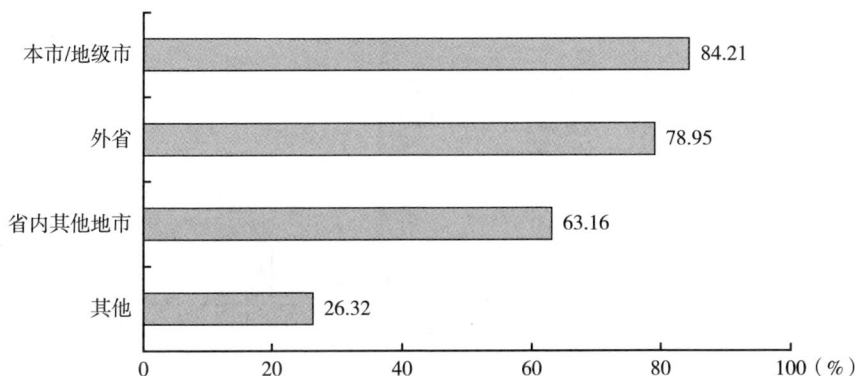

图 8　民宿游客来源对比

产生该现象的主要原因在于三点：其一，受疫情影响国际旅游按下了暂停键，国内旅游市场反向受到关注和热捧；其二，同一省份内部气候、生态和文化资源相近，这使得本省游客在旅游目的地选择上更愿意追求差异化的外省资源；其三，国内现代化高速交通路网特别是高铁，已经为国内众多特色乡镇的深度游创造了快速通达的便利条件。相信随着乡村振兴战略的持续推进，国内越来越多的乡村旅游市场会被远方的游客所发现和接受，民宿将在承载地方乡村振兴方面展现出更多的角色特征。

（七）乡村振兴背景下，地方政府大力推动民宿经营人才培养

促进本地村民/居民增收致富是民宿经营的一项关键价值特征。通过问卷调查（见图9）可以看到，在国内民宿经营者中，中青年人占比高，超过七成，与上年同期相比中青年经营者占比提升 9.84 个百分点。这反映出乡

村振兴战略对于留住青年人就地创业和吸引农民工返乡就业正在发挥积极作用，越来越多的青年人意识到乡村旅游及乡村民宿经营的价值。青年人加入乡村民宿经营与乡村旅游产业发展中，从某种程度上对于提升乡村民宿在环境营造、特色产品研发、日常运营服务等方面输入了必要的能力因素。

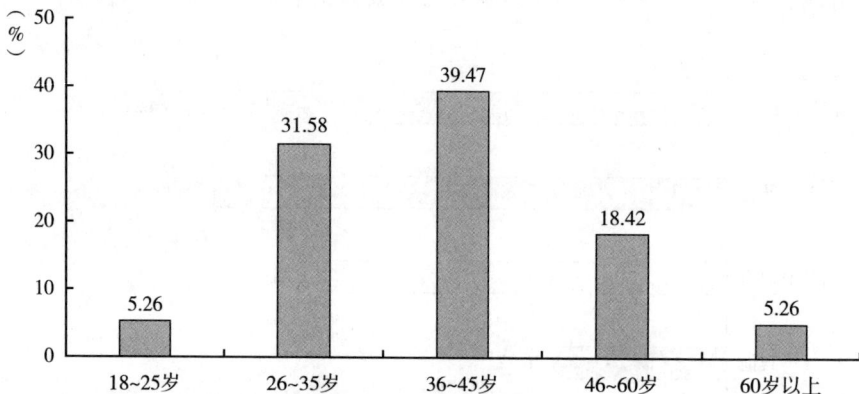

图9 民宿主人／管家年龄分布

在与地方政府和民宿协会沟通中发现，随着互联网及新媒体技术的普及，越来越多的民宿经营者渴望通过线上主流新媒体对自家民宿进行推广宣传并实现获客和收入增长。新媒体、新销售方式正在逐渐成为乡村民宿发展的重要方式。除与传统的民宿住宿与餐饮服务相关知识外，文案写作与新媒体运营成为国内乡村民宿经营者能力提升方面的普遍需求。

调查显示（见图10），民宿经营者性别分布上女性经营者占比高于男性经营者，基本符合旅游业性别比例分布特征。与上年同期相比，女性经营者比例增长9.27个百分点，折射出民宿在乡村经济发展中正在成为女性创业就业的空间，且民宿经营正在朝着常态化方向发展。调查还显示，2021年民宿经营在年人均用工成本上较上年同期有显著提升，特别是年收入达7万元以上的从业人员占比相较上年同期提升10.77个百分点。用工成本的上涨，标志着民宿从业人员市场呈现供不应求的态势。地方政府在大力推动民宿规划和建设的同时，需要关注到民宿相关从业人员的能力提升，为深化民宿发展提供丰富、优质的培训课程与职业技能认证，推动民宿经营相关职业化人才队伍的建设。

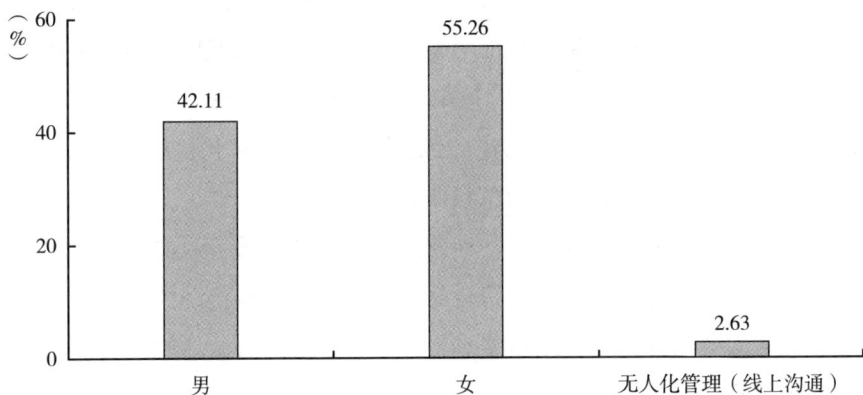

图10　民宿主人／管家性别分布

三　2021年中国民宿的基本特征

（一）疫情促使民宿经营与生存展现出极强的韧性

2021年，新冠肺炎疫情持续，国内多地民宿经历了长达5个月甚至更长时间的零订单期。即便有部分民宿在假日有订单，年平均入住率也长期徘徊在50%甚至更低。恶劣的外部环境正给民宿业悄然催化一场生死淘汰。民宿产业发展放缓了脚步，民宿经营逐渐由2020年的快速增长回落到2021年的理性发展。在"冬眠"期间，民宿主人们主动学习交流，思考发展与创新，为迎接疫情缓解后乡村旅游的蓬勃发展做积极准备。只有具备足够韧性的民宿才能在经过外部环境冲击的洗礼下仍能存活下来。民宿具备抗风险的韧性主要表现在四个方面：成本可控、多种经营、重视合作、拥抱技术。

疫情带来的旅游市场持续低迷和经营波动直接导致以基于租赁房产

（或宅基地）进行民宿经营为商业模式的民宿或酒店经营企业（俗称二房东）倍感压力，经营收入难以平衡房屋租金、员工工资、设备折旧和贷款利息等基本成本。而那些自有或自建住房经营的民宿，因为成本较低、运营负担较低，表现出较高的生存韧性。就地聘请当地村民或居民担任民宿服务人员是控制基础成本很重要的一个方面。在民宿处于淡季或闭店"冬眠"期间，可以相对灵活地用工。此外，当地村民或居民对于地方资源也更加熟悉，可以为民宿经营提供更多信息和便利。

多种经营，一方面表现在民宿经营之外的劳动或服务收益，如农副产品加工与销售；另一方面是增加民宿自身的价值主张，在传统的提供住宿和餐食等产品和服务的基础上提供更多有特色、有价值的旅游体验项目。通过对多个省份现有民宿的调研可以看到，很多民宿正在多种经营的道路上积极探索。旺季期间，民宿以为游客提供在地游玩休闲期间的食宿为核心，除了客房和餐食外，还通过面向住店游客销售地方土特产、伴手礼、景区景点门票等方式增加民宿客单收益。淡季期间，则回归农业种植、养殖及农副产品加工。对于数量占比较多的乡村民宿而言，出现淡旺季是一个普遍的现象。特别是北方民宿，当天气转冷后，人们会大幅减少户外活动，游客也会变得很少。利用冰雪运动和冬季民俗（如冬捕、狩猎、篝火、温泉等）研发出相应的旅游产品是有效延长营业时间的举措。

在疫情的长期冲击下，地方民宿间的关系也发生着微妙的变化。最典型的信号是很多省（自治区、直辖市）、地市和区县都成立了民宿协会。民宿协会在推动地方民宿市场有序合作和发展、减少恶性竞争、全面提升地方民宿经营能力和游客体验等方面发挥着重要作用。地方民宿协会的成立标志着当地民宿业经营发展进入一个新的阶段，有望将零散的民宿个体凝聚在一起，共创地方民宿品牌，共建民宿业管理规范与标准，合理引导民宿针对游客客群进行分类分层，突出民宿自身服务特色差异化，由单打独斗转变为共谋地方旅游发展大计。民宿协会作为民间非营利组织，是地方政府与民宿主人相互联系的纽带，是地方政府与当地民宿间上传下达政策与需求的信息传递者，是为地方民宿争取利益的代言人。

"十四五"规划纲要明确提出要"加快推进数字乡村建设",乡村振兴是建立在中国乡村数字化基础之上的。2021年6月11日,《商务部等17部门关于加强县域商业体系建设促进农村消费的意见》中提出了健全农村流通网络、加强市场主体培育、丰富农村消费市场、增强农产品上行能力、完善农产品市场网络、加强农业生产资料市场建设等9项具体举措以加强县域商业体系建设。2022年1月,中央网信办等10部门印发《数字乡村发展行动计划(2022-2025年)》,部署了数字基础设施升级行动、智慧农业创新发展行动、新业态新模式发展行动、数字治理能力提升行动、乡村网络文化振兴行动等8个方面的重点行动。随着乡村数字基础建设的不断完善,数字技术在我国乡村地区的影响力和覆盖范围也在逐渐扩大。数字乡村的推进为乡村民宿的发展提供了更多可能。广大民宿主人正在学习利用短视频等新媒体技术进行民宿和地方乡村旅游的推广销售,通过OTA平台进行客房、餐饮、活动的在线预定和销售,通过客房管理系统提高民宿的运营管理效率。数字技术正在为成千上万家民宿创造更加高效的信息化解决方案,已经成为中国民宿的重要特征。

(二)在与地方特色产业深度融合方面探寻机会

中国民宿正在从提供住宿服务的家庭副业转变为更具附加价值、持续推动地方文化产业与旅游产业深入融合的新载体。2021年乡村振兴的号角吹响之后,民宿与地方特色产业的融合更是吸引了资本和学界的关注。民宿凭借自身优势,为游客提供了全景、沉浸式的体验而成为游客感知地方特色产业的重要平台。地方特色产业通常是指以村镇为地缘单位、具有比较优势的产业,是有市场影响力与竞争力的产业,且往往是政府根据本地优势要素禀赋而选择发展的适宜产业。"特色"就是"独有",就是"区别于其他",也就是独一无二之"魅力",是吸引游客、发展特色旅游业的重要因素。对于我国广大乡村地区而言,特色产业对农村和农业都有着积极的促进作用,因此应将传统农村发展为特色小镇、将农业生产导向具有地理品牌优势的地标农产品生产。

特色小镇是"产""地""人""文"融合发展的创新平台。特色产业是特色小镇的建设核心。有别于行政区划单元和产业园区，特色小镇是具有明确产业定位、文化内涵、旅游和社区功能的发展空间。部分国外特色小镇依托当地特色产业基础，转型升级成为产业旅游小镇。在我国，特色小镇已经被当作地方经济转型的突破口，并早在2016年起就在全国范围内进行了全面推广。住建部公布的第一批127个特色小镇中50.4%为旅游发展型，18.1%为历史文化型；第二批276个特色小镇则更加突出"高端产业"的属性，更聚焦特色和新兴产业，工业发展型和农业服务型特色小镇占比较第一批明显提升。与传统意义上的旅游景区相比，特色小镇通常挖掘当地人文、历史价值以支撑现代旅游服务。在我国大多数乡村地区的产业结构中，农业占比远超制造业和服务业，但要打造知名的特色小镇则离不开企业化的管理。在凝聚并服务好本地村民或居民的同时，需要吸引特色产业人才流入。企业化、集中化、规范化的管理模式以及基于特色产业打造主题乐园和旅游休闲产业链有利于地方特色产业发展。这对于相对松散的民宿经营而言既是挑战也是机遇，有利于促进地方旅游产业升级，激发民宿间积极探索合作共创共赢，在特色旅游方面提供更好的保障。

地标农产品是"地理标志农业产品"的简称，是农业生产转向高质量发展的标志。高质量发展现代农业是实施乡村振兴的关键环节。随着电子商务和新媒体的发展，各地高度重视发掘和打造地方地标农产品品牌。地标农产品的注册申请符合地方农业旅游、乡村旅游的发展需要，有利于将地方生态及文化优势信息传递给消费者。借助地标农产品的宣传和销售，能够推动地方旅游经济的盘活。民宿在担负起地方土特产销售渠道这一职责的同时，也成为地标农产品的推广大使和受益者。地标农产品为民宿经营提供了独特的地方餐饮特色，成为民宿广受欢迎的卖点。越来越多的村镇已经意识到地标农产品与乡村民宿之间的相关性，地标农产品的生产与加工也已成为地方民宿的特色旅游服务内容。

（三）民宿特色建设已不再局限于建筑环境设计

民宿建设对于改善乡村环境发挥了积极作用，特别是在"美丽乡村"

建设时期。在各省区市美丽乡村行动计划下，民宿的建筑设计与改造、民宿周边环境保护与综合利用等方面都得到了长期的关注和重视。民宿建筑在传承和展现地方文化特色方面也确实做出了许多积极的尝试，或古朴或时尚的民宿建筑成为点缀在中国乡村风景画卷中的亮点景观。2021年4~10月，农业农村部农村经济研究中心举办了第一届印迹乡村创意设计大赛，引导广大设计人员参与乡村建设，在深入挖掘优秀传统文化价值的同时促进宜居宜业乡村建设行动。在此次全国性大赛中，食品设计与包装、乡村元素生活用品设计与包装等乡村文创产品角逐激烈，将人们的视线牵引到乡村旅游过程中全方位的衣食住行美学体验中。

2021年，越来越多的民宿主人开始反思旅游市场游客需求。除了颜值外，自家民宿还有什么可以为游客带来独特体验、持续吸引游客并提升复购率？民宿提供的相关产品与服务成为民宿特色建设的关注新热点。建筑与装修可以吸引游客的目光进行打卡拍照，而优质的产品和服务能留住游客，提升游客的复购率。民宿从最初复制抄袭酒店或其他民宿建筑与装潢风格走向了对自身产品与服务精雕细琢的发展过程，由最初只关注外在颜值发展到还关注内在质量。安全和质量成为2021年国内民宿升级的核心关键词。高品质的布草与低值易耗品、绿色健康又富有地方饮食特色的餐食、热情周到无微不至的管家都让民宿不再背负"廉价"和"低档"的标签。小而精、小而特、小而美成为中国民宿全新的标签。服务精细化、产品特色化、环境艺术化成为民宿经营特色打造的三大方向。

（四）民宿评价成为政府指导民宿发展的重要工具

国家和各级地方已经意识到民宿是改善和提振乡村地区社会与经济发展的有效途径，是推动人民群众和社会资本参与乡村振兴的优质载体。为此，各级政府部门自2017年起不断加强对民宿经营的指导和管理。2021年，各地先后发布实施的民宿相关规范与评价标准文件如表1所示。

表1 2021年全国各地出台的民宿相关规范与标准文件

名称	发布部门	实施日期
《海岛民宿服务规范》	珠海市市场监督管理局	2021年4月1日
《乡村民宿服务礼仪规范》	日照市礼仪协会	2021年3月17日
《旅游服务质量评价规范 第2部分:民宿》	广东省旅游协会	2021年3月26日
《海洋渔文化主题民宿基本要求》	象山县民宿经济促进会	2021年4月15日
《太行人家康养村落建设服务与管理》	晋城市市场监督管理局	2021年5月18日
《温泉民宿等级划分与评定》	遂昌县旅游协会	2021年5月12日
《海岛民宿聚落基本要求与评价》	舟山市市场监督管理局	2021年8月1日
《美丽乡村 特色民宿设施与服务规范》	池州市市场监督管理局	2021年8月6日
《智慧乡村民宿等级划分与评定》	中国生产力促进中心协会	2021年7月28日
《生态民宿管理与服务规范》	鄂州市市场监督管理局	2021年11月1日
《侨家乐民宿等级划分与评定》	温州市旅游联合会	2021年12月1日
《民宿服务消费纠纷多元化解工作指南》	安徽省质量品牌促进会	2021年11月4日
《乡村旅游特色民宿 服务质量等级划分》	资阳市市场监督管理局	2022年1月10日

　　大量管理规范和标准的出现，显示出地方政府对提升民宿质量和维护市场秩序的决心。地方规范和标准的提出确实有利于约束和维护好当地民宿市场，通过地方政府背书的形式提升地方民宿的品牌价值和游客信任度。在各地轰轰烈烈发布规范和标准的同时，需要关注地方标准和团体标准的可实施性以及与省标和国标的衔接。各地在民宿评价方面的主体单位也存在一定差异。当前国内与民宿相关的规范和标准的评价主体以政府和专业团体为主，尚未将游客的感知体验和监督反馈纳入评价过程中。地方政府或协会先行定夺，容易受到地方经济发展与旅游产业宣传的约束，使得出台的规范和标准执行不力。地方规范和标准是市场有序发展的前提，也是引导和接纳游客与市场进行监督的重要工具。随着互联网技术在旅游产业的深入发展，线上民宿经营信用体系呼之欲出。

（五）绿色低碳环境友好成为民宿经营创新焦点

　　全球气候变化和资源的日益匮乏正在影响着人类可持续发展。2020年9月22日，中国在联合国大会上做出碳达峰碳中和的承诺。2021年被称为中国的"双碳"元年。1月5日，生态环境部正式发布《碳排放权交易管理办法（试行）》；3月26日，生态环境部办公厅印发《企业温室气体排放报告核查指南（试行）》，以进一步规范全国碳排放权交易市场企业温室气体排放报告核查活动。7月16日，全国碳排放权交易市场正式启动；10月24日，中共中央、国务院发布《关于完整准确全面贯彻新发展理念做好碳达峰碳中和工作的意见》，标志着我国"双碳"目标顶层设计出台；10月26日，国务院印发《2030年前碳达峰行动方案》。

民宿在经营模式方面很大程度与酒店相类似，在满足游客对舒适、奢华和享受等需求的同时，不得不通过消耗大量的能源和资源来维系，整体能耗及二氧化碳排放量较高，这可能会对乡村生态环境和乡村旅游的可持续发展带来严重的破坏。国内民宿在追求提供更舒适的住宿体验的同时，其能耗远超普通民用建筑能耗水平。越是高端奢华的民宿，其能耗需求越高。可喜的是，在"双碳"元年政府对低碳节能环保的宣传下，民宿主人们已经关注到自身能耗和排污问题，通过建筑本体节能改造、光伏风能等可再生能源利用、废水回收利用等节能减排技术，朝"节能、节水、节材、节地、环保"的绿色民宿方向发展。绿色民宿虽然还有很漫长的路要走，但是绿色低碳和环境友好已经成为中国民宿发展道路上悄然兴起的具体行动。

四 2022年中国民宿业发展趋势

（一）民宿运营专业人才培养成为职业教育新热点

2021年，我国民宿行业在经历了近几年高速投资建设后开始转向内在品质打造的阶段，无论是民宿主人还是地方政府都注意到高品质的民宿服务离不开出色的民宿经营与运营服务人才队伍。民宿是支持地方文化与旅游产业融合、促进地方特色产业宣传和发展的新兴综合体，经营和运营服务需要从业人员具备更加开放、综合的知识储备与能力。民宿经营与运营服务人才需要具备较强的语言沟通技巧、游客服务意识和优秀的经营智慧，此外还需兼具较高的文化素养（如懂农业、懂养生、懂传统文化）和拥有当地特色产业相关背景知识。无论是单一旅游管理专业还是单一酒店服务专业都不能很好地胜任民宿行业发展需要。

民宿职业培训市场需求。民宿管家自2022年起成为国家认可的职业岗位，这对于民宿经营发展具有积极的促进作用。基于民宿经营实际对民宿管家胜任力的需求进行分析，构建民宿管家胜任模型，并在此基础上开发出符合中国民宿实际需要的职业培训与认证体系是一个极大的挑战。由于民宿自身体量较小，其用工方面不可能像酒店或企业那样有过多的职数和特别严格的岗位矩阵，民宿管家所从事的工作通常而言是更加复杂的。与宾馆、酒店不同的是，民宿需要积极增加与游客的沟通机会以传递民宿主人、民宿管家的热情、温情和真情，这种人际能力的提升并非通过短期培训可以实现，而要在实际岗位上通过与形形色色的游客交往的历练而逐渐形成。

民宿管家职业培训需要职业院校以外的更多社会力量的共同参与，各地民宿协会或将在民宿管家职业培训方面担负起更大的责任。

（二）数字化赋能推动中国民宿发展进入新的阶段

新冠肺炎疫情冲击下，全球数字经济在逆势中实现平稳发展。立足数字中国建设和农业农村现代化的战略要求，在国家系列政策推动和社会资本的积极参与下，数字乡村建设呈现良好的开局态势，中国民宿正在尝试全面拥抱数字化且探索的步伐不断加快。越来越多的民宿主人开始关注并使用新媒体进行自家民宿和地方文化旅游的宣传（数字化营销），借助OTA平台和线上预订渠道进行客房销售（数字化销售），通过微信交流提升以往客人的复购率和口碑宣传（数字化客服）。由于民宿的体量相对较小，运营维护的复杂度较低，绝大多数民宿并没有在客服务方面采用数字化，包括在线选房、在线点餐等智慧客房服务。数字化很好地为民宿运营增加了信息服务，提升了游客黏性，并延长了游客的服务周期，对于提升民宿客均收益起到了极大的促进作用。

我国乡村数字基础设施经过近些年的投资建设，水平整体相对较高。尽管部分县域数字乡村发展较快，全国仍有约 2/3 的县域地区处于数字乡村发展的中等及以下水平，"东部较高、中部次之、西部和东北较低"的格局明显。在民宿数字化方面，东部地区民宿同样要比中西部地区民宿接纳得更早，应用水平更高。目前，在乡村旅游品牌建设过程中，国内多地已启动以县域为单位、由地方政府牵头进行民宿运营管理系统的集体订制开发，这成为数字乡村建设的具体行动之一。一方面打造县域乡村旅游品牌，另一方面解决民宿运营管理系统开发或租赁成本高、单个乡村民宿因体量小而无能力支付且应用意愿低的问题。可以预期的是，2022 年（含）以后，乡村民宿有望超越乡村地区的其他经营业态在数字化应用方面率先取得更大的进步。

（三）地方政府在民宿经营发展上加强规划和指导

民宿从最初为游客提供便利食宿的经营模式，正在演变为地方经济发展的会客厅、宣传站、新空间，其经营模式也变得更加丰富创新。民宿是地方旅游业发展的重要组成部分，地方民宿市场秩序对于保护游客利益、展现地方民风、营造优质体验至关重要。各地政府在地方旅游规划和特色小镇建设规划中已经普遍将民宿建设与经营纳入整体旅游规划中。

各地方政府出台的民宿管理规范与标准正从建筑与设备安全、服务规范、投诉处理、民宿聚落建设等不同的维度对民宿市场加强引导。地方政府亦将持续加大对民宿行业的服务，通过邀请第三方提供培训的方式加强对地方民宿主人及民宿管家的赋能，为当地民宿主人们共同参与地方旅游市场规则制定提供机会，听取地方民宿行业发展的困难、挑战和需求，发挥民宿协会的力量有效控制和弱化地区内的"千宿一面"的恶性竞争，形成各有特色、合作共赢的地方旅游业态。

各地民宿协会将与政府保持更为密切的合作关系。各省区市以县域为单位的民宿协会有望在政府的指导下在数量上取得新的突破。全国范围内，省级、地市级、县级民宿协会将形成立体网络，促进地方民宿业更加健康全面地发展。

（四）城镇民宿在疫情下面临更加严峻的生存挑战

在新冠肺炎疫情影响下，城市旅游业无一幸免地受到重创，城镇民宿广泛遭受到了更加严峻的挑战。不同于乡村地区，城镇人口密集，对公共卫生和社会治安的管理要求更加严格。当疫情发生时，城市相关防疫政策首先是禁止餐馆堂食、娱乐场所营业和关闭公共游览区域，以此减少人员聚集、降低病毒传染的可能。城镇民宿本身是作为宾馆、酒店的一种替代选择而出现，在外地游客骤降的形势下很难维持运营成本，特别是一、二线城市要支付较高的租房成本。

2020年底北京市多部门联合强势出台《关于规范管理短租住房的通知》，堪称史上最严民宿规范，开启了大型城市对城镇民宿经营在游客住宿登记和治安保障方面的强势管理。在城镇范围内，民宿或短租房已经对标宾馆、酒店进行审批和管理。这从某些侧面降低了城镇民宿无人化管理而带来的社会治安隐患，但也提升了城镇民宿的经营门槛和成本。这一趋势恐在疫情缓解后被更多一、二线城市效仿采纳。

在能源消耗方面，城镇民宿或短租房的水电煤气等长期以来都采用居民价格。而为了提升住客的舒适感，城镇民宿或短租房往往主动或被动地成为能源消耗大户，消防隐患也大大提升，这些问题已经引起多地政府的关注。未来，城镇民宿或短租房或将面临必须接受相关能源供给企业前置审批的强制要求。相关能源价格民转商将进一步增加城镇民宿的日常运营成本。

不同于乡村民宿天然具备较强的韧性，在政府管控和治理下，多数城镇民宿将在疫情中离场。在疫情后，城镇民宿将更加趋近于宾馆或酒店的管理和经营模式，低成本运营时代即将终结。

（五）民宿产业配套服务保障型企业迎来发展机遇

民宿业虽然在疫情下发生了诸多波动，但是其整体上依旧保持着旺盛的增长趋势。政府为响应市场需要而出台的一系列规范和标准，为民宿建设与运营提供了配套服务保障。为了让民宿在建设或改建改造中能够更具美感、更具竞争力，越来越多的民宿主人或民宿投资者倾向于邀请专业的建筑设计单位进行专业服务。看到民宿建设市场的火爆，国内各建筑设计研究院和建筑师事务所也纷纷组织民宿建筑设计项目团队服务民宿设计规划。

民宿布草的更换和清洗是直接影响游客入住体验的关键因素。民宿主人自己清洗往往无法达到地方标准的要求。面向同一村镇的民宿提供统一的布草清洗服务，将有利于发挥集中化、专业化、精益化的优势，提升布草清洗质量的同时大大降低清洗的成本以及对环境的污染。

帮助民宿经营者代采并提供高质量的设备、低值易耗品、土特产与伴手礼等的企业，在消除民宿经营中采买困扰的同时，在电子商务技术的加持下将大有作为。发现同一区域范围内民宿经营的共同需求，保障民宿经营者将有限的精力投入特色产品与特色服务的创造与提供上，更易于推动民宿的繁荣。这需要越来越多的民宿产业链上的配套服务保障型企业共同努力，创新商业模式，在国家拉动消费内循环、推动乡村振兴的大时代下大有作为。

参考文献

《中国民宿发展报告（2020~2021）》课题组：《2020年中国民宿发展形势分析与展望》，载过聚荣主编《中国民宿发展报告（2020~2021）》，社会科学文献出版社，2021。

张平、杨耀武：《2021年国内宏观经济分析与2022年展望》，国家金融与发展实验室，2022年3月5日。

范周：《文化产业和旅游业年度盘点报告（2021）》，北京京和文旅发展研究院，2022年2月。

黄季焜、高红冰：《县域数字乡村指数（2020）研究报告》，北京大学新农村发展研究院，2021。

区 域 篇
Regional Studies

B.2
北京民宿行业发展现状、问题及建议

邹统钎　常东芳　仇瑞　苗慧*

摘　要： 现如今我国已经迈入大众化旅游时期，旅游类型进一步从观光游转变为休闲游。民宿作为可以让旅游者在旅途中感受生活氛围的重要方式，越发赢得大众的青睐，而这使得资本开始不断地将目光投入民宿行业。北京作为全国重要旅游城市，拥有丰富的旅游资源，民宿客源市场庞大。然而，如今北京的民宿产业仍存在许多亟待解决的隐患。本报告以当前北京民宿行业发展现状的视角切入，明确其存在以下问题：经济基础薄弱，业主收益无法保障；行业不规范，劣币驱逐良币；监管不善，安全问题频发等，并得出未来北京应从加强政府引导，强化行业自律；社区营造"共生"发展模式、营造"主人"文化、加强民宿智慧化建设、

* 邹统钎，教授，博士生导师，北京第二外国语学院校长助理、中国文化和旅游产业研究院院长，主要研究方向为遗产旅游、旅游目的地管理；常东芳，北京第二外国语学院硕士研究生，主要研究方向为旅游目的地管理与规划；仇瑞，北京第二外国语学院硕士研究生，主要研究方向为旅游目的地管理与规划；苗慧，北京第二外国语学院硕士研究生，主要研究方向为旅游目的地管理与规划。

强化民宿品牌建设意识等方面入手，促使北京民宿行业有序、健康发展。

关键词： 民宿 乡村旅游 北京

一 2020～2021年北京民宿行业的产业政策

近两年来，北京市政府与各区政府出台了一系列政策，从精品民宿的打造到对城市民宿的管理要求的明确，为保障民宿行业规范、高质量发展做出努力。同时，伴随着国家有关乡村民宿政策的进一步推动，北京民宿正朝着规范化、标准化、精品化的方向发展（见表1）。未来，北京民宿应在国家与北京市相关政策的标准下，健康有序地提升，避免走"野路子"，打造充满活力、前途明朗的行业市场经营环境。

表1 2020～2021年有关北京民宿行业的产业政策

文件名称	发布时间	发布单位	与民宿相关主要内容
《乡村民宿服务质量规范》（GB/T 39000－2020）	2020年9月29日	国家市场监督管理总局、国家标准化管理委员会	对乡村民宿的概念进行区分，点明乡村民宿是位于乡村内，利用村（居）民自有住宅、村集体房舍或其他设施，民宿主人参与接待，方便游客群体验当地优美环境、特色文化与生产生活方式的小型住宿场所
《关于规范管理短租住房的通知》	2020年12月24日	北京市住房和城乡建设委员会、北京市公安局、北京市互联网信息办公室、北京市文化和旅游局	突出首都的功能定位和规划，明确禁止在首都功能核心区经营短期租赁住房。规定了短期租赁房屋的必要条件和短期租赁经营行为的管理要求，明确了短期租赁房屋出租人、经营者、互联网平台、租户、物业服务企业、属地管理部门等相关方的责任

文件名称	发布时间	发布单位	与民宿相关主要内容
《关于服务"六稳""六保"进一步做好"放管服"改革有关工作的意见》	2021年4月15日	国务院办公厅	鼓励各地区适量放宽旅游民宿准入条件,推动实施旅游民宿行业标准
《关于全面推进乡村振兴加快农业农村现代化的实施方案》	2021年4月8日	中共北京市委、北京市人民政府	开展休闲农业"十百千万"畅游行动,打造一批优质主题线路、休闲村落和示范园区。充分发挥村集体经济组织在乡村民宿中的组织引导作用,推动传统农家乐的转型升级。开展乡村民宿星级评定,引导标准化、规范化发展,提高乡村旅游现代化服务水平
《2021年"大厨下乡"乡村民宿餐饮提升工作方案》	2021年4月20日	北京市文化和旅游局	通过挖掘北京市乡村餐饮文化、整理具有北京地方特色的乡村民宿饮食案例、帮扶民宿从业者开发餐饮产品、培训餐饮服务技能、加大宣传力度等系列措施,提升北京市乡村民宿餐饮水平,培育民宿饮食文化,打造北京民宿特色餐饮品牌,满足广大旅游者对乡村民宿多层次的体验需求,推动北京市乡村民宿产业高质量发展
《社会资本投资农业农村指引(2021年)》	2021年5月8日	农业农村部办公厅、国家乡村振兴局综合司	鼓励社会资本参与到休闲农业、餐饮民宿、创意农业、农业体验、康养基地等产业的发展中
《推动城市南部地区高质量发展行动计划(2021-2025年)》	2021年7月29日	中共北京市委、北京市人民政府	大力发展乡村旅游、精品民宿,加快建设融合历史文化与地质遗迹的国际旅游休闲区

文件名称	发布时间	发布单位	与民宿相关主要内容
《2021年北京市休闲农业"十百千万"畅游行动农民职业技能提升培训实施方案》	2021年7月30日	北京市农业农村局	围绕休闲农业精品线路文化挖掘、中国美丽休闲乡村提质升级、休闲农业园区精品打造、民宿接待户改造升级，开展农民职业技能提升培训，帮助休闲农业经营主体明确政策导向、产业方向、投资导向，切实解决休闲农业经营主体面临的困难，开拓休闲农业经营主体的发展思路，提升休闲农业经营主体的经营管理能力，加快培养高素质的休闲农业生产经营者队伍
《关于推动城乡建设绿色发展的意见》	2021年10月22日	中共中央办公厅、国务院办公厅	加强规范指导，落实农村振兴规范行动。加强高标准农田建设，加快智慧农业标准建设，加快现代农业全产业链标准提升，加强数字村庄标准化建设，建设农业农村标准化服务与推广平台，推动度假休闲、乡村旅游、民宿经济、传统村落保护利用等标准化落实，促进乡村多产业融合发展

资料来源：各大政府网站。

二 2021年北京市民宿行业发展现状

2021年国内旅游缓慢增长，民宿需求呈渐增趋势。根据中华人民共和国文化和旅游部公布的数据，2021年前三季度，国内旅游总人次达到26.89亿，与2020年同期相比增长39.1%，并且已恢复到2019年同期的58.5%[①]。截至2020年11月27日，北京市共有699个乡村民宿品牌，分为6种类型，分别是景区依托型、文化主题型、特色餐饮型、景观建筑型、创

[①] 《2021年前三季度国内旅游数据情况》，中华人民共和国文化和旅游部，http://zwgk.mct.gov.cn/zfxxgkml/tjxx/202111/t20211103_928712.html，最后检索日期：2021年11月3日。

意创新型、亲子乐园型，乡村民宿盘活了闲置农宅 2000 余户，吸引社会资本近百亿元①，可见民宿产业已成为北京乡村旅游发展新的增长点。

（一）市场需求：市场复苏态势明显，新奇体验性产品备受青睐

1. 近郊民宿复苏超预期，节假日迎预定热潮

疫情之下，近郊旅行成为首选，城市周边民宿迎来发展机遇。2021 年元旦前后，国内病例时有增加，春节假期跨省旅行再度"折戟"，各省区市纷纷发布"就地过年"倡议，近郊短程游由此受到热捧。得益于北京"非必要不出京"防控政策，北京周边民宿生意初现小幅回暖。途家发布的《2021 春节民宿出游数据报告》显示，2021 年春节期间，一线和新一线城市的周边民宿搜索量超过 400%，其中京郊部分民宿春节期间预订率超过七成，民宿预定客单价较 2020 年同比增长超过 35%，"包个民宿小院过大年"成为新潮。据北京近郊度假村负责人透露，大年初二家庭房爆满，活动套餐咨询电话不断增多。民宿远离喧嚣、环境优美、私密性好，成为都市消费者节假日入住首选，逢周末及节假日北京城市近郊民宿一房难求。

2. "体验型民宿"颇受欢迎，多样玩法层出不穷

传统的单一住宿型民宿颓势已现，体验化、个性化、特色化民宿高歌猛进，发展顺风顺水。在"95 后""00 后"消费群体崛起的背景下，民宿逐渐成为集住宿、餐饮、观景、娱乐、休闲于一体的生活方式型消费场景，消费者的多元化个性化需求呈井喷式增长。乡村体验、蔬果采摘等满足家庭亲子类游客需求，投影仪、DIY 等满足游客休闲放松需求，户外烧烤、草坪晚餐给予游客浪漫体验，家庭轰趴、剧本杀等满足群体出游需求。多元客群的涌入倒逼民宿产业提升服务与品质，加速民宿行业优胜劣汰。

3. 携宠出游异军突起，野奢露营成新晋黑马

携宠出游比例逐步扩大，房车露营成为市场新星。国内领先的民宿短租预定平台途家发布的《2021 暑期民宿出游报告》显示，2021 年暑期携

---

① 李洋：《北京 699 个民宿品牌吸引社会资本近百亿》，《北京日报》2020 年 11 月 27 日。

宠出游的订单量占比超过 20%，北京周边的露营野奢民宿、房车体验等消费需求上涨。露营住宿方式满足了消费者追求安全私密又回归自然的需求。据携程发布的《2021 年中秋假期旅游数据报告》，2021 年中秋假期，携程平台上的露营产品订单量较 2021 年端午假期增长 50% 左右，商品交易总额增长达 60% 以上，2021 年以来，在用户旅游信息分享平台携程社区上，与"露营、野炊、野营"相关的内容发布量较 2020 年增长超 400%。营地旅游已进入高速增长的快车道，正成为带动整个消费市场增长的新黑马。

4."80 后"成为消费主力，"90 后"引领市场走向

"80 后"带娃旅行成为民宿市场消费主力，"90 后"开始走上职场，经济实力的增长促使其消费需求更盛。"80 后"和"90 后"群体成为旅游市场的中坚力量，他们消费更加大胆，更加注重品质和个性，培养并塑造着整个行业的消费热点与消费习惯。民宿预定平台途家与原创财经新媒体界面新闻于 2020 年 1 月 13 日联合发布的《Z 世代旅行新势力：精致穷的年轻人都把钱花哪儿了》显示，"80 后"和"90 后"在途家民宿的订单量占比达 61.3%，他们通常喜爱榻榻米房型、温泉房、四合院、中式风格房型和网红 Ins 风格等。且途家民宿数据显示，2021 年五一节假期间，"80 后""90 后"的民宿预订量占总预订量的 50% 以上，其成为民宿消费的主力人群。

（二）行业供给：民宿品牌规模化增长，多业态融合渐成趋势

1. 城市民宿监管严格，规范化标准化程度更高

城市民宿在北京短租住房新规下迎来史上最严监管。市区民宅以"城市民宿"形式对外出租房屋或床位，大量短租房无公安机关登记备案，消防及安全设施不到位，社区扰民问题突出，社会治安隐患大。在《关于规范管理短租住房的通知》发布之后，北京大批打着"民宿"幌子的短租住房偃旗息鼓，证照不齐全的民宿在资质证明补齐后重新上架。这成为北京民宿合法化的开端，民宿行业朝着规范化的方向有序发展。

民宿野蛮增长的态势得到压制，制度监管与行业标准逐渐建立。此前民宿消防、安防、注册登记、租客身份确认等不规范问题一直是束缚民宿规模化发展的重要因素。在政府出手和行业自律的双重要求下，民宿产业打通监管通道，房源上线和审核更加规范，安全措施配套更加完善，行业运营进一步阳光化。

2. 特色化品牌化趋势加强，营利模式多元创新

疫情之下，特色不强的单体民宿难以抵抗风险，精致品牌民宿成功"出圈"。疫情初期，个体民宿盈利锐减、难以为继，连锁民宿在品牌带动下，越过"寒冬"，吃到市场复苏的红利。其中品牌化精致民宿兼具标准化服务与特色化风格，发展尤为迅速。品牌民宿隐居乡里，近年来不断"出圈"，旗下多个子品牌如"山楂小院""桃叶谷""黄栌花开""云上石屋""姥姥家""先生的院子"等在京郊都有分布，每个子品牌无论是设计风格还是服务氛围都各具特色。另外还有"山里寒舍""大隐于世""花筑""原乡里""逸境"等众多成熟的精品民宿品牌，民宿行业的品牌化趋势不断加强。

民宿不单单是住宿空间，其产品与服务进一步升级。有的民宿以特色餐饮美食著称，有的提供剧本杀、KTV等娱乐休闲设施，有的则是垂钓采摘天堂，诸葛营村民宿更是以"中医中药"为主打特色，提供"药膳""药酒"产品及问诊服务。丰富的产品既满足游客多元的精神文化生活需求，也克服了民宿之前的单一营利模式，其营利模式更加多元、抗风险能力不断提升。

3. 疫情之下抱团取暖，合作并购渡过难关

国内疫情点状突发，其带来的影响仍在持续，民宿行业加速洗牌。2021年9月22日，阿里巴巴旗下的综合性旅游出行服务平台飞猪宣布投资小猪民宿，双"猪"合璧后，二者将达成深度战略合作，对民宿供应链进行深层整合，解决经营痛点。另外，2021年民宿借助淘宝"双11"平台，掀起一波民宿"囤货潮"，参与"双11"活动的民宿品牌数量突破纪录，且将近70%的乡村民宿是首次参加，11月11日当天的乡村民宿套餐交易量相比

上年同期增长超 16 倍，小猪民宿的随心住民宿套餐颇受青睐。① 民宿线上和线下资源并轨、多方扩展，促进民宿行业平台化、数字化发展。

4. 乡村民宿集群式发展，产业融合创新业态

北京周边乡村民宿已形成产业集群，民宿小镇、民宿联盟等空间聚落不断涌现。以延庆区为例，目前延庆区共有精品品牌民宿 100 多家，床位近 4000 张②，延庆区创新"社区共生"理念，组建民宿产业联盟，形成了姚官岭村、大石窑村、后黑龙庙村、石峡村等多个特色民宿聚集村，多家精品民宿聚集形成民宿产业集群。其中"合宿·延庆姚官岭"由"左邻右舍""大隐于世""石光长城""乡里乡居""原乡里""百里乡居"六大民宿品牌组成，其保持各自品牌特色和文化内涵的同时，实现高效的内部资源共享，扩大了品牌原有影响力，成为北方第一个真正意义上的民宿集群。

乡村民宿整合当地文旅体商农等多个产业进行增值赋能。民宿为当地农副产品和文化纪念品提供了展示平台，带动了当地特色农产品加工与销售，促进了本土特色文化 IP 的培育与孵化。一批产业民宿顺势而兴，大兴区北臧村镇着力发展以医养、健身、康复、非遗为板块的产业民宿，引进中医药老字号同仁堂，通过培育"当归小院""梧桐小院""庭院深深"等试点，打造了"一村一品位，一户一特色，村村户户不一样"的乡村产业民宿，创新发展路径③。

5. 社交渠道挖掘积累用户，跨界营销提升知名度

民宿主通过社群运营挖掘潜在用户，利用自媒体传播口碑。微信群和公众号已成为民宿业主营销的标配，其营销方式摒弃了简单的推送信息或产品优惠，而是营销一种生活方式，介绍一种新式美学和新兴品位，同时更加注重个性化，

---

① 顾立：《旅游业合力"越冬" 双 11 飞猪成交额同比增长超 60%》，上游新闻，https：//baijiahao. baidu. com/s？id＝1716193161470633067&wfr＝spider&for＝pc，最后检索日期：2022年 12 月 5 日。

② 张宏民、孔宁：《"共生社区"点燃延庆民宿发展新引擎》，《延庆报》2020 年 11 月 30 日。

③ 《乡村产业民宿发展的路径创新——以北京市大兴区北臧村镇为例》，中国农村网，http：//journal. crnews. net/zgcz/2021n/d9q/xczx/149239_ 20210913110911. html，最后检索日期：2022 年 12 月 5 日。

更有针对性。另外，小红书、大众点评等内容分享平台也成为民宿推广的前沿阵地，特色产品结合优质内容贴合媒体属性，带来极强的种草性。

民宿跨界营销越来越火，以房子为中心链接一切。旅悦集团旗下花筑民宿品牌凭借出彩的营销在 2021 年成功火出圈，花筑联手百度、携程社区分别进行的《花筑×百度　跟着苏东坡去秋游》《花筑×携程社区　睡醒计划》两场创新内容营销案例，为花筑民宿带来了 29.5 亿总曝光量。花筑以新奇的手法、创意的内容和沉浸式的体验方式让营销变得更高效、更精准。

三　2021～2022年北京市民宿行业发展问题及建议

（一）北京市民宿行业发展问题

因为经济基础薄弱，乡村民宿业主收益往往无法保障。以民宿存量较大的北京延庆区为例，其在主要的乡村民宿开发中，无论是民宿的设计与规划，还是配套餐饮等硬件设施的建设，前期都需要大量的资金投入，但是这些仅靠业主投入是远远不够的，后期如果经营不善，业主将血本无归。目前，当地的农户大多会对自己的房屋进行简单的装修，等后期慢慢回本赢利之后再继续扩建或修缮，但这不利于当地乡村民宿的长期发展和品牌化的形成。如果完全交给外包企业经营，实行飞地化，容易出现本地农户收益无法保障的情况，乡村民宿中的"主人文化"和"乡土特色文化"也无法得到体现与发展。此外，农户是当地乡村文化的重要载体，若缺少他们的参与，当地的特色民风民俗也不能得到较好的传承与展示。因此，为了使乡村民宿长远发展，保障农户的收益与积极性，不能全部依赖外来资金支持与企业全盘托管，需要探寻一种良好的合作模式，充分地协调好各方利益。

民宿行业发展粗犷且不规范，劣币驱逐良币。民宿行业的准入门槛较低，"无资质、无规模、无品牌"的"三无"经营者居多，许多民宿无法达到持证经营标准，不能正常办理相应证书，也使很多民宿并不依照住宿行业的标准税收政策进行税费的登记缴纳。因此，部分民宿的价格远低于同层次的酒店，在住宿市场颇具竞争力。这对传统酒店来说可能构成不正当竞争。并且，民宿经营逃税行为不仅损害公众利益，其缴税问题更影响民宿身份能否合法化。若不能清理这些不正规的"民宅型民宿"，对合法合规的民宿经营者来说是不公平的。

监管不善，安全问题频发。自 2018 年起，我国民宿行业发展势头迅猛，欠缺规范化管理导致了一系列社会问题，例如"炒房""治安隐患""扰民"等，行业中运营不规范、监管不完善等问题逐步显现，对社会造成了恶劣的影响。2021 年 7 月，由于监管不善，民宿中竟出现租户家具悉数被盗走的恶劣事件。此外，由于民宿行业运营不规范且民房无法深入监管，多个民宿平台被频繁爆出使用微型摄像头偷拍租户，严重侵害了租户的利益①。实践中，未经过专业服务培训的房东缺乏一定管理能力导致侵犯租户隐私的现象时有发生。一些民宿房东并不与房客见面，"只出租、不管理"现象十分普遍，欠缺规范化管理的"民宅型民宿"还容易成为嫖娼、吸毒、赌博的藏身之所，对社会治安造成严重不良影响。

（二）加强政府监管，强化行业自律

北京市对民宿行业的监管走在中国前列。为了规范民宿行业，维护租户、业主的合法权益，解决房屋短租引起的打扰居民正常生活、治安不良等问题，依据《民法典》《电子商务法》《网络安全法》《治安管理处罚法》《反恐怖主义法》等法律规定，市住房城乡建设委、市公安局、市网信办、市文旅局 4 部门于 2020 年 12 月 24 日正式印发《关于规范管理短租住房的通知》（以下简称《通知》），对开办民宿的经营者应承担的责任作了明确规定：经营者具有维护租户安全的责任，经营者在租户入住前应通过互联网平台核验，房屋管理责任由房屋管理单位和物业服务企业承担。《通知》自2021 年 2 月 1 日起施行，自此，北京民宿迎来最强监管。政府把握宏观的行业标准与管理，但是难以及时感受到市场的变化，在具体的监督管理上也

---

① 李夏：《北京民宿：扫去"灰尘"再上路》，《法人》2021 年第 10 期，第 62~65 页。

心有余而力不足，因此，民宿行业需要加强行业自律，促进北京民宿业态的发展，探索民宿服务标准，为消费者提供更满意的服务。

（三）社区营造"共生"发展模式

社区营造"共生"发展模式。隐居乡里成立于2015年，其发展模式为"三方合作、三权分离、利益共享"，北京延庆的"山楂小院"是隐居乡里的第一个样板小院。2019年，隐居乡里快速发展，建造了120个民宿小院。隐居乡里的共生模式是将企业、政府、农民、村集体四方利益联系在一起，形成一个利益息息相关的共生体。其中，隐居乡里掌控着民宿的运营和管理；政府为隐居乡里提供政策支持；资金保障则由相关金融机构来提供。隐居乡里在分配利益时，更多地向村民倾斜。隐居乡里这种利益分配模式产权清晰，能够很好地协调农民、政府、企业、村集体的利益，实现和谐发展[1]。

（四）营造"主人"文化

民宿相较于宾馆、酒店，其优势在于个性化的营造，这主要由房主的人生观、价值观以及生活态度决定，体现在房屋的设计上。对于现代旅居者而言，选择民宿不仅要满足基本的住宿需求，还要在这基础上能够感受到民宿的独特文化，这种文化可以是主人赋予的，也可以是当地民风民俗，抑或是主题文化，这种文化可以使民宿具有独特的气质，继而拥有某种精神。同样，这对民宿经营者提出了更高的要求，不能仅仅关注设计风格、基础设施，而应进一步打造承载着文化的生活空间。民宿的建造，基于"寻家"诉求，需要亲情化；基于"问俗"诉求，需要乡土化；基于"定制"诉求，需要个性化[2]。这样，"主人"文化才能得到更好的体现。2016年，民宿主梁晴在北京密云创办的名为"老友季"的生活方式体验型家庭民宿，由3座

---

① 黄冠华：《乡村振兴战略背景下北京乡村民宿发展模式与机制研究》，《安徽农业科学》2021年第10期，第128~130页。

② 马牧青：《大多数民宿名不副实，枉挂了一个"民"字》，https://new.qq.com/rain/a/20211124A03RK200，检索时间2022年12月6日。

上百年历史的庭院老屋改造而成，有 12 间客房，能同时接待 30 人住宿，定位是一家植物主题的家庭民宿。民宿主喜欢自然园艺，院子里种了上百种植物。繁茂的植物营造出自然氛围，深受客人喜爱；房间设计风格是温暖自在的美式乡村风格，有咖啡吧、民谣驻唱、流水、花香；餐饮方面民宿主坚持做农家菜，熬山楂汁、腌腊八蒜、晒柿子、晾白薯干。"老友季"营造出了民宿主热爱园艺、热爱生活的主人文化，是营造"主人文化"的成功案例。

（五）加强民宿智慧化建设

相较于传统酒店，民宿智慧化建设有了质的提升。入住智慧民宿后，用户不再需要将电子设备一一手动打开，只需通过语音发送指令即可，深受中青年顾客的青睐。智慧民宿管理系统采用了人脸识别、物联网等高新科技，内含不同场景应用模式，为用户提供更加精细、智能化的服务。在智慧民宿中，用户可以通过线上 OTA 自由地选择不同房间并进行预定，如果计划有变也可以随时全程线上办理退订；用户办理入住时，只需上传身份证件，通过人脸识别后即可获得电子房卡入住；用户在退订时，在小程序在线退房即可，不需要额外的操作。在北京平谷，花自若智慧民宿项目规划 420 平方米的 2 栋小院，有客房、餐厅、厨房、茶室、娱乐等功能。该项目全面使用智能家居系统以及管家式服务，是旅游度假、修身养性的向往之所。以简约中式为主，采用木质结构与大自然环境融合，让体验者回归自然，摆脱都市压力与束缚，让疲惫的心灵得到歇息，寻找最本真的情怀。花自若智慧民宿集文化、智慧、旅居于一体，倡导宜居、宜旅、宜养的设计理念，从智慧体验、智慧管理入手，遵从一店一设计、一家一诗意的设计理念，民宿中设专属管家、书房、茶室、餐厅、厨房。北京市怀柔区的"觅越居舍—曼妮小院"拥有非常完善的智能设备，如拥有人体适宜温度的智能马桶、根据光线的变化自动伸缩的智能窗帘、可以进行对话的小爱同学等，智能化设备越来越受年轻群体的喜爱，逐渐成为民宿和酒店的标配。

（六）强化民宿品牌建设

在"互联网"的浪潮下，众多民宿预订平台应运而生，如蚂蚁短租、爱彼迎等，这也成为北京民宿的聚集与推广平台。但是差异化的民宿不能一味地采用传统酒店的营销模式，而应根据自己的差异化特征细分市场，有针对性地营销，微信、抖音、微博等自媒体都是良好的宣传工具。此外，民宿经营者也可以通过参加大型活动来扩大自身的影响力。当民宿有了一定影响力，其品牌价值也就得到了提升，品牌不仅是企业文化的表现形式，也是民宿价值的体现。目前，北京的民宿竞争仍然处于低端的价格竞争阶段，北京的巨大消费市场尚未被完全开发，民宿品牌建设尚有很大空间。有关部门可以采取相关措施培育北京民宿品牌，鼓励民宿精准定位、差异化发展，如采取拍摄民宿宣传片、举办民宿展示大会、印刷宣传手册等方式，扩大北京民宿的影响力，打造一批知名民宿品牌[1]。

---

[1] 黄冠华：《绿色生态背景下北京乡村民宿发展现状·问题与对策研究》，《安徽农业科学》2021年第9期，第137~140页。

B.3
高质量发展背景下江苏乡村民宿
发展瓶颈与对策建议[*]

周 玮 于林惠 张 瑜 阮晓文[**]

摘 要： "十四五"时期，高质量发展成为主旋律。乡村民宿在助力乡村全面振兴、破解城乡发展不平衡、增强民生福祉和高品质生活等方面发挥重要功能。通过实地调研典型案例认为，江苏乡村民宿存在疫情防控常态下重新洗牌、空间分布不均衡和发展不充分、条块分割与"政出多门"、"工疗惠农"政策效应单一、数字治理效能不高、经营标准化和服务规范化程度不强等发展瓶颈问题，提出如下对策和建议：坚持以人民为中心，打造乡村民宿幸福产业；摸清家底，科学规划，打造江苏乡村民宿集群样板；生态优先，绿色发展，制定民宿行业绿色标准；科技赋能，信息驱动，提升乡村民宿数字治理效能。

关键词： 高质量发展 乡村民宿 江苏

---

* 基金项目：教育部人文社科规划基金（项目编号：21YJA630125）；江苏省社会科学基金（项目编号：21GLD006）；2021年度江苏省文化和旅游重点科研课题（项目编号：21ZD10）；江苏省高校哲社重大课题（项目编号：2019SJZDA134）。

** 周玮，南京工业职业技术大学商务贸易学院教授，博士，主要研究方向为乡村文化、乡村产业经济；于林惠，南京特殊教育师范学院研究员，博士，主要研究方向为乡村文化、乡村经济、智慧农业等；张瑜，南京工业职业技术大学商务贸易学院教授，博士，主要研究方向为乡村产业经济、农村物流等；阮晓文，南京工业职业技术大学商务贸易学院院长，副教授，博士，主要研究方向为乡村产业经济、农村电商等。

"十四五"期间，乡村民宿作为拉动国内旅游消费回流的重要发力点，在助力江苏乡村产业振兴、促进农民就业增收、实现乡村高质量发展等方面将发挥引领拉动效应。新冠肺炎疫情突发以来，人们的出游方式发生显著变化，从团队游转向家庭游，从跨省长距离出游转向同城游和城市周边乡村短途游，从长时游转向高频次周末短时游，乡村民宿的发展迎来新窗口期。但是，伴随游客消费理念和消费行为更趋理性，乡村民宿的高质量发展又将面临新的问题。

一　江苏乡村民宿案例地调研

（一）案例地调研

2021年10月至2022年9月，因受到新冠肺炎疫情影响，课题组采取就近调研方式，先后实地到访南京市江宁区徐家院若谷、乡伴·苏家理想村、龙乡·双苑和黄龙岘，溧水区山凹村、田姐家、石山下村以及栖霞区桦墅村九间坊共8家乡村民宿开展深入调研。

1. 徐家院若谷

徐家院若谷位于江宁区谷里街道（见图1），拥有齐全的配套设施，经营业主是一位来自云南的创业小伙，之前在云南有8年的民宿经营经历。目前，徐家院若谷运营4年，建有35间客房，70张床位，主要借力靠近南京牛首山佛文化主题园、银杏湖乐园、大塘金薰衣草、松鼠咔咔乐园等周边景区的地理临近效应吸引客源。民宿周边建有户外泳池、儿童乐园、垂钓场所等游乐设施，还专门为游客开辟了一块认养菜地的绿园子，供常住客体验乡村田园的种植作业。但是，因为新冠肺炎疫情影响，近两年的游客接待量出现较大波动，淡季经营收益十分惨淡，民宿主投资经营的热情度正在下降。

图1 徐家院若谷调研拍摄图片

2. 乡伴·苏家理想村

乡伴·苏家理想村位于江宁区秣陵街道（见图2），该地山清水秀、环境优美，是长三角地区首个特色文化小镇。调研组实地采访后了解到，街道在前期大量投入资金打造和配备基础设施，之后进行的招商引资，得到了政府优惠政策的支持和妇联的帮扶，采用政府与社会资本共建的模式来运营民宿。乡伴·苏家理想村在打造精品民宿的同时，也在维护周边的自然环境，萤火虫保护基地、白鹭湖、银杏湖乐园等项目的创建使苏家的休闲氛围更加浓郁，还在民宿的楼底下种植了新鲜蔬果，使游客能够品尝到当季的有机蔬菜。乡伴·苏家理想村更着重于宣传当地的农耕文化和内心的农家情怀，让游客亲身体验耕种过程，开展"田间大课堂"活动，使游客能够亲自制作农耕文创产品，进一步让农耕文化深入人心，保证了乡村民宿服务的质量，也加强了文化的输出。

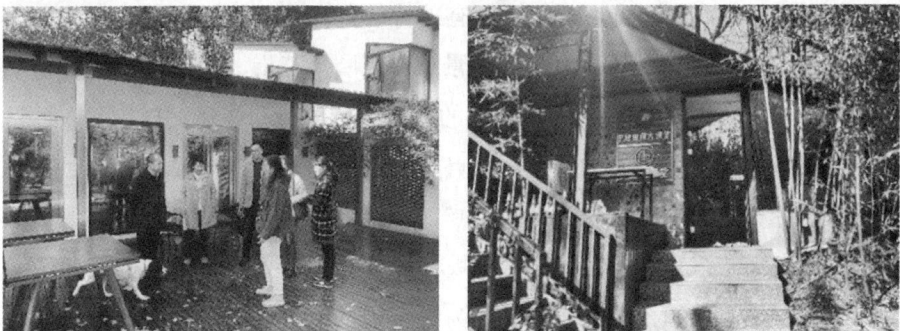

图2 乡伴·苏家理想村调研拍摄图片

3. 龙乡·双苑

龙乡·双苑地处江宁区横溪街道西阳社区（见图3），位于江宁美丽乡村西部片区核心区内，由紧邻龙山水库的上苑和兴苑两个村庄组成，是在2017年由江宁旅游产业集团全新打造的金陵高品位民宿集群。目前，民宿客房以"贵园""平善居""青云居""祥云居"等标间、套房、独栋等形式展现，价位从500元到3000元不等。龙乡·双苑先后引进了大缘文化、莺舍等民宿餐饮品牌与国学馆、陶笛馆、茶馆等特色文化体验项目，还打造了区级民主党派之家、政协商量书房、文联乡贤馆等，在乡村振兴中注入"同心江宁"主题元素，展现江宁本地乡贤文人的风采。

图3　龙乡·双苑调研拍摄图片

4. 黄龙岘

黄龙岘被誉为"金陵茶文化休闲旅游第一村"，是江宁区确定的新一批"金花村"之一（见图4）。黄龙岘拥有独特的茶文化，其间街道立有茶文化村导览图，清晰明了展现当地的特色景点，茶园、茶市、炒茶坊串联了整个黄龙岘。村中有33家当地居民对自家的农房进行改造和修建，打造了一批具有地域特色的民宿，当地村民更是重点开展农家乐来传递返璞归真、回归自然的理念。黄龙岘中还有多个特色景点，包括农家美食风情街、炒茶坊、不闲居、黄龙大茶馆和黄龙潭等。黄龙岘目前设有团建拓展基地，还落地了南京江宁大学城多个学校的创业项目，为学生提供免费创业资源和场地，减轻学生们创业资金筹措压力，也为学生们的创业项目开阔视野，拓宽就业渠道。

图4　黄龙岘调研拍摄图片

5. 山凹村

山凹村位于南京市溧水区洪蓝街道，在傅家边农业科技园旁，是"全国休闲农业与乡村旅游示范点"（见图5）。傅家边每年都会举办南京溧水国际梅花节和采果节，以赏梅、采果、制茶、垂钓、科技园、农家乐为特色，受到现代都市游客的青睐。特别是每年的采摘节都要吸引大量游客前来旅游，也为山凹村民宿带来了源源不断的客源。目前，山凹村28户人家中有20户开农家乐及民宿，在设计上经过几轮改造后，较好地保护了村民原始民居的外观风貌，注重"乡愁"文化的保育和发掘，发挥老树、老井等原有元素符号，让住客能在浓浓的"乡愁"氛围中感受到传统文化。其中，有些民宿因为老板娘经营民宿有特色，获得"江苏省巾帼示范基地"的称号。山凹村在南京市率先探索新型乡村民宿建设发展模式，通过村集体经济组织牵头、村民参与，成立民宿运营管理公司，按照村集体增收、村民致富的方向及四星级以上民宿标准，由村民自主投资改建运营。此外，地方政府对山凹村也是大力支持，将其作为南京首个民宿疗休养试点，直接带动农民增收100多万元。

6. 田姐家

田姐家位于溧水区和凤镇张家村，临靠石臼湖与凤栖山（见图6）。张家村是一座由烧窑、耕田、捕鱼、运输发展起来的历史村落，有700多年历史，至今仍保留着江南水乡的古村风貌。田姐家是社会资本注入、专业酒店运营公司经营的民宿，将当地农户的老旧房屋租用并改建为民宿，以白色调

图5 山凹村调研拍摄图片

为主、原木色为辅，整体风格中式简约，并保留了青石白墙灰瓦的村落特色。一期民宿一共建有7栋楼，为了空间舒阔，只做了14间相对宽敞的客房，面积从41平方米到147平方米不等。有些房间有日式榻榻米，有些房间有蒲草大炕，有些房间有户外露台，有些房间有临水院子。目前，田姐家已经进入二期投资阶段，规划将引进一批艺术家在此长期入住，为其成立工作室，让其扎根乡土，创作艺术和文创等产品。

图6 田姐家调研拍摄图片

7. 石山下村

石山下村位于溧水晶桥镇，是一座有着近千年浓厚历史文化的古村落（见图7）。近年来，地方政府招商引资，以打造乡村精品民宿为抓手，积极推动当地乡村文旅产业的融合发展。石山下村民宿经过多年运营已经相对成熟，虽然客房不多，但其因建筑设计颇具特色，周末经常一房难求，诸如公司团建、家庭亲子游、亲朋好友结伴游等。目前，石山下村已经建成一批特色精品民宿、乡居酒店、艺术大师工作室、乡村书屋等。此外，地方政府还针对石山下村的实际发展情况出台"创客计划"，吸引创客驻扎村里，尝试创造文创旅游产品。这些文旅产业链的衍生都推动了当地旅游扶贫，为当地农户的就业带来了更多的机会和平台。

图 7　石山下村调研拍摄图片

8. 桦墅村九间坊

桦墅村九间坊民宿位于南京市栖霞区西岗街道桦墅村周冲水库旁，周边东南侧临近栖霞山风景区（见图 8）。通过调研得知，茶肆酒店经营管理公司于 2015 年正式入住桦墅村，先期运营茶餐厅，即"茶肆"。之后，2020年加持资本，开始同时运营九间坊民宿。一期民宿投资 200 多万元，主要是租用农户房屋改建的九间房屋，周边依托桦墅村古朴的江南民居风貌，吸引客源。目前，进入二期投入阶段，建有配套设施九间坊会议中心、国际垂钓中心、亲子游憩乐园等。但是，在疫情期间，经营惨淡，主要依托茶肆运营的茶餐厅来缓解压力。

图 8　桦墅村九间坊民宿调研拍摄图片

（二）实地访谈

调研依托江宁区、溧水区、栖霞区的典型乡村民宿，选取民宿业主（含本地农户自营和外来资本创客）、原住民、游客、村干部和街道相关工作人员共 73 名访谈对象，开展调研访谈。

1. 访谈问题

针对民宿业主的访谈问题：这两年的疫情对经营乡村民宿有哪些影响？自家经营的乡村民宿，目前收益较好的有哪些？您作为外来投资创客，目前在民宿投入上花费多少？平时雇佣员工的费用是多少？占总收入的比重大吗？村里有无扶持措施？等等。

针对原住民的访谈问题：您觉得乡村民宿发展起来，村里老百姓是否更有钱了？感到更加幸福了？外来投资创客到村里开办民宿，你们是欢迎高兴还是有什么想法？村里这几年因为家家户户都在学习经营民宿，是否感到收入水平上来了？有哪些觉得政府还需要帮扶支持的吗？

针对游客的访谈问题：来到这里，你觉得乡村民宿提供的这一切，满足了你的需求了吗？你到这里，住民宿，看乡村风景，感到最满意的地方是什么？你觉得这里的乡村民宿和你之前去过的一些其他民宿有区别吗？你觉得这里住宿的价格贵还是便宜？

针对村干部和街道相关工作人员的访谈问题：这些年，你们在带领村民经营民宿、发展乡村产业方面，做了哪些工作？你们觉得，村民理解你们吗？支持你们吗？你们认为，还有哪些是需要进一步加大力度去做的？

2.访谈文本分析

通过梳理访谈记录的资料，删除内容重复、与调查主题不关联的语句和短语，提炼关键词。在此基础上，运用扎根理论的数据分析软件将这些关键词生成共现矩阵，结果呈现如表1所示。

表1　调研关键词共现矩阵词频

序号	高频词	频次	序号	高频词	频次	序号	高频词	频次
1	乡村民宿	63	14	低碳	50	27	环保	36
2	社会资本	62	15	生态	49	28	资金	35
3	原住民	60	16	带动性	47	29	妇联	33
4	硬件条件	59	17	不满足	45	30	潮汐现象	32
5	强联系	59	18	富民	45	31	发展合力	30
6	"民宿+"	57	19	高质量发展	45	32	个性化服务	29
7	标准化	55	20	韧性	43	33	惠农	27
8	不匹配	55	21	人力	42	34	基础设施	25
9	弱联系	54	22	节能	42	35	结构性矛盾	25
10	非标准化	54	23	管理	40	36	精品民宿	23
11	软件条件	54	24	劳务	38	37	旧房改造	23
12	政府平台	52	25	投入	38	38	绿色	20
13	乡村文化	50	26	模式	37			

从表1可看出，访谈样本中出现的高频关键词覆盖了乡村民宿、原住民、软件条件、硬件条件、社会资本、弱联系、结构性矛盾、政府平台、管理、精品民宿、基础设施、个性化服务、低碳、节能、绿色、环保、高质量发展、旧房改造、发展合力、潮汐现象等。

二　江苏乡村民宿发展瓶颈及原因分析

（一）疫情常态下重新洗牌

本地农户自营、外来社会资本投入和政府委托专业机构运营是乡村民宿的主要经营模式。2020年新冠肺炎疫情突袭，旅游业瞬时按下"暂停键"，民宿业遭受重创，无论是外来社会资本注入的经营模式，还是本地农户"提篮小卖式"的散户经营，都遭遇了滑铁卢式的客源断档，经营状况每况愈下甚至难以为继。民宿发展早期是卖方市场，供不应求，一些追求高额利润的经营者快速进入，采取简单复制酒店标准化经营模式赚快钱，其蓝海效应明显。但发展到今天，民宿消费市场不断细分，经营理念已不再是为客人提供几间房、安排几顿农家饭，疫情防控常态下的乡村民宿重新洗牌。原先那些通过空间利用最大化来扩充客房数量、扩大民宿规模、提高游客接待量的"七十二家房客式"的经营理念不再适应高质量发展的需求，越来越多的游客追求安全的社交距离、宽敞舒适的房间、全身心的放松和愉悦体验。因此，旺季一窝蜂、扎堆抢订单、做一锤子买卖的"快餐"民宿将被淘汰出局，取而代之的是能够常年持续提供优质产品和服务的精品民宿，而过度依赖外来社会资本注入的民宿也终将失去生命力，唯有不断增强本地农户自营的能力，乡村民宿的发展才有活力。

（二）空间分布不均衡和发展不充分

目前，江苏乡村民宿仍然存在空间分布不均衡和发展不充分的问题。就空间分布不均衡而言，突出表现为苏南的乡村民宿集聚度最高，苏中较低，苏北最低。其中，苏南地区的乡村民宿主要集中在南京、苏州、无锡、常州和镇江，周末和节假日经常"一房难求"。苏中地区主要集中在扬州、泰州和南通，且多布局在知名旅游景点的周边范围。苏北的乡村民宿以徐州、连云港、宿迁、淮安、盐城为主，总体上仍处于起步阶段。就发展不充分而言，存在急功近利的"造村运动"和民宿产品同质化现象。苏南地区主要提供家庭休闲和亲子类产品及服务，苏北地区大多是农家乐形式的餐饮消费，缺乏鲜明的江苏地理标识和文化根植性，核心竞争力不强，民宿经济的集群效应弱。散户经营的乡村民宿，重在维持生计。外来社会资本投入的民宿急于回本赚快钱，"一哄而上"和"一哄而散"现象频发。建设初期，不惜血本地按照星级酒店标准复制建设，追求硬件高端奢华，但当疫情冲击、游客量下滑、经营出现危机时，又迅速撤离资本、逃离乡村，民宿成为烂尾楼。

（三）条块分割与"政出多门"

乡村民宿管理涉及文旅局、住建局、美丽乡村建设办、乡镇社区街道等多个部门，存在条块分割和"政出多门"的现象。以办理民宿的消防安全许可证（以下简称"消防证"）和特种行业许可证（以下简称"特行证"）为例。就消防证而言，发放权在消防部门。一些本地村民将原先自建农房翻修改造后作为民宿经营，但改造后房屋主体结构等很难达到消防安全规定的标准，如果全拆重建又要花费大量资金，因此不少农民自营或外来民宿主租用当地农房经营的都不太愿意花钱改造。在拿到消防证基础上申领特行证也很难，因为必须通过住建局安排的第三方评估机构的房屋鉴定。目前，只要是农民自建房改造的民宿都无法通过鉴定，因此，特行证获取的难度最大。而地方文旅部门扶持一些精品民宿提档升级（申报甲级和乙级旅游民宿），又必须拿到特行证。在访谈南京市江宁区文旅局相关负责同志时了解到，2016年之前，江宁区政府为了创建民宿村，给当时禄口试验区的一批民宿业主们集中发放了特行证（包括农民自建房改造的民宿），但现在审查要求提高了，对当年已经发证的那批民宿要进行重新核查。

（四）"工疗惠农"政策效应单一

"工疗惠农"是地方政府和管理部门为助力乡村振兴、帮扶乡村民宿产业、增加当地农户收入而出台的新政。截至2021年10月，南京市第一批民宿提档升级试点村共接待疗休养182批次近5000人次，总营收700余万元（含散客入住收入）。政策出台的初衷是好的，但在调研"工疗惠农"实施过程时却发现那些已经享受到该扶持政策的乡村民宿业主产生等、靠、要思想，坐享其成地等着政府给他们输送客源。同时，疗休养游客白天并没有被安排在本村，而是早出晚归，由旅游大巴接到乡村周边的一些城市旅游景点或其他乡村去旅游，这对那些没有享受到"工疗惠农"政策的乡村民宿而言，客源无法保证，由此导致不公平竞争和恶性循环。

（五）数字治理效能不高

疫情以来，民宿业主开始关注自媒体的引流效应和客源叠加效应，借力爱彼迎、途家、小猪、美团等民宿短租平台接受线上订单，建立独立网站，开辟微信公众号，通过抖音、小红书、快手等直播种草并迅速圈粉，将乡村民宿周边的特色景观、乡风习俗、游玩攻略等实时在线分享，最大限度挖掘潜在客户市场，盘活现金流。但是，民宿经营者对地方政府推送的智慧旅游信息平台的关注度不高。截至 2021 年 10 月，在南京智慧民宿平台登记注册的民宿合计 226 家，平台采集的民宿信息主要是客房和床位数（3909 间客房、6699 张床位）。访谈时发现，民宿经营者对政府推送的智慧旅游信息采集平台的使用规则和流程不熟悉、不了解，有的反映操作比较麻烦耗时。因此，民宿自媒体平台和政府智慧旅游信息平台之间缺乏互融互通，信息流的数字治理效能不高。

（六）经营标准化和服务规范化程度不高

调研发现，乡村民宿名称的使用缺乏行业统一标准，诸如家庭旅馆、旅游民宿、精品酒店、酒店公寓、度假别墅、农家乐、农家饭店、客栈、农场等，五花八门的名称依然普遍存在。在调研南京某村民宿时，发现这里的民宿大多为农户自营，其名称如同一些旅游景点的山寨版，如"梅花山"民宿、"大金山国防园"民宿、"秦淮梅园"民宿，这样的名称显然与乡村民宿的风格不匹配。同时，新建或改造民宿时，对科学运用绿色、低碳、节能的建筑装饰材料也缺乏行业统一的标准，有的民宿为了降低成本甚至偷工减料或采用不环保的原材料。此外，专业人才匮乏也是一个棘手问题。一些农户自营的民宿，往往是农户自己和家人身兼老板和雇员的双重角色，一到旺季游客量增加时，人手就不足。有些民宿虽然聘用了专业服务人员，但因淡旺季的用工人数差异较大，经常是淡季裁减员工或者降低薪资以节约成本，而旺季又临时急聘兼职人员，造成人员流动性很大，服务质量难以保证。

三　对策和建议

（一）坚持以人民为中心，打造乡村民宿幸福产业

坚持以人民为中心的发展思想，着力改善民生，推动乡村民宿成为引领乡村振兴和富民就业的幸福产业。村民不是群众演员，要摒弃以往那种急功近利让村民集体搬迁的做法，学打"组合拳"，构建以乡村民宿为龙头的产业生态链，最大限度挖掘乡村民宿及上下游关联产业的全要素生产率，将乡村民宿衍生的鲜活生产要素和优质产品向城市拓展，让城市现代化的生产要素反哺乡村，实现"水乳交融"，推动乡村产业兴旺和村民安居乐业，让乡村民宿成为人民群众共享的"自然客厅"，提升人民群众获得感、幸福感和安全感。

（二）摸清家底，科学规划，打造江苏乡村民宿集群样板

乡村民宿是传承乡村文化的重要载体，而乡村文化的繁荣与发展是一个历史积淀的过程。因此，要用100年后的眼光审视当下乡村民宿的建设与发展，为子孙后代厚植乡土情怀、塑造精神家园，就不能任由其野蛮生长。要摸清家底、科学规划，在保护乡村原生态生长肌理的同时，让乡村民宿与乡村空间有机融合、有序生长。要深耕江苏乡村的历史文化内涵，由表及里，层层递进，挖掘江南"鱼米之乡"文化、苏锡常吴越文化、徐州汉文化、扬州运河文化、滨海开垦文化等丰富内涵，融入苏南、苏中、苏北不同地区的农耕文化和乡土气息，打造具有江苏不同地域"精神长相"的乡村民宿特色集群，构建乡村民宿高质量发展的新格局。

（三）生态优先，绿色发展，制定民宿行业绿色标准

乡村原生态的自然环境是最普惠的民生福祉。长期生活在城市钢筋混凝土中的游客一晚上花费上千元到乡村民宿来寻求体验，绝非体验高端奢华。

当下人们对健康水平、环境质量的需求更加迫切，疫情以来，民众需求理念正从"重生活"转向"重生态"，从"求温饱"转向"盼环保"，而回归自然、亲近自然、享受乡村田园之美正是游客最理想的诉求。因此，要贯彻创新、协调、绿色、开放、共享的新发展理念，坚持生态优先，绿色发展。支持地方民宿行业协会、企业联盟等牵头制定民宿行业绿色标准与操作规范，以乡村民宿的建筑装饰用材为突破口，强制推行绿色、低碳、循环的用材标准和建筑规范。以绿色生产和生活方式为引领，建立乡村民宿绿色标准的约束和激励机制，提升乡村民宿高质量发展的韧性。

（四）科技赋能，信息驱动，提升乡村民宿数字治理效能

科技赋能和信息驱动是加快乡村民宿高质量发展的重要引擎。为此，应依托现代农业高科技，加快乡村公共服务和基础设施建设，开发民宿旅游相关的休闲设施和现代装备，拓展乡村民宿在娱乐、康养、健身、科普、教育等方面的功能。健全劳动、资本、技术、土地、管理等传统要素在乡村民宿高质量发展中的经济贡献和报酬机制，加强民宿经营者和从业人员的专业系统培训，让他们讲好乡村故事，成为优秀乡风民俗的演绎者和传播者。关注科技、信息、知识、数据等新产业要素在乡村民宿高质量发展中的新贡献，将政府搭建的智慧旅游信息采集平台与民宿自媒体平台有机衔接，实现互联互通，切实解决条块分割、民宿信息采集不通畅等棘手问题，提升乡村民宿的数字治理效能。

B.4
浙江省旅游民宿发展报告

周成功　杨　杰[*]

摘　要： 本文对过去一年浙江民宿发展的新特点、新问题、新趋势等几个方面进行总结提炼，把具有典型意义的案例呈现出来，并尝试对其中的一些共性问题进行深入剖析。文章分析了疫情背景下乡村民宿和城市民宿、城郊民宿发展的不同特点，对乡村民宿的高抗风险能力进行了总结，同时对民宿经营管理的数字化应用能力进行了分析。最后，文章对民宿的等级认定进行了多维度的分析、研判。总体上，浙江民宿走出了自己的发展特色，在等级评定等方面也走在全国前列，具有一定示范效应。

关键词： 民宿　高质量发展　浙江省

一　总体情况概述

2021年、2022年，浙江省民宿业在疫情的波动影响下艰难前行，整个行业依靠自身生生不息的意志力和各级政府部门的政策支持、资金补助或者融资手段来缓解困难，行业何时复苏仍然不明朗。

（一）疫情影响间歇性停业

过去一年甚至是两年，新冠肺炎疫情成为贯穿始终的社会话题，"抗

---

* 周成功，西湖民宿学院副院长，浙江省文创产业协会旅游商品专委会秘书长，主要研究方向为民宿经济、旅游商品、休闲经济等；杨杰，杭州岭盛旅游发展有限公司董事长。

疫"成为常态。随着疫苗接种工作的不断推进，疫情控制总体呈现稳定态势，没有出现面上的大规模暴发。新冠变异病毒从德尔塔毒株到奥密克戎毒株，疫情开始呈现点状分布或暴发，传播性、病毒强度都在减弱，局部区域短时间的封控有效阻止了病毒的传播扩散，生活、生产有序进行。过去一年，疫情呈现出的点状暴发态势，在某一地区小范围内出现，导致一定区域范围内的旅游业、民宿业必须短时间封闭，以切断病毒传播路径。过去一年，浙江至少有西塘古镇、绍兴上虞等地区在疫情暴发后实行短时间内封闭式管理，一定程度上影响了旅游业、民宿业工作的正常开展。封闭式管理区域内的民宿直接停业，解封后才能有条件地接待客人。区域内一旦封闭管理，时间至少1个月之久，解封之后还需要一个短暂的恢复期，间歇性停业对民宿业发展极其不利。

（二）行业态势总体平稳

2021年疫情呈现点状暴发的特点直接导致邻近景区随时都有可能暂时关停，对旅游业的冲击不言而喻，整个旅游、景区、住宿行业都在艰难中前行。疫情之下乡村民宿生存状况明显好于城市民宿、近郊民宿。以杭州的千岛湖、临安、桐庐，舟山的朱家尖、岱山，丽水的缙云、遂昌等地的乡村民宿来说，基本是在自家房屋的基础上投资改建成民宿，经营兼自住，生存压力明显小于通过租赁物业经营民宿的业主。2021年8月原本是暑期旺季，江苏部分地区暴发疫情，直接波及千岛湖的民宿，多数民宿基本没有客人入住，不少民宿整个月是零接单。相较于2020年，2021年千岛湖民宿的整体经营状况没有明显好转，但是也没有出现关停、转行的，原因何在？千岛湖的民宿多为本地居民投资创建，最大特点就是运营成本较低，物业费用、人员费用等方面都有明显优势。乡村民宿发展的稳定态势，在一定程度上对浙江民宿总体规模的稳定起到了重要作用。

（三）"弃店"现象不容忽视

从2019年开始，浙江民宿进入行业调整期，突如其来的疫情加速了调整步伐。2020 年民宿出现了一次优胜劣汰的过程，一大批民宿转让、转行。2021 年在内外环境以及自身经营策略调整等因素的倒逼下，部分民宿发展集中区域出现了直接"弃店"的现象。杭州西湖周边的四眼井、满觉陇、白乐桥等地是几个发展较早的民宿集中区，在 2019 年的行业拐点出现后不少民宿开始转让、转行，持续到 2021 年，经营依旧没有起色，部分民宿在长时间转让无果后放弃转让，直接关店，与业主的租赁合同也不再履行。在经营难以为继的情况下尽早弃店也不失为止损的良策。弃店的民宿基本以投资型为主，房屋为租赁性质，前期有大量的装修、硬件投入，运营成本居高不下，订单获取成本较高，对各大线上平台的依赖性较大。"弃店"的民宿多集中在景区、城区或者近郊。"弃店"名单中也不乏投资客或者和当地村委等组织合营的乡村民宿，位于遂昌的一个"金宿级"民宿也在 2021 年底进入无限期的歇业。

（四）经营内容多元化

一直以来，民宿的营利能力太过单薄，营利形式单一，已经不是什么秘密。在内外形势的倒逼下，过去一年，浙江民宿在经营多元化方面走出了坚实的一步，杭州、绍兴、嘉兴等地一些城市城区、近郊民宿纷纷提高餐饮比重，扩大餐饮区域面积，增加卡座，甚至将部分房间改成餐饮包厢。很多民宿本身具有私密性强、装修有格调、周边环境良好等特点，具备做中高端商务餐饮的先天条件。还有一部分民宿转型为私人主题空间，成为小型会议、瑜伽活动、禅修等主题活动空间。海宁有一部分民宿为迎合年轻人的喜好，做差异化营销，直接将民宿改成轰趴馆，承接年轻人派对、生日宴、企业团建，也取得了良好的效果。民宿经营的多元化在于以住宿为首要功能延展出去，为客户提供更加丰富的、专业的、个性化的服务。相对于星级酒店，民宿无法做到大而全的功能与服务，小众化、专业化是未来提升改造的重要方向。尤其是乡村民宿，有机结合当地特色文化、特色产业、特色民俗是经营内容多元化的重要方向。

（五）共同富裕背景下的民宿担当

《浙江高质量发展建设共同富裕示范区实施方案（2021—2025年）》（以下简称《方案》）提出农民收入倍增计划，包括培育10万名农创客，激活闲置农房10万幢以上，推进万户农家旅游致富计划。激活的闲置农房将承担什么功能，有多少成为民宿，有非常大的想象空间。最近几年，磐安、文成等地已经开始尝试激活农村闲置房屋。磐安农业农村局尝试推出了"共享农屋"计划，由政府部门牵头对闲置房屋进行摸底，将有条件共享的房屋拿出来挂到指定的互联网平台，在不改变农屋所有权的前提下，将房屋向游客、创客等开放，房屋大多提供给客人长期租住，价格相对于宾馆更加实惠，"共享农屋"可以按幢出租，也可以几个人拼租，租用时间从几天到几个月皆可，由政府相关部门核定统一收费标准。简而言之，就是让有农村度假、休闲、养老或者创业需求的人可以根据自己的需要在农村有一个临时的"家"。《方案》还提出将在浙江有条件的地方创建富有文化底蕴的世界级旅游景区和度假区、文化特色鲜明的国家级旅游休闲城市和街区，打造国家文化和旅游融合示范区、国家体育旅游示范区。建成全域旅游示范省，推进乡村旅游、森林康养、民宿经济全产业链发展，打造海洋旅游、山地旅游重要目的地，争取开展出入境游便利化改革试点。由此可见，民宿在"共同富裕示范区"建设中将承担起非常重要的角色。

二　发展趋势与特点

（一）品质化趋势加速

品质化从来都不等于高端、不等于价格昂贵。民宿的品质化主要体现在这样几个方面：一是民宿的硬件设施，具备同等价位酒店的硬件装修标准，这是成为品质民宿的必备条件；二是民宿的周边环境，民宿不能简单理解成到当地居民家住宿或者到农民家住宿，那样就成了连锁酒店，民宿应该与周边环境、自然景观、街区历史文化相得益彰、融为一体，同等价位情况下消费者选择民宿无外乎是可以亲近自然，感受当地习俗文化，体验当地的生活、文化、美食等；第三点就是人，民宿的品质化发展最后还是需要人去推动落实，即从业人员、服务人员等，没有高素质的从业者，再高端的装修、完美的线路、精美的点心、新鲜的水果、地道的体验都会让民宿黯然失色。这里的高素质不能和高学历画等号。一些乡村民宿的从业人员，以其质朴、善良的本心，全心全意的态度来服务客人，也不失为一种品质服务，更能满足消费者的心理预期。消费者选择住民宿，就是选择一种生活体验，体验一种从未有过的生活方式。浙江民宿发展已经走过了情怀发展阶段、高端化发展阶段，未来品质化发展对民宿提出了更高的要求，需要运营者有匠心、有温度、接地气才能彰显民宿的品质特色。舟山民宿的海洋文化、渔民文化，杭州民宿的茶文化、禅文化，千岛湖民宿的秀水、湖鲜美食，有机结合、充分彰显，让消费者沉浸式体验才是品质民宿的追求方向。

（二）市场化机制调节

让民宿发展真正回归市场，用市场化手段来调节民宿供需才是民宿发展的最好环境。一时间，民宿的火热催生了若干民宿街区，各地都产生想要打造网红民宿的念头，各种民宿特色乡镇、县区、"民宿官员"应运而生。无论是作为一个产业还是一门生意，民宿必然要经得起市场的考验。在民宿发展初期，政策引导、资金扶持都非常必要，任何一个行业、产业持续依靠政府部门的输血来维持都是不健康的，民宿业也不例外。针对一个需要持续输血才能维系的民宿，一定要去研究当地条件是否适合发展民宿，或者是否找到了适合自己特色的民宿发展道路。另外，更不能为了发展一家民宿而低价变卖公共资源，尤其是打着民宿的幌子发展其他产业。民宿协会也不能是退休退职公职人员的养老机构，这样不仅不能发挥协会本身的价值，反而是行业发展的一种负担，每年召开几次不痛不痒的会议，组织几次可有可无的大赛，如各地乐此不疲地组织民宿伴手礼大赛，花费大量人力财力评选出了一些伴手礼作品，遗憾的是这些作品能量产的微乎其微。管理部门的有效引导和市场化调节机制相结合才是民宿行业健康发展的保证。

（三）乡村民宿前景可期

如果说莫干山民宿是浙江民宿发展的1.0版本，那么各地政府部门有意识、有目的去打造的民宿集中区，例如杭州青芝坞、满觉陇，缙云轩辕街，桐乡乌镇，以及其他各古镇、老街民宿可以定义为浙江民宿发展的2.0版。那么，浙江民宿发展的下一个爆发点在哪儿，抑或是浙江民宿发展的3.0版是什么样子呢？可以大胆地猜测，一定是乡村民宿。从政策层面来看，无论是浙江的共同富裕示范区建设，还是乡村振兴的实践，数字化改革、文化礼堂建设等政策的交汇点都在乡村。乡村发展的着力点必然是旅游，发展乡村旅游必须首先建设发展好乡村民宿，乡村民宿不仅能更好地诠释民宿的内涵和意义，而且能激活农村的各种资源。一是充分利用当地居民的闲置房屋资源，乡村老屋将重新焕发生机；二是主人参与接待、管理、运营，具有充分的主人情怀；三是可以为入住的客人提供当地风俗、生活等方面的体验。乡村民宿在房屋经营权获取上不再是简单的租赁，可以是合作，也可能是自己家的老房子，这样就节约了很大一部分成本。另外，雇佣当地村民参与民宿运营无疑是最好的选择。遂昌、龙游、天台等地出现了一些大学生返乡创业，落地在民宿行业的现象。这些返乡青年根脉在当地，相对稳定，是未来乡村民宿发展的重要基石。乡村民宿的市场容量已经不容小觑，现在缺乏的是具有较高品质、较强体验感、能彰显地方文化特色的民宿资源。

三　存在问题与建议

（一）生存危机亟待化解

生存问题一直是每一个民宿主都要面临的首要问题，对于通过租赁物业从事民宿经营的业主来说尤为甚之。体量小、营利方式单一、对线上平台的订单依赖性太强是民宿的行业通病。疫情之下，这些问题全部被放大。租金、人员工资、折旧、运维成本的叠加让民宿主走到了弃店的边缘。相比之下，自有物业民宿的抗风险能力明显较强。没有房租的压力，经营与自住结合，夫妻店的经营模式也更加灵活。此外，连锁民宿、品牌民宿的抗风险能力在疫情下得到了很好的考验，体量优势、品牌溢出效应得到了加强。站在行业的周期性调整角度来看，结合国外的民宿发展经验，疫情让投资客的民宿退场不失为还民宿一个本来面目，民宿不是缩小版的精品酒店，也不是借民宿之名取得相关证件许可行酒店之实的投机行为。行业发展就是一个优胜劣汰的过程，民宿行业亦如此，营利能力、生存能力、抗风险能力都在这个过程中不断增强。民宿行业唯有不断摸索、调整、实践才能找到适合自身的发展道路。

（二）营利模式还需提升

一般来说，单体民宿的客房基本维持在 10 间上下，这样一个规模的民宿要做到赢利需要非常优质的经营资源和才能。一般来说，维持这样的民宿运转至少需要 3 个人，各司其职，包括前台接待、各线上平台维护、布草、房屋整理、维修，甚至是做早饭、点心等。以杭州为例，这样规模的民宿，物业年租金一般 25 万元以上，地段稍好或者停车方便的年租金要 30 万元以上，3 个人全年的薪资至少需要 20 万元，易耗品、水电费等 12 万元。接下来，按理想状态，我们算营收这笔账，以平均房价 400 元/间/天来计算，全年 100% 入住率，房间销售所得为：10 间×365 天×400（元/间）= 146 万元；入住率 90%，146×0.9 = 131.4 万元；入住率 80%，146×0.8 = 116.8 万元；入住率 70%，146×0.7 = 102.2 万元；入住率 60%，146×0.6 = 87.6 万元。换一种计算方式，从旅游旺季的角度来计算，全年有元旦、春节、清明节、劳动节、端午节、中秋节、国庆节等法定节假日共 31 天，加上暑假 2 个月 60 天，也就是 91 天，全部满房，旺季平均价格 500 元/间/天，房间销售收入为 10 间×91 天×500 元/间/天 = 45.5 万元，其他时间平均房价 350

元/间/天，以50%入住率来算，销售收入约48万元，全年销售收入93.5万元。

另外，除了日常的运营成本以外，我们还需要考虑到前期的装修投入。房间售价在400元/间/天左右的民宿其装修基本在200万元左右，格调稍微提升一点，装修成本会更高。如果按照5~10年来分摊，这笔账算下来，那些通过租赁房屋来经营的民宿，究竟能否赢利，已经一目了然。民宿的装修成本居高不下主要有这样几个原因：一是追求格调、个性化，设计、选材、家具等成本较高；二是较大的公共区间，如院子、花园、会议室、餐厅、儿童活动区域、茶室等；三是房屋格局调整，开办民宿的房屋多半是在民宅基础上改造而来，在安全、消防等方面要提升改造，另外，很多房间要增加独立卫浴，这些都增加了前期的投入。

（三）数字化驱动待发力

无论从哪一方面来说，民宿都需要数字化赋能，通过精细化数据运营提升运营效率、营销效率、服务效率，将资源合理利用，对市场环境、动态房价、经营管理、外网点评等核心数据有效监控。民宿的数字化驱动主要体现在两个方面，一是运用数字化方式、互联网思维来提升营销水平，拓宽获客途径；二是利用数字化手段来管理民宿，进行数据分析，对客人精准画像，对客源地准确了解。目前，民宿细分领域有2个头部数据化服务商，一个是云掌柜，另一个是订单来了，另外，宿掌柜也是不错的营销管理服务工具。这些产品的基本款就能满足民宿的需要，售价在4000元左右。这些数据化服务产品，能清晰地统计出总营收、入住率、平均房价，能对客人的年龄、客源地进行识别统计，非常有助于后期的精准营销推广。丽水一家民宿主表示（见图1），在使用营销工具以后，2021年对房价进行了动态管控，虽然入住率较前一年稍有下降，但是全年营业额还是稳中有升，通过对比发现，全年平均房价较前一年提高了171元/间/天。经过数据分析，以往非常重视的各个节日大促与店铺营收、利润贡献率并不成正比。

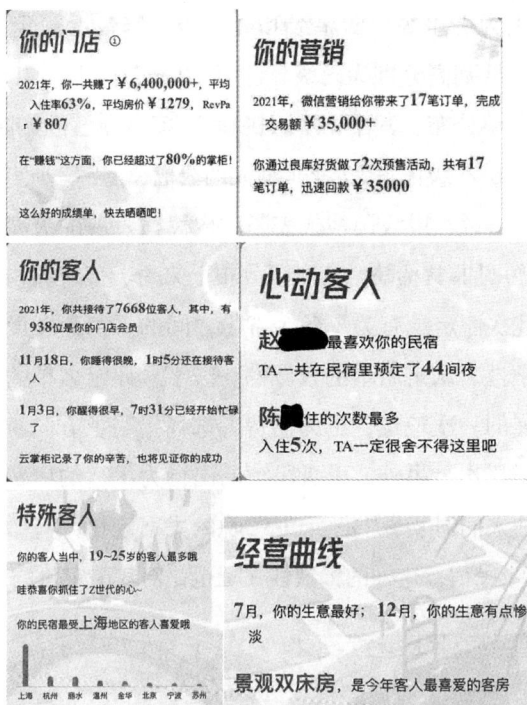

图1　浙江某民宿2021年营收分析

四　等级民宿认定工作任重道远

民宿参照酒店行业进行分级或者等级评定是行业发展的必然过程，也是对行业细分管理的一种需要。2021年国字号民宿认定标准发布，并公布了首批认定名单。

（一）首批民宿国字号名单公布

就全国范围来看，民宿发展地区间不平衡、质量参差不齐，消费者选择缺乏参考依据，行业发展亟须一个统一的标准和可以参照的样板。2021年2月25日，国家文化和旅游部公布旅游行业标准《旅游民宿基本要求与评价》（LB/T 065-2019）第1号修改单。原条款中规定：旅游民宿等级分为3个级别，由低到高分别为三星级、四星级和五星级。修改后规定：旅游民宿等级分为3个级别，由低到高分别为丙级、乙级和甲级。同年，11月18日，首批甲级、乙级民宿名单公布，其中，甲级民宿31家，浙江的如隐·小佐居民宿、村上酒舍民宿入围，乙级民宿27家，浙江的云栖舍民宿、那年晚村民宿2家入围。从某种意义上来说，甲级民宿代表了国内民宿发展的最高水平，首次评定仅仅产生31家，可见非常稀缺，从全国分布上来看，部分省份没能实现零的突破。由此可见，此次评定没有为了各个省份之间的平衡而预设名额，充分保证了认定过程的科学性、认定名单的权威性。国字号评定名单的出台，不仅是对民宿行业自身发展的一次梳理，也为消费者选择指明了方向，为各个地区发展高品质民宿提供了样本。另外，甲级民宿的出台为民宿的房费、服务定价提供了一个参照，以往人们对动辄两三千元一晚的民宿定价颇有微词，如今全国仅有58家甲级、乙级民宿，这样的稀缺性无疑也是对较高定价的一种支撑。

（二）浙江民宿评级继续细化

2021年，浙江省民宿等级认定名单如期公布，这次共评定白金级民宿3家、金宿级36家、银宿级165家。另外，2021年还增加了一个新的分类——浙江省文化主题（非遗）民宿，评定了40家。在全省范围内认定文化主题（非遗）民宿，并且授牌，是浙江民宿业贡献给全国同行的又一个浙江经验。2021年也是历年以来认定白金级民宿最少的一年，只有3家，2018年最多，评定白金级民宿20家。从2017年首次进行民宿等级评定算起，浙江的民宿分级工作已经走过了5个年头。5年里一共评定出等级民宿900余家，其中最高等级的白金级民宿53家（见表1）。

表1　浙江历年等级民宿评定数量

单位：家

年份	白金级	金宿级	银宿级	总量
2017	6	17	99	122
2018	20	51	130	201
2019	13	21	149	183

年份	白金级	金宿级	银宿级	总量
2020	11	22	174	207
2021	3	36	165	204
统计	53	147	717	917

仅有 53 家的浙江白金级民宿，从区域分布来看，杭州最多，有 8 家，湖州有 7 家排名第 2，宁波、衢州都各有 6 家，嘉兴和绍兴最少，都只有 2 家（见图 2）。杭州的 8 家白金级民宿，西湖景区仅有 1 家，另外 7 家分布在临安（2 家）、淳安（1 家）、余杭（1 家）、桐庐（2 家）、建德（1 家）。

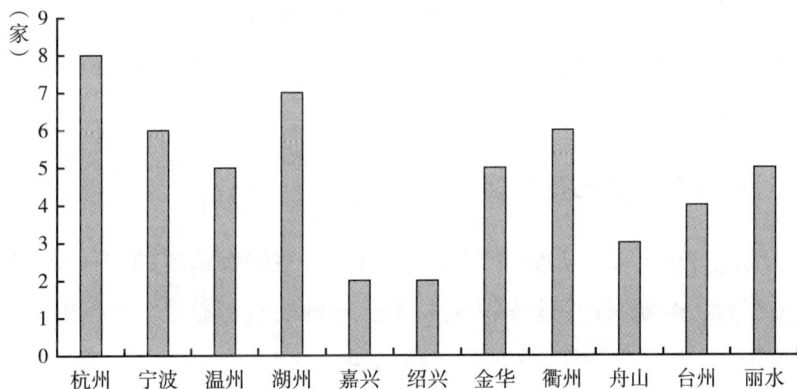

图 2　全省白金级民宿分布（截至 2021 年批次）

（三）加强统一性迫在眉睫

经过 5 年的摸索与实践，浙江的民宿等级认定工作已经形成了一套行之有效的流程体系和工作范式，以自愿申报为基础，设立县（市、区）、市、省三级民宿评定机构，一般由县（市、区）发起，自下而上逐级申报，银宿级、金宿级认定权限由各市民宿评定机构决定，上一级民宿评定机构按比例抽查复核，白金级民宿认定最为严格，逐级上报到省级机构后统一评定。

三级评定机构的设定有一定的科学性，也保证了全省民宿等级评定工作的顺利开展，能最大限度地保障扩大认定的范围。但是，在执行过程中也产生了一些需要深入思考的问题。首先，认定名称的不统一，各地在等级认定过程中都根据自身民宿特点和地方文化设定来确定名称，宁波在执行全省认定工作的同时，对本地民宿、客栈、农家乐进行"叶级"认定，分为三个等级，分别是"三叶级""四叶级""五叶级"。杭州民宿等级以"花"来命名。2022年1月，杭州市民宿业等级评定认定结果发布，2021年度共评选出怡禾家、我和我的兔子先生、三生一宅（湘湖店）、朴宿·所在等9家"五花民宿"，山好生活、美鸬山居、柒竹等20家"四花民宿"。其次，就是动态管控的缺乏，在等级认定以后要有行之有效的动态管理和约束机制，对于一些已经明显不符合当初认定标准的要进行降级甚至取消等级，定期的复核评分机制非常重要。此外，标准执行的协同性也至关重要，银宿级认定权限在各个地市，至少要保证全省范围内不同地区的同一等级民宿水平相当。

（四）复核工作势在必行

等级民宿认定以后，复核工作必不可少。在等级认定的文件中，明确规定三年为一个期限进行复核，复核不合格的要进行整改，甚至被取消等级（见图3）。浙江等级民宿认定工作已经走过5个年头，第一批、第二批被认定单位的复核期限已到期。随着认定群体的不断扩大，数量不断增加，复核难度也有增无减。唯有科学、及时地对已经认定的单位进行复核才能保证被认定单位的质量，保证等级证书的含金量。复核工作的难度较之评选认定有过之而无不及。可以结合认定流程，实行分级复核，银宿级——县区，金宿级——地市，白金级民则由省里负责，尝试将复核权下放至市，乃至县区一级主管部门或者等级认定机构、民宿协会等。另外，也可以采用互评方式，让已经被认定的民宿彼此定期互评打分，将结果提报到主管单位。复核工作和评选认定工作一样要在具体实践中不断调整和完善。

5.4 其他

5.4.1 旅游民宿开业一年后可自愿申报星级评定,近一年应未发生相关违法违规事件,同一地点、同一投资经营主体只能以一个整体申报。

5.4.2 经评定合格可使用星级标志,有效期为三年,三年期满后应进行复核。

5.4.3 旅游民宿评定实行退出机制,经营过程中出现以下情况的将取消星级:

a) 发生相关违法违规事件;

b) 出现卫生、消防、安全等责任事故;

c) 发生重大有效投诉;

d) 发生私自设置摄像头侵犯游客隐私等造成社会恶劣影响的其他事件;

e) 日常运营管理达不到或不符合相应星级标准要求。

取消星级后满三年,可重新申请星级评定。

图3 《旅游民宿基本要求与评价》(修订)节选

五 结语

2021年,浙江民宿还进行了很多非常有价值的尝试和创新。舟山嵊泗结合自身海岛特色,提出了打造民宿综合体的发展思路,要求单体建筑相邻连片,且不少于3栋,客房总数不超过25个,组成一个综合体实行公司化运营,很好地化解了单体民宿的功能性缺失,公共空间可以互补的民宿整合协同发展,能有效降低运营成本、提升抗风险能力。温州结合侨民多的特点提出了打造"侨家乐"品牌,充分利用闲置房屋,让侨民侨胞投资参与运营。很多侨民根在温州,侨居海外几十年,能讲地道的温州话,也适应了侨居地的生活。"侨家乐"民宿不仅具有温州当地特色,还融入了异域风情,在浙江民宿界独树一帜。

疫情影响下的经济环境相当艰难,未来几年,对于整个民宿行业来说是非常复杂的,机遇与困难并存。如果新冠肺炎疫情能趋于缓和,甚至被彻底消灭,对于整个社会来讲无疑是好事,被压制许久的旅游需求报复性反弹也未可知。但是,从整个经济大环境来看,旅游业恢复到疫情前水平还需要一段时间,民宿业还会有一个漫长的复苏过程。

参考文献

过聚荣编著《旅游民宿经营实务》，社会科学文献出版社，2018。

过聚荣主编《中国旅游民宿发展报告（2019）》，社会科学文献出版社，2020。

浙江省文化和旅游厅：《浙江民宿蓝皮书2018—2019》，浙江摄影出版社，2020。

B.5
山东省旅游民宿发展报告

张　青*

摘　要： 本文对山东省旅游民宿从萌芽、起步、快速发展到逐步走向规范
化以及启动集群化建设的过程进行梳理与阐述，分析政府推进产
业进步的动力机制，总结当下山东省旅游民宿体现出的融合地域
资源、追求设计特色、以细分市场彰显个性、头部民宿品质效应
凸显、推进民宿向聚集区转型升级等特点，提出未来民宿业可持
续发展的对策建议：需要清晰界定旅游民宿概念、加强政策联动
与科学规划、严格管理品质、深度融合地域文化、向发展连锁经
营和产业集群化等方面持续推进。

关键词： 旅游民宿　高质量发展　山东省

　　旅游民宿原本是由城乡居民将自有闲置房屋有偿提供给外来短期游客的
一种住宿形式，是对旅游目的地住宿形态单一的多样化补充。近 10 年，在
消费驱动、政策引导、地域经济发展、互联网技术普及等要素推动下，旅游
民宿逐步突破住宿单一性，承担起乡村振兴、就业创业、文化传承、盘活闲
置资源、国民休闲度假、发展共享经济等多种功能并快速扩张。与此同时，
民宿内涵也在悄然发生变化，唐人文旅智库乡村民宿大数据中心发布的
《2021 上半年全国乡村民宿发展研究报告》中将民宿定义为"利用闲置
（优质）资产、基于共享思维和移动互联网开发和运营的，为客人提供特色

---

* 张青，山东青年政治学院现代服务管理学院教授，主要研究方向为住宿业经营管理。

住宿服务，让客人能够享受到独特的主人文化和特色生活方式的小型精致文化旅游产品"，体现了开发与运营实践者对民宿的理解。伴随时代演进，民宿已经超越了单一住宿功能，承载了丰富的内涵。

2020年出版的《中国旅游民宿发展报告（2019）》显示，2016～2019年，中国旅游民宿产业发展迅猛，截至2019年9月30日，中国大陆旅游民宿（客栈）数量达到16.94万家，相比2016年增长了217.06%，2019年中国在线住宿市场规模达到200亿元，同比增长36.05%，而民宿市场营业收入当年预计209.4亿元，同比增长38.92%，国内主要线上平台的房源数量在2019年已经占住宿业市场规模的24.77%[①]。显然，民宿已经形成庞大的产业规模，在住宿业整体市场上占据了重要的地位。像其他住宿形态一样，全国民宿受疫情影响经营受到巨大冲击，美团民宿发布《后疫情时代：2020年民宿行业发展趋势展望报告》显示，2020年2月民宿行业入住间夜量触底，相较2019年12月，最大下降幅度超过80%[②]。2020～2021年，国内疫情在大局控制之中呈现局部起伏，这期间每个节假日民宿都会呈现预订旺盛。疫情之后，消费者对融入自然的健康追求、与亲人相伴的情感消费、体验本真生活的旅行渴望更为突出，精品乡村民宿便成为热点选择。2021年4月印发的《"十四五"文化和旅游市场发展规划》，以专栏形式提出"等级旅游民宿培育计划"，要求推进《旅游民宿基本要求与评价》标准实施，建设等级旅游民宿评定专家队伍，推动放宽旅游民宿市场准入，推动旅游民宿持续规范发展，发展民宿业的重要意义更加凸显。

山东省旅游民宿最早萌芽于20世纪七八十年代的农家乐和渔家乐，40年来，伴随着市场环境变化，不断呈现规模发展和产业演进。尤其是近年来，受市场需求、政策引导、行业进步、信息技术普及等产业要素的影响，山东民宿逐渐向规范化、精品化、集聚化方向发展。本文力图梳理山东旅游

---

① 过聚荣主编《中国旅游民宿发展报告（2019）》，社会科学文献出版社，2020。
② 崔凤军：《从"草根经济"到"政府主导"——经历疫情冲击之后的乡村旅游民宿产业发展趋势与未来展望》，《台州学院学报》2021年第5期。

民宿业演进过程，尤其分析近年变化与特点，总结其发展中的问题，同时展望山东省民宿业的可持续发展之路。

一　山东省旅游民宿起源与演进

（一）萌芽时期

山东省旅游民宿起源和发展与乡村旅游密切联系。20 世纪 70 年代初，潍坊安丘市石家庄村推出"住农家房、吃农家饭、做农家活、随农家俗"民俗活动，在全省乃至全国尚属首处，较早呈现了山东省乡村住宿形态。80 年代，泰山区邱家店镇埠阳庄以其乡村建设特色为依托，开始迎接前来参观考察和研学旅行的外国客人，成为国家旅游局在全国命名的 4 个民俗风情旅游点之一。同时期，莱芜房干村荒山造林、筑路修渠，开发山区生态资源，逐步以市场化方式发展乡村旅游，村民利用自有资源向游客提供食宿；日照、威海长岛"渔家乐"伴随本地渔村旅游兴起；潍坊寒亭杨家埠以乡村年画、风筝文化吸引了大量中外游客，开展各种农家接待；烟台、济宁等多地纷纷兴起乡村休闲旅游，商业化的乡村食宿业态在山东农村逐渐形成。

这个时期，旅游民宿伴随乡村旅游萌芽在全省点状呈现，处于乡村自发状态，村民利用自有闲置房屋有偿提供食宿服务，设施简单、民风淳朴，住客与主人接触度高，关系密切，住在乡村农家能体验原汁原味的本地生活。

（二）初级阶段

进入 2000 年后，乡村旅游作为解决"三农"问题路径之一，被国家及各地政府提上议事日程。政策驱动，大大激发了农民参与乡村旅游经营活动的热情，乡村旅游迅速在全省铺开，多地开展乡村游、城市周边休闲游，赏田园风光、品民俗风味、吃乡村土菜、住农家小院的"农家乐"在周末持续升温。一些地区的农民还自发联合起来，利用本地资源形成合作发展的雏形，"合作社+农户"发展模式在不少地方出现，产生了一批如淄博中郝峪、沂南竹泉村、枣庄峄城、安丘辉渠、济南南部山区等著名乡村旅游目的地。

本阶段后期的农家乐不仅仅提供食宿，而且开始挖掘农村文化资源，丰富农家乐内涵。枣庄峄城农家乐，充分利用农村有利条件，设置农家桌椅、农用器具，收集民间故事、民间服饰，展示民间传统文化，吸引游客休闲娱乐、体验农家风情，丰富"农家乐"文化内涵，形成独有的风格和特色。王府山村还成立了饮食行业工会联合会，对已有的"农家乐"品牌进行完善与保护，实施联户、联片经营，实现规模化发展，树立品牌意识，由"农家乐"带动当地生态旅游①。

本时期，乡村民宿以"农家乐""渔家乐"形态逐步在全省各市蓬勃发展，成为乡村旅游的重要组成部分。村民积极探索新型经营方式，包括"农户+合作社+公司运营""农户+合作社""公司化投资运营""农户自营"等模式，与八九十年代相比，数量有了很大突破，但呈现"散"、"小"、缺乏专业化的状态，尽管有些"农家乐"已经引入农村文化和农业生活体验，但总体只是满足于吃、住、采摘、简单观赏，商业化目的突出。

萌芽时期和初级阶段，山东乡村尚没有"民宿"概念，主要以"农家乐""渔家乐"形态做食宿接待与服务。2014年，公学国、李玉萍发表《基于SWOT分析的山东省民宿行业发展策略》，对2013年之前的山东省民宿进行了评述：当时山东民宿有900多家，而且每家的房间数量在5间左右，大多自主经营，民宿业者没有经过专业培训，服务质量不高，配套设施也不齐全，多数民宿仅有床位，卫生间是公用的，安全设施几乎没有，没有依据当地自然人文环境发展应有的家庭氛围和特色，显示出山东省民宿业发展尚处在初级阶段②。

---

① 《峄城"农家乐"富了榴园人家》，《大众日报》2012年10月9日。
② 公学国、李玉萍：《基于SWOT分析的山东省民宿行业发展策略》，《农村经济与科技》2014年第3期。

（三）标准化推进与精品化探索阶段

2010 年代初期，日本与中国台湾地区的"民宿"概念传入中国大陆，山东省乡村住宿开始由"农家乐""渔家乐"向"民宿"转型，开发与提升其留宿功能。

2013 年，当时的山东省旅游局针对全省各地规模发展的"农家乐"推出"改厨改厕"活动，并投入资金支持，力图改善蓬勃兴起的"农家乐"质量与安全状况。当年，先后组织"千名乡村旅游带头人"和"千名乡村旅游从业者"赴台湾，考察农庄建设、农场开发、乡村旅游的市场化推进、民宿设计与运营、农民组织自我管理等模式与经验，以开阔乡村旅游经营者的视野，提升认知。以"莫干山民宿"为代表的南方民宿逐渐成为大陆民宿发展楷模，各地旅游行政管理者、乡村旅游从业者纷纷南下学习，民宿以其独特美学设计、与当地文化结合、追求自然意境的特点迅速走向全国。山东省"农家乐""渔家乐"逐渐向"民宿"转型，合作社运营成为农村发展民宿的主流模式；城市资本涌入乡村、注入资本的同时，也带来自然清新、融合现代生活方式的设计理念。各地旅游民宿如雨后春笋般兴起，日照不负旅游民宿、淄博蓑衣樊民宿、威海天鹅湖畔民宿群、泰安里峪村铂思民宿、滨州"西纸坊·黄河古村"、荣成"海草房·唐乡"都是这个时期的代表。

鉴于民宿在乡村旅游中日趋扮演重要角色，各级政府开始实施多样化扶持。一方面出台激励政策，进行乡村公共基础设施建设，加大扶持力度；另一方面着手规范引导行业良性发展。2017 年，山东省出台首个地方标准《民宿服务质量等级划分与评定》，对旅游民宿的环境与资源、建筑与设施、人员与服务、安全保障以及各功能区做出了具体规定与要求。随即，按此标准在全省范围内评出了济南南部山区九如山民宿、泰安大汶口古镇民宿、日照不负艺术客栈、沂南县朱家林民宿、滨州西纸坊精品民宿、威海大溪谷文化创意小镇民宿 6 家五星级精品民宿，标志着山东省民宿业进入规范化建设发展时期。

在乡村旅游遍地开花的同时，城镇化进程也带来城镇房地产的规模扩张，市场对不动产投资的热情不断高涨，加上旧房改造、居民搬迁，城市中出现了大量的闲置房产，城市民宿也逐渐涌入市场，住星级饭店的单一选择被打破，城市民宿也成为旅游目的地住宿的重要选择。如济南曲水亭街区民宿，青岛的朴宿、伊美罗薇、海角七号，聊城不花民宿、半日闲民宿，借助城市风景、文化古迹和社区环境开发了民宿经营。

这个阶段，国内大众旅游蓬勃兴起，旅游消费逐渐升级，游客对旅游目的地住宿有了"乐趣""生活""本地性""诗意栖居"的需求，民宿市场蕴含巨大的潜力，各类资本纷纷进入这片"蓝海"。市场需求与民宿供给相互促进，山东省旅游民宿快速发展，形成规模。

2016 年之后，山东省各市地纷纷将发展民宿纳入本区域乡村振兴、旅游扶贫工程之中，城市民宿同时成为共享经济、城市居民就业创业的选择，大量拥有情怀的艺术创作者和经历过市场磨砺的企业经营者纷纷进入民宿设计与运营行列，尤其是互联网第三方专业平台以及新型自媒体的涌现，推动了产生于"平民化"的民宿业快速发展，全省出现了一批具有产业带动性的民宿群。青岛东麦窑村民宿、日照不负民宿、日照春风十里民宿，泰安九女峰民宿群、大汶口乡村客栈，济南九如山民宿群，济宁上九山古村落，青州桐峪里，临沂沂蒙山舍、竹泉村民宿群，威海荣成民宿群，烟台长岛民宿群是这个时期的代表。在实现住宿基本功能基础上，追求民宿的美感精致、当地生活的体验、环境的休闲情趣、意境的自然清雅，借用专业化线上推广平台以及随时随地可以"上传"的自媒体，将民宿产品打造成休闲度假、旅游购物、体验当地生活、健康养生的目的地，成为山东省旅游民宿探索高品质、品牌化的代表。

2018 年 2 月，精品旅游进入山东省新旧动能转换重大工程，丰富内涵、提升品质、有效服务市场成为各个旅游产业要素的核心要务，走精品化之路、由规模化发展转为品质提升，成为山东省旅游民宿的建设方向。

2020 年 3 月，山东省文化和旅游厅联合山东省发展改革委等部门印发《关于促进旅游民宿高质量发展的指导意见》，提出"到 2022 年，全省三星级旅游民宿达到 500 家以上，四星级及以上旅游民宿达到 160 家以上，规模化旅游民宿集聚区达到 16 个以上，基本形成独具特色、管理规范、服务一流、全国领先的旅游民宿格局，为推进全省旅游业高质量发展提供有力支撑"的目标，进一步推进民宿业快速发展。

2020 年 10 月，山东省修订原有旅游民宿标准，推出《旅游民宿等级划分与评价》，设置旅游民宿合法性经营门槛，遵循"创新、协调、绿色、开放、共享"五大发展理念对民宿经营中的建筑与环境、设施与设备、安全与卫生、服务与接待、经营特色与社会责任做出了具体要求。尤其对五星级民宿，在设施设备、视觉美感、方便舒适、文化融合、好客服务、社会责任方面提出了具体标准，力图推进民宿业高质量发展。2021 年 3 月，山东省按照新出台标准，评审产生了 11 家五星级民宿、4 家四星级民宿、2 家三星级民宿。2021 年 11 月，按照国家《〈旅游民宿基本要求与评价〉（LB/T065-2019）及第 1 号修改单实施工作规程》，山东省木青茗苑民宿、原舍·桃颂民宿被认定为国家级乙级民宿。

借助市场吸引、政府推动等各种力量，山东省旅游民宿投资与经营机制由单一性逐步形成多样化，目前主要表现为政府投资+企业运营、企业投资运营、村集体或村经济合作社投资运营、农户个体投资运营 4 种形态，尤其在近年政策驱动的背景下，乡村的闲置房屋等资源踊跃进入民宿市场。

二 山东省旅游民宿特点分析

（一）规模发展，成为重要的住宿业态

山东是农业大省，物产丰富，文化厚重，民风淳朴，漫长曲折的大陆海岸线总长度超过 3000 公里，地貌类型多样，暖温带季风带来了四季分明的气候特点，形成发展民宿的良好基础。相比星级饭店，民宿更具有生活气息，地域文化特色鲜明，主客关系更融洽自然，产品综合，休闲性强，体验

度高,尤其是乡村民宿乡土风情浓郁、生态环境好、民风淳朴,受到旅游休闲者的欢迎。

携程旅行网是专注于住宿、机票、铁路、景区门票、组团等旅行业务的互联网企业,来自《中国民宿发展报告(2020~2021)》以及唐人文旅智库乡村民宿大数据中心的数据显示,携程网是目前民宿销量最大的线上平台[1][2],本报告选择了与山东省旅游民宿业密切合作的携程旅行网的相关数据作为研究标本。根据携程旅行网数据,近三年山东省旅游民宿规模持续扩大,从地理分布上包含乡村民宿、景区民宿、城镇民宿、海滨民宿、山区民宿;从风格上形成生活居家民宿、主题民宿、设计类民宿、度假民宿等多种类型,并出现一批具有影响力的民宿头部品牌。2021年12月,山东省旅游民宿携程网在线数量为1806家(见表1、图1),拥有房屋总量31474(间/套),全年产值为13265万元,民宿已经成为旅游者外出旅居、休闲度假、民俗体验的重要选择。

表1 2021年12月山东省16地市旅游民宿数量

单位:家,%

地区	数量	占比	地区	数量	占比
青岛	404	22.37	潍坊	86	4.76
烟台	403	22.31	淄博	51	2.82
枣庄	179	9.91	菏泽	16	0.89
济南	136	7.53	聊城	14	0.78
济宁	106	5.87	德州	10	0.55
威海	104	5.76	滨州	10	0.55
日照	100	5.54	东营	4	0.22
临沂	92	5.09	山东省总计	1806	100
泰安	91	5.04			

资料来源:携程旅行网。

---

① 过聚荣主编《中国民宿发展报告(2020~2021)》,社会科学文献出版社,2021。
② 唐人文旅智库乡村民宿大数据中心:《2021上半年全国乡村民宿发展研究报告》,迈点网(meadin.com)。

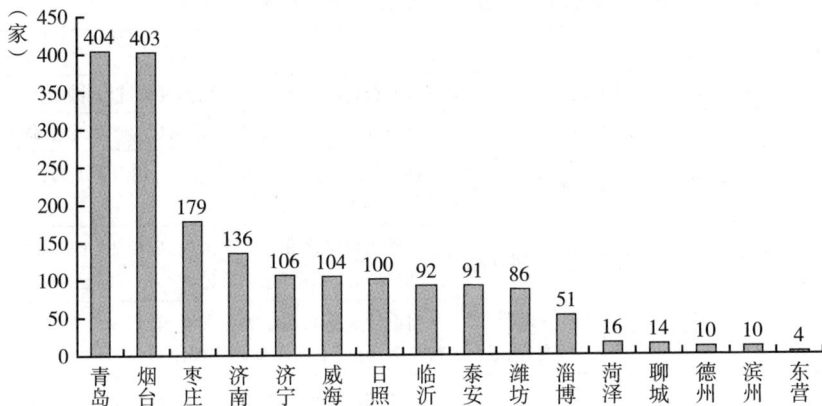

图1 2021年12月山东省民宿携程网在线数量分布

资料来源：携程旅行网。

从全省分布看，民宿主要集中在东部沿海和著名景区周边，其次是乡村旅游发展地，与山东旅游资源分布形成正相关，体现旅游民宿对当地资源的高度依赖。

另外，携程旅行网数据显示，2021年尽管整体旅行业务受疫情波动影响大，但山东旅游民宿在携程网实现销售504141间夜，比2020年的278980间夜增长80.71%，显现出山东旅游民宿需求仍然强劲。

（二）融合周边自然与文化资源，凸显地域特色

民宿，不同于旅游饭店的最大之处是植根于"民间"，因而拥有浓郁的生活气息和本地特色，有良好的休闲环境、可进行体验的优质资源。全球以搭建民宿平台著称的"爱彼迎"（AIRBNB）以"住在当地人的生活里"来描述旅游民宿独特的体验性。

社会组织山东省精品旅游促进会民宿发展专业委员会在2019年曾经推选36家"美宿山东—山东省精品民宿（客栈）"（见表2），从中能看到每家获奖民宿对当地自然、历史、文化、生活环境的融入，其奠定了山东民宿业个性的主基调。

表2　美宿山东—山东省精品民宿（客栈）（节选）

序号	名称	地点	产品特色
1	云栖民宿	威海荣成	胶东海边传统村落,海草房,体现传统渔家风貌
2	大明小宿	烟台海阳	一处山林大海间的海草房,院落以金木水火土命名
3	小隐民宿	青岛崂山风景区	"茶园禅修民宿"坐落在崂山的二龙山脚下的村落中,隐于山脚下成片茶园间
4	九水乡著	青岛崂山风景区	位于崂山风景区北九水景区内,紧邻太和观、溪涧堂、鸿烈书庐、成章草堂、美好艺栈
5	本土港民宿	日照"春风十里"乡村文旅创意园	民宿设计灵感来源于大海和渔船,房屋外观和内饰以蓝色为中间调,材料使用渔船木板,独具船家特色
6	廊庐民宿	济南南部山区西营镇	位于南部山区海拔780米的拔槊泉边、群山之巅,在此可看星河、听莺歌虫鸣、极目远眺,沉浸在大自然的怀抱
7	唐乡海草房精品民宿	荣成东楮岛村	东楮岛村有7.5公里长的海岸线,5公里长的天然优质沙滩,天然的海水浴场,300亩的天然赶海滩涂以及品类繁多的野生海参、螃蟹、扇贝、牡蛎等海产品;百年历史的海草房民居是建筑界里的活化石
8	岚山小茶山民宿	日照市岚山区	沿日照最美的公路盐茶古道到达小茶山民宿,流连于山林之间,品地道的日照绿茶
9	大汶口古镇民宿	泰安岱岳区大汶口镇	依托于大汶口文化的厚重与价值,北登泰山,南游曲阜,夜宿大汶口,赏古镇风情,观汶河夜景
10	翼云湖柜族部落	枣庄山亭区徐庄镇崖头村	翼云湖旅游度假区柜族部落毗邻翼云湖,与翼云石头部落、崖头村组成自然和谐的部落庄园,湖光山色相映;以集装箱组合而成,形成"一箱一主题,一箱一故事"
11	上舍民宿	淄博淄川区太河镇	是位于云明山风景区北麓上端士村的千年古村落,显现明清古村落印迹,有老房、旧巷、草屋、石檐、石碾、石磨
12	泰山和居民宿	济南长清区万德镇	位于泰山脚下古村居内,依托原始的石头院落,修旧如旧,按照中国耕读文化的格局和模式打造了4处精品民宿,山青水净,天色纯正,处处显示出浓郁的古意
13	香集居温泉康养精品民宿	五莲县松柏镇	西依松月湖,东邻龙潭湖,南眺五莲山、九仙山,北望马耳山;按照国家级精品民宿标准,形成集康养、温泉、养生、客房、餐饮、茶艺、古琴、商务、采摘园、文旅于一体的综合性精品民宿康养社区
14	十二星座美宿	日照高新区河山镇	与有金沙滩之称的"鲁南国家森林公园"相连,以"星座"为主题,12栋独立别墅,12个星座主题

序号	名称	地点	产品特色
15	压油沟麦山小院民宿	临沂兰陵县压油沟村	位于兰陵压油沟景区内,有古色古香的古村落、韵味悠长的麦山小院,还有独具异域风情的爱琴海,融为幽雅惬意的休闲环境
16	柒舍·山居民宿	济南南部山区西营街道	坐落在济南南部山区,室、堂、庭、门、巷、术、野,7套客房(院落)各具特色

2021年,市场随疫情起伏,原本期盼的旅游强劲反弹并没有如期出现,反而在暑期以及十一国庆节期间民宿遭遇大量退订。疫情防控常态化局势也迫使人们改变了出游习惯,周边游、微度假、享自然需求成为旅游消费主流。在这种背景下,山东民宿更加突出了地域消费的周期短、追求生活情趣和田园诗意的"小确幸"休闲度假功能,吸引近郊游客源(见表3)。

表3　好客山东2021年12月推出的冬季住民宿活动

序号	名称	定位	产品特色
1	青岛·印澜一宿	文艺青年和自由旅人的宿泊之地	依山而建,面海而生,推门而入的那一刻,印澜一宿的一处一景像梦一样装进脑海里,极简的空间与色彩让心也跟着变得简单
2	淄博·青未了	幽雅清冷的高级简约风民宿	在原有的老屋基础上改建,传承北方民宅的建筑风格。一砖一瓦,一廊一檐,花木水石,在树木掩映下朴素地与山地融为一体。全景玻璃的设计,从房间推开窗户,能看到星空和远处起伏的山脉,让这乡村美梦又增添了几分诗意
3	烟台·隐居蓬莱	许你一个山海传奇	隐于山海间,卧看八仙渡。在隐居蓬莱,你可以凭栏远望丹崖山上的蓬莱阁,右边是八仙过海的渡口,目及之处皆是美景。静静地坐在这里,吹着海风,享受片刻悠闲自在
4	泰安·故乡的云	居住空间自然融合的诗意美学	与环境山林掩映,与山野自然相融,低调外观隐身深山,复古场景缔造完美度假时光。山林中整片绿意与光线透过大玻璃落地窗洒入房间,为这里注入温暖,新与旧、山与水、故乡与远方的融合,极富深远意境
5	那蓝·泰山红门	"民宿时代"的瓦尔登湖式理想	"寒堆泰岳千岩雪,清绕方山十里松"。冬季爬泰山别有一番风味,没有熙熙攘攘的游客,更能领略泰山刀凿斧刻般的线条之美,满足你对世界尽头和冷酷仙境的全部想象

序号	名称	定位	产品特色
6	日照·凤凰措艺术乡村	感受人间烟火的恬淡	在保留古村建筑原貌基础上恢复、重建,使"老家"仍在,乡愁依然有所寄托。不出院子就能玩上一整天。出门玩不过是遛个弯儿的距离,不论停留在哪里,眼前都是波光粼粼,耳边都是林间松涛
7	日照·十二星座野奢民宿	连贯了梦幻与现实的边界	每个小院都被赋予了一个浪漫神秘的星座故事,因此它还有个名字叫"来自星星的你"。自然与艺术的碰撞,把潜藏的梦幻与热烈,用绚丽的色彩尽情渲染。像孩子的童真,鲜活、烂漫,不着边际
8	临沂·沂蒙山香居度假酒店	充满了浓郁沂蒙山村风情的居住组团	群山环绕,依山傍水,众多石头房依山而建,错落有致,别有韵味,充满了浓郁的沂蒙山村风情。浅灰色的砖石外墙和灰色瓦屋面,保留了当地传统民居的特色。局部穿插着的白色墙体,让整体显得不那么单调,并且和背后的山石交相呼应
9	威海·那蓝设计师民宿	将随性的浪漫镶嵌在生活的点点滴滴中	民宿内配套有时光容器影像馆、生活纪念馆、彩色的蓝咖啡馆、亲子足球场、儿童无动力微乐园、地中海花园壁炉烧烤区等室内外活动场地,慢慢靠近民宿,就像走进了莫奈的画中

资料来源:山东省文化和旅游厅微信平台"好客山东之声",2021 年 12 月 24 日。

(三)细分市场,建立品牌体系

对市场进行细分、选择明确定位、设计产品满足不同需求,是产业走向成熟的标志之一,山东旅游民宿业的从业者已经在探索经营与服务的精细和精致。

位居济南南部山区的九如山民宿聚落在近年激烈的市场竞争中,不断提升品质和运营能力,基于市场需求,进行顾客细分、产品细分,精准定位(见表4)。

表4 九如山民宿的产品细分

名称	产品特色
阅木山居	阅木山居凸显"沟通"含义,包括人与自然的沟通,人间亲情沟通,木屋辅以纯实木打造的卯榫结构,创造人融入自然的意境,屋内家具布置极具仪式感,场景营造突出"深度陪伴",在自然环境中唤醒人心底深处的亲情与友情

名称	产品特色
不二木居	以都市家庭客源为主，营造品一杯红酒、煮一杯咖啡、围炉夜话、棋子灯花的家庭生活氛围，能为上至 65 岁以上老人、下至 6 岁以下儿童做饭，设计有前后阳台，在客房里就能欣赏风景、呼吸到自然的气息
猫窝民宿	在森林木屋内与猫相伴，忘却繁华都市的车水马龙、忙碌喧闹，独享安静。房屋主体结构全部由济南周边的最后一代老手艺人，使用古老精巧的卯榫结构拼接而成，整栋木屋结构没有使用一颗铁钉，让人思绪超越时光
红颜容木桶	送给中年伴侣的爱巢，追求品质、浪漫，置身宽阔的红颜湖边，夜间仰望星空，白日赏湖光山色
山野帐篷	定位年轻群体，置身于山野中，沉浸于天地间，体验山野里的浪漫与疯狂，感受融入大自然的奢华露营体验

资料来源：根据对九如山董事长的访谈整理。

曾获得"中国十大影响力民宿品牌"的不负民宿群也在发展中建立了自己的品牌系列，形成大暖帐、凤凰措、12 星座野奢、那蓝设计师多个子品牌（见表5）。

表5　不负民宿的产品细分

名称	产品特色
大暖帐诗茶小镇	在泉山云顶景区起家，茶园民宿、大地艺术区、茶园美食、文旅创客基地、儿童乐园等区域在云顶星罗棋布，挖掘当地文化、精心设计，赋予这里一景一物诗意的想象，形成小而精、小而特、小而优的文化旅游特色民宿小镇，饮甘洌的日照清茶、品天然健康的食材
凤凰措民宿村	以当地石头古村落文化为载体，进行保护性开发，打造乡村艺术区，清晨听得见鸡鸣，夜晚望得见月光，走在弯曲坎坷的小径上，感受历史气息，寻找乡村岁月痕迹
12 星座野奢美宿	民宿房屋散落在青山翠谷之中，每栋别墅都被赋予了一个浪漫神秘的星座故事，像雕塑一样的彩色外衣，恰似头顶浩瀚银河中的排布投射，因此它还有个名字"来自星星的你"，在这里能感受青春的洋溢、假日的狂欢，客房智能操控系统解放双手，小院里有烛光摇曳的晚餐，尽享小资的精致与美好
那蓝设计师民宿	以设计师的眼光，审视生活之美，每一家民宿都各具灵魂碰撞的策划、独具匠心的设计、气质兼具温度的运营，体现"人文、颜值、趣味"的产品理念，创造"勇于见真，善于说爱"的生活，追求"真实与爱"，寻找"幸福的源泉"，无论是那蓝·天鹅湖，还是那蓝·红门，无不充满主题意境的沉浸感

资料来源：根据对不负文旅、24 画民宿运营公司的访谈整理。

从这些对市场需求的精细分类、对不同产品的个性化表达中，可看出山东旅游民宿对品牌系列化的探索，对不同客群的细分也是民宿走向成熟的表现。

（四）品质提升，头部效应凸显

近年来，山东省旅游民宿业发展逐渐进入佳境，优质民宿在国内行业崭露头角。

2017年11月，在由清华大学发起，中国建筑装饰协会主办，清华大学美术学院、中国贸促会建设行业分会、中国房地产业协会等权威部门联合主办支持的2017年第十二届中国国际建筑装饰及设计艺术博览会上，九如山不二木居入围"设计影响中国2016~2017年度十佳精品案例"。

2018年1月，日照不负艺术客栈入围"2017年度中国十大影响力民宿品牌"，被赞"力求简单自由的慢生活状态和远离尘世的生活方式，是将中国元素进行创新的艺术空间"。

2019年，鲁商朴宿·故乡的云民宿先后荣获第3届IAI国际旅游奖、"旅·城"年度精品酒店奖、最值得期待文旅项目、中国最具影响力美宿50强等荣誉称号。

2020年12月，那蓝设计师民宿获2020长三角民宿峰会"年度民宿新星"荣誉。

（五）创建集聚区，探索民宿发展新阶段

为了突破民宿业普遍存在的规模小、分布散、运营效率低、带动性弱、品牌缺乏影响力的发展瓶颈，实现民宿业发展预期目标，使民宿在乡村振兴中真正形成带动性，山东省开始了探索民宿集聚区创建。2021年9月，山东省文化和旅游厅启动民宿聚集区遴选工作，以发展基础、空间集聚性、周边资源条件、相关业态丰富程度、保障机制为遴选标准，推出了34个具有发展潜力的乡村民宿区作为首批山东省旅游民宿集聚区创建单位，从公布结果名称看，这34个民宿集聚区的责任主体是乡镇（街道）级政府（见表6）。

表6　山东省旅游民宿集聚区创建单位名单

1	威海市荣成市成山镇
2	济南市南部山区西营街道
3	泰安市泰山区泰前街道
4	济宁市曲阜市尼山镇
5	临沂市沂南县铜井镇
6	淄博市淄川区太河镇
7	临沂市蒙阴县桃墟镇
8	淄博市博山区池上镇
9	日照市东港区河山镇
10	临沂市沂水县院东头镇
11	济南市长清区万德街道
12	泰安市岱岳区道朗镇
13	济宁市泗水县济河街道
14	临沂市平邑县柏林镇
15	烟台市蓬莱市大辛店镇
16	烟台市牟平区养马岛街道
17	威海市环翠区张村镇
18	日照市山海天旅游度假区卧龙山街道
19	临沂市兰陵县苍山街道
20	滨州市惠民县魏集镇
21	济南市莱芜区雪野街道
22	枣庄市峄城区榴园镇
23	泰安市东平县旧县乡
24	济宁市邹城市大束镇
25	东营市东营区龙居镇
26	枣庄市山亭区冯卯镇
27	青岛市西海岸新区灵山岛省级自然保护区
28	烟台市长岛海洋生态文明综合试验区南长山街道
29	威海市文登区高村镇
30	潍坊市青州市庙子镇
31	日照市五莲县松柏镇
32	济南市章丘区文祖街道
33	临沂市费县薛庄镇
34	菏泽市巨野县核桃园镇

资料来源：山东省文化和旅游厅网站，http：//whhly. shandong. gov. cn/art/2021/10/26。

2021年10月，山东省文化和旅游厅组织了全省旅游民宿集聚区创建推进活动，探讨民宿集聚区创建的产业链构成、品牌价值提升、产品组合方式、运营创新、合作发展等，推动山东旅游民宿向品牌化、连锁化、集群化发展。34家入选山东省旅游民宿集聚区创建名单的民宿，共同提出了"将山东培育成为具有核心竞争力的全国乡村休闲度假旅游目的地，打造以乡村休闲度假为产业引领、实现乡村振兴和共同富裕的'齐鲁样板'"的《九如山倡议》，开启了山东省旅游民宿集群化、品牌化、特色化的高质量发展探索之路。

三　推进旅游民宿发展的政府支持和保障

（一）各级政府制定民宿业发展相关政策

基于旅游民宿对乡村脱贫以及乡村振兴的带动性，山东省各级政府在推进其发展中扮演了重要角色。近年来，山东省各级政府先后推出多项扶持政策，从体制机制、行业规范、人才培养、资金支持等方面提供动力和保障（见表7）。

表7　2018~2020年山东省政府及职能部门精品民宿相关政策一览

发布时间	发布单位	政策名称	主要内容
2018年2月	山东省人民政府	《关于印发山东省新旧动能转换重大工程实施规划的通知》	将精品旅游业列为新旧动能转换工程，提出"加大高星级酒店、高端度假酒店、文化主题酒店、精品民宿建设力度"
2018年7月	山东省人民政府办公厅	《关于印发山东省美丽村居建设"四一三"行动推进方案的通知》	1. 实施村居环境美化，开展"美丽庭院"创建，鼓励利用砖瓦、竹木、卵石等乡土材料和旧磨盘、老门窗、废瓦罐等乡土物件，建设街头小品、文化墙和庭院微景观 2. 传承原有历史脉络、风俗习惯、文化底蕴，精心设计空间环境和特色建筑，高标准配套基础设施与公共服务设施，打造精品村居，实现"一村一品、一台一韵" 3. 对有保护价值的老建筑进行修缮，改造成乡土客栈、乡村记忆展览馆、传统手工作坊等；对闲置村居进行整理利用，插花式新建公共用房、农家乐、民宿等

发布时间	发布单位	政策名称	主要内容
2019年2月	山东省文化和旅游厅	《山东省文化和旅游厅2019年政务公开工作要点》	支持各地因地制宜,发展文化体验、旅游民宿、度假休闲、旅游购物、工业遗产、研学旅行、康养体育、邮轮游艇、自驾车、房车等新业态
2020年3月	山东省文化和旅游厅、山东省发展和改革委员会、山东省教育厅、山东省公安厅等14个部门	《关于促进旅游民宿高质量发展的指导意见》	提出"到2022年,全省三星级旅游民宿达到500家以上,四星级及以上旅游民宿达到160家以上,规模化旅游民宿集聚区达到16个以上,基本形成独具特色、管理规范、服务一流、全国领先的旅游民宿格局,为推进全省旅游业高质量发展提供有力支撑"
2020年10月	山东省文化和旅游厅	《关于印发〈山东省旅游民宿星级评定与管理办法(试行)〉〈旅游民宿等级划分与评价〉的通知》	将2017年制定的山东省地方标准《民宿服务质量等级划分与评定》修订为《旅游民宿等级划分与评价》,并提出实施与管理办法,进一步规范和提升旅游民宿建设品质
2021年3月	中共山东省委、山东省人民政府	《关于全面推进乡村振兴加快农业农村现代化的实施意见》	实施乡村旅游精品工程,打造一批乡村旅游重点村、旅游民宿集聚区

全省16个地市,相继推出扶植与促进民宿业发展的相关政策与行动。

2018年3月,威海市出台加快推进美丽乡村建设三年行动计划,提出"依托景区景点发展景观特色民宿",对2018年20个美丽乡村精品示范村精品民宿按每户5万元标准进行奖补,2019～2020年按照精品民宿每床位2000元标准给予奖补,并推出《威海市民宿等级评分标准》,实施规范建设。

2018年6月,日照市委、市政府出台《关于贯彻落实乡村振兴战略的实施意见》,精品民宿被列为日照市乡村振兴战略"五大示范工程"之一,与美丽乡村、田园综合体、特色小镇、现代农业产业园同步推进。计划三年内,培育市级精品民宿15个,对每个精品民宿将给予100万元的资金奖补。

随后陆续推出《日照市民宿（农家乐）治安消防管理暂行规定》《日照市民宿管理办法》《日照市促进民宿产业融合发展实施方案》《日照市关于促进精品民宿发展三年行动计划（2019-2021）》，推动日照旅游民宿建设。

早在 2019 年 5 月，济南市政府发布《济南市人民政府关于加快推进民宿业发展的实施意见》，就加快推进民宿业发展提出了发展目标、工作任务和保障措施。加强用地保障和支持，优先利用农村存量集体建设用地和农村闲散地发展民宿经济，鼓励农村集体经济组织以自营、出租、入股、联营等方式依法使用集体建设用地发展民宿业，要求各区县每年安排一定数量的新增建设用地指标，用于保障民宿项目建设。随即由济南市文化和旅游局、市发改委、市公安局等 12 个部门联合推出《济南市民宿管理办法》用于规范管理旅游民宿。出台《济南市民宿业发展专项资金使用管理办法》规范了全市民宿业发展专项资金使用管理，市级财政连续 5 年每年安排 2000 万元民宿业发展专项资金，用于扶持民宿集聚区、精品民宿奖补工作，对经评定符合相关标准的民宿，给予一次性资金扶持奖励；对国内外民宿知名品牌，一次性给予 100 万元奖励，对民宿集聚发展示范区，一次性给予 500 万元扶持奖励。鼓励民宿企业积极参与会议、公务接待、职工疗休养等政府采购项目。

烟台市围绕打造最佳观光旅游和休闲度假城市，立足海、岛、泉、葡萄酒、黄金等优势资源，聚集精品项目，整合政策资金，加强配套服务，高水平培育精品民宿，助推乡村振兴。编制《烟台市乡村旅游总体规划》，对民宿发展进行了专题规划设计，出台《关于加快示范镇建设发展的意见》《关于提升旅游产业综合竞争力加快建设旅游强市的意见》等相关政策，将精品民宿作为重要的发展载体加以培育提升。长岛先后出台《长岛县渔家乐管理办法》和《长岛综合试验区"渔家乐·民宿"提升三年计划实施方案》，设立每年不少于 200 万元的"渔家乐·民宿"提升专项资金，规范渔家乐经营服务行为，促进"渔家乐·民宿"提质升级。2021 年 9 月，烟台市文化和旅游局、市公安局等 19 个部门和单位联合印发了《关于加快推进烟台市旅游民宿发展的实施意见》，提出利用三年时间"基本形成特色鲜明、管理规范、服务一流、市场体系健全的旅游民宿格局，为推进全市旅游业高质量发展提供有力支撑"。

青岛市旅游民宿发展起步早、速度快，优越的地理环境和经济地位对社会资本投资民宿形成极大吸引力，崂山景区周边、浮山湾、八大关、西海岸沿海形成了一大批民宿聚集区，朴宿栖澜海居、仙居崂山、伊美萝薇、海角七号、陌海美宿等民宿已经成为青岛旅游新型网红打卡地。目前，青岛市具备一定规模、有管理服务水平的民宿约 200 家。2021 年 3 月 30 日，青岛市文旅局联合市公安局、市市场监管局等 11 个部门联合签发的《青岛市旅游民宿管理暂行办法》正式印发，该管理办法对旅游民宿的界定范围、开办要求、经营规范、各部门职责进行了明确，初步解决了长期困扰青岛市旅游民宿发展的办证难、管理不规范等问题，为旅游民宿更好发展奠定坚实基础。

除此之外，其他地市都相继推出对民宿发展的激励政策，临沂、东营、枣庄、聊城市都出台了旅游民宿发展的奖励政策。

（二）组织活动及培训推进民宿高质量发展

2019 年 9 月，齐鲁壹点联合威海市旅游行业协会共同举办的"2019 威海市最美民宿评选活动"正式启动，旨在发现、评选出一批受游客和大众喜爱的明星民宿，对优质民宿进行品质认定，引导民宿产业健康发展，加快推动个性化住宿产品的设计与生产。2019 年 11 月，"小民宿·大产业"2019 山东省民宿产业发展大会在威海开幕，邀请专家共同探讨山东民宿产业高质量发展之策。

2019 年 6 月，由日照市政府联合中国旅游协会民宿客栈与精品饭店分会共同举办的"2019 中国·日照精品民宿发展研讨会暨民宿项目投资洽谈会"召开，力图在精品旅游项目策划招引、专业旅游人才和运营团队引进、文化旅游全产业链构建等方面，寻求互惠合作，实现共赢发展。

2018~2019 年，由临沂市人民政府主办，临沂市旅游发展委员会、中国旅游协会休闲农业和乡村旅游分会、中国旅游协会民宿客栈与精品酒店分会联合承办了两届中国（国际）乡村民宿设计大赛，收到来自全国及法国、德国、荷兰、西班牙等国的数百件作品。通过举办设计大赛，提高了全市民宿的品位和质量。在沂南县举办了民宿管家技能培训班，围绕民宿基础服务和特色建设进行培训。同时，将民宿纳入市县旅游宣传推介计划，积极开展营销宣传，提高了临沂民宿的知名度、影响力。

（三）提供公共服务支持

各级政府在公共服务、营造经营环境、人才培养方面提供了支持。

山东省文化和旅游厅 2017 年推出山东省地方标准《民宿服务质量等级划分与评定》，2020 年根据行业形势变化，对原有标准进行重新修订，推出山东省《旅游民宿等级划分与评价》和《山东省旅游民宿星级评定与管理办法（试行）》，引导旅游民宿健康发展。2020~2021 年连续两年，山东省文化和旅游厅围绕国家《旅游民宿基本要求与评价》（LB/T 065-2019）和山东省《旅游民宿等级划分与评价》标准以及民宿业高质量发展举办了全省旅游民宿带头人培训，受训人数达 400 余人次。各地市近年举行多种类型的指导与培训，总计有 2000 多人次参与。

济南市为培育精品民宿优化资源配置，在用地保障、财税支持、金融服务等方面加大扶持力度，鼓励金融机构创新金融产品和服务方式，拓宽民宿企业融资渠道，支持推出符合民宿经营特点的保险产品，加强市场监督、消防、公安、卫生健康各部门协调治理。

日照市政府建立了智慧旅游平台，为日照所有注册民宿建立了名录及情况介绍，专门设置了"（游客）便民查询平台"，在为游客提供民宿检索、地理位置、规模特色、即时房价、导航等服务信息的同时，形成竞争机制，促使民宿提升品质。

烟台市加快了精品民宿周边环境的综合整治，完善标识引导、游客服务中心、厕所、垃圾污水处理及水、电、路等设施。

泰安市环九女峰形成了故乡的云、铂思、乡奢等民宿聚集，为推进此区域民宿业发展，泰安市政府投资做整体规划、拓宽道路、进行污水处理改造、设置标识，保障基础设施的完善与便利。

（四）支持建立行业组织，提供专业化指导与服务

行业协会在促进行业进步中起到举足轻重的作用，协会可以充分发挥引领、协调、服务等职能作用，通过资源整合、功能拓展，进一步引领和促进民宿产业发展，同时当好政府与民宿企业之间的沟通桥梁，反映民宿业者诉求，为民宿产业的健康发展提供服务。在政府的支持下，继山东省旅游行业协会乡村旅游与民宿分会、山东省旅游饭店协会民宿专业委员会、山东省旅游精品促进会民宿发展专业委员会之后，青岛市崂山区、日照、临沂等多个市也成立了民宿相关分会，与省级行业协会密切联系，形成两级行业组织，加强监管指导，通过规范民宿的运营管理、良性竞争，提升民宿的服务品质。

四　旅游民宿发展存在的问题

（一）旅游民宿概念模糊，给认定带来困难

山东省文化和旅游厅于 2020 年 10 月推出山东省《旅游民宿等级划分与评价》，其中对旅游民宿定义的解释为"利用当地民居改建或新建，具有独特风格特色，为游客提供体验当地自然、文化与生产生活方式的小型住宿设施"，对比 2021 年 7 月国家推出的《〈旅游民宿基本要求与评价〉（LB/T 065-2019）及第 1 号修改单实施工作规程》中"利用当地民居等相关闲置资源，经营用客房不超过 4 层、建筑面积不超过 800m^2，主人参与接待，为游客提供体验当地自然、文化与生产生活方式的小型住宿设施"的规定，山东省对"旅游民宿"界定边界显得模糊，"民宿主人"在民宿服务经营中的角色被淡化，这便造成了旅游民宿与小型酒店无法清晰界定，给制定与落实政策、等级评定、部门监管、科学研究造成困难；旅游民宿范畴过宽，会导致大资本投资民宿项目与村民投资民宿处于同一范畴，容易对弱小村民自主经营者形成挤压，也容易造成资源流向的不公平。大资本对投资回报的追

求，必然使民宿进入过度商业化运营，从而使民宿发展逐渐背离体验当地生活的初衷。

（二）证照不全现象突出，大量民宿无法做到合法运营

从山东省 16 地市旅游民宿统计情况看，远远不止携程提供的数据，而其中大量属于无证运营，较为突出的是消防类证件无法办理。旅游民宿较多是利用古村落、宅基地、集体闲置资产等建设的特色民宿项目，部分民宿是由老房屋改建而成，在消防疏散楼梯宽度、消防管道设计等方面很难达标。有些民宿为突出原生态特色，建设中采用大量木材，达不到对木梁、屋顶等进行消防隔离处理的要求。以上问题使得民宿项目难以取得消防检查合格意见书，不能办理特种行业许可证，很难达到手续完备、合法合规经营的条件，不能合法经营。

（三）个性化不足，在全国尚没有形成区域品牌影响力

2020 年 4 月出版的《中国旅游民宿发展报告（2019）》对大陆民宿主要聚集区域分布情况作了分析，在全国 7 个民宿群聚集地中，山东尚没有影响力（见表 8）。

表 8　中国大陆民宿群主要分布区域

序号	区域	中心区域
1	北京地区	京津冀区域，包括以山海关、老龙头等知名景区为依托的秦皇岛市
2	江浙东部地区	以苏州、无锡、杭州、湖州、嘉兴等为中心
3	东南部地区	以厦门、广州、深圳为中心
4	徽赣文化地区	以安徽黄山和江西婺源等地为中心
5	云贵川地区	由云贵川地区的旅游民宿组成
6	湘黔桂地区	主要分布在湖南、贵州、广西三省区交界处
7	东北、西北地区	—

资料来源：《中国旅游民宿发展报告（2019）》。

山东省是文化和旅游资源大省，无论是儒家文化发祥地、绵长的海岸线、传统农耕文明，还是丰富的物产、四季分明的自然景观都是独有的资源，但山东省民宿建设尚未充分利用这些资源来丰富产品内涵、延长产业链条、集聚形成区域品牌。旅游民宿产业之间统筹协作少，单打独斗多，产品功能单一，同质化严重，地域特色不鲜明，因而在全国缺乏影响力。

（四）连锁化、聚落化薄弱，经营效益整体不高

经历了几十年演进和发展，山东省旅游民宿已经形成产业，尤其是近10年的积极探索，使山东旅游民宿已经形成了局部品牌，但整体仍存在"散""小"的状态，能够进行连锁经营、输出管理的民宿企业屈指可数。旅游民宿本身就有体量小、承担功能多的特点，如果不能形成聚落，进行集约化经营管理，必然无法控制成本，难以多样化经营、提升经营效益，这直接制约了民宿可持续发展。受季节气候影响，每年11月至第二年3月是山东旅游淡季，尤其是对乡村民宿，多数处在停业状态，单体民宿产品单一，无法在不同季节中提供不同类型产品和服务，从而限制了其营利能力。从携程提供的2019～2021年数据看，只有985家民宿持续三年有产值，仅占54.5%，可见山东旅游民宿的脆弱性。

（五）专业经营者匮乏，精品化缺少人才引领

民宿可持续发展，需要在功能单一的传统民宿基础上进行创新，既有住宿业卫生、安全、舒适、营利性的基本要求，又需要融合多种资源，为游客搭建丰富而独具特色的生活体验平台。这就要求民宿经营者视野开阔，把握行业变化，懂得游客心理，有创新思维，能进行当地生活与文化的表达与传播，利用新技术、新渠道进行营销推广。但目前山东省旅游民宿人才储备远远跟不上精品化发展要求。从调研情况看，民宿经营者只有少部分具有高品质追求和发展思路，多数处在"卖住宿"的思维定式上，民宿管家大多处在"生活照料"层次，缺乏对本地文化的了解，缺乏分析游客特点和需求的能力，服务不够精准，管理粗放。

五　推进民宿高质量发展的对策

（一）加强政策联动，继续推动民宿业升级

各地市要充分利用文旅融合、乡村旅游、民宿评级、民宿聚集区创建等政策和资金支持，做好市场培育、区域环境打造、公共设施建设、人才引进与培育等方面的提升，充分发挥财政资金引导作用，增加优质消费和有效供给，持续加强政策引领。发挥政府监管、行业自律、主体自觉多个方面的积极性，逐步推进民宿标准全面落地，营造健康有活力的市场环境，促进旅游民宿专注市场、专注品质。各级政府应调动相关力量，不断完善政策体系，一方面引领市场资源向优势区域投入，另一方面支持弱势区域，健全配套和支撑体系，实现可持续发展。

（二）科学规划，严格管理品质

民宿业高质量发展，需要追求专业、美感、地域个性融合、经营可持续。集群化建设，是山东省旅游民宿业迈出向高质量转型升级的第一步，但目前看整体品质还有待于提升。首先，需要在基础质量管理如卫生、安全、客用品、舒适度、礼貌待客等方面形成共识和自觉行为；其次，要了解入住民宿客人的生活习惯、消费偏好，研究本地资源与消费需求结合点，选择行业标杆，向海内外优秀民宿学习，提升对高质量民宿的认知，把握运营规律，进而将优质理念和思路渗透到每个设计和服务细节中。新建民宿不仅要注重建筑、装饰设计，更要注重品质设计，对结构布局、产品组合、客用品标准、服务流程、人员要求做出具体规定。

并非所有乡村都适合发展民宿，需要对周边自然环境、历史文化、特色物产、地质与交通、应急救助条件以及业态分布等做出预先评估，防止民宿建设盲目性，消除后期运营艰难的隐患。

（三）与文化相长，打造山东旅游民宿 IP

文化深受地域、民族、历史等因素的影响，因而具有个性。山东省旅游民宿业在未来发展过程中，要用品质、文化、地域资源形成自身定位，结合"泉城济南""平安泰山""东方圣地""亲情沂蒙""鲁风运河""黄河入海""仙境海岸""鸢都龙城""齐国故都""水浒故里"十大旅游目的地品牌，建立更高的市场识别度，与"好客"文化相长，逐步走向个性化、主题化、定制化、高端化，以新媒体与传统媒体的融合，加大全国市场品牌推介。

（四）激发相关产业活力，构建民宿高质量发展生态环境

从目前山东省旅游民宿发展情况看，中低端的民宿市场稳定性差，发展空间越来越狭窄，而品质高、体验感强、产品内涵丰富、富于个性的高品质民宿会有更大的发展前景。这就需要推进相关产业融合，围绕旅游业、旅游住宿业发展，运用产业扶持、资本注入、市场环境打造等多种手段，激发乡村、景区、建筑设计、城市社区、餐饮业、交通业、特色购物、信息技术、文化创意、生态保护等各类领域的活力，构建民宿产业链条，为民宿的高质量发展提供市场活力。

（五）推进民宿集群效应，创新经营模式

山东省已经启动民宿业集群化发展工程，未来在创建新型体制机制、明晰监管责任、激发市场活力、发挥市场主体作用、推进业态融合、加强品牌塑造、完善基础设施、构建产业链条等方面尚有大量工作要做。除了在空间上形成集聚化发展，还要探索集中化采购、生产、销售以及用工模式，降低运营成本，形成业态互补。将旅游民宿与旅游业其他要素融合经营，构建生活体验、手工体验、自然体验、民俗体验、运动体验、健康体验活动等产品链条，拓宽收入渠道，发展综合业态，提升经济效益。

（六）发挥各级协会、各类院校以及社会的作用，培养专业化人才队伍

制定与完善高质量民宿人才政策，加强高质量民宿人才培训和交流。支持民宿企业与高校院所、职业技术院校合作开展人才培养，不断充实和扩大专业人才队伍；鼓励开办民宿专业学院，根据旅游民宿特点设置包括服务、运营、策划、推广、资源整合、连锁发展的相关课程，培养民宿专业人才。举办各类民宿技能大赛，孵化培育更多职业化民宿管家和民宿运营管理人才。

"十四五"规划提出，建立以国内大循环为主体、国内国际双循环相互促进的新发展格局，这一战略转型为国内发展旅游经济、提升产业品质带来了新机遇。从产业发展分析，民宿具有资源整合性、乡村旅游带动性、资本有效利用性；从市场需求角度分析，民宿是休闲度假、健康养生、体验地域民俗与田园风情、增进亲情的平台，体现了当下消费者对美好生活的追求。当前出现的问题是产业发展的必然，体现出山东省民宿业在创新思维、推动变革中未来的空间。2022 年，文化和旅游部出台促进乡村民宿高质量发展政策文件，制订等级旅游民宿培育三年行动计划，开展旅游服务品牌建设培育、信用经济发展试点，探索剧本杀、电竞酒店、云服务等新业态新模式管理试点工作①。在各种力量的推动下，山东省旅游民宿走高质量发展之路已经成为必然，这一方面需要积极探索民宿高质量发展规律，另一方面要不断改革创新，推进旅游民宿业升级。

---

① 文化和旅游部：《推动高质量"乡村民宿"发展》，旅游中国_中国网_中国旅游外宣第一品牌，travel. china. com. cn/txt. 2022-01/06/content_77973406. html。

B.6

海南乡村民宿发展的制度集成创新经验
与高质量发展路径*

谢祥项 张琳 吴珏**

摘　要： 随着海南自由贸易港建设不断深入推进，海南国际旅游消费中心建设取得积极成效，其中乡村旅游和乡村民宿的发展规模、速度和质量尤其突出。本报告回顾了海南乡村民宿发展的总体格局，以三亚亚龙湾博后村乡村民宿集群作为发展样板进行了经验总结，在此基础上重点梳理了制度集成创新对海南乡村民宿的显著促进作用。同时，针对海南乡村民宿发展的主要问题，提出了海南乡村民宿高质量发展的六大路径建议。

关键词： 乡村民宿　制度集成创新　高质量发展　海南

近年来，随着国家政策层面释放出越来越多促进民宿发展的信号，乡村民宿业作为乡村振兴和乡村旅游的主要抓手，正迎来前所未有的发展机遇。海南贯彻落实习近平总书记关于海南工作系列讲话和指示批示精神，紧扣《中共中央　国务院关于支持海南全面深化改革开放的指导意见》和《海南自

* 基金项目：本研究为海南省哲学社会科学规划课题项目"乡村振兴语境下海南自由贸易港乡村旅游共同体的系统构建与协调机制研究"（项目编号：HNSK（YB）20-05）的阶段性成果。

** 谢祥项，博士，海南大学旅游学院副教授、硕士生导师，海南省旅游饭店业协会副秘书长，主要研究方向为酒店与民宿服务创新、乡村旅游、研学旅游、海洋旅游等；张琳，海南大学旅游学院副教授，海南省旅游标准化技术委员会专职副秘书长，主要研究方向为旅游标准化、旅游法规等；吴珏，海南大学旅游学院副教授，主要研究方向为创新生态系统、战略管理与创新等。特别鸣谢：本文相关数据得到了海南省旅游和文化广电体育厅、海南中元设计机构的支持。

由贸易港建设总体方案》的具体要求，以国际旅游消费中心建设为契机，以制度集成创新为主要手段，先后出台相关政策规范和扶持乡村民宿产业发展，着力提升乡村民宿的政策水平、产品创新和服务质量，取得了十分显著的成效。

一 海南乡村民宿发展的总体格局与样板经验

（一）总体发展的格局：从三亚到全岛

截至 2022 年 6 月，全省共有乡村民宿 371 家，房间总数 6942 间。其中金宿级乡村民宿 11 家，银宿级乡村民宿 50 家，总房间数 1055 间，总投资额近 4.2 亿元，从业人员数量近 300 人。2019 年至 2022 年 6 月，乡村民宿游客接待量近 1500 万人次，总收入 1.1 亿元，人均消费 261 元，房间均价381 元。海南乡村民宿主要集中在海南岛东部沿海岸线的市县、著名旅游景区周边和美丽乡村建设较为完善的地区，其空间分布整体呈现东部集中、沿海集中、城市周边集中、旅游景点附近集中的特点，其他区域呈现点状分布的特点，其中以海口火山口、海口东寨港、琼海博鳌镇、万宁日月湾、三亚博后村、三亚后海村等局部区域的集群化发展特点较为突出。

通过建章立制、树立标杆、以优促差、纳入统一管理，乡村民宿的服务质量极大提升，市场规模日益凸显。据统计，2020 年国庆期间，海南省金宿和银宿乡村民宿的平均入住率 90%，335 家乡村民宿平均入住率为 76%。2021 年五一假期期间，全省金宿和银宿乡村民宿的平均入住率高达93.51%。受全国疫情影响，2022 年元旦期间平均入住率略有下降，也达到了 74.13%。

（二）集群发展的样板：亚龙湾博后村

在国家乡村振兴战略的推动下，在鼓励发展民宿的系列政策促进下，海南乡村民宿得到了快速发展，先后涌现了许多在全国有较大影响力的"网红"级乡村民宿集群发展区。位于三亚市吉阳区的博后村，就是其中比较有名的一个。

1. 博后村基本情况

博后村位于亚龙湾国家旅游度假区西南部，距市区约 20 公里，毗邻热带天堂森林公园、玫瑰谷、红峡谷高尔夫球场等旅游景区。全村总面积约 8500 亩，其中耕地 2400 亩，坡地山林地 4600 亩；下辖红旗、糖丰、新坡、红光 4 个自然村，8 个村民小组，总户数 667 户，总人口 3680 人，是一个典型的黎族聚居村庄，也是三亚市革命老区村之一。

过去，博后村土地是盐碱地，村民仅能依靠粗放型农业为主，种植椰子和养猪是主要经济来源，年人均收入只有 5000 余元。2013 年 4 月 9 日，习近平总书记来到三亚博后村玫瑰谷调研，与村民近距离接触，话增收、聊发展，还提出"小康不小康，关键看老乡"的暖心话语和经典观点。自此，博后村的知名度开始节节攀升，成为省内外知名的"旅游+"发展模式的先进村。村民通过土地出租、湾区旅游企业务工、自营个体户等方式增加收入，人均可支配收入提升至 7400 元。2017 年 6 月，博后村开展美丽乡村建设后，村容村貌发生极大变化，村民以此为契机，通过发展民宿产业、企业务工、土地出租、庭院经济等更多业态更多渠道，收入大幅提升，2020 年村民人均可支配收入达 26800 元。

正因如此，博后村在 2018 年被评为"海南省五星级美丽乡村"，2020 年 5 月被评为"海南省五椰级乡村旅游点"，2020 年 8 月入选"中国美丽休闲乡村"，2020 年 9 月入选第二批"全国乡村旅游重点村"，2020 年 10 月被评为"海南省民族团结进步示范单位"，2020 年 10 月底入选第六届"全国文明村镇"，成为名副其实的"旅游村""民宿村""网红村"。

2. 博后村乡村民宿业发展情况

为实现产业兴旺的目标，博后村依托亚龙湾国家度假区资源和平台，以黎族文化、玫瑰文化、创意文化为底蕴，以农民专业合作社为主体，通过自主经营和引进企业进驻大力发展民宿产业、特色餐饮业和文创产业。目前，博后村是海南省最大的民宿村之一。据统计，截至 2022 年 6 月，博后村乡村民宿已经发展为 56 家，房间总数共 1700 间（见表 1），单个民宿房间最多的为 60

间，最少的为 7 间；在海南省乡村民宿等级评定中，有 2 家为金宿，5 家为银宿。在区委、区政府的引导下，博后村立足区位优势大力发展旅游业和民宿业，客房全年入住率超过 65%，房价每间夜 200~1500 元，旺季常处于"一房难求"状态。

表 1 三亚吉阳区亚龙湾博后村民宿情况

单位：间

序号	民宿名称	客房数	序号	民宿名称	客房数
1	宿约 107	36	30	无云谷旅租	39
2	朋泊乐青奢宿	28	31	缘生缘宿设计民宿	54
3	相见无墅	26	32	秦山黎水民宿	24
4	莫言莫语民宿	29	33	宿客设计民宿	7
5	久悦设计美宿	30	34	木槿荷塘	14
6	久悦宿屋宽予民宿	33	35	隐舍居旅租	32
7	海纳捷民宿	38	36	榕树里民宿	60
8	蓝雅居	14	37	若逸民宿	30
9	子水青庐清品民宿	34	38	丹丘民宿	56
10	椰林湾民宿	40	39	沐光鹿隐	36
11	亿乡人 38	38	40	栖山民宿	15
12	浮生若宿民宿	40	41	筑宿设计民宿	36
13	荷塘月色	22	42	觅度美宿	23
14	海上见青山民宿	35	43	娜娜的民宿	16
15	亚龙湾山林博达	32	44	椰隅民宿	27
16	莫依民宿	52	45	短笛民宿	35
17	可简美店	24	46	日沐里民宿	34
18	悦来海墅	16	47	伊瑟拉民宿	39
19	榴莲假日	20	48	丰园民宿	28
20	未见海设计美宿	28	49	博后荷院民宿	27
21	木禾亿舍	32	50	润鲸民宿	22
22	水云润客栈	27	51	博新小院民宿	27
23	顾园民宿	38	52	厚莲民店	15
24	翠隐居民宿	36	53	向羽小院民宿	24
25	情舍·博后居民宿	20	54	玫瑰海岸	22
26	荷塘小栈	40	55	觅悦美宿	37
27	水照座民宿	18	56	博后壹号民宿	35
28	望山悦民宿	34			
29	陌笙民宿	26		房间总数	1700

资料来源：三亚市吉阳区民宿协会、海南中元设计机构。

蓬勃发展的博后村乡村民宿，不仅市场反应热烈，同时也得到社会各界尤其是中央级媒体的广泛关注。2020年6月11日，中宣部组织"走进我们的小康生活"主题采访活动，多家央媒、100多名记者走进博后村。2020年7月17日，《人民日报》头版头条以"奔小康，我们底气更足了"为标题报道博后村；同时，《求是》《经济日报》等中央媒体通过多种形式、多维视角聚焦博后村。2020年7月20日，央视《新闻联播》头条用超过4分钟的时间播出《走向我们的小康生活》系列报道，聚焦三亚博后村的小康之路。同一天，央视新闻频道《朝闻天下》栏目、CCTV-4中文国际频道、CCTV-13新闻频道多次播出博后村创造小康生活的三亚故事。2021年8月28日，央视《新闻联播》播出报道《走进乡村看小康——博后村改善人居环境 打造美丽乡村》。媒体传播浪潮形成的热度，引来了进一步广泛关注，三亚旅游市场掀起了新一轮"博后热"。2022年春节市场，博后村乡村民宿再次成为"爆款"产品。统计表明，初一到初五，博后村每天都有3500以上的客流量，最多的一天游客接近4000人次，单日旅游综合收入达到367万元。2022年春节期间（1月31日至2月6日），累计接待过夜游客24803人次，平均入住率98.7%，平均房间价格900~1200元，累计旅游总收入2115万元（见表3）。

表2　2022年春节黄金周亚龙湾博后村旅游接待情况

日期	接待人数（人次）	入住率（%）	住宿收入（万元）	当天旅游总收入（万元）
2022年1月31日	3264	96.0	112	163
2022年2月1日	3328	97.6	132	266
2022年2月2日	3577	99.0	154	304
2022年2月3日	3655	100.0	176	316
2022年2月4日	3670	100.0	187	367
2022年2月5日	3652	99.3	182	352
2022年2月6日	3657	99.5	184	347
合计	24803	98.7	1127	2115

说明：当天旅游总收入包括住宿、餐饮、夜间经济、娱乐购物、潜水、景点门票等收入。

3. 博后村民宿业创新发展主要经验

（1）协会引导有序发展。2019年3月16日博后村成立了三亚市吉阳区民宿协会，会长、副会长、秘书长和会员都是本村村民和投资者。民宿在开业前要到民宿协会备案，并加入民宿协会，协会通过规范服务标准，引导民宿经营合法合规。2019年3月28日，成立了民宿协会党支部（兼合式），博后村民宿业在党组织的引领下，逐步走上了健康有序的发展轨道。在区委、区政府的支持帮助下，民宿协会成功建立并运营了民宿抖音公众号，通过抖音公众号、微信公众号等自媒体平台大力宣传推广民宿，打造具有特色和代表性的网红民宿。

（2）打造夜游乡村产品。博后村积极打造夜游乡村产品，开设一公里的夜市街道，带动海南海鲜、重庆火锅等一批餐饮进驻，共计130个夜市摊位，销售海南热带水果、特色小吃、黎族风味小吃、特色烧烤、扶贫产品、特色工艺品等，不仅带动300多名村民就业，而且满足了游客的餐饮需求。

（3）积极促进文旅融合。2019年开始，博后村陆续和西安中国画院三亚分院、三亚学院艺术学院合作，共同创办了文创基地中心，成立了黎族长安画苑、诺溪创意展室、黎族文史馆，宣传黎族民风、民俗，发扬和传承黎族文化。不仅挖掘黎村民俗文化，而且赋能民宿产业更多文化内涵，用"诗和远方"打造出博后村与外界沟通的文化交流平台，推动文化产业、创意民宿与乡村旅游的融合发展，丰富美丽乡村文化内涵，提升乡村振兴的文化品位。

（4）利用网红经济创新营销。博后村各家民宿风格迥异，有现代主题风、北欧简约风、黎族风、海洋风、中国古风等。在此基础上，各民宿业主纷纷利用自身优势，打造网红打卡点，成功孵化了几十家网红民宿，不仅吸引住了游客，餐饮、零售、游玩等一系列产业也得到发展，村民获得了实实在在的收益。同时，特色鲜明的民宿产业让博后村也成为国内小有名气的网红民宿村。

二 海南乡村民宿发展的制度集成创新过程

（一）开展行业调研，凝聚发展共识

为贯彻落实省委、省政府关于发展民宿产业的指示精神，规范乡村民宿开发、建设和经营行为，提升乡村民宿的服务质量和管理水平，促进全省乡村民宿产业的快速、健康、持续发展，海南省旅游和文化广电体育厅于2018年2月组织开展"海南乡村民宿消费者满意度调查"，对乡村民宿的建筑载体、住宿设施、餐饮设施、交通条件、服务人员、接待服务、客房服务、餐饮服务、亲和力、投诉管理、资源特色等方面进行了问卷调查，为乡村民宿高质量开发建设和规范服务奠定了坚实的基础。

（二）编制地方标准，开展等级评定

2018年8月，海南省旅游和文化广电体育厅牵头编制和颁发了地方标准《乡村民宿服务质量等级划分与评定》（DB46/T 460-2018），编制了《海南省乡村民宿服务质量等级评定办法》等配套文件，同年正式启动海南省首批乡村民宿等级划分与评定工作。目前，已完成2019年、2020年、2021年共3批评定工作，共评定出金宿、银宿、铜宿乡村民宿132家。数据显示，每批次参与等级评定的民宿主体数量都在逐年增加，说明了民宿主对乡村民宿等级评定工作的认可度较高，其中被定级的"金宿"和"银宿"已成为所在地区民宿的行业标杆，初步形成了显著的"头雁效应"，在一定程度上带动了该区域乡村民宿开发和建设的热情。

值得一提的是，2021年7月文化和旅游部下发《关于推荐申报首批甲级、乙级旅游民宿的函》，要求各省、自治区、直辖市推荐1~2家民宿申报全国等级旅游民宿的评定。海南省结合乡村民宿等级评定工作的实际情况，经过严格的匹配和筛选、材料准备、对标整改、线上平台报名的指导工作，最终琼海市的无所·归止精品民宿获评全国甲级旅游民宿，文昌云卷云舒客

栈和海口艾尔温客栈获评全国乙级旅游民宿，从数量和品级上居全国旅游民宿发展前列，紧跟全国民宿标杆省的江苏和浙江两省。

（三）出台管理办法，实现规范发展

海南是从 2012 年启动美丽乡村建设，积极打造"一村一景、一村一韵、一村一品"的生态文明乡村，为海南乡村民宿高质量发展奠定了良好的基础。为促进全省乡村民宿的快速发展，海南省人民政府于 2018 年 2 月颁布了《关于促进乡村民宿发展的指导意见》，2019 年 4 月海南省住房和城乡建设厅等 6 个厅局联合颁布《海南省乡村民宿管理办法》和《海南省促进乡村民宿发展实施方案》等文件。在此基础上，海南省乡村民宿开始进入联合核验备案机制的新阶段，在全省推进"审批一张网"，实现"一网通办"，进一步为乡村民宿开发者提供便利化申请渠道。海南省乡村民宿工作现场推进会于 2019 年 7 月 18 日在琼海召开，在现场会上，琼海市博鳌镇凤凰客栈就是通过联合验收备案机制，获得海南省第一张乡村民宿经营备案证书。自此，全省乡村民宿经营有了规范的"申办流程"、方便取得合法的"身份证"，标志着海南省乡村民宿行业被纳入规范化管理轨道。

紧接着，经过全面修订的《海南省乡村民宿管理办法》于 2021 年 2 月正式生效，海南省进一步放宽了民宿市场准入条件，正式实行乡村民宿备案登记制度。此举为海南省乡村民宿发展构建了顶层设计和法治体系，统筹了全省民宿业的规划布局，推行了民宿业分类指引发展，完善了相关配套法规支持，为海南乡村民宿业健康有序发展奠定了强有力的制度基础，海南乡村民宿业的高质量发展进入了"快车道"。

（四）编制发展规划，扩展产业空间

2019 年 4 月，海南省住建厅牵头发布了《海南省乡村民宿发展规划（2018-2030）》，并举办了新闻发布会，系统介绍了规划的背景、意义、价值和主要内容。规划文本对海南乡村民宿的定义进行了科学界定，规划内容涵盖了发展定位、空间布局、产品规划、政策扶持等多个方面，在空间结构

规划上提出要按空间融合、集群发展的新理念，经过一段时间的发展和建设，最终形成全岛"两圈一带三组团"乡村民宿空间结构。规划还提出了"利用闲置房屋发展乡村民宿，有效盘活约 500 万平方米乡村闲置房屋；带动餐饮、娱乐、购物等旅游相关行业发展，解决农村剩余劳动力就业问题；激发传统村落和空心村活力，实现海南乡村振兴"等三个具体目标。同时，规划对海南短租型民宿数量目标做了预测，到 2030 年为 6500 家，可提供客房床位数 11.7 万张，可接待乡村过夜游客 2300 万人次，可提供直接就业岗位 5.5 万个。

此外，规划对"民宿+"和"+民宿"融合发展提出了设想，希望通过民宿产业让更多农民参与到乡村民宿开发中、参与到乡村旅游服务中，以此来增加农民实际收入，共享海南自贸港旅游发展红利。规划还特别强调，民宿相比其他旅游产品更加注重地域特色和乡土情怀，明确提出通过发展民宿能活化利用 64 个历史文化名村和中国传统村落与闲置的传统民居，保护海南地域建筑"文化基因"和"乡土气息"，守住海南特色的本土文化根脉，更好地深度挖掘和系统传播海南的地域文化，进而实现乡村文化复兴和文化振兴。

（五）出台奖励办法，形成激励机制

2020 年 6 月，修订后的《海南省重点产业发展专项资金（旅游产业）使用实施细则》由海南省旅游和文化广电体育厅发布，该细则中设置了"创优评级奖励"，对每年新评定的"金宿级"和"银宿级"民宿分别奖励 20 万元/家和 10 万元/家；对年营业额达到 50 万元及以上的"金宿级""银宿级"民宿则给予一次性奖励 5 万元，对年营业额达 30 万元以上 50 万元（不含本数）以下的则给予一次性奖励 3 万元。截至 2022 年 6 月，海南省旅游和文化广电体育厅通过重点产业发展专项资金（旅游产业）对乡村民宿的奖励金额已达 720 万元。这些奖励政策极大地刺激了海南乡村民宿投资与发展的热情和动力，充分调动民宿企业参与旅游标准化建设的积极性，从而提升海南省民宿的标准化管理和服务水平，对乡村民宿和乡村旅游都起到了

巨大的推动作用。

以奖代补的导向机制和常态化的等级评定工作，不仅能树立地区民宿标杆，形成"头雁效应"，还能带动区域周边民宿业发展，形成民宿集群。评级和两年一次的复核工作，既推动了民宿标准化工作建设，增加民宿主对标准化工作的理解，在一定程度上解决民宿行业经营门槛低、专业化程度低的普遍状况，也让全体民宿行业对标自查、查漏补缺并创新经营，关注在地文化，提升民宿配套特色服务，提高海南民宿整体水平。

（六）引入战投伙伴，搭建发展平台

随着中国共享经济的全球竞争力持续提升，从中央到各级地方政府都不同程度地对共享经济出台了支持政策。2018 年 7 月 25 日，共享住宿平台小猪短租与海南省旅游主管部门达成了战略合作协议，双方就系统推广海南美丽乡村资源、打造海南乡村民宿聚落品牌与旅游扶贫示范建设点、设立民宿行业服务平台等方面达成合作意向和工作规划。这是习近平总书记"4·13"重要讲话和党中央支持海南全岛建设自由贸易试验区以来，与海南达成战略合作的首家共享住宿平台。

海南与小猪短租联手，将聚焦打造具有世界影响力的国际旅游消费中心，充分利用小猪短租及其"乡村美宿"品牌的影响力，显著加大对海南美丽乡村的线上宣传推广，提升海南美丽乡村在国内外的知名度，并有效拓展海南乡村民宿品牌，提升海南乡村民宿的整体发展水平，挖掘和培养乡村民宿经营管理人才和服务创新能人，同时还为农村居民提供就业与增收机会，真正实现乡村自我造血功能，对乡村振兴方面起到了积极的推动作用。

（七）成立行业组织，整合行业资源

在省委、省政府的策划下，在全省乡村民宿主的支持下，海南省旅游民宿协会于 2018 年 7 月 25 日宣告成立，协会首任会长由小猪短租联合创始人兼首席运营官王连涛担任，协会主管单位为海南省旅游主管部门。

协会将致力于促进海南民宿业快速发展，充分整合政产学研各方资源，逐步解决民宿业经营涉及的各类突出问题，建立良好的市场需求和供给的互动机制，着力提升民宿行业服务质量与市场竞争力。海南省旅游民宿协会的成立，还能发挥共享经济的绿色发展导向作用，积极通过投融资平台将农村闲置房屋转变成舒适宜居的乡村民宿，利用小猪平台生态体系挖掘乡村民宿产品链、价值链和供应链，系统带动乡村保洁、旅游摄影、乡村设计等周边就业机会，为民宿创业者与经营者提供更好的解决方案，使更多的普通人能够参与到共享经济中，谱写海南民宿业发展的新篇章。

三　海南发展乡村民宿的重要价值与主要问题

（一）海南发展乡村民宿的重要价值

乡村民宿是脱贫攻坚战后乡村振兴战略的重要突破口，也是实现全域旅游高质量发展的重要载体。近十多年来，海南省依次经历了国际旅游岛建设、全域旅游示范省建设、自由贸易试验区建设和自由贸易港建设的多个国家级的战略安排，先后推进和落实包括入境免签政策、离岛免税政策、全球旅游推介、法定机构设立等"点、线、面"全方位推进，旨在打造全天候、全地域、国际化的旅游目的地，乡村民宿迎来了新的突破和新的价值，正在开展乡村振兴"海南道路"伟大实践。

1.乡村民宿已经成为展示海南地方文化的重要窗口

通过设计开发，一些乡村民宿将海南多民族元素、南洋文化情怀、原始村落文化等融入民宿建筑和服务设施中，同时民宿主人还会引导游客深度体验海南民俗，如"去昌江看木棉花"，听非遗"儋州调声"表演，与少数民族同胞跳一段竹竿舞，尝一尝海南特色的公道饭，体验海南传统"换花节"的浪漫氛围，都让海南乡村生态之美被进一步发现和放大，让客人留下"海南乡愁"，并唤醒了当地政府、居民和游客的生态与传统文化保护意识。

2. 乡村民宿发展引发海南自贸港青年返乡创业高潮

民宿业的发展使一些外出打工的岛民返乡创业，尤其是吸引了一些充满理想抱负的大学生，如文昌民宿"南洋兄弟"的主人云永悦就是在深圳打拼 7 年后，毅然返乡创业。知识人才、青年群体的回流使地域文化得以传承，乡村活力得以延续，其知识经验也吸引社会资本注入民宿业，助推民宿品质高端化发展。

3. 乡村民宿助推海南自贸港建设广阔发展前景

与海南岛毗邻，有着相似地理环境的台湾岛，如今拥有着世界上密度最大的民宿群，良性科学的发展也使其成为全球民宿行业的典范，形成一种文化符号融入本土文化中，其发展经验和成果为海南岛民宿业起到了良好示范效应。如今海岛民宿业出现了一些领军品牌如海口"花梨之家"、清澜"东郊时光"、文昌"南洋兄弟"、日月湾"森林客栈"等，扎根本土旖旎的民俗文化，海岛风情和广阔的国内市场，都为海南岛乡村民宿业发展提供了无限可能。

（二）海南发展乡村民宿存在的主要问题

1. 部分乡村民宿备案证办理不及时

根据《海南省乡村民宿管理办法》《海南省促进乡村民宿发展实施方案》的任务分工，应由住建部门牵头、各有关单位办理乡村民宿备案证书，目前全省只有 145 家乡村民宿登记备案，由海南省旅游和文化广电体育厅组织的民宿评定工作中大部分参评民宿只有工商证等其他合法证照，缺少乡村民宿备案证书。

2. 部分乡村民宿基础设施不够完善

从全省民宿等级评定工作的实地调研看，部分乡村民宿的服务配套设施整体简陋，所在乡村的道路交通错综复杂，特别是缺乏标志性交通标识，给岛内外自驾游旅客带来诸多不便。另外，少数地区面临着下雨天乡村民宿出现停电、游客手机信号在偏远乡村接收不到等现象，都会影响民宿消费者的体验感和满意度，某种程度上会阻碍乡村民宿的健康发展。

3. 部分乡村民宿服务质量有待提升

个别民宿在厨房管理、用电安全、消防管理、卫生消毒等民宿标准的实施上需要进一步加强，包括台账信息不齐全、消防设备定期检查不及时、标识导向系统存在错误等。大多数乡村民宿从事管理工作的人员缺少标准化或服务质量管理专业知识培训，对标准化和服务质量管理要求一知半解，使得贯标过程的效果不理想。

4. 部分民宿文化特色挖掘内容不足

部分民宿集中地区，出现模式单一、特色不足的情况，部分业主只在基础建设上做大投入，缺乏文化内涵和特色服务，缺失了民宿的内核优势，难以获得可持续的、具有竞争力的市场优势。

5. 部分乡村民宿建设用地合法性不足

从政策角度来看，乡村民宿是乡村振兴战略结合当地实际情况促进村民致富、共同发展的有效途径，值得充分肯定；从市场角度来看，海南乡村民宿深受市场青睐，客观上弥补了景区产品类型单一和服务多样性不足等方面的缺失，在年轻人当中拥有大量粉丝，发展前景不可限量；从管理的角度来看，由于缺乏规划，在就地装修甚至扩大建设规模时，一些乡村民宿在消防安全上并未达标，一旦出现极端情况，后果不堪设想；从法律角度来看，许多在村民宅基地上建设起来的乡村民宿超越了"一户一宅"的基本要求，如果按照标准衡量、在现行法律法规框架内判断，是典型违法建筑。

四　海南乡村民宿实现高质量发展的路径选择

在发展现状的基础上，结合其他民宿业发达地区的成功经验，海南乡村民宿高质量发展的路径选择有以下六个方面。

（一）产品建设路径：展示海岛本土文化符号，形成民宿自身吸引力

乡村民宿应十分重视建筑设计的创意性，通过展现本土多元的文化符号和个性化的人文气息营造，民宿自身产生吸引力，随着数量的集聚，很多民

宿区现已发展成为旅游胜地，吸引游客专门到访去体检民宿。海南乡村民宿业在发展过程中，要形成独一无二的自身魅力，就要将本土多元开放的文化如"阳光海岸""黎苗之家""浪漫海角""火山口文化"与建筑设施相结合，打造属于海岛自己的特色品牌。具体到实践中，应因地制宜，把握地域文化的主脉络，用一整套自成一派的创意设计，将这些文化符号演绎到具体的建筑设施中，使整个民宿主题生动和谐，火山石堆砌的围墙、古椰木做成的门框、废弃渔网装饰的桌椅、椰子壳制的烟灰盒，这些小小的物件都能成为展示海岛民俗风情的文化符号，使得民宿与周边环境有机融合，让住客无时无刻不沉浸在海岛文化中。

（二）服务质量路径：培育民宿主人氛围，打造体验式入住环境

乡村民宿的最核心是"主人"，主人是民宿的灵魂。当民宿有了独特化、个性化的主人，就永远不会同质化，因为每个人的追求兴趣是不一样的。设计是可以借鉴的，但是一个好的主人是没有办法复制的。许多游客入住民宿就是想体验不同的文化生活，而这些体验活动也提升了民宿的价值。民宿主人可以结合周边环境，组织特色体验活动，如到热带果园、槟榔林亲自采摘或带领游客感受村落祭拜文化，参加节事活动，让游客在活动中与游区和民宿产生情感共鸣，丰富其入住体验。此外，将"金宿级"和"银宿级"乡村民宿作为海南乡村民宿的样板，鼓励现有经营的乡村民宿比照样板提升优化，引导新开业的乡村民宿比照样板学习借鉴。

（三）情感服务路径：营造民宿特色氛围，彰显服务个性化

浓郁的人情味和乡土情是乡村民宿最有价值和最具吸引力的特征，也是乡村民宿有别于传统住宿业的核心竞争力，营造温馨舒适的氛围和提供个性化服务，在主客双方间建立起类似于"家人"的关系。台湾民宿主人通常会身兼导游、司机、厨师，带领游客体验当地居民的生活方式，了解最地道的民俗风情和山水风光。丽江客栈的经营者则会通过陪客人喝茶聊天、开派对，提供细节关怀、陪同陪护以及家务帮助等一系列情感劳动。研究发现在

实现个性化情感劳动后，民宿客人情感补偿的需要得到满足，并对民宿主人产生信赖和归属感，这是促使他们成为民宿忠实顾客并传播良好口碑的关键；与此同时，民宿主人也获得积极情感能量，经营利益以及人际拓展的需要得到满足，这种二元互动的情感劳动是民宿的魅力之源和长久之道，是海南乡村民宿业发展不可忽视的关键因素。

（四）平台协作路径：充分发挥协会功能，加快海岛民宿发展

台湾民宿在最初发展阶段，成立的民宿协会在引导民宿经营、提供对策建议、交流成功经验等方面发挥了重要作用。在海南成立以民宿为主要成员的行业协会，协助民宿行业规范管理，争取政府优惠政策，为民宿经营者提供经营管理培训及考察学习的机会，可以借鉴台湾观光局评选出"好客民宿"以官方名义对外推介的做法，为塑造民宿优良形象进行引导，促进行业健康发展。

（五）制度创新路径：加大政府支持力度，提升政策引导效果

民宿业在保护海岛生态环境、传承本土民俗节事、吸引青年群体返乡创业和发展经济等多个方面都有着积极的效应。2015 年国务院颁发的《关于加快发展生活性服务业促进消费结构升级的指导意见》提出"积极发展客栈民宿、短租公寓、长租公寓"等重要意见。因此，海南省政府应加大民宿业领域的招商引资力度，重点引进途家、乡伴、裸心等顶级民宿投资者、设计者和管理者，充分发挥其民宿设计、互联网营销及管理系统等方面的专业优势，使海南乡村民宿业迅速从经济型向中高端转型，从普通型向特色化拓展，从零星散态向品牌化和平台化发展，最终成为海南国际旅游消费中心的中坚力量。

（六）人才培养路径：提升民宿人才素质，提升整体服务质量

打造乡村民宿人才库，吸引和留住高端人才，加强乡村民宿人才储备，将乡村民宿标准化管理人员纳入省级旅游标准化专家库；将乡村民宿服务质

量评级工作常态化，培养乡村民宿服务标准化意识，提升乡村民宿管理的标准化水平。引导乡村民宿业主主动走出岛外，借鉴民宿业发达地区的先进经验。加大乡村民宿人才培训力度，每年至少举办两次全省的乡村民宿培训班，全面提升乡村民宿行业的管理和服务质量。

参考文献

高懿、梁君穷：《"网红"民宿成为假期"限量款"》，《海南日报》2020年10月8日。

林雯晶：《船屋民宿——海南陵水旅游新名片》，《中国旅游报》2021年1月7日。

孙慧：《我省发出第一张乡村民宿"身份证"》，《海南日报》2021年7月20日。

王存福：《海南多措施扶持乡村民宿发展》，新华社，2019年5月4日。

赵优：《发力乡村民宿　助力乡村振兴》，《海南日报》2018年7月26日。

赵优：《海南省第三批"金银宿"级乡村民宿现场评定工作收官》，《海南日报》2021年8月14日。

综合篇

Comprehensive Studies

B.7

乡村振兴战略下
破解乡村旅游与乡村民宿经营困局

尤　劲*

摘　要： 随着乡村振兴战略的持续推进，乡村民宿已经成为提升乡村旅游体验、改善乡村人居环境、促进乡村产业融合、拉动乡村经济收入的重要抓手。乡村民宿的发展已不局限于城市近郊地区，传统的农场、林场乃至偏远山区都在积极尝试借势发展。然而，在实际经营过程中，众多乡村民宿的生存状况并不理想。在乡村民宿遍地开花、高速发展的态势下潜伏着巨大且深刻的经营管理危机。本文在对国内安徽、河南、河北、山西、陕西等地民宿进行实地探访与田野调查的基础上，结合2020～2021年两年内以"乡村民宿"和"乡村旅游"为关键词的百余篇学术期刊文章和30余篇博士/硕士学位论文的研究成果进

---

* 尤劲，博士，国脉（上海）管理咨询有限公司总经理，主要研究方向为行业研究、战略研究、组织创新与管理咨询。

行文献研究与汇总分析，整理出了当前我国大陆地区乡村民宿经营中的典型共性问题，梳理了乡村振兴、乡村旅游与乡村民宿间的关系，构建了乡村旅游成熟度评价指标体系，提出了乡村旅游与民宿经营支持因素模型，为乡村旅游和乡村民宿的健康发展指出了建设性路径。

关键词： 乡村民宿　乡村旅游　乡村振兴　农旅产业融合　成熟度评价

唐朝诗人王维在其五言律诗《终南山》中曾留下了"欲投人处宿，隔水问樵夫"的千古名句，可见在村野郊外借宿于农家自古有之。然而，乡村民宿真正成为当代社会中的一个经济要素却起步较晚。自20世纪90年代的城市近郊游览开始，从"吃农家饭，享农家乐"的旅游体验起步，在假日经济的带动下，逐步形成以农户自主经营为主的，涵盖住宿、餐饮、娱乐和购物等多种旅游体验的服务综合体。

研究乡村民宿无法脱离乡村旅游。乡村民宿是乡村旅游由观光游进阶为休闲游的重要组成元素和管理抓手。它的发展对乡村地区的经济和文化都有着积极的影响。随着乡村旅游的升级和发展，越来越多的乡村民宿开始与乡村旅游深度融合，推动乡村旅游向着高端化、体验化、个性化、精品化的方向升级。乡村旅游是乡村民宿经营发展的必要条件，乡村民宿是乡村旅游得以深入发展的充分条件和必要组成部分。

一　乡村振兴战略下的乡村旅游与乡村民宿

在历经30多年的持续发展后，乡村旅游和乡村民宿已经成为乡村振兴的重要抓手。2017年10月，习近平总书记在党的十九大报告中首次提出乡村振兴战略，乡村旅游和乡村民宿的发展从此进入新的阶段。

（一）乡村振兴战略部署下乡村旅游发展的新机遇

乡村振兴战略的提出，表明"三农问题"在国家战略层面占据重要地位。乡村振兴关系我国是否能从根本上解决城乡二元结构带来的乡村地区发展不平衡、不充分等诸多问题，是推动乡村地区经济与社会发展、实现城乡统筹的长远布局。党的十九大之后，《中共中央　国务院关于实施乡村振兴战略的意见》（2018 年 1 月颁布，简称 2018 年中央一号文件）、《乡村振兴战略规划（2018-2022 年）》（2018 年 9 月印发）等国家政策文件相继出台，对乡村振兴战略的具体执行和落地进行了部署与指引，明确了乡村产业融合发展的思路、目标及具体举措。实施乡村振兴战略是党的十九大做出的重大决策部署，是决胜全面建成小康社会、全面建设社会主义现代化国家的重大历史任务，是新时代"三农"工作的总抓手。

党的十九大报告中提出了乡村振兴战略的五大要求：产业兴旺、生态宜居、乡风文明、治理有效、生活富裕。2018 年中央一号文件更是指出，在五大要求中，以产业兴旺为重点、以生态宜居为关键、以乡风文明为保障、以治理有效为基础、以生活富裕为根本。乡村振兴"三步走"的战略安排及阶段性目标如图 1 所示。

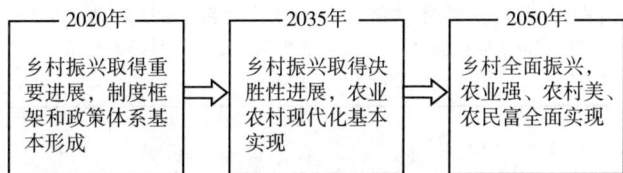

图 1　乡村振兴阶段性目标示意

在乡村振兴战略的整体部署下，国家及地方相继出台了大量政策。乡村振兴相关政策集中在土地、资金、乡村产业、生态环境、乡村建设、乡村治理等多个方面。而这些政策无一例外地都与乡村民宿的发展息息相关。自 2004 年至 2021 年，中央一号文件已连续 18 年聚焦"三农"问题，强调了"三农"问题在中国社会主义现代化时期"重中之重"的地位。2018 年以后，更是将乡村振兴战略提到了史无前例的重要程度，充分展示出中共中央在"三农"问题上的信心和决心（见表1）。

表1 2018~2022年中央一号文件内容要点

年份	年度中央一号文件内容要点
2022	《关于做好2022年全面推进乡村振兴重点工作的意见》，文件第16条"持续推进农村一二三产业融合发展"中指出：鼓励各地拓展农业多种功能，挖掘乡村多元价值，重点发展农产品加工、乡村休闲旅游、农村电商等产业。第21条"健全乡村建设实施机制"中指出：统筹城镇和村庄布局，科学确定村庄分类，加快推进有条件有需求的村庄编制村庄规划，严格规范村庄撤并
2021	《关于全面推进乡村振兴加快农业农村现代化的意见》，文件内容可以概括为：两个决不能（巩固拓展脱贫攻坚成果决不能出问题、粮食安全决不能出问题），两个开好局起好步（农业现代化、农村现代化都要开好局起好步），一个全面加强（加强党对"三农"工作的全面领导）
2020	《关于抓好"三农"领域重点工作确保如期实现全面小康的意见》，文件共针对27项具体工作进行了部署。在政策保障方面：强化"人地钱"要素保障；对有效扩大农业农村投资做出了相应部署；深化改革，激发发展活力
2019	《关于坚持农业农村优先发展做好"三农"工作的若干意见》，明确"深化农村土地制度改革"是年度重要工作举措，要全面推开农村土地征收制度改革和农村集体经营性建设用地入市改革，加快建设城乡统一的建设用地市场
2018	《关于实施乡村振兴战略的意见》，对实施乡村振兴战略进行了全面部署。文件对统筹推进农村经济、政治、文化、社会、生态文明和党的建设，进行了全面部署；按照决胜全面建成小康社会、分两个阶段实现第二个百年目标的战略安排，对实施乡村振兴战略的三个阶段性目标任务做了部署

（二）乡村旅游是乡村振兴的重要路径

新时期的乡村振兴是一项内容多元化的系统工程。乡村振兴的基本内涵决定了乡村振兴内容的丰富性和多样性。伴随着乡村绿色产业的发展、乡村基础设施的完善、乡村治理结构的优化以及乡村人居环境的提升，乡村旅游和乡村民宿已经成为乡村振兴的重要路径之一，其发展迎来了新的机遇。国家文化与旅游部统计显示，乡村旅游的增长速度以及创造的产值在 2017 年以后呈现快速增长的态势。乡村旅游已经成为众多地区乡村经济发展的重要组成部分和促进乡村地区产业融合、推动乡村振兴的重要驱动力。

2019 年文化和旅游部办公厅、国家发改委办公厅联合印发的《关于开展全国乡村旅游重点村名录建设工作的通知》中将乡村民宿发展作为乡村旅游重点村评价的关键维度。文件要求："能够依托当地自然和文化资源禀赋发展特色乡村民宿，注重创意设计，凸显地域文化特色。民宿产品能够在特色餐饮、文化体验、休闲娱乐等方面满足游客需要，综合带动效应明显。"《中国民宿发展报告（2020~2021）》的统计结果显示：在疫情催化下，民宿已经成为本地及周边旅游发展框架中的重要组成部分，与城镇民宿相比，乡村民宿的占比高达 87.98%。乡村民宿不仅承载着乡村旅游接待的功能，同时担当着乡村旅游和乡村特色文化宣传的重要功能。

（三）乡村旅游和乡村民宿发展特征

乡村旅游在宏观上看起来欣欣向荣、高速发展，但走访和调研的情况显示并不乐观。乡村旅游市场的发展已经呈现极强的区域集聚性差异，很多省区市的乡村旅游与乡村民宿经营并不乐观。当前，国内乡村民宿呈现集聚发展的态势，在分布上呈现三大特点：（1）乡村民宿集聚分布于经济较发达城市周边；（2）乡村民宿集聚分布于旅游资源丰富地区周围；（3）乡村民宿集聚分布于交通主干道附近。在国内乡村旅游目的地数量急速增长的同时，越来越多的地区出现了乡村旅游的游客体验感知一般、乡村民宿的服务品质不高、村落景观的建设缺乏特色、交通及卫生等公共设施严重滞后等问题。全国范围内绝大多数省份在乡村旅游业发展质量方面还处于野蛮生长的初级阶段，乡村民宿的营利状况令人担忧。据 2021 年实地抽样调查，安徽、河南、河北、山西、陕西等中西部地区 90% 左右的乡村民宿处于亏损或勉强维持状态。虽然越来越多的社会资本开始关注乡村旅游，并通过参与乡村民宿的建设与经营等方式不断试探，但是微薄的盈利令相关经营主体缩小投资规模并大幅减缓旅游产品创新开发的步伐，进一步激化了相关利益主体间深层的矛盾。乡村旅游投资变相成为抢占土地资源的"圈地运动"，乡村旅游产业的发展在某些地区已严重脱离乡村振兴的初衷。

二 乡村旅游和乡村民宿发展的困局

新冠肺炎疫情、极端天气以及地质灾害等外部因素给乡村旅游和乡村民宿的经营带来了极大的负面影响。在排除这些突发性外部影响因素后，乡村民宿是否能够吸引到足够多的游客并真正实现赢利，这是民宿经营中的关键问题。乡村民宿经营状态具体体现在入住率、利润率和社会效益三大指标上。单方面强调社会效益（如推动人居和生态环境改善、提升农副产品知晓度等），对于乡村旅游业的持续发展是无力的或有限的。只有实现赢利了，才有助于提供乡村旅游和乡村民宿经营所需的持续投入，以维持较好的服务体验，进一步吸引到更多的消费者。营利能力不达标，将无法保证民宿、餐饮及其他乡村旅游产品达到理想品质，从而加速供需矛盾，恶化乡村旅游目的地的资源价值变现能力。在各地政府正如火如荼地推动地方民宿建设的过程中，乡村民宿经营的后劲不足是一个重要的信号，揭示出藏于深处的一系列困局。

（一）宏观层面：规划不力，村落风貌趋向千村一面

乡村规划涉及农学、社会学、景观学、环境学、经济学等多个学科的综合应用，实施过程更是涉及地方政府的各个部门。城乡发展的不平衡在现实管理中影响着地方村镇在乡村规划上的思路与实践。我国地域辽阔，地质、生态与气候条件以及在地居民的人文历史丰富多彩、千差万别。乡村旅游需要凸显地域上的独特性，在产业结构与旅游服务的设计规划上需要对当地资源禀赋进行深入研究。但是，城镇化与城市园林绿化这些"高大上"的管理、设计和规划理念很容易被简单粗暴地平行植入乡村地区。农家宅舍、民宿建筑和环境景观等方面容易一味效仿城市。旅游产品项目抄袭复制，使得乡村缺少乡土淳朴原始的味道，令乡村旅游缺少应有的魅力。大城市

边缘的乡村是我国乡村振兴的重点区域和先行区域,极易受到城镇化发展的影响。

虽然建筑学专家对传统建筑风格传承和对当地传统建材应用的呼声从未间断,但是在便捷与经济的面前,很多传统住宅建筑被粗暴拆除或改建,毫无地方文化特色的火柴盒式的钢筋混凝土洋房拔地而起。为了突破乡村民宿在土地方面的限制,形式各异的临时建筑被安排在了田间地头、林间池畔。村落建筑、乡村景观与生态环境变得四分五裂,乡村本该展现出的自然、淳朴、美好、静逸等特征持续地被所谓的"创新"风潮侵蚀着。

村落的规划不力,折射出国内还有很多省区市的各级地方政府尚未具备相关规划指导能力,还存在对"乡村在地文化是乡村旅游核心竞争力"的认知缺失和急功近利的思维。在乡村规划中,需要充分尊重在地村落文化和自然条件,关注旅游景点、旅游路线、民宿建筑与农业生产、生态环境、村落发展整体之间的协调与平衡。

(二)中观层面:内卷严重,同一县域很难形成合力

县域范围内,乡村旅游的相关产业和各旅游经营项目间没有形成或很少见到高效有序的合作体系。在同一县域范围内的旅游经营项目,共享着相近的环境和生态资源,彼此间存在严重的竞争关系。经常可以看到的现象是:为了争夺有限的客源,部分经营者不惜恶意低价导致服务品质被投诉,甚至造成当地乡村旅游的声誉受损。这是当前很多地方可见的内卷现象。问题背后的关键是中国农村根深蒂固的传统"差序格局"社会结构。在差序格局下的中国农村,社会关系以亲缘关系为重,以地缘关系延伸,错综复杂。以亲缘为基础的社会网络在乡村旅游的发展中扮演着重要的角色。亲缘网络自身具有的高内聚、高冗余、高同质性的特点,对于乡村旅游业相关企业和民宿的增长而言具有制约作用。当每个经营主体都以自我为中心结成网络的时候,就很难将各村村民及其各自资源集中整合起来。

差序格局下的"熟人社会"做事要看情面、靠关系,对于外来人员与资本具有天然的排斥性。这使得本就分散的乡村资源很难形成整体一盘

棋，从而导致了乡村规划难、文旅产业融合落地更难的恶性循环。因此，要想切实吸引到游客，成就乡村旅游的发展，就必须引导农户抱团发展聚成合力。

2019 年中央一号文件特别强调要逐个整顿软弱涣散的基层党组织，选好用好村党组织带头人，加强和改善村党组织对村级各类组织的领导，强化村级组织的服务功能。要因地制宜发展壮大集体经济。发挥好农村基层党组织的战斗堡垒作用，带动提升乡村治理能力，完善乡村治理体系。

2020 年中央一号文件要求各地要认真落实《中国共产党农村基层组织工作条例》，充分发挥党组织领导作用。坚持县乡村联动，推动社会治理和服务重心向基层下移，把更多资源下沉到乡镇和村，提高乡村治理效能，健全乡村治理工作体系。坚持和发展新时代"枫桥经验"，调处化解乡村矛盾纠纷。推动扫黑除恶专项斗争向纵深推进，深入推进平安乡村建设。

在乡村旅游和乡村民宿建设方面，县域内的资源整合与助农平台建设是考验区县领导智慧的重要挑战。以村落为基础单位的利益相关方共同体的建设和管理将是乡村旅游获得有序发展的基础保障。应借助信息技术与旅游经营信用体系的建设，维护好地方旅游市场秩序；优化乡村社会结构，团结起来共建乡村旅游品牌。

（三）微观层面：不善经营，主客之间缺乏情感传递

乡村民宿经营最容易犯的错误就是简单地向城镇地区的酒店、宾馆看齐，重视硬件设施、淡化软件服务，在追求标准化的同时，却忽视了乡村旅游中最为珍贵的"人情味"。而这正是乡村民宿与城镇酒店、宾馆的关键差异之一。游客在入住民宿的同时，期待的是参与和体验当地居民的日常生活与农业生产。乡村民宿的独特价值正是为游客近距离体验本地特色的农业生产、自然生态、农村烟火气息提供了一个真实环境。乡村民宿像是一个能够深度沉浸式体验的"三农"博物馆，在这里游客可以在与民宿主人的互动

交流中，倾听到乡村生活的种种趣事和奋斗历程，在此基础上去深刻感受乡土文化中的淳朴、真挚、善良、美好，进而形成深刻的情感共鸣，烙下那份独特的乡愁与牵挂。

然而，在实际乡村旅游和乡村民宿的经营中，大多从业人员不善于主动与游客攀谈、了解游客们的旅游期望。乡村地区人口外流与空心化弱化了本地村民对乡村旅游和乡村民宿经营的参与度，与游客的交流更多地交给了"外聘"的服务员。此外，所有的活动和服务都被贴上了价格标签后，乡村旅游体验被简化和标准化为乡村"酒店"外加各种冷冰冰的消费活动。在功能体验单一和同质化竞争下，住乡村民宿沦为一次性的住宿消费，回头客占比普遍偏低。出现这种现象，背后原因有三：其一是民宿经营没有准确把握住乡村旅游游客们的消费需求，加之经营人才的匮乏，错误地将游客对于住宿和餐饮的需求认定为民宿服务的唯一价值主张，而实际上这些只是游客的基本需要；其二是受长期城乡二元结构发展隔阂的影响，在面对城镇游客时，大多数民宿经营服务人员会感觉自身身份卑微，不愿主动开口交流；其三是还有很多民宿经营者没有深刻理解乡村旅游的关键价值点在于游客对农业生产、农村生态和农民生活（以下简称"三农三生"）的好奇与向往。搞不懂游客的真实需求，自然找不到交流的要点，无法产生情感共鸣。

三 "三农三生"对乡村旅游和乡村民宿的价值

"乡村性"是乡村旅游发展的基础。随着乡村振兴战略的推进，乡村旅游从最初的"吃农家饭、住农家屋、干农家活、享农家乐"发展为游客全方位参与乡村生产生活各项活动的旅游形态。乡村旅游发展为以乡村度假与乡村旅居为主要形态的体验旅游。乡村旅游和城市旅游或景区旅游既存在一定的共性，也有深刻的独特性，有着独特的体验价值。乡村旅游独有的亲近自然与情感回归的价值特点所带来的"体验性"与"个性化"正是能够持续吸引游客为之消费的关键。地域、产业、区域文化等旅游要素的丰富组合保证了乡村旅游多样性的独特价值。地域方面呈现出的是不同的地质地貌和生态环境，产业方面以农林牧渔的丰富内容给游客带来耕耘与收获的快乐，区域文化通过在地古建和故事传说以及居民的生活习俗得以展现，乡村旅游价值主张的独特性恰好对应于"三农三生"。

（一）乡村旅游的基本类型

乡村旅游可以根据旅游资源的差异大致区分为三大基本类型：农业生产参与型、生态环境利用型、文化民俗体验型（见图2）。

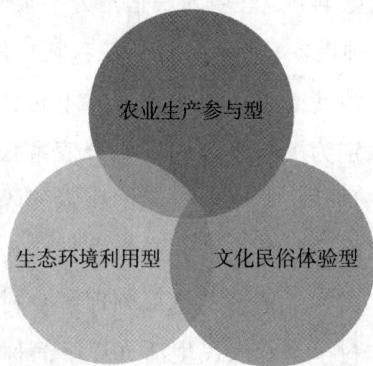

图2 基于"三农三生"的乡村旅游项目分类

农业生产参与型（产业资源依托型）：主要依托乡村的特色产业得以发展，如花卉、林木与果蔬的种植，食品与农产品加工等。这类乡村旅游项目通常以参观和参与现代农业生产为主，游客学习农作物耕种、畜禽养殖、农副产品加工等，体验劳动生产与收获的快乐。

生态环境利用型（生态资源依托型）：主要依托乡村的农业景观、自然生态、山水林田等良好的自然生态资源得以发展。这类乡村旅游项目借助当地优质的环境资源，开展自然观光、森林康养、体育活动与野生农产品采摘或狩猎等旅游活动，使游客获得身心与自然的交流。

文化民俗体验型（文化资源依托型）：主要依托乡村的特色文化和非物质文化遗产得以发展。这类乡村旅游项目借助当地特有的历史文化、民居古建或民族文化资源优势，通过地方民俗与文化娱乐活动、简单质朴的人际交往唤起游客对现实生活的深刻反思。

依据不同的功能定位，乡村旅游和乡村民宿衍生出不同的主题：生态观光型、民俗体验型、餐饮娱乐型、休闲度假型、科普教育型、劳动体验型、健康养生型、文化创意型，等等。实践中，在不同的功能主题下，乡村旅游产品会结合当地的资源优势综合呈现两种甚至多种基本类型的特征。例如广受市场欢迎的森林禅修，就包含了野生药材或茶叶采摘、森林润肺、辟谷养生和人生哲学冥想等多种活动，令游客能够感受到非常丰富的价值体验。正如同世界的五彩斑斓源自红黄蓝三原色的组合一般，乡村旅游产品也是由农业生产参与、生态环境利用、文化民俗体验这三种基本类型组合变幻而来。

中国要强，农业必须强；中国要美，农村必须美；中国要富，农民必须富。乡村旅游产业要想发展好，离不开深入地挖掘和利用好当地"三农三生"这三大资源特色，切实找到自身在旅游产业上独特的竞争优势。

（二）"三农三生"的乡村旅游价值

乡村旅游产业的布局规划、乡村旅游产品的设计开发、乡村民宿的特色经营都需要充分挖掘和结合"三农三生"的特点。"三农三生"同样构建起了评价乡村旅游和乡村民宿发展阶段与成熟度指标体系中的关键维度（见图3）。

1. 农业生产

从北疆到南沙，从东海到西藏，不同的气候与地质环境构造出迥然不同的农业生产条件，生产出丰富多彩的农产品和农副产品。农业生产为地方的乡村旅游特色提供了基本底色。沿海地区的出海捕鱼和潜水运动、江南地区的水稻种植和鱼蟹养殖、内陆地区的家禽畜牧养殖、山林地带的特色水果种植及野味采摘等都形成了独特的乡村旅游体验内容。乡村是实施劳动教育的绝佳环境，也是引导民众关注粮食与食品生产、推进科普教育的天然课堂。现代化农业生产自身也是吸引游客的价值。

不少区县政府和村镇举办现代农业生产经营示范培训、农业采摘丰收节以及农业生产劳动研学体验等旅游项目，不仅提升了当地村民产业化能力，而且成功吸引到了投资商、媒体和游客的关注，提升了地方农业和农产品的知名度与影响力。

2. 农村生态

乡村旅游是发生在乡村地区的旅游体验与活动。乡村地区的生态环境是相较于城镇地区的钢筋水泥丛林而言，最能吸引到城镇游客的旅游价值体验。乡村生态资源广义上指包括农村及周边已经开发利用的田地在内的整体自然环境；狭义上则特指位于乡村境内的相对原生态的自然环境，在其中各类野生动植物与村民和谐共生，生态恢复的同时展现出大自然的伟大与美好，让游客由衷地产生对大自然的敬畏与热爱。抽样调研发现：城镇居民去乡村旅游主要看中目的地的森林覆盖率、清新空气、清洁水以及绿色食品和农村环境整洁，到乡村地区享受良好生态系统是乡村旅游的主要原因。各生态要素间相互结合成为的生态系统，对于乡村旅游的游客而言具有显著的生态服务功能。生态多样性可以满足游客观光、休憩、认识自然和享受自然的需要，带给游客精神愉悦和身心健康。优异的生态环境不仅有助于调节村落局部地区的小气候、提供清新空气和较高的负氧离子环境，还可以为游客提供丰富的野生食材和农产品。

农业生产与农村生态在过去很长一段时间内存在矛盾，人们为了扩大农业生产而伐树毁林、开山采矿，在大量使用农药化肥的同时污染破坏了水资源……随着乡村旅游业的发展，人们意识到农村生态对旅游经济发展的重要性。在"绿水青山就是金山银山"的号召下，人们更加注重在经济发展与农村生态保护中寻求建立平衡，借助优质而独特的生态环境开发来推进研学、观光、康养、体育等丰富的旅游项目。

3. 农民生活

农村是当地村民世代生活作息的场所。乡村旅游和乡村民宿经营的关键是在游客与村民之间发生情感的传递与共鸣。在地村民为乡村旅游（特别是乡村民宿）在营销宣传过程中构建人格化的 IP 提供了得天独厚的基础。

不同地域孕育出的不同民族信仰，发展出了迥然各异的地方文化和生活习俗，这些正是乡村旅游者体验新奇感和差异性的重要素材。农民生活的方方面面为乡村旅游提供了丰富的内涵。地方非物质文化遗产的挖掘和保护为乡村旅游提供了丰富的历史与艺术上的文化内涵，也为游客提供了从视觉、听觉、味觉到触觉上的丰富体验。

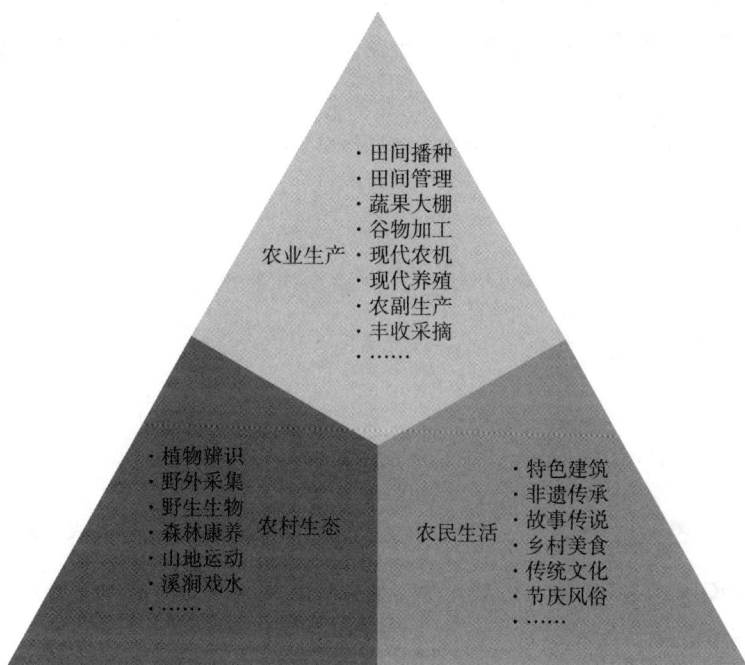

图3 基于"三农三生"的各种旅游体验活动

在人们热衷追求颜值与体验的当下，"三农三生"是真正可以赋予乡村旅游独特美感的基础。发展乡村旅游业是实现乡村振兴战略、实现农村发展和农民增收的必由之路。与"三农"支持乡村旅游相对应的后续效应表现在：乡村旅游业的高效有序发展有助于吸引到投资、技术和人才，激发乡村地区的流量经济，带动农产品销售，支持村民创业和就业，促进农业全面升级、农村全面进步、农民全面发展，加快农业农村现代化，全面建设社会主义现代化国家。

（三）乡村旅游发展支持因素模型

乡村旅游的发展离不开旅游经济发展前期政府在外部环境方面的营造，包括：政策支持、基础设施完善，以及地方治安执法等公共服务建设健全。随着乡村旅游环境的成熟，其高速发展将有赖于大量社会资本的投入，通过政府、旅游企业、村集体和个人的持续投资建设，打造乡村旅游项目。经过早期的竞争，最终沉淀出地方旅游产业生态，各利益相关主体相对和谐地在竞合中取得发展平衡。

乡村旅游发展支持因素间的关系如图 4 所示。

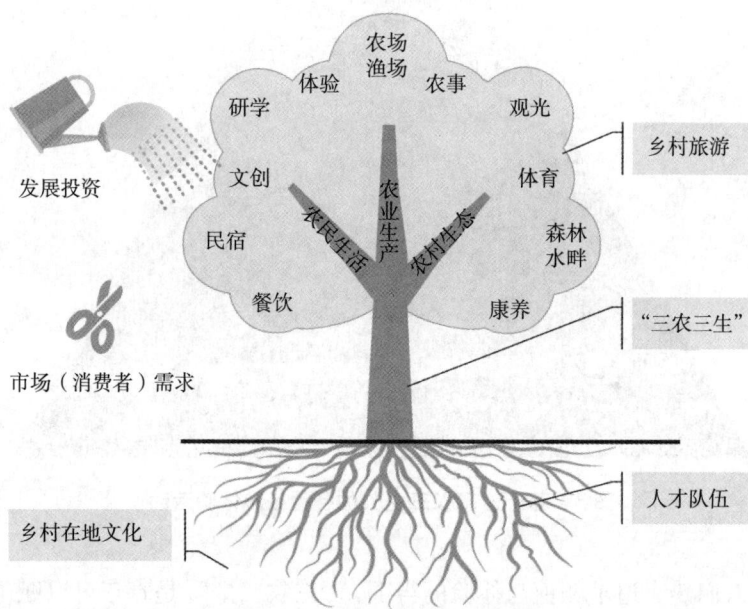

图 4　乡村旅游发展支持因素模型示意

如果把乡村旅游比作葱郁的树冠，那么"三农三生"就是支撑着树冠的粗壮树干，而参与乡村振兴的人才队伍和乡村在地文化就是这棵大树的根系。人才队伍保障着"三农"发展，"三农"发展又支撑起乡村旅游。

不同村落间乡村旅游的独特性来源于在地文化和资源的差异。一方水土养一方人，不同的在地文化和资源养育出不同的"三农三生"。现代而丰饶的农业、绿色而美丽的农村、富足而热情的农民，进而派生出风格独特、千姿百态的乡村旅游业，让游客切实感受到不同村落展现出的别样"真、善、美"。

作为乡村社会和经济发展到一定程度后自然生发出的新业态，乡村旅游是获得游客好感的关键。为确保市场欢迎，乡村旅游涉及的各类服务和项目（包括乡村民宿）的设计需要精准地根据目标游客群体的需要进行修剪。

乡村旅游的持续发展，有助于滋养和恢复乡村在地文化。乡村旅游为当地乡村振兴战略的落地吸引到更多的社会关注，推动城镇务工人员返乡和大量外部人才与资本的注入。外部人才的流入，带来全新的价值理念和思维方式，这有利于拓展乡村发展的视野与思路，重塑和优化乡村在地文化（包括农民的生活方式、交往模式、风俗习惯等），进而影响到当地村民的思想意识价值结构，提高乡村内资源配置的效率。

乡村旅游发展涉及四大关键利益主体：村镇居民、地方政府、旅游企业和村集体。其中村镇在地居民的积极参与是乡村旅游取得高质量发展的前提。

四　破解乡村旅游与乡村民宿经营
发展困局的关键

当前，我国最大的发展不平衡是城乡发展不平衡，最大的发展不充分是农村发展不充分。乡村旅游是乡村经济发展到新阶段的必然产物。乡村旅游不能与传统意义上的文旅融合画上等号。无论是乡村民宿还是乡村旅游的发展都不是简单的文旅融合，而是农业、文化、旅游三方面的深度融合。其中"三农"属性是乡村旅游的根本属性。破解乡村旅游与乡村民宿经营发展困局，需要系统的解决方案。宏观上，明晰县域区域旅游的可持续发展路径；中观上，依托平台助推区域内经营主体间的合作与发展；微观上，全面提升包括乡村民宿在内的各经营主体的能力。

（一）宏观层面：关注乡村旅游可持续发展路径

2019 年中央农办、农业农村部、自然资源部、国家发展改革委、财政部联合印发了《关于统筹推进村庄规划工作的意见》。文件对村庄规划工作提出了明确的方针：按照产业兴旺、生态宜居、乡风文明、治理有效、生活富裕的总要求，深入学习浙江实施"千村示范、万村整治"工程以规划先行的经验，坚持县域一盘棋，推动各类规划在村域层面"多规合一"；以多样化为美，突出地方特点、文化特色和时代特征，保留村庄特有的民居风貌、农业景观、乡土文化，防止"千村一面"；因地制宜、详略得当规划村庄发展，做到与当地经济水平和群众需要相适应；坚持保护与建设并重，防止调减耕地和永久基本农田面积、破坏乡村生态环境、毁坏历史文化景观；发挥农民主体作用，充分尊重村民的知情权、决策权、监督权，打造各具特色、不同风格的美丽村庄。

我国乡村旅游可持续发展的路径在于：①城乡统筹规划。注重统筹规划中的乡村规划，为乡村旅游预留发展空间；注重规划对旅游发展的引领作用。②政府角色转变。政府的角色应由现阶段的主导型向推动型、支持型转变，回归政府本位，以更好地为乡村旅游发展提供公共产品、政策、资金及技术支持等服务。③农旅产业融合。通过乡村旅游产业升级，促进乡村农业与旅游业的融合，放大乡村旅游的综合功效。

1. 乡村规划

2020 年 10 月通过的《中共中央关于制定国民经济和社会发展第十四个五年规划和二〇三五年远景目标的建议》中明确指出：坚持把解决好"三农"问题作为全党重中之重，走中国特色社会主义乡村振兴道路，全面实施乡村振兴战略，强化以工补农、以城带乡，推动形成工农互促、城乡互补、协调发展、共同繁荣的新型工农城乡关系，加快农业农村现代化。依据乡村旅游所依托的资源差异，各地在乡村旅游方面呈现迥然不同的特点。在乡村规划上，地方政府不仅需要关注和明确当地（县域内各村落）与邻近大城市间的地理区位和经济发展关系，还需要重视道路交通、公厕卫生等基础设施的完善，乡村民宿在乡村旅游产业上的带动作用，为民宿建筑的改造以及民宿经营、景区景点规划和建设等方面提供必要的指导和支持，突出对村落地方生态资源和文化资源的保护与利用。

乡村旅游开发要重视规划先行，在摸清当地资源优势的基础上，准确定位乡村旅游的类型。欲保障乡村旅游可持续发展，需明确乡村旅游的核心价值是乡村性及其决定的乡村意象，而乡村旅游可持续发展的本质则是乡村的可持续发展。为此，在乡村规划方面不能简单机械地推进城镇化和园林化；严防为了发展乡村旅游而盲目开发，严防借发展乡村旅游的名义实际上搞土地资源的侵占和对乡村生态资源与文化资源的破坏。

2. 政府角色

乡村旅游和乡村民宿已经成为农民返乡创业、推动乡村经济崛起的重要力量。但是如果地方政府期望单纯地依靠发展乡村旅游实现乡村振兴是不现实的，也容易激化包括当地村民（社区居民）、地方政府、运营企业等利益主体之间的冲突矛盾。在乡村旅游产业发展中，地方政府主导着区域规划统筹、职能部门协调、基础设施建设、生态保护、招商引资等多个方面的联动。地方政府在推动和发展乡村旅游方面有着自身深层的经济发展目标和财政收入的利益诉求。地方政府在乡村旅游发展中扮演着复杂的利益相关者角色。

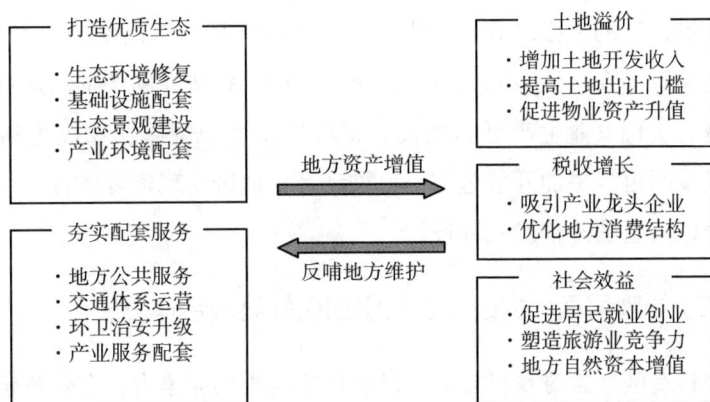

图5　地方政府在乡村旅游发展中的角色与目标

在发展乡村旅游的初期，吸引社会资本进行乡村旅游招商引资的难度普遍较大，地方政府普遍以经纪人的角色参与到旅游产业开发中。政府如果不能随着当地旅游产业的成熟而及时调整自身角色，容易导致与当地村民（社区居民）间就未来乡村旅游经营权和利益分配模式产生矛盾冲突。对于手握着乡村地区资源所有权的地方政府而言，需要严防与资本间形成"寻租"关系，而疏于对旅游开发企业的监管，造成开发商对当地资源掠夺式开发，从而伤害乡村民宿及景区等中小型、小微型经营者的利益。在乡村旅游的后续发展过程中，地方政府需要通过制度的建设与完善来实现自身职能的转变，规避其在微观旅游经济行为中的参与，降低与民争利的矛盾。伴随着乡村旅游发展的成熟，政府应将主导权交给市场，充分调动和发挥市场机制对资源配置的作用。

3. 产业融合

乡村振兴的核心是"三农"问题，乡村旅游要获得持续的发展绕不开对"三农"问题的持续推动。乡村旅游和乡村民宿出现的问题很大程度上来源于"三农三生"的支撑不强、农业和文旅产业融合不够。

农业方面，粮食生产、绿色果蔬、畜禽及水产养殖、高附加值的花卉、中医药材、茶树种植等是乡村地区特色经济发展的第一产业。食品与农副产品的研发与生产加工是乡村地区经济发展的第二产业。第一产业和第二产业的卓越发展，有助于推动观光、研学、会议和康养等现代旅游业态的落地，促进乡村旅游和乡村民宿的经营。特色产业链的打造有助于推动地方经济的转型升级，实现农业生产更加现代、农村生态更加健康、农民生活更加富足，乡风文明也将更加开放包容，可推动乡村地区实现资源整合、构建更加团结的合作共生的经营发展环境。

（二）中观层面：构建平台型组织引领县域合作发展

有序打造区域自身乡村旅游的品牌形象与市场竞争力，有效整合分散的乡村旅游资源形成整体优势，合理调节区域内经营主体间低品质的内卷和恶性竞争，有三条主要路径：①规范乡村旅游发展模式，审慎对待外部资本与文旅企业的引入和合作。②激活当地村民（居民）积极参与，与当地村民共享乡村旅游的收益，活化和优化地方的文化资源并建立在地的文旅产业生产支持能力。③在政府的指导下成立平台型民非组织。国内有相当一部分地区已经率先成立了民宿协会这样的民非组织，并在实践过程中发挥着积极作用，引领旅游经营形成合力。

1. 发展模式

在乡村旅游项目开发、空心村改造和标杆性民宿建设与经营中，地方政府通过招商引资的方式吸引外部文旅企业和资本对当地旅游项目进行投资、建设与经营管理是当前各地最常见的发展模式。与城镇地区房地产开发不同，2018年的中央一号文件明确了农村地区的土地资源，特别是宅基地的所有权、承租权和使用权的三权分立。土地承租权和经营权分离为乡村合作经济体（农民村集体专业合作社）的建立和运营提供了政策保障。合作社或村民个人通过将土地的使用权转租给农业生产企业、文旅企业或外来创业者，以租金收入的形式分享产业经营收益。政府借此盘活乡村资产，实现资源向资本的转化，加速乡村旅游的发展速度。

外部资本与文旅企业的引入是一把双刃剑：一方面可以为地方旅游业发展引入可借鉴的技术和管理体系；另一方面外部资本与文旅企业的逐利本性可能会绕过村民，通过与地方政府建立"寻租"关系，或以当地优质生态与文化资源为入驻的谈判条件，侵害当地村民应有的权利。强大的外部文旅企业自身资源和服务优势也有可能抑制或扼杀当地尚处于发展初期的、以家庭为经营单位的原生的乡村民宿等旅游业态。因此，平衡好相关各方利益主体间的收益和关系、确立清晰有效的发展模式，对于当地发展多元化的休闲旅游产业意义重大。

2. 村民参与

"以人为本"不仅强调聚焦游客的需求，更强调当地村民在乡村旅游产业中的积极参与。乡村旅游的发展离不开当地村民的参与，或通过民宿经营、非遗文创、旅游接待等副业创业，或通过转型为现代化农业产业工人或旅游企业职工，支撑起当地乡村旅游产业。旅游地居民在乡村旅游形象的确立中扮演着重要的角色，旅游地居民的态度和行为会直接影响旅游者的旅游体验质量以及对旅游目的地的感觉和印象。乡村旅游本质上是服务经济，以满足游客多元化消费需求为目标。当地村民的服务意识、服务水平和市场观念的提高可以为游客带来更多更丰富的乡村旅游体验。应突出人文关怀规划理念与地方特色，尊重当地乡村居民关于旅游开发的意见，关注村落社区的参与及保障，凸显当地村民的主体地位，通过村落增权、乡村资源资本化等途径保障社区居民全过程的旅游参与权与旅游收益权。

3. 平台组织

在政府指导下的民间协会（NGO）的组建是乡村旅游在区域范围内有序合作发展的重要保障。产业平台的缺失，是当前乡村休闲旅游业发展面临的最大问题。"合作"与"发展"是这类平台型组织的主旨。分散的经营体之间的联合有助于提升农民在商业谈判中的优势并极大降低交易成本。这类平台型组织通常拥有如下三大典型职能：①促进区域内各类经营主体间展开合作。乡村旅游产业合作不仅体现在产业上下游的业务合作，还体现在产业经营主体（如民宿）之间在客户资源和旅游产品资源等方面的共享合作，订立公约促进对在地乡村特有风貌、生态、文化的尊重和维护，加大对在地历史文化的挖掘和保护力度，进而保护好在地乡村旅游体验的独特性。②培养乡村旅游从业人才。乡村旅游产业的发展离不开人才的支撑，通过积极开展与乡村旅游及乡村民宿经营相关的主题培训和职业教育，促进对旅游接待服务人员、经营管理人才和专业技术人才的培养，全方位提升区域内相关人才的服务意识、经营管理能力和专业支持能力。③打造当地乡村旅游的品牌。平台组织通过创建服务水平分级体系，主动对区域内包括民宿在内的旅游经营体进行周期性的检查与评价，提升旅游服务品质和体验，监督和维护地方旅游市场秩序，引导游客消费期望与满意度。

（三）微观层面：持续提升经营个体内力是乡村旅游发展的关键

乡村旅游和乡村民宿的经营落到实处是要深入理解游客的消费需求，围绕目标客群进行乡村旅游体验的设计、研发和运营。从乡村旅游经营个体

（包括乡村民宿和乡村景区等）的商业经营视角来看，经营发展的持续提升有赖于三大关键内在能力：①乡村旅游产品研发能力。旅游产品的创新是提升乡村旅游游客黏性的重要方向，无论是餐饮体验还是文创产品都可以确保乡村旅游经营个体形成自己独有的魅力。②旅游服务运营保障能力。旅游服务要精细化、个性化，离不开经营主体在团队运营上的建设和管理上的投入。服务运营保障能力的提升是乡村旅游品质管理的基础。③移动互联网等新兴技术的应用能力。通常而言，乡村民宿面向的核心客户以城镇居民为主，他们在新兴技术的使用方面超前于乡村地区。对移动互联网等新兴技术的应用有助于拓宽乡村旅游和乡村民宿的宣传渠道，降低服务与运营成本的同时提升游客的体验感知。

1. 乡村旅游产品研发能力

从农业走向乡村旅游业，从粮食生产转变为休闲服务与体验的创造，这种跨界发展对于民宿主人和从事乡村旅游业的村民而言通常是难以实现的。创意性的乡村旅游体验产品的研发能够增进旅游经营者（包括民宿主人）与游客间的互动交流，促进地方文化对游客的感知影响力，提升乡村旅游体验的复购率。随着乡村民宿在体验服务上的持续完善和优化，游客对于研学、康养、文创等更多复合型的文旅产品的需求亦越来越旺盛。

2. 旅游服务运营保障能力

可靠、安全、洁净、便捷等是描述旅游服务品质的词语。持续的高品质与游客好评将在旅游市场中形成核心竞争优势，强化民宿、景区和地方旅游在市场中的竞争力与影响力。要想实现游客对该类旅游体验的期望，就需要重视乡村民宿等乡村旅游实体在服务运营保障能力方面的提升。根据中国民宿评价体系，服务与运营保障能力分别对应细分为住前服务、接待服务、客房服务、餐饮服务、销售管理、客户关系、能力保障、经营维护8个聚类。这八大聚类对应不同的专业职业服务能力。这对于包括乡村民宿在内的乡村旅游经营实体而言最关键的是相关人才团队的支持。

3.移动互联网等新兴技术的应用能力

如今，随着技术发展和硬件成本的锐减，移动互联网和新媒体早已经融入城镇居民的日常生活中，成为人们接触和了解世界的重要渠道。以游客和市场为中心，就需要在乡村旅游经营的过程中着力关注对乡村旅游和乡村民宿的在线宣传与营销，包括但不限于：设计和建立独立的宣传门户微网站，通过微信公众号、小红书、抖音和快手等新媒体平台提升自身体验价值与独特性的曝光率，依托知名 OTA 平台宣传旅游产品与服务。全面拥抱移动互联网，还包括通过移动互联网去构建乡村旅游和乡村民宿的销售渠道与客户关系管理，增加与目标游客之间的互动沟通，在互联网上实现人际情感的互动。

2021 年被称为元宇宙元年，元宇宙相关技术创造实体与虚拟世界的融合。乡村旅游的内核正是基于地域空间和地域文化的体验价值创造，元宇宙技术与乡村旅游的结合有望为乡村旅游带来新的发展。

五 结语

乡村振兴战略的实施落地，离不开乡村旅游的发展和乡村民宿的经营。乡村旅游环境的打造有赖于地方政府、各利益主体和乡村民宿等经营实体从不同的层面和角度去解决相应的问题与挑战。发展中存在的问题绝非一个单纯因素造成的，往往是由一连串的因素叠加后形成了复杂难解的困局。在乡村振兴战略的引导下，乡村旅游和乡村民宿的发展需要更加关注文旅业与地方"三农三生"方面的深入融合，寻求自身发展特色路径。政府在宏观层面关注和规划好乡村旅游可持续发展的路径；助推村集体构建合作社和地方乡村旅游协会等合作平台，倡导开放、包容、有序的地方旅游产业发展环境；乡村民宿和其他乡村旅游经营实体持续提升自身内力。展望未来，我国乡村旅游业必将从野蛮生长的发展初期快速进入治理有效、发展规范、和谐有序的高速增长期，全面支撑起我国乡村振兴的伟大梦想！

参考文献

尤劲、杨虎：《中国民宿评价体系的建设与应用》，载过聚荣主编《中国民宿发展报告（2020~2021）》，社会科学文献出版社，2021。

本书课题组：《2020年中国民宿发展形势分析与展望》，载过聚荣主编《中国民宿发展报告（2020~2021）》，社会科学文献出版社，2021。

费孝通：《乡土中国》，人民出版社，2008。

杨彦锋、吕敏、龙飞等编著《乡村旅游：乡村振兴的路径与实践》，中国旅游出版社，2020。

张环宙：《亲缘关系嵌入视角下乡村旅游微型企业的生成与成长实证研究》，浙江大学博士学位论文，2018。

Fastdata极数：《2021年旅游助力中国乡村振兴研究报告》，2022。

李玉新：《乡村旅游中的生态系统服务与生态占用研究——以北京市延庆县为例》，中国农业大学博士学位论文，2014。

魏超：《大城市边缘区乡村旅游转型发展研究——以武汉市黄陂区为例》，华中师范大学博士学位论文，2019。

尤海涛：《基于城乡统筹视角的乡村旅游可持续发展研究》，青岛大学博士学位论文，2015。

徐虹、朱伟主编《乡村旅游创意开发》，中国农业大学出版社，2020。

B.8
民宿对居民环境生活影响
与协调发展[*]

郭英之 张 苗 徐宁宁 杨若涵 刘 赛 许茜茜[**]

摘 要： 民宿发展对于东中西居民环境生活水平的影响具有很大的区域
差异。一方面，从理论意义来看，基于民宿发展对东中西居民
的区域差异性研究，拓展了民宿发展对居民环境影响的研究视
角；另一方面，从实践意义来看，作为民宿发展的主要利益相
关者，东中西居民对民宿可持续发展和协调发展起着重要作用。
本研究表明民宿发展对于东中西居民的生态环境生活、治安环
境生活、旅游开发环境生活、政治环境生活、总体生活等影响
具有显著的区域差异，发展民宿，可以缩小东中西居民环境生
活水平的区域差异，有效破解民宿发展在东中西区域发展上不
平衡和业态发展上不充分的矛盾。本研究基于民宿发展在东中
西居民环境生活的区域差异研究结果，针对东中西居民的生态
环境生活、治安环境生活、旅游开发环境生活、政治环境生活、
总体生活等方面提出区域协调发展对策，以有效平衡东中西居
民环境差异，使民宿发展成为东中西人民获得美好生活的抓手，

* 基金项目：本研究属于国家自然科学基金（项目编号：72074053）、甘肃省哲学社会科学规划
（项目编号：2022QN035）的阶段性成果。

** 郭英之，博士，复旦大学旅游学系教授、博士生导师、博士后合作导师，主要研究方向为旅
游市场；张苗，复旦大学旅游学系在读博士生，河西学院历史文化与旅游学院讲师，主要研
究方向为旅游市场与经济管理；徐宁宁，博士，台州学院商学院讲师，主要研究方向为旅游
营销管理；杨若涵，复旦大学旅游学系在读博士生，河西学院数学与统计学院教师，主要研
究方向为旅游市场与经济管理；刘赛，复旦大学旅游学系在读博士生，主要研究方向为旅游
市场与经济管理；许茜茜，复旦大学旅游学系硕士生，主要研究方向为旅游市场与经济管理。

助推美好生态环境建设。

关键词： 民宿发展　环境生活影响　东中西区域差异　协调发展

一　引言

民宿作为文化旅游、生态旅游和乡村旅游的完美契合点之一，在区域协调发展、乡村振兴、文化自信背景下，必定在文化资源、生态景观丰富的中国有良好发展前景。随着民宿的快速发展和民宿消费需求的多样化，由于政策支持和当地旅游资源存在差异，东中西地区的民宿发展给居民环境生活带来的影响有所不同。如何增强东中西不同民宿地区发展的积极影响，降低居民的消极影响认知，以提高东中西居民对民宿产业的支持、助力良好生态环境建设，是民宿发展需要重视和亟待解决的问题。一方面，民宿的蓬勃发展，丰富了旅游业态多样性；另一方面，民宿发展也对居民环境生活（如生态环境生活、治安环境生活、旅游开发环境生活、政治环境生活、总体生活等方面）产生了多重影响。由于针对民宿发展的政策、各地经济发展水平以及区域旅游发展水平的不同，东中西居民对于民宿发展带来的环境生活影响认知也具有显著的区域差异。因此，本研究分别于 2019 年 1~2 月、2021 年 1~2 月选取东中西部民宿发展的代表性城市和城乡居民进行市场调研，通过统计学方差分析，研究了民宿发展对居民环境生活影响的东中西区域差异，深入剖析其形成原因，并对民宿发展提出了针对性的建议举措。本研究结果可以有效平衡东中西居民生活的区域差异，满足东中西居民对美好生态环境的需求和向往。

（一）研究背景

第一，民宿发展助力实现高质量发展。高质量发展是全面建设社会主义现代化国家的首要任务，加快构建新发展格局，着力推动高质量发展①；中国坚持走生态优先、绿色低碳的发展道路②；在生态文明建设上，党中央以前所未有的力度抓生态文明建设，美丽中国建设迈出重大步伐③。这就为民宿发展指出了明确的发展方向，要求民宿业在发展过程中不仅要注重游客的住宿体验的提高，也必须兼顾当地生态环境的可持续发展，以期助力美丽中国建设高质量发展的宏伟目标。

第二，民宿发展助力促进区域协调发展。着力推进城乡融合和区域协调发展，推动经济实现质的有效提升和量的合理增长④；民族要复兴，乡村必振兴，为开启全面建设社会主义现代化国家新征程的宏伟蓝图⑤，实现中华民族伟大复兴的宏伟目标，全面推进乡村振兴是重大任务之一，农民安全感、获得感、幸福感明显提高⑥。这就要求民宿在发展过程中，发挥自身优势带动乡村发展，为农民获得感、幸福感、安全感的提升添砖加瓦，削弱东中西生态环境差异，助推乡村振兴，助力生态建设。

第三，民宿发展助促文化自信。推进文化自信自强，铸就社会主义文化新辉煌⑦；要坚定文化自信，不断铸就中华文化新辉煌，建设社会主义文

---

① 习近平：《高举中国特色社会主义伟大旗帜　为全面建设社会主义现代化国家而团结奋斗——在中国共产党第二十次全国代表大会上的报告》，2022 年 10 月 25 日，http：//www. moe. gov. cn/jyb_ xwfb/xw_ zt/moe_ 357/jjyzt_ 2022/2022_ zt17/yw/202210/t20221026_ 672311. html。

② 习近平：《中国坚持走生态优先、绿色低碳的发展道路》，2021 年 4 月 22 日，https：//baijiahao. baidu. com/s？ id＝1697745022143530434&wfr＝spider&for＝pc。

③ 《中国共产党第十九届中央委员会第六次全体会议公报》，2021 年 11 月 11 日，http：//www. news. cn/politics/2021-11/11/c_ 1128055386. htm。

④ 习近平：《高举中国特色社会主义伟大旗帜　为全面建设社会主义现代化国家而团结奋斗——在中国共产党第二十次全国代表大会上的报告》，2022 年 10 月 16 日，http：//www. moe. gov. cn/jyb_ xwfb/xw_ zt/moe_ 357/jjyzt_ 2022/2022_ zt17/yw/202210/t20221026_ 672311. html。

⑤ 《中华人民共和国国民经济和社会发展第十四个五年规划和二〇三五年远景目标纲要》，2021 年 3 月 12 日，http：//www. xinhuanet. com/2021-03/13/c_ 1127205564. htm。

⑥ 《中共中央　国务院关于全面推进乡村振兴加快农业农村现代化的意见》，2021 年 2 月 21 日，http：//www. moa. gov. cn/xw/zwdt/202102/t20210221_ 6361863. htm。

⑦ 习近平：《高举中国特色社会主义伟大旗帜　为全面建设社会主义现代化国家而团结奋斗——在中国共产党第二十次全国代表大会上的报告》，2022 年 10 月 16 日，http：//www. moe. gov. cn/jyb_ xwfb/xw_ zt/moe_ 357/jjyzt_ 2022/2022_ zt17/yw/202210/t20221026_ 672311. html。

化强国①；在文化建设上，全党全国各族人民文化自信明显增强，全社会凝聚力和向心力极大提升②。在文旅深度融合的背景下，民宿发展因其独特的文化内涵不仅增强其竞争力和辨识度，同时也兼具当地文化传播和传承、活化利用效果，促进东中西部不同地区人们文化交流和文化认同，最后助促我国文化自信目标实现。

（二）研究意义

首先，本研究的理论意义。一是丰富居民环境生活质量的研究视角。目前国内外对居民环境生活质量的研究多从环境科学与资源利用、宏观经济与可持续等视角展开，从民宿发展视角研究民宿旅游业对居民环境生活影响，包括生态环境生活、治安环境生活、旅游开发环境生活等方面的研究还不多，因此本研究有助于从研究视角方面丰富居民环境生活质量研究。二是为相关理论构建提供实证支持。本研究对东中西居民关于民宿发展的环境生活影响认知的区域差异成果可以作为该研究领域的又一次创新性尝试，为民宿产业与环境生活质量理论构建提供实证依据。

其次，本研究的实践意义。一是深化对民宿发展与生态环境关系的认识。民宿发展不仅提高了东中西居民的生活质量，也促进了当地经济社会发展，同时客观上提高了居民享受美好生态环境的体验感、过上美好生活的幸福感。二是为民宿产业政策尤其是环境政策制定提供理论依据。本研究主要从东中西居民视角研究民宿发展对环境生活的影响，地方政府推进民宿发展不仅能够服务民宿消费者，更能够带动本地生活环境发展、助力当地人民生活体验感提高。因此，无论民宿发展所在地在东部、中部还是西部，当地政

---

① 《习近平主持召开教育文化卫生体育领域专家代表座谈会并发表重要讲话》，2020 年 9 月 22 日，http：//www.gov.cn/xinwen/2020-09/22/content_5546100.htm？type=bgxz,%202020-09-22。

② 《中国共产党第十九届中央委员会第六次全体会议公报》，2021 年 11 月 11 日，https：//baijiahao.baidu.com/s？id=1716126286498972618&wfr=spider&for=pc。

府若能够推进本地民宿业发展，也定将有助于提升民众的收益水平，从而增加民众对民宿产业的支持。

二 民宿文献回顾

（一）民宿的国内研究综述

国内对于民宿研究主要集中于乡村民宿、民宿评价、民宿建构、民宿安全等方面。

乡村民宿。乡村民宿是促进乡村经济效益提升的关键环节。乡村民宿发展，可带动所在地民族村寨空间结构的改善与优化，给民族地区带来经济收益，增加乡村振兴战略的实施途径[①]。在乡村振兴战略的指引之下，民宿产业充分利用政策支持、制度保障，对民宿群落及乡土文化资源进行重新配置，产生新的、富有特色的乡村旅游业态。疫情防控常态化背景下，民宿消费者需求的多元化、个性化，带给民宿发展更加激烈的市场竞争和严酷的市场考验。因此，应当充分根据乡村民宿所在地的社会发展现状，采用延展民宿产业链、完善基础设施建设、打造特色鲜明乡土文化符号等方式，多元、创新发展民宿，形成民宿产业集群，为乡村振兴战略的全面推进助力[②]。

民宿评价。为了规范民宿发展，文化和旅游部先后制定了甲级、乙级旅游民宿的评定标准。首先，民宿游客最关注的负向指标是噪音情况，可见游客更加希望在民宿旅游中体验良好的主客交互。其次，相比于民宿的装饰风格，民宿游客更加关注民宿院落环境[③]，装饰风格和院落环境是游客获得审

---

① 侯玉霞、代涵奕：《乡村民宿旅游导向下民族村寨"三生空间"的演变与重构——以恭城瑶族自治县红岩村为例》，《贵州民族研究》2021年第2期，第93~100页。

② 张弛、黄丙刚：《基于乡村振兴视角的民宿旅游集群化推进策略》，《农业经济》2021年第2期，第68~69页。

③ 徐琛鉴：《基于大数据的民宿旅游体验影响因素分析及对策》，云南师范大学硕士学位论文，2021，第1~15页。

美愉悦的重要维度。

民宿建构。随着国内旅游市场的迅速发展，平原传统村落环境是民宿发展不容忽视的问题。所以，民宿建筑风格，在追求乡土特色的同时，也要注重景观融合度①。民宿发展强调对区域生态资源的合理开发与利用，在创造经济效益的同时，采取科学的民宿设计与规划方案，不仅满足生态旅游视角下人们对乡村民宿的不同需求，也要尽可能避免对自然、人文的破坏。

民宿安全。民宿经济的发展是必然的，正因为如此强劲的势头，民宿在发展过程中遇到很多问题，尤其是消防安全问题。它关系民宿发展的原则性问题，是制约和影响民宿发展的重要因素。因此，非常有必要让民宿有一个良好的环境基础和安全氛围②。

（二）民宿的国外研究综述

国外民宿集中在社区民宿、可持续民宿、民宿营销、目的地吸引力、民宿技术支持等方面。

社区民宿。近年来社区民宿在发展中国家的旅游发展中逐渐流行起来。社区民宿是社区发展倡导的一种形式，它让游客与民宿家庭住在一起，体验当地的社会文化和自然资源③。社区民宿应制定民宿家庭计划，并设法提高社区家庭成员的接受度④。

可持续民宿。在可持续乡村发展的背景下，只有 51% 的综述研究将民宿家庭视为核心和独立的调查领域。越来越多的发展中国家研究人员正在研

---

① 孙烨、陈明明：《基于民宿旅游的平原传统村落环境提升探微》，《环境工程》2020 年第 10 期，第 266~268 页。

② 刘永洁：《民宿旅游消防安全现状及应对策略》，《当代旅游》2021 年第 30 期，第 37~39 页。

③ Birendra K. C. "Ecotourism for Wildlife Conservation and Sustainable Livelihood Via Community-based Homestay: A Formula to Success or A Quagmire?" *Current Issues in Tourism*, 24 (2021): 1227-1243.

④ Ahmad H., Saifuddin M. S. M., Jusoh H., Choy E. A., Jali M. F. M. "Cooperative Approach in Developing Homestay: Acceptance from Homestay Community," *Akademika*, 90 (2020): 129-145.

究以社区为基础的农村民宿家庭，特别是在亚太地区。然而，民宿品牌、民宿旅游和创业、民宿旅游和信息通信技术能力、民宿经营者关于可持续性的培训和发展等重要主题在文献中很少涉及。互联网催生全球民宿的发展，从而推动民宿产业可持续发展。通过可持续生计框架来批判性地研究经营民宿发展的生计效益和成本可知，家庭民宿经营为推进无贫困和可持续城市及社区提供了巨大的动力。然而，研究也发现民宿需要集体规划和巨大的管理成本投入。

民宿营销。东盟地区组织主要通过在全球范围内营销民宿产品来提高其竞争力。民宿运营在战略上是整体的，是监控和系统化过程的"硬"因素，而与文化密切相关的因素被称为"软"因素，两者的重叠作为一个整体，从而促进进一步的民宿发展①。

目的地吸引力。研究评估目的地吸引力因素和旅行动机在民宿家庭选择中的作用发现，目的地吸引力因素——文化和农村景点、目的地位置和交通，与农村民宿家庭的选择有显著关联。此外，对独特性的需求增强了自然景点与选择农村民宿家庭之间的关系。②

民宿技术支持。为了有助于民宿家庭旺季和淡季期间最大限度地提高收入，可用集成方法来分配容量。研究发现管理者运用技术调整黄金、铂金和白银套餐的价格区间。加之在各个季节提供的各种民宿包装不同，民宿客户也会受益，这将带来更多的民宿客户满意度③。

三　问卷设计与市场调研

第一，民宿发展对东中西居民环境生活影响认知的问卷前测检验。本研

---

① Escolar-Jimenez C. C. "Cultural Homestay Enterprises: Sustainability Factors in Kiangan, Ifugao," *Hospitality & Society*, 10 (2020): 63-85.

② Dey B., Mathew J., Chee-Hua C. "Influence of Destination Attractiveness Factors and Travel Motivations on Rural Homestay Choice: The Moderating Role of Need for Uniqueness," *International Journal of Culture Tourism and Hospitality Research*, 14 (2020): 639-666.

③ Joshi K. P., Dhaigude A. "Revenue Management for Homestay with Todim-integrated Emsr-b," *Journal of Revenue and Pricing Management*, 20 (2021): 134-148.

究首先对国内外民宿发展居民环境生活影响认知文献展开述评，邀请政府和民宿管理者、专家学者展开头脑风暴，形成问卷初稿，并选取 50 名居民开展问卷预调研，进一步修改和优化问卷表述。

第二，民宿发展对东中西居民环境生活影响认知的设计内容。问卷包含两部分：第一部分为受访者个人情况，如居住地、家庭月平均收入、居住时长、家庭人口数、家庭人口工作数、家庭几代人一起居住、对当地民宿发展的建议等。第二部分为民宿发展对东中西居民环境影响认知题项，分为生态环境、治安环境、旅游开发环境、政治环境、总体生活等方面。

第三，民宿发展对东中西居民环境生活影响认知问卷的市场调研。市场调查分别于 2019 年 1~2 月、2021 年 1~2 月展开，地点在我国东部的河北、上海、江苏、海南等省市，中部的江西、山西、湖北、安徽等省，西部的四川、重庆、甘肃等省市的民宿发展典型社区。为保证问卷数据收集的可靠性和真实性，调查过程采取不记名、多地点随机抽样的方式。为了保证抽样样本代表性和研究结论适用性，调查小组使用分层抽样对调查样本的性别、年龄等进行恰当的控制。其中，2019 年发放 800 份问卷、回收有效问卷 724 份；2021 年发放 1200 份问卷、回收有效问卷 1112 份，剔除无效问卷后共得到有效问卷 1836 份，有效率为 91.80%。为了保证省份地区划分的科学性，本研究省份东部、中部、西部划分采用《中华人民共和国 2020 年国民经济和社会发展统计公报》中标准。

第四，民宿的东中西受访者社会人口统计学特征。一是本研究市场调研对象的性别比例显示，东部地区男性明显低于女性，以已婚的青年女性为主；中部地区男性略低于女性，以单身的青年女性为主；西部地区男女性比例几乎相等，以单身青年为主。二是东部地区居民学历水平以大学学历为主，其次为受过中等水平教育的民宿受访者；中部地区居民学历水平以大学学历为主，其次为硕士及以上水平的民宿受访者；西部地区居民学历水平以高中学历为主，其次为大学学历的民宿受访者。三是东部地区居民以公司职员为主，其次为服务人员；中部地区居民也以公司职员为主，其次为技术人员；西部地区居民也以公司职员为主，其次为政府职员。四是东部地区家庭人口数以3人口家庭、4人口家庭为主，其次为5人口家庭，大于等于6人口家庭也占较大比重；中部地区家庭人口数以3人口家庭为主，其次为4人口家庭，5人口家庭也占较大比重；西部地区家庭人口数以4人口家庭为主，其次为3人口家庭。五是东部地区和中部地区代居分布基本一致，以2代居占主导，其次为3代居和1代居；西部地区代居分布基本一致，以2代居占主导，其次为3代居和4代居。六是东中西居民的家庭工作人口数分布相似性高，均以2人工作为主，且占一半及以上；其次为3人工作。七是东部地区居民家庭月收入以7001元及以上占明显主导；中部地区居民家庭月收入以4001~6000元、7001元及以上占主导；西部地区居民家庭月收入分布多元，且每个层次占比较均衡。

因此，本研究基于上述市场调研，经过数据和资料分析，最终形成了相关成果。本研究认为通过发展民宿，可以缩小东中西居民环境生活水平的区域差异，平衡东中西居民在环境生活等方面的区域差异，有效破解民宿在东中西发展上不平衡和业态发展上不充分的矛盾，使民宿发展成为东中西人民获得美好生活的幸福产业之一。

四 民宿发展对东中西居民环境生活影响的东中西部区域差异特征

（一）民宿发展对居民生态环境生活影响的东中西部区域差异特征

表1分析了民宿发展对东部、中部和西部居民生态环境生活的影响，该影响从自然生态景观、人文资源景观、旅游噪音改善、环境污染改善、当地资源空间、环境消极影响6个方面衡量，统计显示信度系数为0.838，较好地反映了民宿发展对居民生态环境生活的影响。本研究对东部、中部、西部样本所代表的总体进行单因素方差分析如下。

表 1 民宿发展对居民生态环境生活影响的东中西差异数据分析

指标	区域	均值	标准差	方差检验结果			载荷
				t	df	Sig	
民宿发展使当地自然生态景观更好保护	东部	4.03	0.845	27.785	1109	0.000 ***	
	中部	3.52	1.086				
	西部	3.58	1.107				
民宿发展使当地人文景观功能发挥更充分	东部	4.04	0.777	20.398	1109	0.000 ***	
	中部	3.63	0.994				
	西部	3.80	1.013				
民宿发展使当地噪音状况得到改善	东部	3.91	0.906	40.865	1108	0.000 ***	0.838
	中部	3.26	1.126				
	西部	3.41	1.136				
民宿发展使当地环境污染状况得到改善	东部	3.99	0.815	32.429	1109	0.000 ***	
	中部	3.43	1.099				
	西部	3.63	1.063				
发展民宿后当地资源还有很大利用空间	东部	4.06	0.781	22.138	1109	0.000 ***	
	中部	3.65	0.991				
	西部	3.68	1.033				
发展民宿后不会出现环境上的负面影响	东部	3.89	0.921	51.202	1109	0.000 ***	
	中部	3.11	1.232				
	西部	3.36	1.206				

注：* $P<0.05$，** $P<0.01$，*** $P<0.001$。

资料来源：本研究结果。

"民宿发展促进自然生态景观保护""民宿发展利于人文景观功能发挥""民宿发展改善噪音状况""民宿发展利于环境污染治理""发展民宿后当地资源还有很大利用空间""发展民宿后不会出现环境上的负面影响"6个方面在东部、中部、西部地区水平存在显著性差异，东部民宿地的居民在生态环境生活的以上方面的感知均显著高于中部民宿地的居民和西部民宿地的居民，西部居民次之，中部居民最低。其原因如下。

第一，环境保护规制强度有差异。我国东中西部环境规制强度由东部、中部、西部地区依次递减，其中环境规制强度较高的前五名省市均位于我国东部地区[①]。环境规制作为解决和改善环境污染等问题的重要工具，东部地区政府管控、公众参与都处于较高水平，西部地区产业发展、科技支撑、人才配套等不足，环保规制有待提高。

第二，民宿业综合发展水平差异原因。从整体而言，民宿业发展情况东部地区优于中西部地区。近年来，虽然我国中部地区、西部地区民宿业不断调整和发展，尤其西部地区民宿业在疫情后期得到市场明显青睐，然而囿于基础、时间等仍旧与东部地区民宿业发展水平存在一定差距、因此东部居民对民宿生态环境感知性明显优于中部地区和西部地区。

（二）民宿发展对居民治安环境生活影响的东中西部区域差异特征

表2分析了民宿发展对居民治安环境生活的影响，该影响从治安环境安全、犯罪率有下降、个人财产保护、人身安全保护、居住社区安全等5个方面衡量，统计显示信度系数为0.893，较好地反映了民宿发展对居民治安环境生活的影响。本研究对东部、中部、西部样本所代表的总体进行单因素方差分析如下。

表2　民宿发展对居民治安环境生活影响的东中西差异数据分析

指标	区域	均值	标准差	方差检验结果			载荷
				t	df	Sig	
民宿发展使得当地环境比以前更加安全	东部	4.03	0.838	26.989	1109	0.000 ***	0.893
	中部	3.53	1.031				
	西部	3.70	1.088				
民宿发展使得当地犯罪率比以前下降了	东部	4.02	0.820	30.909	1109	0.000 ***	
	中部	3.49	1.072				
	西部	3.55	1.170				
民宿发展使得个人财产得到更好的保护	东部	4.03	0.800	37.173	1109	0.000 ***	
	中部	3.47	1.010				
	西部	3.53	1.167				

---

① 张晓敏、傅泽强：《环境规制强度测度及其区域差异分析》，《中国环境科学学会2021年科学技术年会论文集（三）》，2021。

指标	区域	均值	标准差	方差检验结果			载荷
				t	df	Sig	
民宿发展使得人身安全得到更好的保护	东部	4.01	0.781	33.712	1109	0.000 ***	0.893
	中部	3.46	1.026				
	西部	3.61	1.117				
民宿发展使得居住的社区比以前更安全	东部	4.02	0.816	32.392	1109	0.000 ***	
	中部	3.49	1.015				
	西部	3.65	1.105				

注: * P<0.05, ** P<0.01, *** P<0.001。

资料来源：本研究结果。

"民宿发展使得当地环境更加安全""民宿发展降低当地犯罪率""民宿发展有助于个人财产保护""民宿发展有助于提高人身安全""民宿发展令居住的社区更安全"在东部居民、中部居民和西部居民水平上存在显著性差异，且东部民宿地的居民在治安环境生活的以上方面的感知均显著高于中部民宿地的居民和西部民宿地的居民，西部居民次之，中部居民最低。其原因如下。

第一，民宿管理水平及规模差异原因。东部地区民宿产业发展成熟，已形成较多民宿产业群，相较于东部民宿分布，中部地区和西部地区民宿分布分散、房源类型多、规模小，尤以西部地区更为明显。这就增大了中部地区、西部地区对民宿管理的难度，降低了中部地区和西部地区对民宿发展带来的治安改善的感知性。因此，东部居民认为民宿发展带来治安环境改善更明显。

第二，民宿发展安全设施待改善原因。民宿发展的显著特点之一是个性化服务，这不仅体现在软服务方面，也体现在基础设施等硬服务方面，在一定程度上造成了民宿"个性化设施"与"安全基础设施"相冲突。另外，安装安全设施成本过高，导致民宿难以将政府部门安全监督检查设施完全落实到位，尤其在经济落后的西部地区。这就导致中西部居民对民宿发展带来的安全环境改善感知较弱。

（三）民宿发展对东中西居民旅游开发环境生活影响的东中西部区域差异特征

表3分析了民宿发展对居民旅游开发环境生活的影响，该影响从吸引旅游专家、提升旅游服务、开发自然资源、开发人文资源等4个方面进行衡量，统计显示信度系数为0.832，较好地反映了民宿发展对居民旅游开发环境生活的影响。本研究对东部、中部、西部样本所代表的总体进行单因素方差分析如下。

表3　民宿发展对居民旅游开发环境生活影响的东中西差异数据分析

指标	区域	均值	标准差	方差检验结果			载荷
				t	df	Sig	
民宿发展吸引更多专家助力旅游业发展	东部	3.99	0.836	22.428	1108	0.000***	
	中部	3.59	1.069				
	西部	3.50	1.063				
民宿发展提高了当地的旅游业服务水平	东部	3.99	0.784	13.708	1108	0.000***	0.832
	中部	3.71	0.981				
	西部	3.61	1.125				
民宿发展令当地自然旅游资源开发更加合理	东部	3.96	0.837	13.995	1108	0.000***	
	中部	3.69	1.004				
	西部	3.54	1.079				
民宿发展令当地人文资源开发更加合理	东部	4.04	0.839	20.239	1108	0.000***	
	中部	3.61	1.054				
	西部	3.69	1.081				

注：* $P<0.05$，** $P<0.01$，*** $P<0.001$。
资料来源：本研究结果。

"民宿发展吸引更多专家助力旅游业发展""民宿发展提高了当地的旅游业服务水平""民宿发展令当地自然旅游资源开发更加合理""民宿发展令当地人文资源开发更加合理"等4个方面在东部居民、中部居民和西部居民水平上存在显著性差异，且东部民宿地的居民在旅游开发环境生活的以上方面的感知均显著高于中部民宿地的居民和西部民宿地的居民，其次为中部居民或西部居民，其原因如下。

第一，自然人文资源被广泛破坏原因。疫情控制下国内旅游出现热潮，中西部民宿建设也随之被带动起来，更多的人投身民宿经营，人们纷纷在周边自然资源及人文环境开发基础上打造独一无二的民宿。这种大规模的民宿房屋建设对原有的自然环境和人文环境造成了一定的影响和破坏。对于一经开采无法恢复原有形态的人文资源、不可再生的自然资源，过度的开发资源环境不仅不会带来高收益，中西部反而会因为民宿数量骤增而出现开发过度、资源浪费现象。

第二，民宿当地地区治理差异的原因。民宿发展能带动核心产业和关联产业的发展，在全面规划和产业发展水平相近基础上，高水平的地区治理能有效促进民宿发展，发挥民宿产业关联效应。然而，我国东中西地区治理水平呈现显著差异，中西部地区在人才吸引、服务业培训、产业规划等方面水平还需提升。因此，东部民宿更能吸引民宿专业人才，东部民宿带给游客服务满意度感知也更加明显。

（四）民宿发展对居民政治环境生活影响的东中西部区域差异特征

表4分析了民宿发展对居民政治环境生活的影响，该影响从完善政府职能、制定民生政策、促进对外交流、了解当地风情、更加关心时事等5个方面进行衡量，统计显示信度系数为0.864，较好地反映了民宿发展对居民政治环境生活的影响。本研究对东部、中部、西部样本所代表的总体进行单因素方差分析如下。

表4　民宿发展对居民政治环境生活影响的东中西差异数据分析

指标	区域	均值	标准差	方差检验结果			载荷
				t	df	Sig	
民宿发展使得当地政府管理职能更完善	东部	4.05	0.803	25.611	1109	0.000***	0.864
	中部	3.62	0.986				
	西部	3.63	1.037				
民宿发展促进政府新增提高居民生活水平的政策	东部	3.98	0.799	18.798	1109	0.000***	
	中部	3.60	0.986				
	西部	3.65	1.012				

续表

指标	区域	均值	标准差	方差检验结果			载荷
				t	df	Sig	
民宿发展有利于促进当地对外政治交流	东部	4.00	0.743	41.575	1109	0.000***	
	中部	3.43	1.000				
	西部	3.50	1.135				
民宿发展使得外国人更加了解当地情况	东部	4.05	0.756	33.067	1109	0.000***	0.864
	中部	3.62	1.036				
	西部	3.40	1.207				
民宿发展令当地居民更关心时事和新闻	东部	3.94	0.803	18.789	1108	0.000***	
	中部	3.53	1.106				
	西部	3.58	1.116				

注：* $P<0.05$，** $P<0.01$，*** $P<0.001$。

资料来源：本研究结果。

"民宿发展使得当地政府管理职能更完善""民宿发展促进政府新增提高居民生活水平的政策""民宿发展有利于促进当地对外政治交流""民宿发展使得外国人更加了解当地情况""民宿发展令当地居民更关心时事和新闻"等5个方面在东部居民、中部居民和西部居民水平上存在显著性差异，且东部民宿地的居民在政治环境生活的以上方面的感知均显著高于中部民宿地的居民和西部民宿地的居民，其次为中部居民或西部居民，其原因如下。

第一，民宿法律监管差异的原因。从民宿行业的法律法规制定看，经济发达地区或旅游资源丰富地区民宿行业监管更加完善，广东、济南等少数省市出台了省级、市级民宿管理办法[1]。从上可以看出，民宿行业法律监管东部地区明显比中部、西部地区完善，因此东部居民对民宿政治环境的感知明显高于中西部地区。

第二，民宿发展层次差异的原因。我国江浙等东部地区，得益于良好的社会经济基础和区位条件，成为发展势头较好且水平较高的民宿发展地区。东部地区民宿旅游者在住宿、就餐等旅游过程中，通过文化符号等有形产

[1]　梁雅瑞：《我国民宿行业监管法律问题研究》，山西大学硕士学位论文，2020，第13页。

品、个性化服务等无形产品更能直观、充分感受和了解到民宿所在地的文化、资源内涵，起到对外交流的作用。

（五）民宿发展对居民总体生活影响的东中西部区域差异特征

表5分析了民宿发展对居民总体生活的影响，该影响从总体影响、积极影响、效益更高等3个方面进行衡量，统计显示信度系数为0.776，较好地反映了民宿发展对居民总体生活的影响。本研究对东部、中部、西部样本所代表的总体进行单因素方差分析如下。

表5　民宿发展对居民总体生活影响的东中西差异数据分析

指标	区域	均值	标准差	方差检验结果			载荷
				t	df	Sig	
民宿发展给当地的影响总体上是积极	东部	4.04	0.782	26.779	1109	0.000 ***	0.776
	中部	3.58	0.980				
	西部	3.67	1.054				
民宿发展对当地居民生活越来越重要	东部	4.05	0.785	31.499	1109	0.000 ***	
	中部	3.54	0.992				
	西部	3.67	1.068				
民宿发展的社会总体效益大于成本	东部	4.06	0.743	52.905	1109	0.000 ***	
	中部	3.33	1.182				
	西部	3.65	1.061				

注：* P<0.05，** P<0.01，*** P<0.001。

资料来源：本研究结果。

"民宿发展给当地的影响总体上是积极""民宿发展对当地居民生活越来越重要""民宿发展的社会总体效益大于成本"等3个方面在东部居民、中部居民和西部居民水平上存在显著性差异，且东部民宿地的居民在总体生活的以上方面的感知均显著高于中部民宿地的居民和西部民宿地的居民，西部居民次之，最低为中部居民，其原因如下。

第一，民宿规模效益差异的原因。东中西部地区经济基础、民宿关联产业发展存在差异，导致民宿产业效应在不同区域发挥效果有显著差异，东部最大，中西部次之，从而导致不同区域居民对民宿发展的总体影响感知差异。单体民宿通过连锁、合作等方式进行整合，扩大规模，形成集群，发挥规模效应，实现更高的投资效益。我国幅员辽阔，地理环境、气候条件等加剧了民宿产业集群的形成壁垒，进一步在经济基础之上阻碍产业规模效益的产生，拉大东中西地区居民的民宿发展的总体影响感知。

第二，民宿效益多元组成的原因。在我国如火如荼的创业浪潮下，民宿发展也加入创业的浪潮中。民宿创业成功的呈现之一是创业收益，包含经济收益、社会文化和成长收益[①]。民宿发展不仅能够支撑自身持续运营，还能拉动当地经济发展，也就实现了经济效益。东部地区产业结构合理，能够助力民宿支撑自身持续运营，带动当地经济发展；中西部地区经营完善的民宿发展，只要能够实现持续经营，也能有效地拉动地方经济发展。

（六）民宿发展对居民生态环境生活影响的年际差异性发展特征

表6分析了民宿发展在2019年、2021年对居民生态环境生活的影响，该影响从自然生态景观、人文资源景观、旅游噪音改善、环境污染改善、当地资源空间、环境消极影响6个方面衡量，统计显示信度系数为0.833，较好地反映了民宿发展不同年份对居民生态环境生活的影响。本研究对2019年、2021年样本所代表的总体进行单因素方差分析如下。

表6　民宿发展对居民生态环境生活影响的年际差异数据分析

指标	年份	均值	标准差	方差检验			载荷
				t	df	Sig	
民宿发展使当地自然生态景观更好保护	2019	3.44	0.995	28.145	1834	0.000 ***	0.833
	2021	3.70	1.043				
民宿发展使当地的人文景观发挥更充分	2019	3.63	0.901	13.874	1834	0.000 ***	
	2021	3.80	0.950				
民宿发展使得当地的噪音状况得到改善	2019	3.23	1.012	26.502	1834	0.000 ***	
	2021	3.50	1.099				

---

① 王美钰、李勇泉、阮文奇：《民宿创业成功的关键要素与理论逻辑：基于扎根理论分析》，《南开管理评论》2022年第2期，第2页。

指标	年份	均值	标准差	方差检验			载荷
				t	df	Sig	
民宿发展使当地环境污染状况得到改善	2019	3.35	1.004	36.532	1834	0.000 ***	0.833
	2021	3.65	1.037				
发展民宿后当地资源还有很大利用空间	2019	3.53	0.981	30.819	1834	0.000 ***	
	2021	3.79	0.955				
发展民宿后不会出现环境上的负面影响	2019	3.15	1.151	20.885	1834	0.000 ***	
	2021	3.41	1.186				

注：* $P<0.05$，** $P<0.01$，*** $P<0.001$。

资料来源：本研究结果。

"民宿发展使当地自然生态景观更好保护""民宿发展使当地的人文景观发挥更充分""民宿发展使得当地的噪音状况得到改善""民宿发展使当地环境污染状况得到改善""发展民宿后当地资源还有很大利用空间""发展民宿后不会出现环境上的负面影响"等 6 个方面在不同年份存在显著差异，2021 年居民在生态环境生活的以上方面的感知均显著高于 2019 年，其原因如下。

第一，生态环境立法体系完善的原因。中国特色社会主义进入新时代，社会各界积极关注生态环境问题，生态文明建设被提到新高度，受到党和国家高度重视，我国环境立法体系也已取得一定成绩。政府作为生态环境保护和治理的第一责任人和重要主体，通过参与立法、制定一系列规章制度等手段，发挥公共政策制定和执行的主体作用，形成比较完整的生态文明建设政策体系，使得 2021 年居民对生态环境感知明显高于 2019 年。

第二，民宿产业开发多元化原因。基于科技的进步、民宿产业的竞争程度加剧、旅游者对民宿需求的多样化，民宿产品开发深度不断加强。围绕当地文化资源推出个性化、深加工民宿产品，使游客看到、体验到自然生态景观更好地被保护、人文景观被合理开发，因此 2021 年居民对民宿发展带来的生态环境中自然和人文景观的保护的认知更加明显。

（七）民宿发展对居民总体生活影响的年际差异性发展特征

表 7 分析了民宿发展在 2019 年、2021 年对居民总体生活的影响，该影响从总体影响、积极影响、效益更高等 3 个方面进行衡量，统计显示信度系数为 0.779，较好地反映了民宿发展不同年份对居民总体生活的影响。本研究对 2019 年、2021 年样本所代表的总体进行单因素方差分析如下。

表 7 民宿发展对居民总体生活影响的年际差异数据分析

指标	年份	均值	标准差	方差检验			载荷
				t	df	Sig	
民宿发展给当地的影响总体上是积极	2019	3.68	0.922	2.446	1834	0.118	
	2021	3.75	0.958				
民宿发展对当地居民生活越来越重要	2019	3.74	0.834	0.085	1834	0.771	0.779
	2021	3.73	0.972				
民宿发展的社会总体效益大于成本	2019	3.63	0.964	0.000	1834	0.997	
	2021	3.63	1.083				

注：* $P<0.05$，** $P<0.01$，*** $P<0.001$。
资料来源：本研究结果。

"民宿发展给当地的影响总体上是积极""民宿发展对当地居民生活越来越重要""民宿发展的社会总体效益大于成本"等 3 个方面在不同年份水平不存在显著性差异，其原因如下。

第一，民宿产业接待有浮动的原因。民宿产业旺季到来时，接待量增大，导致民宿发展的经营管理面临较大压力，民宿平台、民宿经营者过分加价、服务缩水等短期急功近利行为给游客带来不好的游览体验。2019～2021 年，虽然民宿管理不断完善，但是由于疫情影响和季节性因素，大量游客集中出游，加之民宿自身特点，均给民宿管理带来很大挑战。所以 2019～2021 年居民对民宿发展总体影响积极、对生活越来越重要感知不明显。

第二，民宿行业密集度增加原因。随着创业潮、千禧一代进入职场、非标准住宿流行、举家出游增多等，民宿发展越来越受到供给市场和需求市场的青睐，各种共享平台的加入、民宿管理集团的出现、新民宿从业者的进入，推动民众对民宿发展从产品、基础设施等硬件到服务、文化等软件要求更高，这就导致民宿资金投入增加、人力成本增多、环境破坏加剧，所以2019~2021年居民对由民宿发展引起的社会总体效益增多感知不明显。

五　区域协调发展对策

（一）民宿发展对东中西居民环境生活影响的区域协调高质量发展对策

第一，民宿产业环保规制强度提高的协调发展对策。宏观上，应加大对中西部地区的环境治理、环境监管投入力度，提高政府的主导能力、制定环境污染相关政策，特别是针对青海、西藏等政府政策措施方面还需完善的省份，因地制宜地实施相应管控是必要的。微观上，民宿从业者、参与者积极配合落实环境规制各项政策措施，通过旅游服务，助力中西部地区民宿发展生态环境改善。

第二，民宿产业提升中西部拉动效应的协调发展对策。中部地区、西部地区民宿发展应凭借当地多样的、得天独厚的旅游资源，紧抓疫情防控稳定期间国内旅游的热潮，掀起民宿产业的快速发展，从而缩小与东部发达地区民宿产业乃至旅游业整体的差距，使得民宿产业拉动效应充分发挥，促进民宿产业与发展环境的良性循环，增加中西部地区民宿地居民对环境保护、改善的感知。

（二）民宿发展对东中西居民治安环境生活的区域协调发展对策

第一，民宿发展提高整体管理水平的协调发展对策。为促进我国民宿更好、更快发展，提高我国民宿整体管理水平，东部地区向民宿发展完善国家及地区学习新管理经验，中西部地区亦需结合自身情况提高民宿管理水平，民宿平台也要加强监管，从而促进民宿地居民治安环境感知提升。

第二，民宿发展筑牢安全责任意识的高质量发展对策。民宿发展因其多样化的选择、个性化服务，受到很多游客的青睐而发展很快。然而，民宿的快速发展必须建立在安全基础之上，因此我国东部、中部、西部居民要提高安全意识，不断完善、检查民宿安全基础设施，在经济成本与安全住宿兼顾的基础上，配备民宿安全设施，从安全保障角度着手增强民宿竞争力。

（三）民宿发展对东中西居民旅游开发环境生活的区域协调发展对策

第一，民宿发展维护自然人文环境的协调发展对策。自然资源和人文资源能够为民宿发展带来客源保证，增加游客目的地所在地停留时间，从而产生更大经济效益和提高重游概率。因此，民宿发展要在其飞速发展的势头下，保持对自然资源的合理开发利用，保护文化资源的原真性，让自然资源和文化资源为民宿发展的营销、客源等可持续发展助力，为民宿的后续发展蓄力。

第二，民宿发展完善地区治理水平的协调发展对策。面对中西部广袤的土地、丰富的人文资源、独特的自然资源，民宿所在地要积极完善地区治理水平，提供有竞争力、吸引力的政策，让专业人才愿意来、能够来到中西部长期发展，从而促进民宿发展的合理、可持续的开发和利用，形成发展和保护的良性循环局面，筑牢民宿产业长期发展的根基。

（四）民宿发展对东中西居民政治环境生活的区域协调发展对策

第一，民宿发展健全行业法律监管的高质量发展对策。健全各地区民宿行业法律监管，不仅需要健全省区市的民宿行业立法，也需要促进监管主体多元化。以政府为主要监管主体，新增民宿平台、行业协会等监管主体，辅助政府实施民宿行业监管，打造自律监管和社会监管并行的监管体制。同时，在监管体制健全的基础上，应进一步完善监管内容。

第二，民宿发展缩小地域发展不平衡高质量发展对策。虽然我国 GDP、人均消费等经济指标得到很好发展，休假制度、安全保障等不断完善，但我国民宿所在地的经济差异依旧存在。经济基础、法律环境等的健全与否，会影响民宿发展。因此，我国不同区域民宿旅游应该克服外部相关环境条件差异，尽量借助不同优势、因地制宜发展民宿产业，民宿产业后起之秀应该奋起追赶。

（五）民宿发展对东中西居民总体生活的区域协调发展对策

第一，民宿发展促进产业规模效益的协调发展对策。我国不同地区民宿产业，在依托当地人文、自然景观基础上，通过连锁、加盟等合作方式，实现区域内或跨区域民宿合作，发挥自身优势，形成民宿产业集群，尤其是民宿发展起步或者分布零散区域，从而实现产业规模效应，反过来弥补和消除经济基础不同带来的差异，带动民宿发展落后区域快速发展。

第二，民宿发展效益概念理解更宽泛协调发展对策。民宿发展的效益，不应该只追逐传统的经济效益，民宿经营者、行业管理部门要拓宽对民宿发展效益概念的理解，在经济属性的基础上兼顾民宿发展的文化属性、社会属性，在民宿发展规划、民宿发展建设、民宿发展经营、民宿发展管理、民宿发展培训方面重视文化属性和环保观念，在追逐经济效益的同时，也发挥民宿的文化属性、社会属性。

（六）民宿发展对居民生态环境生活年际影响的区域协调发展对策

第一，民宿发展生态文明法治建设的协调发展对策。虽然我国的生态文明法制建设取得了有目共睹的巨大成就，但依然与美丽中国建设目标有不小差距，生态环境质量还不能很好满足民众的期待。因此，为给民宿发展提供良好的生态立法环境，要立足当前生态环境立法现状，继续实现在立法方面的重大突破。

第二，民宿发展拓宽思路创新发展的协调发展对策。民宿发展的开发运营，既要提供文化内涵丰富的民宿体验，也要给游客带来幸福感，让游客在离开的时候带着文化、故事和回忆。因此，民宿发展要拓宽产业融合边界，通过工艺品 DIY、沙画制作等休闲体验活动，带动关联产业的发展，提高可游性，延伸民宿产业链，利用新技术和新热点，实现民宿创新发展。

（七）民宿发展对居民总体生活年际影响的区域协调发展对策

第一，民宿发展增强应对供需失衡的协调发展对策。一方面，民宿发展需要增强应对旺季、网红打卡等情况下接待游客的能力，不仅要有长远的眼光规划发展，也要有相应的预案应对游客短期暴增的情况。另一方面，民宿发展需要增强对淡季、突发因素等情况下游客稀少的处理能力，不仅要让该种情况下现有游客的服务体验得到保证，也应该利用空闲时间提升自身的服务能力等。

第二，民宿发展增强关键竞争能力的协调发展对策。民宿企业作为我国企业尤其是中小企业中最具活力的有机组成部分，对社会、经济、环境等产生广泛影响。面对白热化竞争的行业情况，民宿发展要优选创业环境，考察地方政府的相关政策，预设企业顶层文化，充分利用技术资源建立民宿数字网络共享推广平台，加强社交媒体宣传、网站开发，实现民宿服务品质提升。

B.9
中国民宿与非遗融合发展创新模式

马 勇 曾晓庆*

摘 要： 近年来，民宿凭借其个性化、体验性强等显著优势成为旅游业的热点。非遗是地区的文化精髓，民宿与非遗融合能让旅游者更深入地感知地域文化，既能推动民宿建设，又能传播非遗文化。本文分析两者融合发展的现状，将我国民宿与非遗融合的发展类型概括为整合利用型、活化传承型、参与体验型、艺术衍生型、创意驱动型，进一步从理念导向、功能导向、活动导向、智慧导向、市场导向、品牌导向六个方面为民宿与非遗融合创新发展提供思路，以期为两者融合发展提供启示借鉴。

关键词： 民宿 非物质文化遗产 融合发展

随着我国进入大众化旅游时代，旅游逐渐成为一种常态化的社会休憩方式。在旅游者更加追求度假型、体验型、品质型旅游产品的需求转型升级的态势下，民宿业迎来高速发展的契机。在我国城市化发展的进程中，民宿与都市人群回归自然、寻找乡土文化、体验民俗风情、享受慢生活的需求相契合。作为满足人民美好物质生活需要的幸福产业，民宿是加快文旅融合的重要形式，是建设美丽乡村的有效路径，也是助力乡村振兴的关键点。

民宿与连锁品牌酒店以及其他分散经营的住宿模式不同，民宿最突出的

---

* 马勇，教授、博士，湖北大学旅游发展研究院院长，湖北省重点人文社科研究基地旅游开发与管理研究中心主任，博导，主要研究方向为旅游投资、酒店与民宿管理；曾晓庆，湖北大学旅游学院硕士研究生，主要研究方向为旅游投资、酒店与民宿管理。

特点是在满足旅客住宿、餐饮等基础需求之上的体验性，体验性最重要的就是对地域文化的感知。非遗是一个地区文化的精髓和宝贵财富，将民宿与非遗融合能让旅游者更深入地感知当地的地域文化。在文旅融合的大趋势下，文旅产品供给侧的改革逐渐深化，一批参与感强、文化内涵丰富的民宿旅游新业态如雨后春笋般涌现，民宿经营者推进非遗融入民宿，促进非遗传承与利用并举，推动文化和旅游实现高阶融合。民宿业有了非遗元素的"加持"，将不断更新人们的出游体验，让更多的旅游者能参与到感受非遗文化的魅力中去，在提升其体验感的同时为活化非遗提供新的路径，民宿和非遗融合将成为文旅产业新的增长点。

一 民宿与非遗融合的发展现状

随着现代城市居民的生活、工作节奏不断加快，都市人群对回归自然、放松身心、释放压力、体验不同地域风土人情的渴望更加强烈。民宿能为旅游者提供独立的生活空间，让其放松身心，体验轻松慢节奏、绿色健康的生活方式。非遗是一个地方文化的精华部分，将具有活态属性的民宿和非遗两者结合，能更好地满足旅游者注重体验性和参与性的需求。为研究民宿与非遗融合发展的创新模式，首先需要探析民宿与非遗融合发展的现状，以便更好地为推动民宿与非遗融合和促进区域民宿业的发展提供指导。

（一）融合初具规模，资源有待整合

产业融合是经济发展的大趋势，也是各国推进产业发展的全新选择。在文化和旅游融合发展的大背景下，民宿与非遗的融合发展已初具规模。浙江省温州市率先抓住民宿与非遗融合的发展机遇，积极推动民宿和非遗融合，并于 2020 年召开会议选定 33 家首批非遗民宿创建单位。江西婺源也在民宿与非遗的融合中展现新作为，现已打造花满堂、花田溪等 19 家高端民宿，民宿提供诸如竹编竹艺、老磨盘等非遗项目供旅游者体验。近年来，非遗与民宿的融合正由"非遗到民宿"向"非遗在民宿"过渡，民宿为非遗提供崭新的窗口，使非遗焕发出新的生机活力。

我国是联合国人类非物质文化遗产代表作名录最多的国家。非遗凝聚了各民族的智慧，彰显着中华文明的生命力和创造力。民宿大多选址在地域文化浓厚的地区，所在地的非遗丰富，但现阶段缺少对非遗的整合利用。部分民宿仅是简单的"拿来主义"，如在民宿里摆设农耕时代遗留下来的器具，对非遗的利用停留在初级阶段，难以调动旅游者的消费欲望。民宿和非遗融合，必须根植于生活、融入时代，贴合发展，"用起来"才是尊重非遗的方式。

（二）个性化逐渐凸显，同质化现象严重

在民宿业竞争日益激烈的情况下，民宿和非遗融合要突出自身特色，提供更为多元化、个性化、品质化的产品和服务以满足旅游者逐步升级的体验需求。例如莫干山民宿根据消费群体的不同推出宠物主题、禅修主题和自然教育主题的民宿，引导民宿向多元化、个性化发展[1]。民宿和非遗融合的个性化首先体现在建筑、装修装饰风格等硬件设施上。例如民宿建筑最大限度保留原汁原味的地域文化和风情，在此基础上形成自身的装修装饰风格。民宿和非遗的融合还体现在民宿的运作模式上，民宿的经营模式除了要符合标准外，还要有自身的服务特色，能在规范经营下实施个性化服务，以满足旅游者的个性化需求。例如位于浙江舟山市普陀区的民宿"英子的海"向旅游者提供非遗项目体验单，让其根据自身的兴趣自主点单来体验非遗或民俗项目。

作为住宿业的后起之秀，国内民宿增长速度惊人，与此同时民宿产品也暴露出严重的同质化问题。多数民宿的产品服务供给难以满足旅游者日趋多样化、个性化的需求，加上民宿的运营方式较为单调，难以调动旅游者的消费欲望。虽然已有部分民宿经营者将民宿与非遗融合，但在融合的过程中缺乏科学理论和规划的指导，对非遗的挖掘不够深入，使得民宿和非遗融合的

---

① 鲁元珍、郑惠原：《民宿产业如何提质升级》，《农产品市场周刊》2018年第37期。

程度较低，产品类型较为单一，同质化现象严重，难以满足旅游者加深文化体验、扩展求知和互动的个性化需求。

（三）品质逐步提升，非遗价值待深掘

民宿为了满足旅游者品质化、体验化旅游方式的需求，不断提质升级。现如今，民宿经历着从 1.0 版到 3.0 版本的迭代升级。民宿 1.0 版是基础层，提供住宿、餐饮等功能较为单一的产品；民宿 2.0 版是发展层，旅游者更加注重消费的品质，对住宿提出了更高的要求，希望民宿提供的产品能带来享受；民宿 3.0 版是提升层，为旅游者提供深度体验的民宿产品和品质化的服务。例如 Airbnb 推出的 Trips 体验，为用户提供多元化、品质化的深度旅游体验活动，用户可以在房东的带领下体验出海捕鱼、当地马拉松等。

非遗是我国宝贵的历史文化遗产，是中华文化繁荣发展的重要支撑，具有重要的文化价值和经济价值。现阶段民宿与非遗融合对非遗的价值挖掘不够，未能充分将非遗转化为民宿发展的特色和优势，难以发挥非遗在民宿中的经济价值。民宿与非遗融合，除了要加强对非遗的整合利用，更应该加强对非遗价值的创新挖掘，打造别具一格的设计、产品与服务，促进民宿和非遗融合可持续发展。

（四）业态渐显丰富，产业链有待延伸

当前，我国逐步进入互联互通的大众旅游时代，旅游者愈加重视特色化、品质化的产品和服务。民宿根据当地的历史文化、民风民俗和资源禀赋，开展诸如民俗体验、工艺体验、农牧业体验等个性化活动，从而有效地促进了旅游消费持续健康发展。随着文化和旅游消费的不断升级，在民宿与非遗融合的发展背景下，诸如民宿规划设计、民宿融资、民宿培训、网络预定和营销等服务业态快速发展，其对于拉动内需、带动经济增长作用显著。

目前，大多数民宿的收入渠道较为单一，主要是客房收入。在旅游者需求升级和市场同质化竞争的推动下，延伸产业链、拓展渠道、实现多产业联动既能丰富民宿收入的来源，还能提供多元化的方式让旅游者自主选择。延

伸民宿和非遗融合的产业链有向前丰富产品类型和向后提升产品附加值两种方式。向前延伸丰富产品类型主要是通过"民宿+"的形式，为旅游者提供多元化的主题产品，一方面能满足旅游者个性化的需求，另一方面拓展了民宿的收入渠道。例如松阳云上平田民宿在经过精心设计后拥有了餐厅、展览馆和农耕博物馆等公共交流空间和茶室、垂钓中心等休闲娱乐场所，集多种功能于一体。向后延伸提升产品附加值主要是根据客户的需求开发相应的主题产品，例如亲子主题产品、研学教育主题产品等，在提升旅游者体验感、满足其个性化需求的同时获得相对稳定的消费群体，能在很大程度上解决民宿淡旺季供需不平衡问题。

（五）品牌初见端倪，市场竞争激烈

目前，国内一大批民宿品牌已经在市场上获得旅游者的好评与青睐，诸如裸心、原舍、西坡、山水间、松赞绿谷、山里寒舍、浮云牧场、过云山居、喜悦秘境、不负艺术等一系列品牌。许多民宿经营者抓住契机，不断提升民宿品牌效应，逐步实现民宿品牌效应提升，一批诸如花间堂、宛若故里、幸福时光等有一定知名度的国内民宿顺应市场发展趋势，积极进行连锁扩张。民宿市场也吸引着传统酒店集团的目光，2016 年 3 月，如家快捷酒店通过免费加盟的形式将民宿主纳入旗下品牌"云上四季民宿"。

近几年，民宿业良好的发展势头吸引着越来越多的企业和个人，使得我国民宿的数量飞速增长。《中国旅游民宿发展报告（2019）》显示，2019 年我国民宿业市场收入同比增长 38.92%，达到 209.4 亿元；民宿规模达到 16.98 万家，房源总量超过 160 万套，民宿在住宿市场的占比超过 24%，在供给蔚然可观、资本资源整合叠加、市场潜力不断释放的情形下，民宿业的竞争日趋白热化[①]。

二 民宿与非遗融合发展的类型

民宿，作为传统住宿业的升级版，因其"有温度的住宿"而成为旅游

---

① 过聚荣主编《中国旅游民宿发展报告（2019）》，社会科学文献出版社，2020。

业发展的重点内容和热点，显示出蓬勃的发展势头。近年来，非遗与地方旅游业的关系随着乡村振兴战略的持续推进日益紧密，非遗在文化旅游融合发展中的作用日益凸显，其对赓续乡村文脉、激发文化魅力、释放文化效益、展现文化特色意义重大①。近年来，民宿和非遗的融合发展成果日渐凸显。现对民宿与非遗融合发展的类型进行梳理。

（一）整合利用型

非遗独特的文化性孕育着潜在的旅游价值，非遗的市场基因与日益蓬勃的旅游市场空间优势互补。两者可以通过功能重组和价值创新进行融合，形成包含非遗和旅游两个产业的新价值链。整合利用将非遗作为融合发展的核心，通过整合现有的非遗资源，向旅游者展示原汁原味的技艺和精髓。非遗的整合利用需要依靠自身的特色和其蕴含的寓意，存在明显的分类利用、特色开发、需求耦合等特点。民宿与非遗融合必须有效整合利用民宿周边的非遗资源，通过多种形式挖掘非遗背后蕴含的文化内涵，有机地将非遗与传统民俗节庆和自然资源结合，并在民宿提供的各个平台上进行宣传，从而激起旅游者的入住欲望。例如贵州丹寨万达小镇将首批国家非遗名录中的古法造纸技艺、丹寨最典型的"编、制、染"传统工艺与鸟笼制作进行有效整合，使得丹寨的知名度和美誉度得到提升，也使非遗文化的传承和发展迎来新的春天。再如秦岭北麓的小峪口村将"鱼化泥叫叫"、秦腔脸谱、广陵派古琴、古狮子收藏等非遗项目和自然资源结合，逐步构建了"非遗+民宿+旅游+研学+生活"的运作模式。非遗不仅成为该村的文化品牌，也成为群众增收致富的法宝。

（二）活化传承型

保护非遗的最好方式是活化，而活化非遗最好的方式是挖掘其蕴含的社

---

① 詹一虹、陈露：《文化旅游视域下非物质文化遗产的传承发展研究——以湖南省汝城县高滩畲族为例》，《西北民族大学学报》（哲学社会科学版）2019年第4期。

会价值和潮流属性，着力推进非遗融入现代生活，赋予其时代意义。浙江省宁波市宁海县尝试将非遗融入民宿，创新非遗的传播途径，为民宿旅游增加非遗审美。宁海县的"岚月山房"创新性地推出非遗课程、非遗体验班，旅游者可以在民宿里进行泥金彩漆、清刀木雕、传统女工等的体验学习。非遗项目的助阵使得"岚月山房"迅速成为宁海全域旅游的新名片。民宿经营者要多方面推动非遗向质量型活化传承转变。首先，要让非遗从形式上"活"起来，非遗不应该是静止的，更不能只停留在纸面上，只有将非遗项目与文化旅游、民宿等有机结合，组织现场表演和技艺展示，使非遗成为地方民俗文化的活态呈现载体，才能全方位、立体化地向旅游者展示非遗特有的魅力。其次，要创新非遗文化的宣传推广途径，不断扩大参与度，增加公众的认知度，需要民宿主与时俱进、创新非遗文化的宣传推广模式，可以通过直播进行线上展示，吸引更多的人参与其中，激发他们的旅游入住意愿。最后，与时俱进是非遗传承的现实土壤，想让非遗活化，就要推动非遗更好地融入现代生活。一方面，可以推动非遗"牵手"现代设计，推进传统工艺转型升级，尝试将非遗元素与民宿的餐具、酒具、茶具、桌椅等用具相结合，设计能与当代生活相融合的非遗产品；另一方面，要持续推动非遗传承的融合发展、创新，通过非遗项目体验活动带动餐饮、休闲等关联产业的发展，构成新颖完备的非遗产业链。

（三）参与体验型

当今的旅游者不再单纯地满足于民宿的住宿功能，而是想通过参与体验类的旅游活动来全方位地感受当地的地域文化魅力。民宿在规划设计之初，可以增加非遗展示区、传习区和交流区，便于非遗传承人与入住者、参观者开展学习交流和体验活动。非遗项目的体验性包括非遗传承人与参观者之间的互动、参观者与非遗展品之间的互动两个部分，借助体验性能让旅游者更充分地理解非遗的制作流程和象征寓意等[①]。例如吐鲁番的粟特客栈从设计

---

① 贺诚：《传承与活化——湖北"非遗"传习所展示空间设计探讨》，《湖北美术学院学报》2017 年第 1 期。

时就秉承古丝绸之路的特色文化理念，让入住者能够感受到浓郁的吐鲁番特色风情，旅游者可以在客栈体验非遗文化土陶手工艺制作，了解吐鲁番悠久的历史文化。吐鲁番市以"非遗文化+民宿体验"为核心，铸造了一批集非遗保护传承、民风民俗展示、演出互动于一体的民宿，为旅游者带来别具风情的文化体验，将民宿与非遗融合，能让旅游者全面感受非遗的魅力，同时也为非遗的活化开辟了新的路径。

（四）艺术衍生型

民俗的就是大众的，民间的就是市场的。民宿经营者必须活化一批带有地域文化的风俗、风情、风味的产品以提升民宿的档次。在旅游过程中，若想为旅客提供一个全方位的深度旅行体验，需要满足其"吃、住、行、游、购、娱"六大需求，而民宿往往最容易忽视旅游者的"购物"需求。民宿可以通过生产具有当地特色的旅游产品来延续客人在当地的记忆和体验。例如浙江松阳鸣珂里文化民宿结合当地的客家文化推出石仓白老酒、松阳土茶、山边马灯手机壳等一系列文创产品。传统扎染、剪纸、刺绣等传统手工艺与现代创意的结合能映射出非遗文化的温度。昆明木巴克民宿里的家具都是民宿主纯手工制作，且每一件家具背后都充满故事；福建武夷山的驻野剪纸艺术酒店以剪纸为主题吸引了许多前来观光住宿的旅游者。非遗契合了广大人民群众的基本情感需求。民宿一定要设计出紧贴新时代、凸显优秀文化、反映地域特色的旅游产品，从而充分调动旅游者购买消费。民宿可以提供以生活类工艺品为主的特色旅游产品，这类产品在实用性和性价比上远超传统的旅游产品。在设计时充分结合地域文化的元素符号，使产品达到外观精美、内涵丰富的效果，提高产品附加值，让旅游者全方位、深层次感受非遗的魅力，延伸其在民宿的体验，从而增加民宿和旅游者之间的黏性。

（五）创意驱动型

创意开拓道路，文化赋予灵魂。民宿一方面要立足自身优势，不仅深入挖掘所在地的非遗项目及其蕴含的文化内涵，还要设法提炼出与新时代相符合的元素符号，以此为基础形成创意产品。另一方面要不断创新。随着媒介技术不断兴盛，新媒体多角度、立体式参与到非遗传播中。新媒体与传统媒体相比具有更方便快捷、更具交互性等特点，而民宿可以有效借助微信、微博、抖音等新媒体扩大对非遗的宣传，从而扩大自身的影响力。在新媒体时代，民宿经营者可以利用新媒体搭建与旅游者互动的平台，传播非遗引起消费市场关注。民宿可以制定新的营销策略，如通过微信平台发布信息，开发移动 App 端，丰富用户预定民宿的渠道。民宿经营者可以将民宿的详细信息及特色以图片、文字和短视频的形式发布在微信、微博和 B 站上；另外，也可以充分利用社交平台，实时地与客户沟通互动，为客户解答疑惑①。非遗应该依托沟通元（指基于一个可复制的共同的基本价值要素，在不同语境中可以不断扩散变异的文化基因）进行创意构想，并以各种形式展示传播相关资源，调动受众的消费热情，进而促进受众转化为旅游者和传播者。民宿通过创意设计传播内容和传播渠道，再通过受众自身传播扩散，让非遗的内涵得到充分的传播与阐释，使之在受众群体中形成"第一印象"，进而成为旅游者入住的"第一选择"，最终达到老顾客再次消费和自主传播吸引新顾客的目的。

三　民宿与非遗融合发展的创新模式

民宿与非遗的融合发展离不开创新，创新是引领发展的第一动力，有着丰富的内涵。从管理视角来看，民宿与非遗的融合创新是满足市场需求、提高市场竞争力和获利能力的重要途径；从服务视角来看，民宿与非遗的融合创新是民宿文化内涵的提升；从旅游者视角来看，民宿与非遗的融合创新能够给旅游者带来视觉、触觉等不同的感官体验，提供个性化的服务，增强旅游者的体验感、愉悦度和满意度。在旅游消费升级的态势下，充分挖掘潜在的消费市场，将民宿与非遗融合，提供多元化、个性化的民宿服务，可以从以下几种模式入手。

---

① 郑晓旭、陈瑶：《"互联网+"时代的民宿线上营销》，《现代经济信息》2018 年第 15 期。

（一）理念导向模式

创新的关键和前提在于理念，将民宿与非遗融合，需要民宿经营者在精准定位的基础上进行理念创新，摒弃落后的经营管理理念，迎合市场新的发展趋势，树立市场化思维，充分结合自身特有的资源和优势，从民宿与非遗融合的设计规划理念、人才培养理念、管理制度理念、营销宣传内容和渠道上进行创新，以创新和变革来适应旅游者个性化与多元化的需求发展，用新的理念和服务来满足不同客人的需求。

民宿和非遗融合，首先，要转变发展理念，依托"互联网+"、大数据等技术，推动线上线下消费有效结合，能有效促进消费提质升级。其次，要调整发展结构，民宿与非遗融合还能催生诸如民宿规划建设、民宿景观设计等一批服务业态，促进多种产业融合发展。最后，要创新发展模式，以投资、融资等方式，不断吸引外来资本，组织政府、投资者、非遗传承人等进行资本融合，合理规划配置民宿各要素，以"民宿+非遗"的思路形成独具特色的民宿和非遗融合路径。由点带线，由线带面，深化全域旅游发展合作，促进全域共生，实现区域协调发展。

（二）功能导向模式

地域特色、文化气氛和主人情怀是民宿显著区别于酒店的特征。民宿不同于传统酒店，虽然其核心功能也是住宿，但民宿除了具备核心的住宿功能外，还需要考虑旅游者的精神需求、情感需求。因此民宿要设法摆脱较为单一的住宿功能，向多元化功能延伸。民宿可以是艺术品，融入非遗、情感、怀旧的情节，让旅游者可以触摸到乡愁。民宿的可持续发展必须迎合现代旅游者的消费心理，积极向"民宿+"新业态拓展，完善民宿功能。

各民宿之间最大的差别就是各自的独特性和主题性。每个地方的地域文化和资源禀赋都有所不同，民宿主需要将人文、地貌等要素凝练成文化元素融入民宿的整体设计中，提高其附加值；逐渐拓展民宿的真正意义，达到建筑与自然、文化的有机结合和相对统一①。非遗融入民宿在赋予民宿文化内涵的同时，在功能性上更要满足现代人的生活需求。大部分民宿在衣食住行方面，受到诸多限制，因此更加需要设计者在设计时提高功能性，除了满足基本功能外，更需要将休闲、商务、度假、康养等一系列的相关配套设施考虑其中②。在户外空间与室内空间的规划和分区中，可将两者相互融合，打造多功能休闲空间，力求给客人带来最舒适便捷的住宿体验。

（三）活动导向模式

旅游者对于旅游项目体验、文化内涵体验的要求随着物质生活水平和精神需求的提升而增加。民宿需要做出从以旅游住宿为核心功能向以住宿为基础、地域文化体验为主要服务内容的转变。民宿可以结合地域文化，塑造情怀，用故事、用温度、用乡愁来温暖人、感染人、启迪人。在融合过程中更要突出体验感和参与感，要充分发挥非遗的优势，在明确市场定位的基础上，开发从农林渔牧到自然环境、从民风民俗到文化节庆的各种配套体验产品。

民宿需要结合当地的地域文化、非遗资源更新体验功能，打造体验空间场景。引入各种特色旅游体验活动，形成网红打卡地，激发旅游者利用社交媒体进行分享，从而吸引新顾客来此消费；通过多样的体验活动、优势的服务、舒适的环境达到留住老顾客来此重复消费的目的。为吸引旅游者，民宿经营者可以通过创造或提供各种特定体验项目或活动，扩展民宿产品延伸功能，体验活动可以以自然体验、民俗体验和生态科普等为主题，例如，农业体验、林间探险、手工创意、民俗体验等，满足不同消费群体探奇、商务、情感、休闲等需求。与此同时，将民宿经营者的生活情调与趣味、人文情感等融入民宿经营管理中，可以开展剪纸、陶艺、插花等体验活动，让旅游者

---

① 杨於树：《关于乡村民宿设计的探讨——以浙江莫干山为例》，《中国文艺家》2017 年第 1 期。

② 许璇：《浅析民宿室内空间设计——以莫干山民宿为例》，《科技与创新》2020 年第 2 期。

以多元化的方式体验民宿中的非遗元素，并在参与活动的过程中提升入住体验。在民宿提质升级的进程中，亟待深入挖掘所在地的地域文化、非遗元素和举办特色活动，丰富民宿的内涵。

（四）智慧导向模式

当前，信息技术的发展势头极为迅猛，信息技术的变革影响着人们的思维和行为方式。尤其是近年来，"新基建"概念日益深入人心，其对于民宿行业的重要性也不言而喻。以人工智能、5G 为代表的新兴互联网技术的出现给民宿行业带来巨大的发展机遇，可以将互联网技术运用于民宿和非遗融合的场景搭建与运营管理，促进民宿智能化发展，有助于同步提升民宿行业的经济效益和社会效益。智慧民宿是指民宿业利用电子商务、物联网、云计算等技术，实现管理和服务的信息化与智能化，以便于更加便捷高效地管理[1]。

智慧化的目的是满足旅游者多元化、个性化的深度体验需求，它给民宿带来的是一种便利，更是一种体验。一方面，民宿经营平台可以利用大数据技术，挖掘整合数据并进行深度分析，对民宿用户及其消费行为进行精准画像，从而不断设计、推送与民宿用户个性和需求匹配度更高的民宿产品；另一方面，科技赋能，打造场景体验。将民宿和非遗融合时，最关键的是促进非遗从博物馆化、舞台化向场景化的转化升级，打造非遗文化空间，不断提升非遗场景化体验。利用现代科学技术展示非遗的形成过程，揭示它们蕴含的意义，以更直观、更灵动的方式向旅游者展示非遗文化的魅力，例如民宿主可以采用现代化信息设备制作非遗的图像、音频、视频等资料，经过精细化的处理与加工，形成民宿宣传材料，在网络、电视、抖音、快手等各大平台上进行播放展示[2]。在民宿和非遗的融合过程中加入智能元素，不仅能为民宿用户带来更好的居住体验、激发旅游者的消费欲望，而且有利于非遗文化的传承与创新，坚定我国文化自信。

---

[1] 康卉、李泽华、王诗琪、张议文：《民宿营销模式创新研究——以南京智慧民宿为例》，《旅游纵览（下半月）》2018 年第 20 期。

[2] 江帅：《文旅融合背景下的非遗保护与传承》，《文化产业》2019 年第 24 期。

（五）市场导向模式

年轻群体，尤其是新一代 80 后、90 后的年轻人，逐步成为旅游消费的主力军。他们拥有切实的旅游消费能力和出游需求，选择更趋多样性，正在深刻影响着中国旅游业的发展。这一消费群体对差异化、个性化的产品与服务提出了更高的要求，他们不再满足于酒店式的传统住宿方式，他们选择民宿也不会完全停留在住宿、餐饮的基本功能上，而是倾向于追求民宿的文化内涵、独特性以及在此基础上衍生出的体验感。因此，民宿要适应市场消费群体的需求，不断完善民宿产品体系。

目前，独具特色的文化成为民宿最珍贵的资源和最核心的资产，民宿为了适应旅游者日益多元化和个性化的需求，需要明确自身的主题定位，并不断向着垂直化、纵深化方向拓展，从而呈现多样化的发展态势。一方面，民宿在建设和运营中能体现地域文化，民宿甚至还能携带民宿主的情怀；另一方面，民宿为了满足旅游者个性化的需求，会针对不同的消费群体细分出更精准的主题，如禅道、禅修、亲子等。主题定位需要一定的解构和诠释能力，而且要做到专业化，这样才能对旅游者有黏性。民宿让位于需求侧的旅游者参与其中，实现主客双向互动，使得民宿与旅游者之间的黏性不断提升。

（六）品牌导向模式

随着旅游需求的升级转变，知名度、安全、卫生、特色、体验性成为当前旅游者选择民宿最关心的问题，市场需求的转变也倒逼民宿业加速变革。在国内民宿发展政策法规和市场需求的推动下，品牌化为民宿业的发展指明了方向，加快民宿品牌的塑造是实现民宿业可持续发展的必然要求。目前，国内市场上有诸如花间堂、裸心谷、山里寒舍等一批民宿品牌，许多民宿经营者设法丰富民宿产品供给，凸显民宿文化内涵，逐步对民宿品牌进行精雕细琢。品牌的实质就是占领用户的心智，让旅游者有消费需求时首先想到品牌旗下的产品或服务。

丰富民宿与非遗融合的形式，针对不同类型的非遗，集聚开发民宿所在地的非遗资源，通过重组、新创非遗旅游产业链和消费链，打破非遗生产散、弱的现状，实现非遗和民宿融合的规模化发展。在发展中充分运用非遗的原真性、神秘性和垄断性等特征，遵循活态性、时代性、特色性、情景性的基本原则，根据不同地域、不同年龄、不同文化背景的人群，打造能市场化推广的产品集群，推动有市场竞争力的非遗项目产业化、品牌化①。非遗具有独特性、地域性、难以复制性等显著特征，在与民宿融合的过程中要注重塑造地方品牌形象，进一步扩大非遗的影响力。在塑造品牌形象的过程中，民宿主可以利用互联网等现代科学技术宣传本地的非遗，丰富本地非遗的传播途径，让更多人领略民宿所在地的文化内涵。塑造具有地域文化的品牌形象，以旅游者需求为导向，将地域知名的非遗打造成精品，突出旅游者体验的独特性，从而提高民宿的知名度和关注度，进而达到吸引客源的目的。

结　语

民宿是中国城市化发展和消费需求升级的产物，更是地域文化的载体；非遗是我国传统文化的瑰宝，是中华民族长期以来创造积累的文化财富。将民宿与非遗融合，一方面能赋予民宿特色和灵魂，提升民宿的形象和文化内涵，着手将民宿打造成非遗体验基地，强化入住旅客的文化体验，另一方面，民宿成为展示非遗成果的载体，使非遗文化在新时代焕发出新的生机。

---

① 田磊：《加强非遗和旅游深度融合》，《中国社会科学报》2019 年 9 月 24 日。

B.10
乡村康养民宿发展分析报告

侯满平　蔡占军　田　野　穆鹏云　郭　茜*

摘　要： 21世纪中期，随着物质资料的不断丰富，人们对于物质生活的追求已经不再像之前那样的急迫，反而对于精神文化的需求增加，人们渴望到乡村中旅游以得到身心放松与归属感，在乡村旅游中体验与大城市不一样的乡土气息与身心自由。因此，乡村旅游得以顺应时代需求而不断发展，康养民宿休闲度假作为一种新兴业态，已经受到越来越多消费者的喜爱并能接受市场的检验。2021年中央一号文件中指出要持续推进乡村振兴战略，民宿旅游作为乡村旅游产业的重要构成，是实现乡村振兴的重要支撑力量。本文基于我国乡村康养民宿业的发展现状及不足，通过分析民宿的时代特质和功能，提出了我国康养民宿未来的发展方向即休闲度假与康养旅游，为我国未来乡村康养民宿提供了发展思路，预期了我国乡村康养民宿的美好前景。

关键词： 民宿　休闲度假　康养旅游

---

* 侯满平，博士，合作博导，北京第二外国语学院中国文化和旅游产业研究院特聘研究员，中国国土经济学会副秘书长，河北东方学院教授，研究方向为乡村休闲旅游、乡村振兴；蔡占军，硕士，讲师，河北东方学院，研究方向为信息化系统；田野，天津农学院硕士研究生，研究方向为乡村规划；穆鹏云，博士研究生，山西大学马克思主义学院，研究方向为马克思主义理论、农村土地制度；郭茜，河北东方学院副教授，研究方向为大数据技术。

一 乡村康养民宿的经济功能正在提升

（一）我国民宿的消费比重正在提升

近几年，中国经济的发展速度稳中有快，经济快速发展使得人们的经济实力有了普遍且显著的提升，人们可自由支配的收入普遍增加，用于享受的消费占总消费的比例也越来越大，享受型消费中旅游消费的比例也在不断提升。例如 2020 年北京市的旅游消费占总消费的 25%，其中购物和文化娱乐占旅游消费的 35%。《2020 年度国内居民旅行消费报告》显示，虽然 2020 年初受到新冠疫情的影响，但是在全国复工复产后，2020 年 9 月同城旅行住宿大数据显示，人们的住宿消费行为发生了变化，当天预定住宿的比例达到 88.1%，旅游消费逐渐成为人们消费的刚需。乡村地区与城市相比有生态资源及环境区位的强大优势，其空气清新，水质优良，食材新鲜且营养健康，生活及工作压力大的城市居民有强烈的愿望去乡村体验恬静的生活，感受美好的乡村民宿生活。同时，国家出台的系列鼓励政策及民间资本的积极进入，为乡村休闲旅游业，特别是乡村民宿业的发展奠定了坚实的基础。

（二）乡村康养民宿促进一、二、三产业的融合

民宿发展使乡村休闲旅游业得到较快发展，从而推进了乡村地区一、二、三产业的融合，带动了乡村经济的大发展。中国农村的农业人口大多数从事一、二产业，农村中三产从事者少之又少。民宿业进入农村以来，也将第三产业（服务业）的发展带到农村，从而促进农村一、二、三产业融合发展。民宿业的发展能够带来一定的客流量和房费，即当地的民宿业形成一定的规模之后，能够与其他产业进行充分融合，将农产品进行深加工，这些深加工的农产品能够满足游客的购物需求，不仅可以提升农产品的附加值，还能基于农业发展采摘园区或文化创意产业。传统手工业本身的经济价值、

农产品深加工带来的价值与乡村旅游产业带来的价值相互融合，更好地促进了农村一、二、三产业的融合，提高了农村的经济收入。

（三）乡村康养民宿促进就业

目前，众多城里人向往到乡村度过一段安静时光，在寒暑假或者五一假期，许多城市家庭带着孩子前往乡村体验乡村生活、亲近自然、陶冶情操，这是一段时间较长的旅游及乡村生活体验，为乡村康养民宿的发展提供了强大的客源基础，也为乡村旅游的发展提供了必要的条件。民宿游不仅是普通意义的旅游形式，更是现代城市人日常生活中的一种积极休闲方式。民宿物质形态的建设和经营可以让农民充分利用自家闲置的资源获得额外的收入，为民宿主自主创业提供了机会，民宿游的发展催生了一系列相关产业，为农村就业提供了新的机遇。例如，村民通过装修自己家的院落，盖起了民宿，当上了老板；还有的因比较了解自己家乡的历史建筑和乡风文化等方面而做起了导游。

二 乡村康养民宿发展中存在的问题

（一）缺乏文化与特色内涵

民宿业的发展规模不断扩大，一些旅游资源禀赋优越的地区，民宿的数量更是呈现指数级增长。虽然发展喜人，但民宿在发展过程中也显现了一些问题，最终会成为其发展的制约因素。原因在于许多乡村民宿处于乡村地区，乡村民宿管理人员自身文化素养低下，盲目跟风进入，没有差异的模仿，照搬他人的经营模式，这一普通存在的现象带来了严重的后果，造成各地乡村民宿雷同，没有自己的特色，特别是康养特色不突出，基本只有民宿的"皮"，没有乡村文化特色内涵，渐失乡村民宿的吸引力，将会沦落为乡村民宅或普通的旅游附属物。

（二）对民宿的认识不清

民宿，原系乡村民间闲置的住宿设施的重新利用，且不是通常所说的乡村民宅，它需要有乡村味道，又要有独特的风格及内涵，要充分展示乡村生活的魅力，而不是为游客提供一个普通的乡间住所。特别是其与农家乐系两个不同的概念，农家乐仅仅是乡村旅游的初级形态。民宿是集康养、休闲、生活等于一体的多元化的乡村旅游业态，特别是乡村康养民宿更要突出康养的特色及功能，它应该是乡村旅游的高级业态。许多乡村民宿还是用农家乐的思维方式来经营，甚至基本的康养元素全无，与城市居所的差异仅仅是开阔舒朗些，仅能基本满足游客吃、住需求，没有其他特色可言，打着民宿的牌子炒作式经营，让游客产生受欺骗感，没有乡村民宿游的享受感，更没有高级的康养健身之体验。

（三）乡村康养民宿的从业人员素质不高

乡村康养民宿的从业者大多是农民，缺乏酒店管理的专业知识，尤其对基本的房屋所有权认识浅薄，没有最基本的专业知识作为经营的保障，经营中产权问题突出、纠缠不清的现象普通存在。大部分的民宿经营管理人没有对民宿土地资源的利用进行有效合理的科学规划，盲目对原有房屋进行扩建或者叠盖或违规修建。一些条件不足的地区也盲目跟风经营，造成资源浪费甚至是环境破坏，甚至存在不确定的安全隐患。

（四）乡村康养民宿的基础设施还比较薄弱

乡村康养民宿一般选择建在自然环境条件较好的山区，那里有着优良的环境、丰富的中草药资源、醇爽的泉水及有机食材等。但城乡经济发展还存在一定的差别，大部分的偏远地区交通不太便利，生活设施也不齐全，给旅客造成了诸多不便。因此，人们在选择旅游地时，通常会避开这些地方，这些地区旅游业的发展速度将会落后于其他地区。游客将乡村康养民宿作为自己在外面游玩的家，但目前民宿的餐饮、住宿条件和卫生条件等还有待提高。民宿协会调查显示，游客最不满意的还是民宿的卫生情况，很多民宿业主不能很清晰地了解游客的具体需求，或者知道达不到游客的要求但也不知所措，不能找到有效改进的措施。

（五）缺乏有效的监督和管理平台

目前，对于乡村康养民宿的监管制度还不够完善，很多平台对于乡村康养民宿及民宿从业者的监督管理不到位，甚至是只要在平台上缴纳广告费就零监督。但是随着网络科技的不断发展，大多数的乡村康养民宿都在各大旅游 App 上接受预定，这种线上预定的方式不受监管，不能保障游客的住宿条件。另外一点就是民宿从业者大多是当地的农民，缺乏相应的法律知识，民宿经营受多方主管部门的监管，包括卫生部门和安全部门等。如果没有得到这几个部门的监管，没有获得民宿经营许可证，就是违规民宿；若相关部门不明确监管职责，不对其进行管理监督，安全隐患、卫生隐患就会时不时出现，影响当地旅游的品牌，产生不好的影响。

三 乡村康养民宿的时代特征及功能

（一）民宿的发展速度快

时代在发展，人们的生活观念也随之发生变化，人们越来越热衷于慢生活，于是乡村旅游如火如荼发展，也促进了我国民宿业的快速发展。《2019民宿行业发展研究报告》的数据显示，中国在线住宿市场交易规模和溢价率均呈现上升的趋势。从 2015 年共享住宿市场交易额 43 亿元到 2020 年共享住宿交易额 500 亿元，说明了民宿的市场交易额不断增加，上升趋势明显。《中国旅游民宿发展报告（2019）》显示，2019 年民宿行业的市场营业收入是 209.4 亿元，同比增长了 38.92%；预测 2020 年民宿的市场营业收入是 500 亿元。2019 年，我国民宿在线的房源数量和房东数量同比增加。数据显示，2016 年在线民宿房东数量是 23.7 万人，在线民宿房源数量是

59.2万间。截至 2019 年时，在线民宿房东数量增加到 40 万人，而在线民宿的房源数量是 134 万间，民宿的客房数量增加明显，增长率大。2020 年突发疫情，在国内的疫情逐步得到有效控制后，国内旅游业稳步发展。但在 2020 年的上半年疫情较为严重的时候，国内游客数量大幅骤减，使得民宿行业的收入大幅度降低。

（二）我国民宿具有康养度假的时代特征

民宿的时代特征是随着时代的发展而不断发展的。康养度假旅游是一种新兴的旅游业态，是一种健康的养生旅游形式，是将农村优质的自然资源与现代的医学技术相结合，实现人们对于健康、愉快和轻松生活的追求。

民宿追求高质量的健康生活和身心体验。在乡村康养民宿中，可感受大自然的美景，优美的环境是乡村康养民宿的一大特征。游客在乡村康养民宿中体会与大城市不一样的风"味"，这里有当地绿色健康的蔬菜水果或特色农产品、清新的空气、有益于健康的甘甜泉水等，这些都让人有一种置身于世外桃源的感觉，让游客吃得健康、玩得开心、切身感受到乡村康养民宿的优美环境。康养度假让游客能够放松身心，养生，休息，体会田园生活，起到养生保健的功效。乡村康养民宿的美食可以养胃，起到养生之功效。在乡村康养民宿中居住，有益于养成良好的睡眠习惯，对长期在大城市生活的人们来说，这里就是一个睡觉的天堂，这里没有城市的喧嚣、压力，可以尽情享受自然、放松身心。乡村优美环境为城市居民提供康养度假的好去处，为康养民宿的发展提供了无限可能。

现在一些大城市的生活压力巨大，生活在大城市的人感到焦虑和紧迫，对乡村的生态环境充满了期待与向往，这已然成为一种回归乡村的时代风貌，也是一种潮流趋势。置身于生态乡村之中，美丽的环境、极具特色的乡土风情及放松下来的身心都能够给人带来愉悦感和幸福感。在这里的城市游客能够享受到慢食、慢城和慢生活的节奏，这里是休闲康养与度假的好地方。空气清新、环境优美的乡村风景具有"新鲜空气洗肺、山溪清泉洗血、有机食物洗胃和乡土文化洗心"之特有的康养生活功能。这是很多大城市的人向往的乡村生活，其山水田园风光、古街小巷、农耕文化、民俗风情、民间小吃和传统文化等，都是乡村康养民宿所具有的休闲康养与度假的功能。

自2016年开始，民宿的发展在乡村休闲旅游业中扮演着十分重要的角色。首先，民宿充分展示了乡村特有的文化传统与自然风景，这些先天的优势是城市酒店所不具备的，有才能的人对乡村屋舍进行规划整合，设计出适合当地的民宿，展示其独有的价值。其次，乡村康养民宿能够发挥闲置房间的作用，充分将空余房间"变废为宝"，使之具有一定的经济价值，提升了当地的经济发展水平，解决了当地剩余劳动力的就业问题，并且带动了当地民宿和其他产业的有效衔接与融合。最后，民宿的发展促进了当地的基础设施的建设和完善。发展民宿必须配套相应完善的基础设施，基础设施的完善能够改变乡村的村容村貌，对于乡村美丽家园的建设具有重大意义。乡村康养民宿的发展促进产业之间的融合，提升了乡村剩余劳动力的就业率，发掘了乡村独具特色的乡村风貌，这些是康养与度假的必要功能，吸引了大城市的人们去体验感受乡村生活。乡村康养民宿的发展为乡村的发展建设提供了方向，体现了习近平总书记强调的"创新、协调、绿色、开放、共享"的发展理念，值得各个乡村去借鉴和参考，将乡村发展为寄托人们心灵、解放天性的地方，这符合未来的发展趋势。

四　乡村康养民宿未来实践探讨

（一）加大政府的监管力度，建立健全相关的政策机制

我国民宿业的发展正在如火如荼进行，其发展速度很快，数量庞大，存在行业内监管力度不到位的问题。面对时不时发生的民宿卫生问题和安全问题等，我国政府应该就出现的问题进行整顿，加大专业化的监管力度，由行业协会或者龙头企业进行指引，并建立健全政策监督机制，由政府进行政策上的管理与监督，为我国民宿业能够持续健康发展提供政策上的支持。由于

我国民宿业起步时间较晚，发展速度很快，目前我国针对民宿业的经营还存在政策模糊不清、法律法规不够完善、缺乏对民宿从业者的监管等问题。民宿作为乡村旅游的重要组成部分，是乡村旅游发展中的重中之重，需要政府来制定相关政策去促进其健康有序的发展。各个地方的政府要高度重视，并且有序进行法制化、专业化的长期监管，做到执法必严、违法必究。政府要切实加大政策实施力度，严格执行法律法规，制定行业的卫生标准和安全措施，逐渐形成一套民宿行业的监督管理体系，推动民宿业朝着更加健康的方向发展。

（二）加强民宿服务的基础设施建设，为民宿发展提供更加有效的支持

我国民宿发展的不足之处是基础设施比较薄弱、卫生条件和餐饮条件不达标等，尤其是存在民宿的停车场问题。相关研究显示，民宿的停车场问题一直是制约民宿发展的主要因素之一。民宿严重缺乏停车场，对停车场缺乏规划与设计，目前民宿的发展趋势良好，应该进一步规划停车场的建设。同时还要加强硬件设施的完善，对于现有民宿的调查发现，其餐饮条件和卫生条件还有待改善，游客对于卫生条件表现得更加不满意。对于餐饮条件的改善，民宿应该选择当地的特色新鲜食材，做出适合当地特色的美食，提高当地民宿的餐饮条件。卫生条件的提高可以让第三方平台进行监督，因为绝大多数的民宿都是通过网上预约，他们依赖第三方平台，通过第三方平台可以将民宿与游客进行连接，让第三方平台作为沟通桥梁。第三方平台不仅提供交易的途径，而且可以对民宿与游客的交易进行监督，监督民宿的卫生条件，并进行打分评级，旅客通过第三方平台的评分等级可以选择适合自己的民宿，这样对民宿的卫生条件就有了一定的监督作用。

（三）宣传与挖掘乡村优秀的传统文化

特色的乡村旅游拥有传统的民俗文化，这些民俗文化是乡村康养民宿发展的特定条件。康养度假的理念在一些乡村康养民宿文化中展现得淋漓尽

致，比如儒家思想中有"仁者乐水，智者乐山"的理念。大城市生活充斥着紧张、压力的氛围，长期生活在这样的氛围中容易引发亚健康，不利于人们身心健康。在乡村康养民宿中有这样一句话较为流行："日出而作，日落而息"，表达了乡村生活的惬意与自在。在乡村康养民宿中待上一段时间，就会体会到乡村生活的美感，体现人与人之间最真挚美好的情感、人与自然的和谐相处。要从乡村康养民宿产品中深入挖掘传统民间康养文化，体现康养度假的理念。在乡村旅游中发挥乡村康养民宿的特色文化。

（四）注重细节建设，满足康养的需求

各个地区的民宿都可以按照当地的历史文化传统和当地的建筑风格进行装修，不同的民宿也可以按照不同的风格进行装修与设计，民宿的类型多种多样，不必每座民宿都是一模一样的装修风格，民宿的装修风格可以多样化、多元化，总体上可以保持原有的乡土特色不变。同时，民宿的装修还要注意建筑的空间布局，一定要合理且科学，其建筑风格，建筑的外观及墙体、墙面都要与民宿的环境相适应，结合环境特征形成别具一格的地方特色。乡村民宿的建筑布局应该科学合理，在传统的立面改造中要采用传统的建筑符号来组织建筑元素，多注意细节的处理，要利用好屋顶的地方进行美观设计，如底层、转角、阳台等位置，要用精致的饰品进行修饰，才能让人体会出其建筑元素的细节之处。例如，我们可以在民宿的文化背景墙上对农村的精神文明建设进行宣传，文化墙上的语言应该展现出优秀的传统美德，语言文字应该自然得体。在民宿的建设中还应该注意室内细节的装饰，运用室内细节的小装饰来显示民宿的独特性与当地的文化传统，让游客体会到家的感觉，使他们能够放松身心、身在其中、自得其乐。还可以在房间摆放一些可爱的小物件如小花瓶等，对家具的选择应该基于专业设计师的整体设计，选用多种形式、格调较高的沙发、摆挂等。其实，房间里的灯光也是很重要的，它可以给人营造一种美好的氛围，让人感觉到舒适，由设计师来选择一些品位较高的老式挂灯或新式吊灯，与室内设计搭配起来，呼应整体，增加美感和亮点。

五 结论

随着时代的进步，乡村生活逐渐成为现代城市生活的重要补充，人们越来越向往在乡村生活中返璞归真，乡村旅游成了人们释放压力的重要途径。乡村民宿注重康养休闲，不仅可以为游客提供舒适的住宿条件，而且还可以表现出当地独有的特色文化，在这里共享乡村环境资源，使得人们能够身心愉悦、体会乡村的独特风味。未来乡村康养民宿，要以康养为理念注意集约化、特色化、多元化和结构灵活性，"休闲+康养+民宿"的模式是未来民宿的发展趋势，未来乡村民宿应走休闲度假康养旅游的道路，打造出中国式的乡村康养民宿，走中国品牌的乡村康养民宿。

参考文献

李备：《基于体验设计的云南民宿品牌文化发展研究》，云南师范大学硕士学位论文，2019。

侯满平、张玉怀、李贝贝：《民宿未来需走度假康养旅游之路》，《住宅产业》2020年第8期。

黄秋彧：《我国民宿业发展的现状、问题与对策研究》，《产业与科技论坛》2020年第22期。

黄曦：《我国乡村住宿服务行业领域发展的时代特征与安全问题探析》，《南方农机》2019年第24期。

王丽丽：《中国民宿建设形态发展现状》，《中外建筑》2019年第5期。

王丽丽：《作为非标准化住宿的中国民宿研究》，南京大学硕士学位论文，2019。

过聚荣主编《中国旅游民宿发展报告（2019）》，社会科学文献出版社，2020。

B.11
优化康养民宿发展环境，
促进民宿经营品质提升

姚 缘　杨清婧　陈思雨*

摘　要： 现如今，大众的消费水平不断提升，休闲娱乐消费在生活消费中的比重增大，度假旅游成为人们生活中十分重要的一个部分，而普通的旅馆酒店已无法满足人们在度假中日益增长的需求，于是民宿便获得了旅游业创新升级发展的新机遇。具有优质自然资源的康养民宿，将是未来 10 年中升值空间大、安全性高的产业。本文从产业发展环境要素入手，分别从经济环境、政策环境、资源环境、人口及消费环境、科技环境、人才保障方面分析了当前我国康养民宿的发展环境，为进一步促进我国康养民宿高质量发展提供参考。

关键词： 康养民宿　沁水县　高质量发展

　　随着大众消费水平的提升，度假旅游成为人们生活中十分重要的一个部分，而普通的旅馆酒店已无法满足人们在度假中日益增长的需求，于是民宿便获得了旅游业创新升级发展的新机遇，在政策与资本两个方面都受到了重视。中共中央、国务院发布的《"健康中国 2030"规划纲要》显示康养已经进入国家发展战略，纲要中指出了未来要更加重视健康养老、旅游等发展

---

* 姚缘，博士，南京艺术学院，副研究员，研究方向：文化治理、文化与科技；杨清婧、陈思雨，南京艺术学院学生，专业方向：公共事业管理（文化管理）。

方向，同时促进康养新产业、新模式、新业态的发展。新冠疫情的突发和疫情常态化的生活状态，让大众更加重视健康，这无疑是一次史无前例的全国健康教育，并且大众在健康方面的消费也会持续增加，而康养民宿则会成为未来安全性高、潜力大的产业。

本文从产业发展环境要素入手，分析我国康养民宿的发展环境。

一 经济环境

康养文旅出现在大众视野并且发展出一定规模，首先是因为文旅产业的铺垫与积累。行业的升级与跨界能够为其赋予新的能量，这是当下经济发展的一个重要特征。其实，旅游正在与文化、体育和康养等方面融合，而这种融合也使得旅游业不再单调，变得更加有层次。同时，康养行业也因为这种融合变得更加市场化、大众化。中国经济的快速发展与良好环境也是康养民宿发展的一个重要因素，服务产业在国内生产总值中的占比不断增加，人们对于美好生活的向往也日益强烈，对于各类文化娱乐产品也有了越来越丰富、越来越深层次的需求，因此，中国的文旅民宿产业有较好的发展背景。

从总量上来看，党的十八大以来，我国经济总量不断扩大，经济发展的质量稳步提升。2019 年我国经济总量稳居世界第二，对世界经济增长的贡献率达到 30%，是推动世界经济发展动力很足的火车头。从经济发展的新动能来看，2019 年，新产业、新业态和新模式发展较快，战略性新兴服务业、高技术服务业和科技服务业营业收入增速分别为 12.4%、12.0% 和 12.0%。改革开放继续深入，促进了改革开放红利持续释放。2019 年我国营商环境排名跃升至全球第 31 位，比上年上升 15 位。

2020 年，全年国内生产总值超过 100 万亿元，比上年增长了 2.3%。2020 年，第一产业增加值较 2019 年有所增加，其占 GDP 比重有所上升；第二产业由于疫情冲击占比有所下降，第三产业增加值及其占 GDP 比重逐年上升；第三产业占 GDP 比重始终保持在一半以上（见表 1）。

表1　2016~2020年GDP和三次产业增加值

单位：亿元，%

年份	GDP	第一产业增加值	第一产业增加值占GDP比重	第二产业增加值	第二产业增加值占GDP比重	第三产业增加值	第三产业增加值占GDP比重
2016	746395.1	60139.2	8.1	295427.8	39.6	390828.1	52.4
2017	832035.9	62099.5	7.5	331580.5	39.9	438355.9	52.7
2018	919281.1	64745.2	7.0	364835.2	39.7	489700.8	53.3
2019	990865.1	70466.7	7.1	386165.3	39.0	534233.1	53.9
2020	1015986	77754.0	7.7	384255.0	37.8	553977.0	54.4

注：2020年统计数据为初步核算数据。

资料来源：《中国统计年鉴》（2017~2019年）。

二　政策环境

（一）新型城镇化与文旅融合

在"国际国内双循环"的背景下，发展文旅康养产业已刻不容缓，其发展能够赋能新型城镇化建设。中国的城镇化率已经由1978年的18%，上升到了2020年末的超出60%，取得了辉煌成绩。从国土规划来看，不论是粤港澳大湾区、长三角地区，还是成渝双城地区，主要目标都是要建成"宜居宜业宜游"的地区，这离不开文旅、康养产业的助力。2020年，中国14亿人口中，有4亿多中等收入人口，旅游需求巨大。因此，将新型城镇化建设与文旅产业联系起来至关重要。

（二）乡村振兴

民宿产业的发展牵动着乡村产业的发展，从某种程度上来说，它们是同步的。文体和康养产业升级与跨界融合已成为乡村产业发展的重要一环。乡村是中国文化的源头与基本，在乡村中进行文化、体育、旅游和康养等融合工作，有利于促进乡村产业的发展和乡村振兴的进程，也能够体现出乡村文化的内涵与价值。

党的十九大报告中多次提到了"乡村振兴"这一战略，并将它列为决胜全面建成小康社会需要坚定实施的七大战略之一，这体现了国家对乡村振兴的重视程度与决心，国家完善财政支农政策体系、推动现代生产要素下乡等保障政策，政策体系在不断完善和优化。

（三）民宿发展

自《关于促进绿色消费的指导意见》发布以来，政府非常重视民宿产业的相关工作，在此之后，全国各地也相继发布了有关完善和促进文旅民宿产业发展的政策。

2018 年，民宿标准化与规范化的发展刚刚开始，民宿行业迎来了首个自律性标准文件《共享住宿服务规范》。

2019 年，多地全面展开民宿标准体系化建设，文旅部批准并正式公布了《旅游民宿基本要求与评价》（LB/T 065-2019）新标准，为解决民宿行业的诸多问题提供了政策支撑。"十四五"规划中提出，要丰富乡村经济业态，壮大休闲农业、乡村旅游、民宿经济等特色产业。

（四）康养文旅

2019 年以来，康养旅游作为新兴旅游产品，越来越受青睐。中央一号文件中有政策指出，要大力发展乡村休闲娱乐旅游产业。利用乡村富有自然资源、传统文化资源等优势，在"××+"的模式下推动文体康旅等产业的跨界融合和横向拓展。实施精品工程，建设功能性、科技性的娱乐园区。

近年来，国家相继出台了《"健康中国 2030"规划纲要》《关于开展健康城市健康村镇建设的指导意见》等一系列宏观政策和鼓励措施，这将推动"康养+旅居+地产+医养+农业集合"的新型康养旅游度假型产业快速形成。

表 2　国家旅游、民宿、康养等方面出台的相关政策

时间	发布单位	政策名称	主要内容
2014 年 12 月	中共中央办公厅、国务院办公厅	《关于农村土地征收、集体经营性建设用地入市、宅基地制度改革试点工作的意见》	探索缩小土地征收范围；规范制定征收目录，健全矛盾纠纷调处机制，全面公开土地征收信息；完善对被征地农民合理、规范、多元保障机制等
2015 年 11 月	国务院办公厅	《关于加快发展生活性服务业促进消费结构升级的指导意见》	重点发展贴近人民群众生活、需求潜力大、带动作用强的生活性服务领域，推动生活消费方式由生存型、传统型、物质型向发展型、现代型、服务型转变，促进和带动其他生活性服务业领域发展
2015 年 12 月	中共中央、国务院	《关于落实发展新理念加快农业现代化实现全面小康目标的若干意见》	为了落实发展新理念、加快农业现代化、实现全面小康而制定的法规
2016 年 10 月	中共中央、国务院	《"健康中国 2030"规划纲要》	以普及健康生活、优化健康服务、完善健康保障、建设健康环境、发展健康产业为重点，把健康融入所有政策，全方位、全周期保障人民健康，大幅提高健康水平，显著促进健康公平
2017 年 5 月	住房城乡建设部	《住房租赁和销售管理条例(征求意见稿)》	对住房租赁合同中未约定租金调整次数和幅度的，征求意见稿规定出租人不得单方面提高租金
2017 年 7 月	国家发展改革委、中央网信办、工业和信息化部、人力资源社会保障部、税务总局、工商总局、质检总局、国家统计局	《关于促进分享经济发展的指导性意见》	要坚持以推进供给侧结构性改革为主线，以满足经济社会发展需求为目标，以支持创新创业为核心，以满足消费需求和消费意愿为导向，深入推进简政放权、放管结合、优化服务改革，按照"鼓励创新、包容审慎"的原则，将发展与监管并重，加强分类指导，创新监管模式，推进协同治理，健全法律法规，维护公平竞争，强化发展保障，充分发挥地方和部门的积极性、主动性，支持和引导各类市场主体积极探索分享经济新业态新模式

续表

时间	发布单位	政策名称	主要内容
2017 年 8 月	国家旅游局	《旅游民宿基本要求与评价》(LB/T065-2017)	提出"积极发展客栈民宿、短租公寓、长租公寓等细分业态"
2017 年 7 月	国家发展改革委等 14 部门联合印发	《促进乡村旅游发展提质升级行动方案（2017 年)》	鼓励依托重要文化和自然遗产地等公共资源建设的景区，在符合景区承载力前提下，在淡季探索实行免费开放日(周)，带动周边乡村发展民宿、餐饮、购物等业态
2017 年 8 月	国土资源部、住房城乡建设部	《利用集体建设用地建设租赁住房试点方案》	为增加租赁住房供应，缓解住房供需矛盾，构建购租并举的住房体系，建立健全房地产平稳健康发展长效机制
2017 年 12 月	国土资源部、国家发展改革委	《关于深入推进农业供给侧结构性改革做好农村产业融合发展用地保障工作的通知》	就全面贯彻落实党的十九大精神和中央有关要求，深入推进农业供给侧结构性改革，做好农村一二三产业融合发展的用地保障，作出具体部署
2018 年 3 月	国务院办公厅	《关于促进全域旅游发展的指导意见》	城乡居民可以利用自有住宅依法从事民宿等旅游经营。通过发展民宿业安排就业、定点采购、输送客源、培训指导以及建立农副土特产品销售区
2018 年 10 月	国务院办公厅	《完善促进消费体制机制实施方案（2018—2020 年)》	在进一步放宽旅游服务消费领域市场准入方面，方案明确提出：鼓励发展租赁式公寓、民宿客栈等旅游短租服务
2018 年 11 月	国家信息中心分享经济研究中心	《共享住宿服务规范》	对共享住宿活动做了具体的界定，并对平台、经营者（房东）及消费者（房客）三方主体的行为提出了具体的要求和规范，内容涵盖房源审核、安全保障、用户隐私保护、交易与争议解决等诸多方面，并探索建立行业"黑名单"制度
2018 年 12 月	文化和旅游部、国家发展改革委等 17 部门	《关于促进乡村旅游可持续发展的指导意见》	鼓励东北地区依托农业、林业、避暑、冰雪等优势，重点推进避暑旅游、冰雪旅游、森林旅游、康养旅游、民俗旅游等，探索开展乡村旅游边境跨境交流，打造乡村旅游新高地

时间	发布单位	政策名称	主要内容
2019 年 1 月	文化和旅游部	《关于实施旅游服务质量提升计划的指导意见》	进一步提高旅游管理服务水平，提升旅游品质，推动旅游业高质量发展
2019 年 2 月	中共中央办公厅、国务院办公厅	《关于促进小农户和现代农业发展有机衔接的意见》	促进小农户和现代农业发展有机衔接，巩固完善农村基本经营制度、实施乡村振兴战略、夯实党的执政基础
2019 年 1 月	中共中央、国务院	《中共中央 国务院关于坚持农业农村优先发展做好"三农"工作的若干意见》	巩固发展农业农村好形势，发挥"三农"压舱石作用，为有效应对各种风险挑战赢得主动，为确保经济持续健康发展和社会大局稳定、如期实现第一一个百年奋斗目标奠定基础
2019 年 4 月	中共中央、国务院	《中共中央 国务院关于建立健全城乡融合发展体制机制和政策体系的意见》	为重塑新型城乡关系，走城乡融合发展之路，促进乡村振兴和农业农村现代化
2020 年 3 月	发展改革委 中央宣传部 教育部 工业和信息化部 公安部 民政部 财政部 人力资源和社会保障部 自然资源部 生态环境部等 23 个部门	《关于促进消费扩容提质加快形成强大国内市场的实施意见》	鼓励汽车限购地区适当增加汽车号牌限额；加快 5G 网络等信息基础设施建设和商用步伐；稳定资本市场财产性收入预期；依托进博会主动扩大进口，进一步增加国内市场优质商品供给；加快中国邮轮旅游发展示范区和实验区建设；完善市内免税店政策，建设一批中国特色市内免税店
2020 年 6 月	国务院办公厅	《公共文化领域中央与地方财政事权和支出责任划分改革方案》	健全公共文化服务财政保障机制，促进基本公共文化服务标准化、均等化，确保财政公共文化投入水平与国家经济社会发展阶段相适应
2020 年 7 月	农业农村部	《全国乡村产业发展规划(2020—2025 年)》	顺应老龄化社会的到来，发展民宿康养、游憩康养等乡村休闲旅游项目。依托都市农业生产生态资源和城郊区位优势，发展田园观光、农耕体验、文化休闲、科普教育、健康养生等业态，建设综合性休闲农业园区、农业主题公园、观光采摘园、垂钓园、乡村民宿和体验农庄，满足城市居民消费需求

时间	发布单位	政策名称	主要内容
2020 年 7 月	文化和旅游部办公厅	《关于统筹做好乡村旅游常态化疫情防控和加快市场复苏有关工作的通知》	促进乡村观光向乡村旅居、乡村生活转型，提升乡村民宿品质，开发乡村美食、夜间游览、深度体验、主题研学等产品
2020 年 10 月	文化和旅游部、国家发展改革委、财政部	《关于开展文化和旅游消费试点示范工作的通知》	为稳步推进文化和旅游消费工作，文化和旅游部、国家发展改革委、财政部决定开展文化和旅游消费试点示范工作，启动第一批国家文化和旅游消费试点城市、国家文化和旅游消费示范城市申报评选工作
2020 年 11 月	文化和旅游部	《文化和旅游部关于推动数字文化产业高质量发展的意见》	实施文化产业数字化战略，推动数字文化产业高质量发展
2020 年 11 月	文化和旅游部、国家发展改革委、教育部、工业和信息化部、公安部、财政部、交通运输部、农业农村部、商务部、市场监管总局等十部门	《关于深化"互联网+旅游"推动旅游业高质量发展的意见》	结合新时期"互联网+旅游"发展面临的新形势、新机遇和新挑战，提出加快建设智慧旅游景区、完善旅游信息基础设施、创新旅游公共服务模式、加大线上旅游营销力度、加强旅游监管服务、提升旅游治理能力、扶持旅游创新创业、保障旅游数据安全等八项重点任务
2021 年 1 月	文化和旅游部	《开好局起好步　推动文化和旅游工作开创新局面——2021 年全国文化和旅游厅局长会议工作报告摘要》	推出一批全国乡村旅游重点村、乡村旅游精品线路，推动乡村民宿健康发展

资料来源：根据公开资料整理。

三　资源环境

（一）自然资源

我国地理条件优越、气候类型丰富、各类资源丰富，孕育了独具中国特色的养生文化、孝文化以及乡村文化等，为康养产业的特色发展提供了充足的自然资源和人文环境支撑。康养自然环境方面，位于秦岭—淮河线以南的地区，热量、光照和水分都比较充足，气温波动较小，空气质量高，气候条件良好，自然环境宜人，如云南昆明被称为"春城"，四季如春。而位于秦岭—淮河线以北的地区，热量、光照等条件虽不及南方，但四季分明，适合发展"季节性"康养产业，如黑龙江省自然景观丰富多样，具有发展夏季避暑养生的优势。

表 3　全国康养环境 50 强县（市）（排名不分先后）

所属省份	区域名称	数量
广西壮族自治区	巴马瑶族自治县、恭城瑶族自治县、凌云县、大新县、东兴市、浦北县、扶绥县、阳朔县	8
广东省	蕉岭县、大埔县、徐闻县、遂溪县、信宜市	5
海南省	澄迈县、五指山市、琼海市、万宁市、琼中黎族苗族自治县、昌江黎族自治县、保亭黎族苗族自治县	7
浙江省	开化县、淳安县、德清县、安吉县	4
福建省	南靖县、诏安县、武平县、将乐县	4
云南省	澄江县、景洪市、腾冲市、勐海县	4
四川省	洪雅县、米易县、西昌市、都江堰市	4
江西省	全南县、崇义县、铜鼓县	3
山东省	蒙阴县、单县、嘉祥县	3
贵州省	赤水市	1
江苏省	溧阳市、如东县	2
黑龙江省	五大连池市	1
安徽省	绩溪县	1
吉林省	抚松县	1
湖北省	蕲春县	1
重庆市	云阳县	1

资料来源：2018 年中国康养产业发展的环境评价报告。

《黄帝内经》中说，"高者其气寿，下者其气夭"，意思就是海拔高则温度就比较低，万物生长较慢，生命期长；海拔低则温度就较高，万物生长较快，生命期较短。所以，人的健康与自然环境密切相关。另外还有研究表明，海拔高度在 1500 米左右的地区气候宜人，温度适中，自然资源丰富，绿意盎然，负氧离子含量高，长期居住有利于人的身体健康。我国康养产业发展较好的地区大多数位于中高纬度、高海拔地区。如云南的腾冲市、四川的米易县以及广西的阳朔县，均位于海拔 1200~3800 米的高原山地区域。

民宿具备许多康养旅游的特质，很多的康养民宿都建在风光优美的环境之中，能够起到养生保健的作用。康养民宿的周边通常会有很多田地，这能够使住客享受田园生活，体验"农家乐"，感受当地的风俗文化，同时还能适当锻炼身体。说到养生，美食也是必不可少的，食乡村绿色有机蔬菜，饮清冽甘甜的山泉，这些都是非常好的养生方式。乡村宁静幽远的环境能够使人忘记疲惫和烦恼，达到非常好的助眠效果，而城市地区的睡眠环境远远不如乡村地区，康养民宿将会受到城市中"节奏快、压力大"人群的青睐，发展潜力巨大。

（二）文化资源

1. 孝文化

中国孝文化从古代流传至今，对于促进社会和谐有着无可替代的重要作用。孝是保障每家每户老有所养、老有所依的基础。孝让社会与政府都能够很好地重视老年康养。孝也是我国传统文化的重要组成部分，各发展康养业的地区都十分注重孝文化的传承和发扬，例如梅州客家古村落建有"孝节"牌坊，并积极举办"慈孝大讲堂"、开展"慈孝门堂"等各种敬老爱老的活动，使得"孝文化"与新时代相结合，使创新与效用并存，传承孝文化。在这种氛围中，老人们身体健康、心情愉悦，康养文化盛行开来。

2. 养生文化

养生文化具有丰富的内涵，为人们追求健康和长寿提供了理论指导和实践准备。养生文化包含了健康饮食、中医药养生以及科学运动方式这三大方面，而这些方面都直接或间接与人的健康或寿命有关。例如广西巴马，当地老人长寿的原因除了自然环境外，还包括和谐的人文环境、健康的生活方式以及以"四低一高"为主要特色的饮食文化，当地人保持长寿的秘诀就是科学作息、健康饮食、热爱劳动。

3. 节事文化

节事文化十分丰富，它涵盖了中国古代大大小小的传统节日，以及地方风俗与宗教信仰等，每个地区都多多少少会形成当地特色的节日与文化，例如云南西双版纳的泼水节、蒙古族的摔跤和骑马比赛等，都展现了当地的文化底蕴和居民的精神风貌。

4. 乡村文化

乡村不仅有浅层次的乡村情境和美好意蕴，更有沉淀在骨子里的浓厚的农耕文明及其衍生出的丰富精神内涵。事实上，中国五千年的农耕文明就是以乡村文明为主导的。现今尚保留下来的近三百万个古村落正是中华文明不同历史时期的真实反映。从历史的视角来看，中华文明的完整诠释离不开乡村文明。

世界上历史最长、保存最完善、发展最成熟的乡村在中国，中国乡村的文化历史、家族与生活方式是传承不断的。这样说来，中国乡村的价值具有世界性意义，是人类文明的遗产。

乡村人文资源是乡村在漫长的历史演变中逐渐形成的天地人相互依存、协调发展的相处方式，展现了乡村悠久和谐的整体面貌，体现了以和养生的原则。乡村的人文魅力体现于乡村文化、民间习俗和传统节庆的方方面面。乡村的农耕体验和非遗文化更是可以起到陶冶身心和增长游客见识的作用。

四　人口及消费环境

（一）人口因素

人口是社会经济发展的基础，20 世纪 90 年代以来，中国经济腾飞，老龄化问题也接踵而来。65 周岁以上的老年人口在 1990 年到 2000 年短短 10 年间，从 6299 万人增加到 8811 万人，总人口占比从 5.57% 上升到 6.96%，目前中国已进入老龄化社会。预计到 2027 年我国将进入深度老龄化社会。

而世界卫生组织认为，2033年前后中国老龄人口将直逼4亿，到2050年，中国预计三成的人口将超过60岁，成为世界上最严重的老龄化国家（见图1）。国家统计局也进行了类似结论的预测。

基本需求一旦得到满足，老年人便开始追求更高层次的精神享受。旅游消费因其陶冶情操、愉悦身心、增加阅历、益智健体等功效而成为老年人的热门选择。离退休后的老年人几乎与外界社会脱节，随之而来的心理和生理变化不可避免，一般会有很强的失落感与期待被认同感。旅游活动有助于老年人开阔视野、陶冶性情、融入团体并参与社会发展。那些没有足够经济条件的老年人群体并非不具备旅游动机，他们是潜在的旅游客源，一旦条件成熟也会积极参与其中。

又因为老年人阅历丰富但身体素质欠佳，他们往往很少选择城市旅游，而会更加倾向于休闲养生的康养旅游。随着老年人口的增加，康养旅游的需求也会越来越大，同时康养民宿的发展也会更进一步。

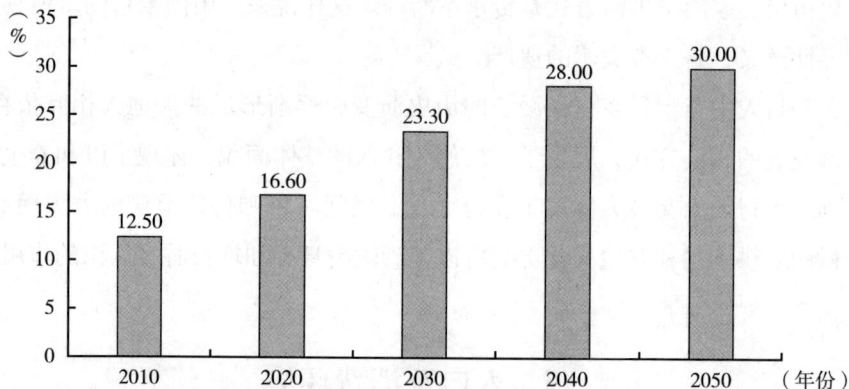

图1 中国60岁以上人口占比趋势

资料来源：中国产业信息网。

（二）消费因素

1.消费水平

早在2010年，中国经济总量就已经跃居全球第二。即使是在全球经济普遍低迷的 2020 年，中国依然拿到了较好成绩，对全球经济增长贡献或超 30%。新浪财经官方统计数据显示，2020 年，中国 GDP 首次突破百万亿元大关，人均 GDP 更是超过 1.04 万美元，十分接近 1.25 万美元的高收入国家门槛。

图 2　2010~2020 年中国 GDP 及其增速

资料来源：世界经济网。

2. 消费结构

2019 年我国社会消费品零售总额首次突破 40 万亿元；全年全国网上零售额 10.63 万亿元，比上年增长 16.5%。随着消费结构的升级，文化消费所占比重越来越大。随着中国经济的迅速发展，人民的消费水平也日益提升，旅游对于大众来说已不是遥不可及的事情，只要有时间就可以来场说走就走的旅行。

文化和旅游部数据显示，近十年来我国文旅市场保持 18.3% 的复合增速，2019 年旅游总人数达 60.06 亿人次（同比增长 8.4%），产业规模近 6.63 万亿元，文化和旅游产业正在成为经济增长的重要引擎。2020 年疫情虽然对文化旅游业产生较大冲击，但是从消费习惯的长期视角来看，中国大众出游的市场趋势不会发生大的变化，大好趋势可以得到很好保持。专家预计，2021 年国内旅游 41 亿人次，国内旅游收入 3.3 万亿元，分别比上年增长 42% 和 48%①。

3. 消费观念

在大众旅游时代，人们的出游诉求浮于表面。对旅游目的地的要求仅仅是好看以求达到到此一游的效果。如今，那种好看却人挤人的旅游方式已然不能满足大多数人的需要。当人们更多地追求高品质服务的时候，旅游便是助力人们提高生活品质的途径之一。

所以大众在旅游中选择旅店时，不是单纯地考虑住宿需要，他们更想要享受与周边景色相适应、相融合的舒适民宿，而康养民宿恰恰能够满足他们这些休闲放松的需求。

当大众对精神层面的需求变大，对精致的生活仪式和悠闲恬淡的生活环境越来越向往的时候，康养民宿必定会迅速发展，成为民宿产业中的热门。

五　科技环境

（一）数字金融支持康养民宿发展

数字金融凭借数字技术及其带来的普惠与包容，能够有效减少信息不对称等问题，降本增效，为民宿行业发展赋能升级。

1. 传统金融机构融合数字技术模式

该模式是指借助农商行、农村信用合作社等传统金融机构，通过大数据中心等平台实施标准化信息采集，建立授信数据模型。浙江省江山市的"农户小额普惠贷款"金融服务正是这一模式的代表。该贷款产品让一批信用良好的民宿创业者享受了数字金融带来的信贷支持。

2. 跨界跨区众筹投融资模式

互联网众筹平台的出现使得众筹的目标与空间被无限放大，融资门槛大

---

① 高江虹：《2021 年国内旅游人数预计达 41 亿人次，出入境旅游下半年有望启动》，2021 年 2 月 22 日，http://finance.sina.com.cn/tech/2021-02-22-doc-ikftssap8118956.shtml。

大降低，这种模式正契合这类前期投入大且投资回收期长的产业。

依托于这一数字途径开展融资，不仅不需要固定资产作为抵押，而且还款压力小，规模也基本可以适配需求。另外，互联网众筹模式所获取的资源还伴随着投资者及其背后关系网，为事业初期的民宿带来了不少的曝光度和潜在的消费群体，是一种高效宣传方式。

3. 数字金融大平台闭环经营模式

民宿旅游业乘着"互联网+"的东风改革运营模式，众多大型电商平台运用自身强大的现金流、消费流、信息流三流合一的优势整合了线上与线下双向资源。如飞猪、Airbnb等旅居预定综合平台使得从预定到评价的完整体系灵活运转起来，激发了民宿旅游的活力并有效提升了用户旅途体验。同时售后评价体系的完善也使得民宿旅游业质量参差不齐的现象大幅改观，展现了需求面评价支撑的强大作用。

（二）"互联网+"智能民宿时代的开拓

AI已经成为一种生产力，智能时代背景下，人们使用智能机器、智能网络并且利用智能手段交互连接各行各业，发展出更高效的经济发展模式与社会生态系统。"互联网+"时代正在与各个行业进行更加广泛有机的融合。

民宿业是当下大火的行业，其与智能的结合更是开启了全新的生活模式，科幻感满满的智能家居、别具一格的民宿装修风格，不仅带给人们视觉上的满足感，更能够大幅提升住客居住的舒适度。相比于传统的入住方式，智能民宿更加便捷。各种以往需要手动操作的电子设备，现在仅需语音操控即可启用，甚至可以实现远程操控。除了声控外，客房还支持通过移动设备遥控各项智能家具，比如在回房前提前开空调和浴缸水；晚上起夜时，灯光也会自动开启至合适的亮度。

康养民宿更是在大数据快速发展的时代背景下迎来了蓬勃生机。"互联网+康养民宿"不仅体现了科技与产业的融合，更颠覆了传统乡村民宿的商业模式，让乡村文化获得了更长足的发展。

六　人才保障

随着全国民宿产业蓬勃发展，民宿专业人才紧缺的问题浮出水面，具备经营管理、酒店管理、旅游管理、财务管理、医疗养生等方面能力的人才严重短缺。《2017 年全球民宿发展研究报告》指出，2017 年我国 28 万家非标住宿规模，以每家一个民宿主人、三位管家的配置保守估计，上年全行业就需要近百万高素质的从业者。面对巨大的人力资源缺口，若只采用第一代创业型民宿主人亲自传授技能、知识和经验的人才培养模式，是不能填补目前空缺的。民宿的产业化之路，不能仅仅依靠民宿企业，还要打造民宿企业和民宿相关的服务及配套设施的行业共同发展、一起成长的生态系统。

面对人才市场的巨大需求，大量大专院校和相关培训机构开始尝试进入这一全新的领域，以各种模式培养民宿人才。例如，浙江大学于 2017 年创办了全国第一个以民宿管理为主题的研修班，北京佳乡学院举行了多次民宿游学活动，甚至一些传统民宿成功转型成为培训型民宿，以自己的经营空间为教学场地，传授自己经营民宿的管理经验，以理论与实践相结合的方式向同行传授经验，成功打造了民宿系列社会培训班。

2016 年 10 月，中国旅游协会民宿客栈与精品酒店分会成立，一直秉承着"服务会员、服务行业"的宗旨，将民宿人才的培养工作作为重要环节。2017 年 3 月，该协会在浙江省温州市举办了第一届全国民宿人才教育培训座谈会。2018 年上半年，该协会还创造性地在浙江舟山、莫干山，北京延庆，广西阳朔等民宿发展水平较高的地区举办了多期民宿经营管理培训班，得到了民宿行业内的广泛好评。

此外，一些相关工作也在有条不紊地进行中，例如民宿培训系列教材的编撰、专业指导导师的选拨、游学培训基地的招募等。《2018～2035 年全国民宿人力建设发展规划纲要》指出，我国将力求在三年内解决民宿产业相关人才的极度短缺问题，初步实现民宿增量提质的产业化发展，并着手建设集规划设计、投资开发、经营管理等环节于一体，全国、全产业链范围的民宿人才库，加快民宿人才的职业化进程。

为满足民宿产业蓬勃发展下的人才需求，我国正在逐步建立全国性的民宿人才服务保障体制和培训办法。中国旅游协会民宿客栈与精品酒店分会牵头，建立了"六位一体"的民宿人才培训管理体系：协会认证专业导师、统一师资；统筹高等院校共同编写课本、统一教材；认定培训学校、统一机构；指定并挂牌培训阵地、统一基地；研发"基础课程的认定＋创新特色课程"模式、统一课程；评定民宿从业者岗位等级、统一认证。

参考文献

过聚荣主编《中国旅游民宿发展报告（2019）》，社会科学文献出版社，2020。

侯满平、张玉怀、李贝贝：《民宿未来需走度假康养旅游之路》，《住宅产业》2020年第 8 期。

张季云、张会龙、阚志霞：《"互联网＋"乡村民宿的商业模式及发展建议——以南通市为例》，《北方经贸》2020 年第 10 期。

郑含笑：《新冠肺炎疫情背景下数字金融助力民宿产业纾困研究》，《科技经济导刊》2021 年第 8 期。

B.12
民宿产业人才需求与对策研究报告

操阳 苏炜 纪文静 姚建园*

摘 要： 近年来，在地方各级政府的政策推动下，民宿营商环境不断优
化，我国民宿产业的供给侧产能不断释放，民宿产业发展态势
良好，而专业化、职业化的民宿人才供给不足。本报告通过对
全国 86 家民宿、30 位民宿行企专家开展调研，较为全面地了解
我国民宿企业人力资源现状，厘清制约民宿发展的人力资源瓶
颈问题以及民宿发展对人才需求的特点，并从政府层面、行业
企业层面和院校层面提出对策和建议，旨在为民宿人才培养培
训供给侧改革提供决策依据和支撑。

关键词： 民宿 民宿产业 人才需求

一 民宿产业人才供求概况

近年来，在地方各级政府的政策推动下，民宿营商环境不断优化，我国
民宿产业的供给侧产能不断释放，民宿产业发展态势良好。《中国旅游民宿
发展报告（2019）》显示，2019 年我国民宿市场营业收入 209.4 亿元，同
比增长 38.92%，同时民宿数量即将突破 17 万家，房源总量突破 160 万套，

---
* 操阳，博士，南京旅游职业学院副院长、教授，研究方向为职业教育、旅游管理、营销管
理；苏炜，博士，南京旅游职业学院酒店管理学院院长、副教授，研究方向为酒店管理、旅
游职业教育；纪文静，南京旅游职业学院副教授，研究方向为乡村旅游、旅游地规划、民宿
旅游；姚建园，南京旅游职业学院讲师，研究方向为酒店管理、民宿管理。

民宿占住宿市场之比提升至 24.77%①。虽然，2020 年民宿产业发展经受了新冠疫情的挑战，但随着国内疫情的有效控制以及国内旅游市场回升的带动，民宿市场开始回暖。途家民宿平台数据显示，截至 2022 年 12 月中旬，全国民宿订单已恢复至疫情发生前的水平，"新十条"政策发布后的第一个小长假——2023 年元旦期间，入住的民宿预订量平均日增长率达两成。②

随着民宿产业的蓬勃发展，民宿产业人才需求缺口不断扩大。一方面，从民宿人才需求规模来看，如果按照《中国旅游民宿发展报告（2019）》提供的近 17 万家民宿数据来看，保守估计，每家民宿以一个民宿主人、三位管家来计算人才需求的话，2019 年全民宿行业就需要近 70 万高素质的从业者。另一方面，从民宿人才需求的质量来看，高素质复合型的民宿运营管理人才非常紧缺。如民宿管家不仅要懂客房、餐饮等管理，同时也要会策划体验活动，会维护主客人际关系等。拥有一专多能，且具有一定的发展潜能和知识迁移能力的复合型民宿运营管理人才越来越受企业欢迎。

从民宿产业人才供给角度来看，近年来民宿人才培养培训得到社会各界越来越多的关注和重视，一些院校和培训机构相继开展了相关的工作。如 2016 年 10 月，广东南华工商职业学院与广州桃花湖旅行集团合作，开设了旅游管理专业民宿班，成为国内第一家开设民宿方向班的高等院校③。浙江旅游职业学院、青岛酒店管理职业技术学院、南京旅游职业学院、柳州市第一职业技术学校、浙江丽水松阳县职业中等专业学校等开设了民宿方向班、民宿创新班、民宿管家班等；成都信息工程大学银杏湖酒店管理学院、广西师范大学职业师范学院等开设了"精品客栈民宿发展与运营"等民宿选修课程；清华大学、上海交通大学、浙江大学等开办了"民宿客栈室内设计高级研修班""民宿经营与管理 EMBA 总裁班""信息化时代下民宿旅游与

---

① 过聚荣主编《中国旅游民宿发展报告（2019）》，社会科学文献出版社，2020。
② 《国内旅游需求集中释放　带动民宿业快速回暖》，《中国民营报》2023 年 1 月 6 日。
③ 中国旅游协会民宿客栈与精品酒店分会：《2019 全国民宿产业发展研究报告》，中国旅游出版社，2019。

农家乐经济发展培训班"等。这些从不同层次、不同角度开展的民宿人才培养培训为民宿运营管理专业人才培养奠定了基础。

2020年，教育部进行高职院校专业目录调整，教育部印发的《职业教育专业目录（2021年）》正式将"民宿管理与运营"列为高等职业院校开设专业，17所高职院校在教育部备案。2021年，7所院校成功招生（如表1所示），标志着民宿管理与运营人才培养被正式纳入了我国职业教育发展的快车道。

综上可见，民宿人才供需矛盾突出，供给不能有效满足需求，只有加快职业化、规模化、专业化的民宿人才队伍的培养培训，才能有效地为民宿产业化、规模化发展提供重要人力支撑，才能有效促进我国民宿产业高质量发展。

表1　2021年高职院校民宿管理与运营专业招生情况

单位：人

序号	省份	学校名称	2021年招生人数
1	浙江省	浙江旅游职业学院	34
2	山东省	青岛酒店管理职业技术学院	17
3	江苏省	南京城市职业学院	24
4	江苏省	南京旅游职业学院	14
5	湖北省	三峡旅游职业技术学院	12
6	河南省	黄河水利职业技术学院	38
7	安徽省	安徽财贸职业学院	50

资料来源：通过线上或电话对教育部备案的17所高职院校进行的访谈。

二　民宿人才需求状况调研

为全面了解我国民宿人力资源现状，厘清制约民宿发展的人力资源瓶颈问题以及民宿发展对人才需求的特点，本报告通过对全国86家民宿、30位民宿行企专家进行调研，把脉我国民宿行业人才需求侧的状况和问题，为民宿人才培养培训供给侧改革提供决策依据和支撑。

（一）调研方案设计与说明

1. 调研内容

本研究采用定量与定性相结合的方法，对民宿开展调研。调研内容主要包括：民宿基本情况，包括创办时间、地点、投资规模、产权类型、运营模式、工作岗位等；民宿人力资源需求情况，包括民宿员工的月薪、学历、招聘渠道、人才招聘难易情况、员工知识和能力结构、招聘岗位、拟聘工资、报酬方式、工作经验、学历要求等，为民宿人才培养做好摸底调查、提供科学依据。

2. 调研方法

（1）现场和线上访谈。

围绕民宿基本情况、民宿人力资源需求两大方面，对具有代表性的民宿、民宿协会以及行业管理单位进行了现场和线上的访谈调研。

（2）问卷调研。

通过问卷星向各类民宿发放调查问卷，了解我国民宿的基本情况、民宿人才需求情况两类数据，精确掌握民宿人才需求信息和特点。

3. 调查样本

（1）负责人访谈。

本次访谈样本选择了全国22家民宿负责人、3家民宿行业协会负责人、3家民宿综合服务商负责人、2位民宿专家开展访谈。受访对象不但覆盖了不同档次、规模、地区、运营主体、运营模式的民宿，而且覆盖了民宿行政管理机构、研究机构及相关社团组织。

（2）企业问卷调研。

通过问卷星平台，有针对性地向86家民宿企业负责人发放调研问卷，问卷有效回收率达100%。

（二）被调研民宿基本情况

1. 被调研民宿的区域分布

本次调研的民宿共有 86 家，主要分布于北京、河北、河南、黑龙江、辽宁、山东、山西、陕西、安徽、内蒙古、江西、江苏、浙江、广东、广西、贵州、四川 17 个省份，覆盖地区相对较广。其中，江苏 15 家，占比 17.44%；安徽 10 家，占比 11.63%；浙江 9 家，占比 10.47%；河北和山东各 7 家，占比均为 8.14%。其他依次为北京、陕西、江西等地（见图1）。

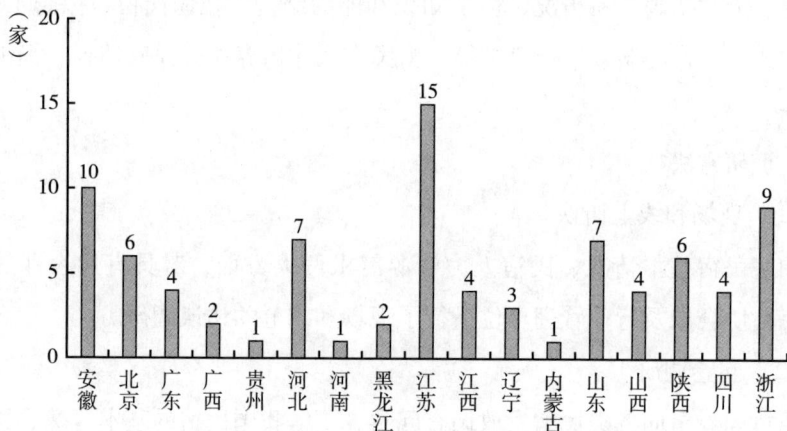

图1　被调研民宿的区域分布数量

2. 被调研民宿的开业时间分布

调研结果显示，本次调研的 86 家民宿样本中，大多为近 5 年开业，2015~2021 年开业的民宿 79 家，占比 91.9%；2004~2014 年开业的民宿仅 7 家，占比 8.1%（见图2）。

3. 被调研民宿的投资规模分布

调研结果显示，民宿的投资规模不大。被调研民宿中，有 76 家民宿投资小于 100 万元，占比达 88.37%；投资在 100 万~500 万元的民宿为 6 家，占比 6.98%；投资超过 500 万元的民宿为 4 家，占比 4.65%（见图3）。

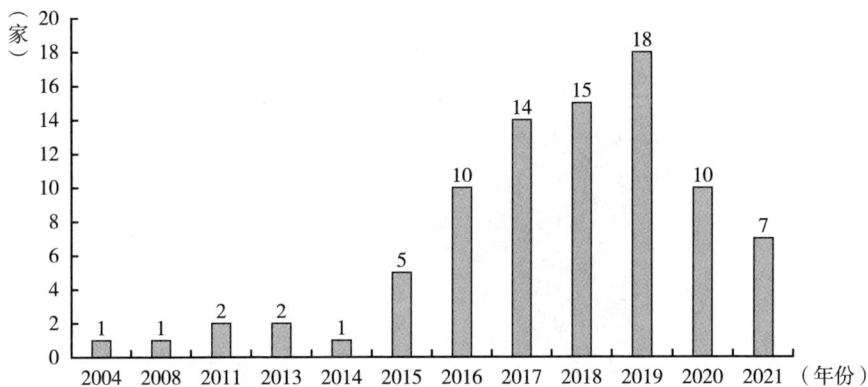

图2　被调研民宿企业开业时间分布

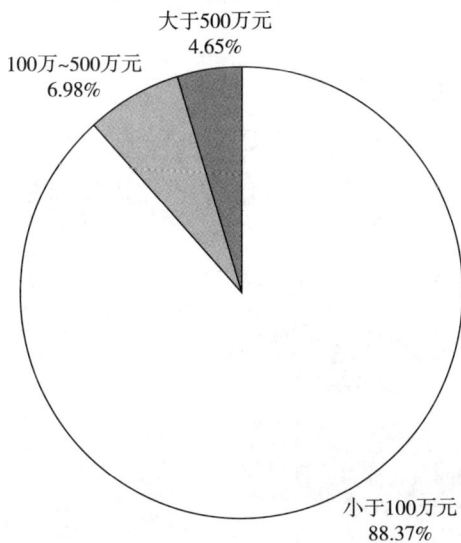

图3　被调研民宿的投资规模分布

4. 被调研民宿房屋产权类型

被调研民宿的房屋类型目前主要为租赁房屋和自有房屋两类。调研结果显示，被调研民宿中租赁型民宿占多数，占比高达65.1%，自有房屋仅有30家，占34.9%（见图4）。

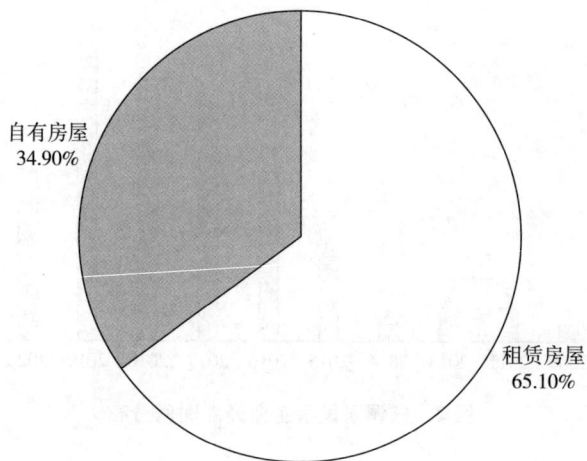

图 4　被调研民宿房屋类型分布

5. 被调研民宿经营模式

从经营模式看，被调研民宿主要有单体和连锁两种类型，其中单体民宿64 家，占比达 74.4%，连锁民宿 22 家，占比达 25.6%（见图 5）。

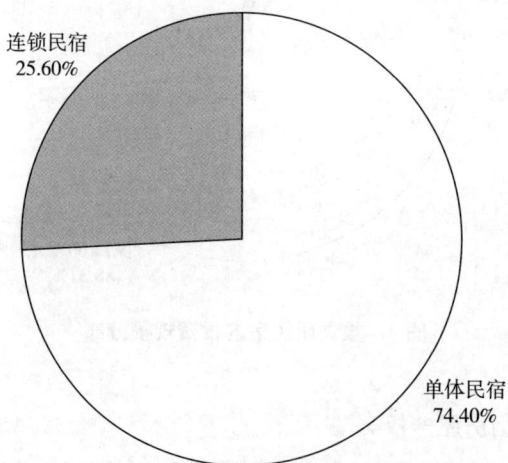

图 5　被调研民宿经营模式分布

6. 被调研民宿类型

调研结果显示，调研的民宿中，私营民宿数量最多，共 78 家，占比达 90.6%；国有民宿 6 家，占比达 7%，外资及中外合资民宿各 1 家，占比均 为 1.2%（见图 6）。

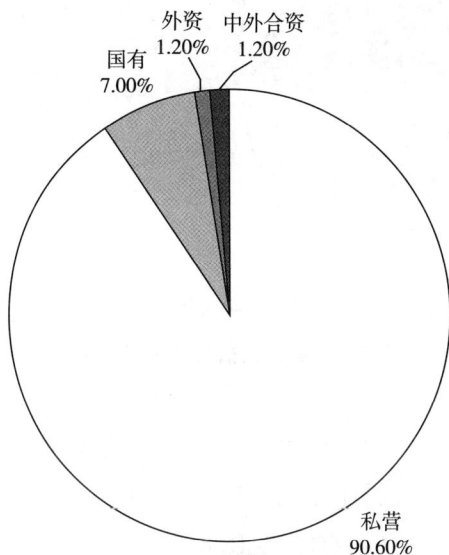

图 6　被调研民宿类型分布

7. 被调研民宿的员工规模分布

调研结果显示，被调研民宿中，员工人数在 5 人以下的民宿 23 家，占 比达 26.74%；5~10 人的民宿 24 家，占比达 27.91%；11~20 人的民宿 19 家，占比达 22.09%；21~50 人的民宿 12 家，占比达 13.95%；51~100 人的 民宿 6 家，占比达 6.98%；100 人以上 2 家，占比达 2.33%（见图 7）。

8. 被调研民宿的工作岗位设置

调研结果显示，目前民宿设置的工作岗位主要有店长、民宿管家、前台 接待员、保洁人员、营销人员、活动策划人员、餐饮制作及服务员等。调研 民宿中多数民宿设置了民宿管家和店长的岗位，其中设置店长岗位的民宿 56 家，占比达 65.12%；设有民宿管家岗位的民宿 58 家，占比达 67.44%； 设有保洁员岗位的民宿 60 家，占比达 69.77%；设有餐饮制作及服务员岗位

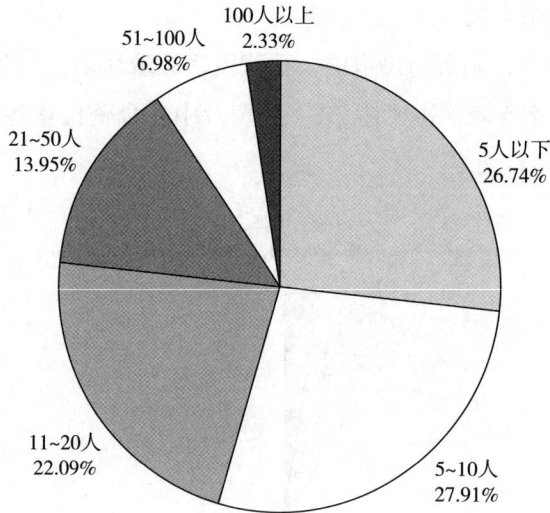

图 7　被调研民宿员工规模分布

的民宿 65 家，占比达 75.58%；设有营销人员岗位的民宿 58 家，占比达 67.44%；设有活动策划人员的民宿 47 家，占比达 54.65%；设有前台接待员的民宿 63 家，占比达 73.26%（见图 8）。

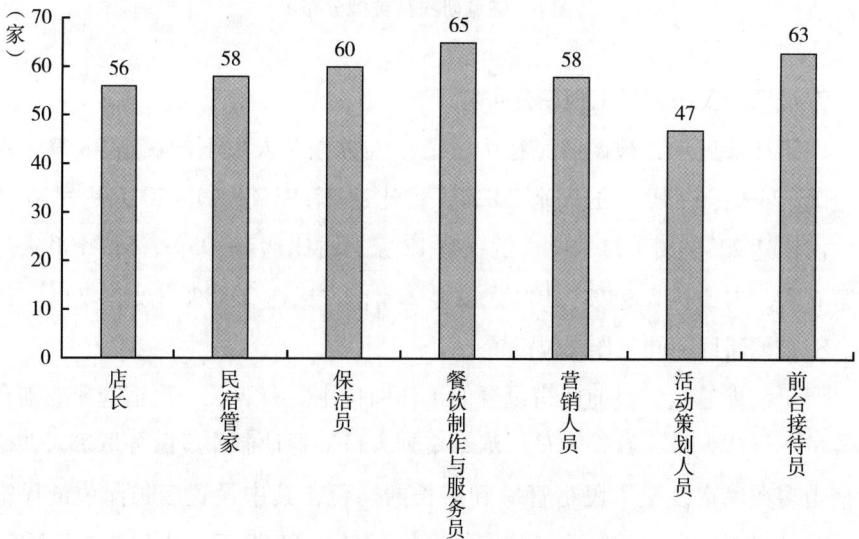

图 8　被调研民宿的工作岗位设置情况

9. 被调研民宿员工的学历结构分布

调研结果显示，在对员工的学历要求方面，雇用大专学历员工的民宿 45 家，占比达 52.33%。雇用初中学历员工的民宿 25 家，占比达 29.07%；雇用高中学历员工的民宿 33 家，占比达 38.37%；雇用本科学历员工的民宿 26 家，占比达 30.23%；雇用研究生学历员工的民宿 6 家，占比达 6.98%；雇用其他学历员工的民宿 2 家，占比达 2.33%（见图 9）。

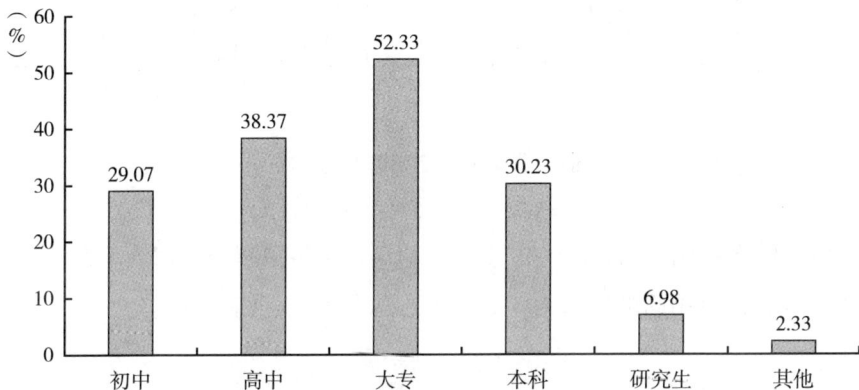

图 9　被调研民宿员工学历结构分布

（三）被调研民宿人才需求情况

1. 被调研民宿的招聘时间

调研结果显示，被调研的 86 家民宿中，35 家一般会在 1~3 月份开展招聘活动，占比达 40.7%；招聘时间定在 4~6 月份的民宿 14 家，占比达 16.3%；招聘时间定在 7~9 月份、10~12 月份的民宿均为 8 家，占比达 9.3%；全年皆有招聘的民宿有 17 家，占比达 19.8%；不确定招聘时间的仅有 4 家，占比达 4.6%（见图 10）。

2. 被调研民宿的年均招聘次数与人数

调研结果显示，被调研民宿中，68 家民宿每年会开展 1~3 次左右的招聘活动，占比达 79.06%；每年招聘 4~6 次的民宿有 6 家，占比达 6.98%；

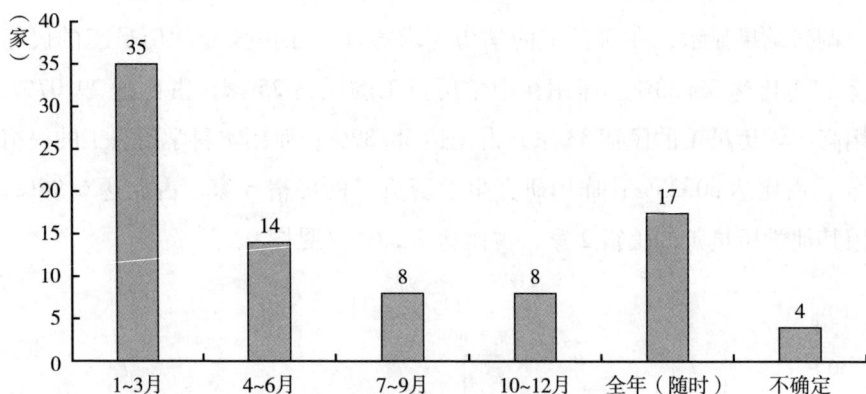

图 10　被调研民宿招聘时间分布

不固定招聘次数民宿为 5 家，占比达 5.81%；全年招聘的民宿为 4 家，占比达 4.65%；没有招聘的民宿为 3 家，占比达 3.5%（见图 11）。

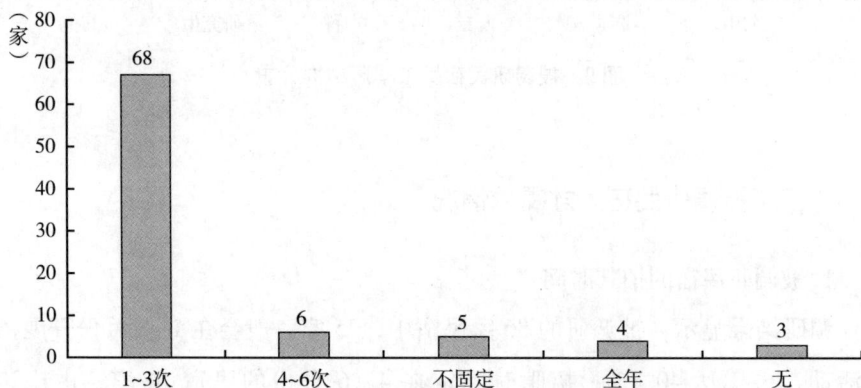

图 11　被调研民宿的招聘次数分布

　　被调研民宿中，计划招聘 1~5 人的民宿 66 家，占比达 76.74%；招聘 6~10 人的民宿 9 家，占比达 10.47%；招聘 10 人以上的民宿 1 家，占比达 1.16%；不确定招聘人数的民宿 6 家，占比 6.98%；不招聘人员的民宿 4 家，占比 4.65%（见图 12）。

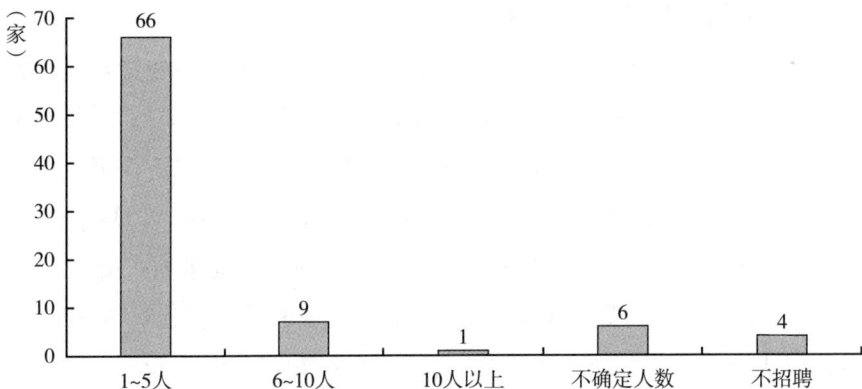

图 12   被调研民宿的招聘人数分布

3. 被调研民宿招聘人才的难易程度

调研结果显示，招聘难成为民宿用工的普遍问题。被调研的 86 家民宿企业中，63.95%的民宿觉得员工招聘比较难，17.44%的民宿觉得员工招聘非常难，13.95%的民宿认为员工招聘难易程度一般，认为员工招聘比较容易、非常容易的民宿占比均为 2.33%（见图 13）。

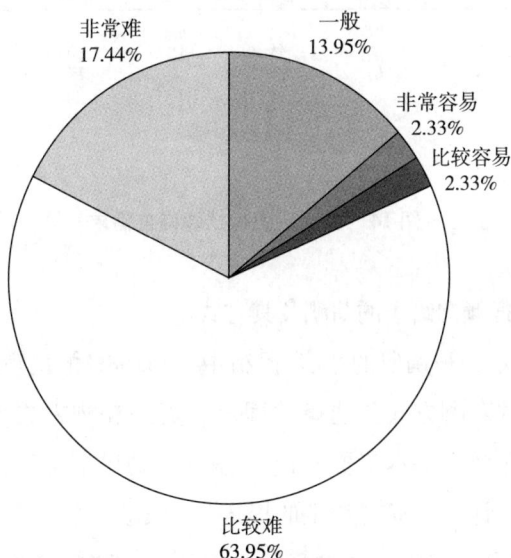

图 13   被调研民宿招聘难易程度选择分布

207

4. 被调研民宿招聘岗位需求

调研结果显示，民宿管家、营销人员、活动策划人员等备受青睐。被调研的 86 家民宿中，需要招聘店长的民宿 21 家，占比达 24.42%；需要招聘民宿管家的民宿 44 家，占比达 51.16%；需要招聘保洁员的民宿 37 家，占比达43.02%；需要招聘餐饮制作与服务员的民宿 34 家，占比达 39.53%；需要招聘营销人员的民宿 38 家，占比达 44.19%；需要招聘活动策划人员的民宿 32家，占比达 37.21%；需要招聘前台接待员的民宿 31 家，占比达 36.05%；需要其他人员如营地导师的民宿 11 家，占比达 12.79%（见图 14）。

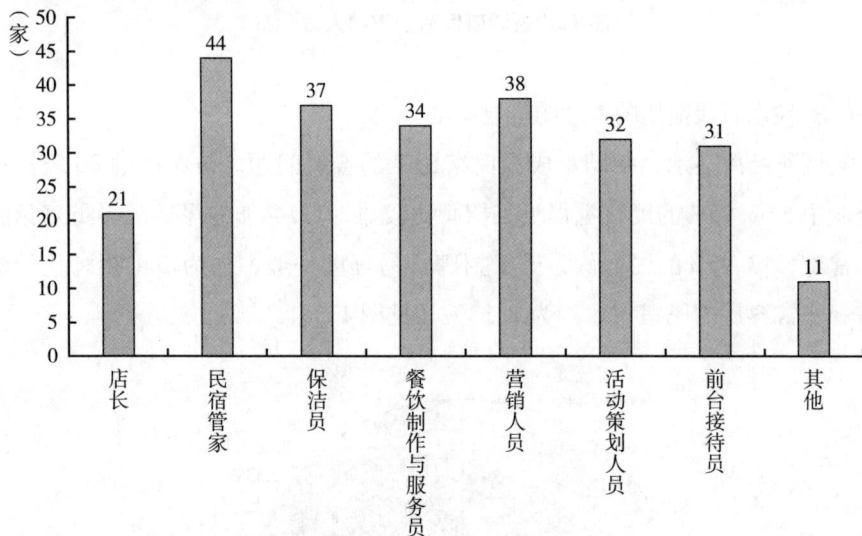

图 14　被调研民宿招聘岗位需求

5. 被调研民宿倾向给予的薪酬及其方式

调研结果显示，被调研的 86 家民宿中，75.58% 的民宿倾向于选择"基本工资+绩效"的薪酬方式。选择"固定工资"薪酬方式的民宿 12 家，占比达 13.95%；选择"基本工资+分红+绩效"的民宿 7 家，占比达 8.14%；选择"基本工资+计件工资（约定的提成）+绩效奖励"等其他薪酬方式的民宿两家，占比达 2.33%（见图 15）。支付月薪 5000~6999 元的民宿 1 家，占比达 1.16%；倾向支付月薪 4000~4999 元的民宿 17 家，占比达 19.77%；

倾向支付月薪3000~3999元的民宿57家，占比达66.28%；倾向支付月薪3000元以下的民宿11家，占比达12.79%（见图16）。

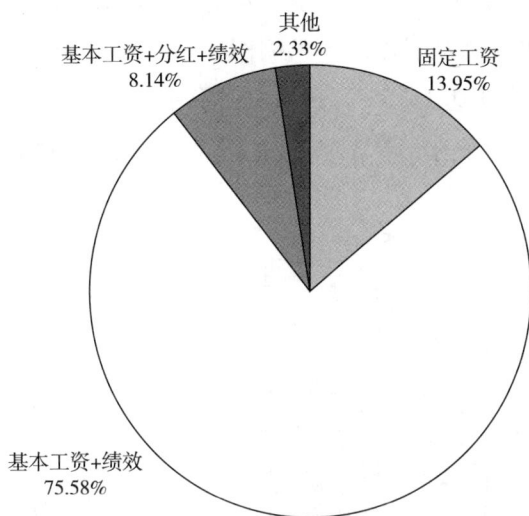

其他
2.33%
基本工资+分红+绩效
8.14%
固定工资
13.95%

基本工资+绩效
75.58%

图15 被调研民宿倾向报酬方式

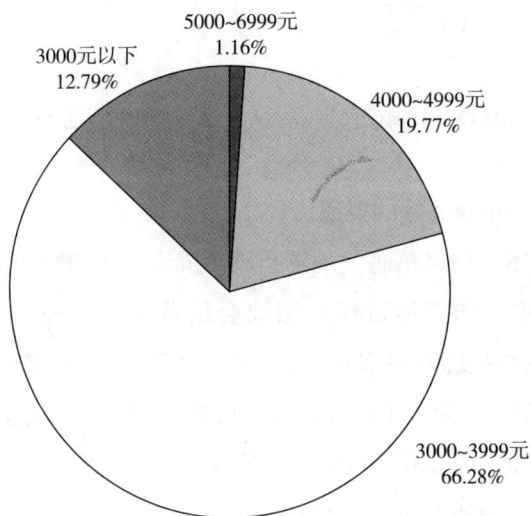

5000~6999元
1.16%
3000元以下
12.79%
4000~4999元
19.77%

3000~3999元
66.28%

图16 被调研民宿倾向支付月薪情况

6. 被调研民宿对人才工作经验的需求情况

调研结果显示，民宿倾向于招聘有工作经验的工作人员。被调研的 86 家民宿中，选择具有 1~3 年工作经验人才的民宿 52 家，占比达 60.47%；选择 3~5 年工作经验人才的 3 家，占比达 3.49%；选择 5 年及以上工作经验人才的 1 家，占比达 1.16%；选择应届毕业生的 30 家，占比达 34.88%（见图 17）。可见，具有 1~3 年民宿相关工作经验的应聘者更受民宿欢迎。

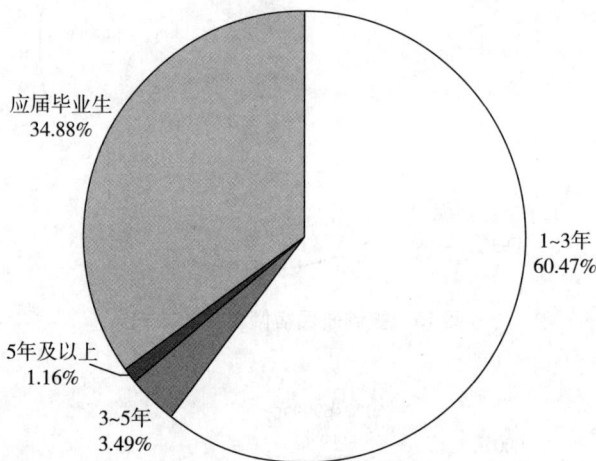

图 17 被调研民宿需求人才工作经验占比分布

7. 被调研民宿招聘人才的渠道

调研结果显示，网络招聘、现场招聘会成为人才招聘的主要形式。被调研的 86 家民宿中，选择通过现场招聘会招募人才的民宿 58 家，占比达 67.44%；选择网络招聘的民宿 64 家，占比达 74.42%；选择熟人推荐的 47 家，占比达 54.65%；倾向于学校培养的民宿 30 家，占比达 34.88%；选择其他解决方式 3 家，占比达 3.5%（见图 18）。

8. 被调研民宿招聘人才学历要求

调研结果显示，高职高专学历的毕业生成为民宿的招聘热点。被调研的 86 家民宿中，选择招聘人才的基本学历为本科的民宿有 4 家，占比达

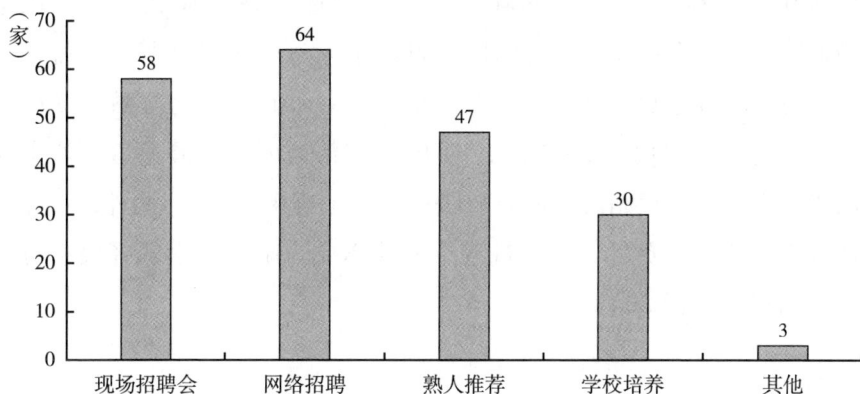

图 18　被调研民宿招聘人才的渠道

4.65%；选择大专的民宿 56 家，占比达 65.12%；选择其他无学历要求的 26 家，占比达 30.23%（见图 19）。

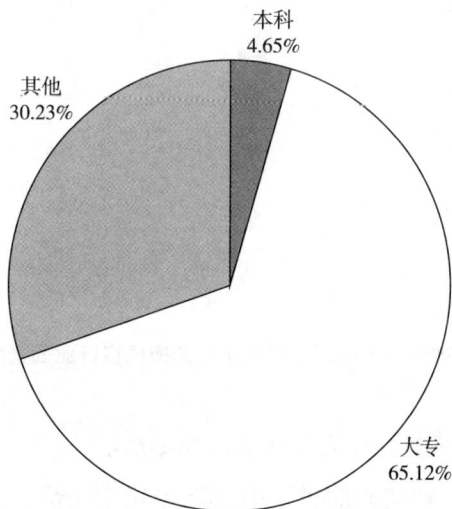

图 19　被调研民宿人才学历需求情况

9.阻碍大学生选择民宿行业的因素

调研结果显示，民宿多处于乡村，规模小、薪酬低、行业认可度低等成为阻碍大学生选择民宿行业的主要因素。被调研民宿中，72 家民宿认为是其工作地点多在乡村阻碍了大学生选择该行业就业，占比达83.72%；51家民宿认为民宿规模小阻碍了大学生选择该行业，占比达59.30；还有44家民宿认为大学生对民宿行业的认可度低导致大学生不愿进入该行业，占比达51.16%；41家民宿认为职业发展通道不清晰成为阻碍大学生进入民宿行业的影响因素，占比达47.67%。此外，行业法律法规不完善、工资低、福利待遇不完善亦成为阻碍大学选择民宿行业就业的因素（见图20）。

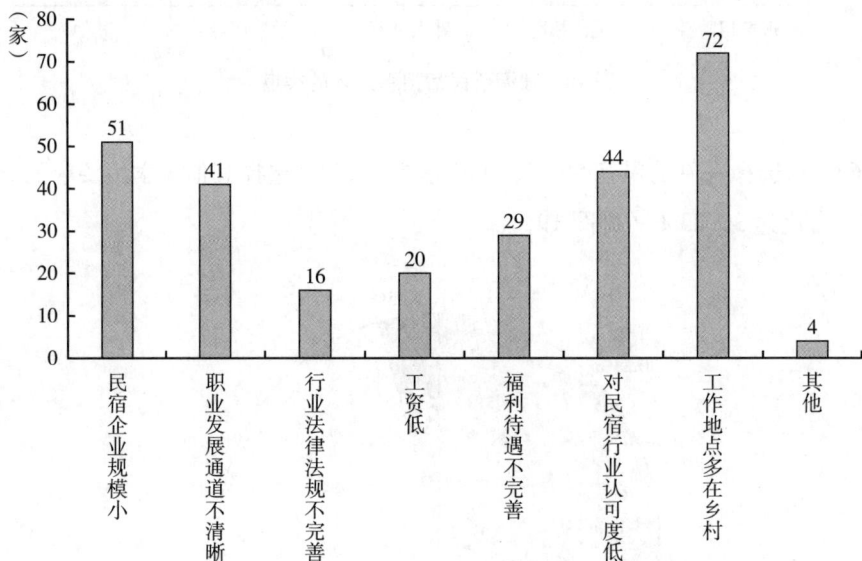

图20 被调研民宿对阻碍大学生选择民宿行业因素的认知

10. 被调研民宿需要工作人员具备的知识结构

调研结果显示，被调研的民宿中，86家民宿全部需要工作人员具备民宿服务与管理知识，占比达100%；75家民宿需要工作人员具备地方文化知识，占比达87.21%；68家民宿需要工作人员具备安全知识，占比达79.07%；64家民宿需要工作人员具备旅游知识，占比达74.42%；56家民宿需要工作人员具备美学知识，占比达65.12%；23家民宿需要工作人员具备财税知识，占比达26.74%；41家民宿需要工作人员具备营销知识，占比达 47.67%；51 家民宿需要工作人员具备平台运营知识，占比达 59.30%（见图 21）。

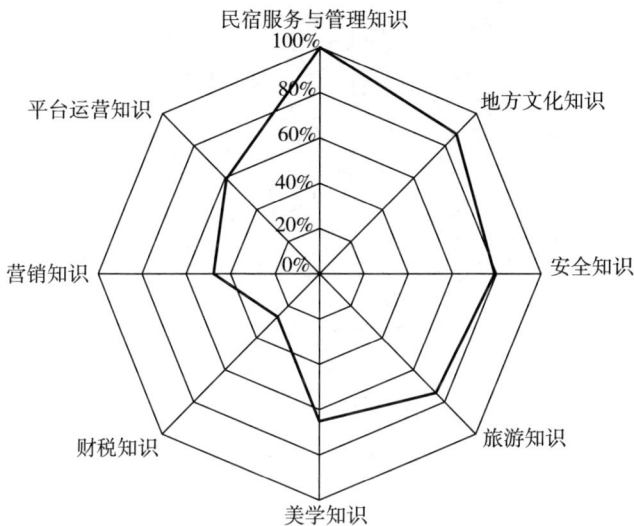

图 21　被调研民宿对人才知识结构要求

11. 被调研民宿认为工作人员应具备技能

调研结果显示，被调研的 86 家民宿中，56 家民宿认为民宿工作人员应具备产品开发设计技能，占比达 65.12%；79 家民宿认为工作人员应具备对客服务技能，占比达 91.86%；58 家民宿认为工作人员应具备茶/咖啡等饮品制作技能，占比达 67.44%；76 家民宿认为工作人员应具备活动策划类技能，占比达 88.37%；76 家民宿认为工作人员应具备营销推广技能，占比达 88.37%；45 家民宿认为工作人员应具备财务管理技能，占比达 52.33%；40 家民宿认为工作人员应具备工程管理技能，占比达 46.51%；64 家民宿认为工作人员应具备摄影宣传类技能，占比达 74.42%；54 家民宿认为工作人员应具备民宿设计技能，占比达 62.79%（见图 22）。

12. 被调研民宿对证书要求

调研结果显示，被调研的 86 家民宿中，43 家民宿认为工作人员应持有

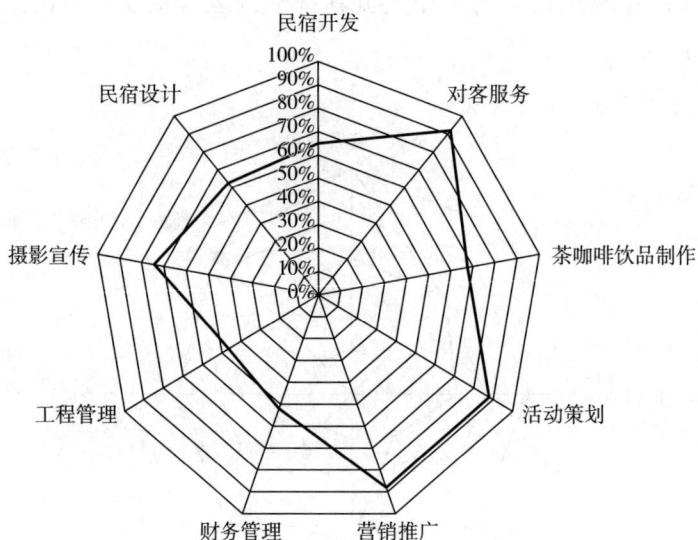

图22　被调研民宿对人才技能要求

学历证书，占比达50%；21家民宿认为工作人员应持有专业资格证书，占比达24.42%；5家民宿认为工作人员应持茶艺、花艺等生活美学类证书，占比达5.81%；17家民宿认为工作人员无需持有证书，占比达19.77%（见图23）。

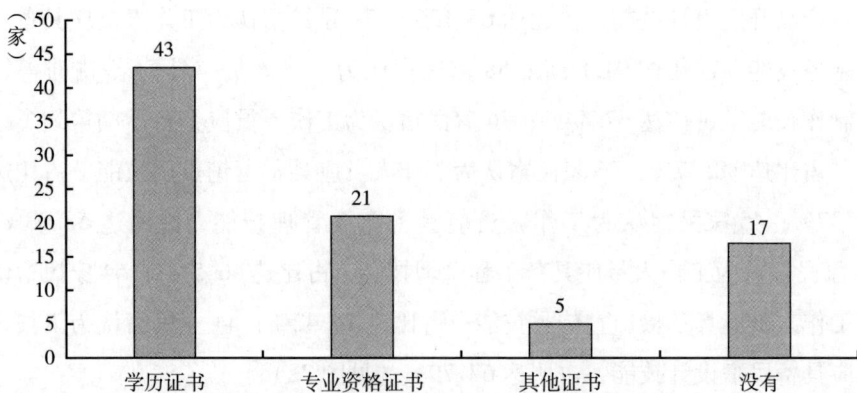

图23　被调研民宿对证书要求情况

13. 被调研民宿认为工作人员应具备职业素养和能力

调研结果显示，被调研的 86 家民宿中，63 家民宿认为工作人员应具有中文（口头及书面）表达能力，占比达 73.26%；6 家民宿认为工作人员应具有英文（口头及书面）表达能力，占比达 6.98%；79 家民宿认为工作人员应具有合作与沟通能力和组织协调能力，占比均为 91.86%；56 家民宿认为工作人员应具有创新能力，占比达 65.12%；59 家民宿认为工作人员应具有学习能力，占比达 68.6%；22 家民宿认为工作人员应具有专业理论水平，占比达 25.58%；54 家民宿认为工作人员应具有项目策划与实施能力，占比达 62.79%；72 家民宿认为工作人员应具有认真负责的工作态度，占比达 83.72%；76 家民宿认为工作人员应具有对民宿行业的热爱，占比达 88.37%；62 家民宿认为工作人员应具有投身乡村振兴的积极性，占比达 72.09%；51 家民宿认为工作人员应具有历史文化挖掘和活化能力，占比达 59.3%；3 家民宿认为工作人员应具有其他素养和能力，占比达 3.49%（见图 24）。

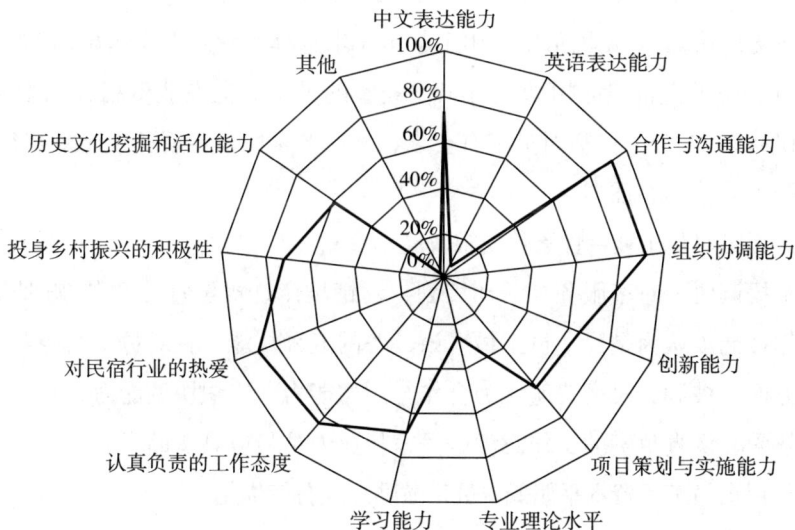

图 24　被调研民宿招聘人才的职业素养和能力要求

（四）调研结论

1. 被调研民宿投资规模较小，多为租赁房产、单体经营

被调研民宿中，投资小于 100 万元的民宿占比最高，投资超过 500 万元的民宿占比最少；民宿房间基本不超过 10 间；房屋类型多为租赁房屋，单体经营以及私营民宿构成了被调研民宿的主体。

2. 被调研民宿员工数量一般较少，招聘相对较难

被调研民宿中员工人数在 10 人以下的占半数以上，设置岗位有民宿管家、保洁员、餐饮制作与服务员、营销人员、活动策划人员、前台接待员等多种岗位，经访谈得知多数民宿岗位职能分工模糊，存在一兼多职的状况。在员工招聘中，超过一半的民宿都提出了对民宿管家的需求，且 74.42% 的民宿倾向于在网络上招聘员工。而且，63.95% 的民宿受访者认为招人比较困难，究其原因，受访民宿认为是多数民宿位居乡村，地方偏僻，且规模小，行业人才发展前景不清晰。

3. 民宿企业更青睐大专学历学生，且对工作经验有一定要求

在被调研的 86 家民宿中，用工学历需求选择大专的占比达 65.12%，且超过 60% 的民宿希望能招聘到有工作经验的员工。在专业资格证书要求方面，仅有 24.42% 的民宿对员工有要求，另有 5 家民宿希望员工能持有茶艺、花艺等生活美学类证书。

4. 民宿对员工复合性素养要求较高

根据调研，对客服务、活动策划、营销推广、摄影宣传和茶/咖啡等饮品制作技能被认为是民宿员工最应该具备的五种技能。在对员工的专业素养要求方面，被调研民宿普遍认为合作与沟通能力、组织协调能力、对民宿行业的热爱、认真负责的工作态度是民宿从业人员最应具备的素养。

5. 民宿员工工资水平偏低，员工激励方式有待优化

被调研民宿中，超过 65% 的民宿为员工提供的工资在 3000~3999 元，支付 5000~6999 元月薪的民宿仅占 1.16%，且这些民宿多位于浙江、江苏等较为发达地区，相对于民宿工作的复杂性而言薪酬水平较低。在薪酬支付方式方面，75.58%的民宿选择了"基本工资+绩效奖励"的形式，倾向于选择"基本工资+计件工资（约定的提成）+绩效奖励"等其他薪酬方式的民宿仅占2.33%。

三　民宿人才供需存在的问题与对策

（一）民宿人才供需存在的问题

得力的人才保障是支撑我国民宿产业可持续发展的必备要素。通过民宿人才的需求侧和供给侧对比研究发现，我国民宿人才供需存在以下问题。

第一，民宿人才招聘难以满足民宿需求。

根据调研数据，超过96%的被调研民宿都存在用人缺口，且超过60%的民宿觉得招人比较难。而乡村民宿的地理位置偏远、规模小、薪酬低都成为大学生选择民宿行业的障碍。民宿员工低收入水平和民宿对人才素质的高要求不匹配，直接导致了民宿企业招人难，留人更难。

第二，民宿人才培养速度跟不上民宿产业发展的步伐。

随着乡村旅游快速发展，国内消费者对民宿的需求日益旺盛。2019年至2020年，我国民宿房源总量增长了87.5%。民宿产业的快速发展也催生了对民宿经营管理人才的需求。虽然教育部已经将民宿管理与运营专业纳入招生目录，但2021年全国1897所高职院校中，仅有17所院校开设该专业，且只有7所院校成功开班，共招生189人，相对于旅游管理专业（开设该专业的高职院校达1044所）和酒店管理与数字化运营专业（开设该专业的高职院校达817所）[1]，民宿人才培养规模偏小。

第三，民宿人才培养的条件较为薄弱。

对2021年成功招生的7所高职院校的民宿管理与运营专业负责人进行访谈后发现，作为新开设专业，民宿管理与运营专业在课程资源开发、师资

---

[1]　资料来源于教育部职成司公布的数据。

培养、实训基地建设等方面都存在严重不足。目前，大多数院校开设的民宿管家服务、民宿设计与开发等专业核心课程都没有配套的教材资源；师资方面，大多数院校也是以原有的旅游管理、酒店管理与数字化运营等专业的教师团队为支撑，很少有老师具有民宿从业经验；院校规划的实训基地建设，如民宿预订系统、民宿产品开发、民宿模拟沙盘等都尚未建设或在建设中。

（二）对策与建议

民宿行业蓬勃发展，而专业化、职业化的民宿人才供给不足。要为我国民宿发展提供强有力的人力资源支撑，民宿人才培养任重而道远。根据我国民宿人才需求与供给现状调研分析，结合中共中央、国务院颁布的《乡村振兴战略规划（2018—2022年）》等文件精神，从政府层面、行业企业层面和院校层面提出相应的对策和建议。

1. 政府层面

人才是我国民宿产业健康持续发展的关键因素。政府不但要重视民宿发展，更要为民宿人才培养提供相应的政策支持和财政支援。

第一，政府应结合地方民宿产业发展需求，加大对民宿人才培养培训工作的支持力度，建立地方民宿旅游人才库，发挥柔性引智效应，引进民宿投资开发、规划设计、经营管理、运营服务等全产业链人才，为地方民宿发展提供智力支持。

第二，政府要完善激励机制，积极探索"乡村振兴合伙人"机制，鼓励本土企业、城乡居民、返乡人员兴建民宿，提供人才创业和产业扶持资助，将"民宿人才"纳入乡土人才队伍，着力提升民宿人才的荣誉感和归属感。同时，出台相关文件为民宿旅游行业专技人才职称评聘提供制度保障。

第三，民宿发展离不开乡村综合体的配套支持。政府要建设以民宿为核心的美丽乡村综合体，统筹考虑产业发展所需要的管理型、服务型、技能型等人才，建立民宿人才培养培训体系。定期组织民宿人才开展考察培训活动，不断提高民宿人才整体水平。

2.行业企业层面

行业企业是民宿人才的需求主体，应从自身发展定位出发，主动承担起民宿人才培养的责任。

第一，民宿行业协会应积极主动承担起整合行业资源、引导行业规范发展的责任。各级民宿行业协会应积极发挥桥梁纽带作用，搭建政府和民宿企业之间沟通的桥梁，及时了解行业情况、需求，以便政府及时对相关民宿发展的标准和法规做出修订，推进地方民宿产业健康发展。同时，民宿行业协会可以联动各地方民宿联盟共同制定民宿人才培养的课程以及相关制度。如在一定范围内针对民宿从业者设置岗位认证等级，激励民宿人才成长。

第二，民宿应结合地方旅游资源和民俗文化，明确自身的发展定位，凸显民宿发展特色，积极探索适合自身的产品开发、经营和营销策略。同时，要扎根地方，充分调动当地农民的工作积极性，通过培训提高当地农民的服务接待能力，并通过租赁、入股、众筹等多种形式让农民参与民宿经营，增强农民与民宿的黏性，保持民宿劳动力资源的稳定性。

3.院校层面

作为我国职业人才的重要培养基地，职业院校要勇担乡村振兴使命，积极培育民宿人才，助力乡村民宿发展。

第一，院校应对接民宿运营需求，认真梳理民宿管理和运营的岗位工作任务，分析从事民宿服务、接待、运营与管理所必须具备的知识、素养和职业技能，科学制定课程体系，开发课程、教材、视频等相关教学资源，为民宿人才培养和培训奠定基础。

第二，院校要深化与民宿行业、企业的产学合作，与民宿行业、企业专家共建师资团队，共同规划民宿人才培养的项目、开发教学资源，共建地方民宿人才培训基地，实现院校资源优化整合。

第三，创新民宿人才培养模式。院校可以选择地方民宿企业，建立真实运营的生产性实训基地，开发实训项目，激励学生充分发挥其文化挖掘、产品开发、营销运营等创新创业能力，引导学生热爱乡土，扎根乡村振兴，厚植发展乡村民宿产业的情怀。

B.13
中国民宿政策变化与解读

刘琳琳　徐灵枝*

摘　要： 自 2012 年开始，国内的民宿政策数量开始逐渐增多，中国民宿政策的发展经历了地方先行先试、国家鼓励探路、省级积极推进、全国上下联动等四个阶段。中国的民宿政策在约 10 年的发展过程中，呈现自下而上、逐步推进、非均衡不充分等特点。民宿政策从单部门发声向多部门联合发布转变，从指导意见到实施细则进行具体落实，从促进民宿产业发展向促进农业与民宿融合发展转变。

关键词： 民宿政策　高质量发展　融合发展

一　中国民宿政策的发展进程

中国最早与民宿客栈相关的政策是出台于 2012 年的《特色民居客栈等级划分与评定》（DB53/T 413-2012），当时国内以民居客栈、家庭旅馆、农家旅馆为主。随后国内开始出现"民宿"的概念，"民宿"在我国快速发展，真正意义上的"民宿政策"也相继出台。中国民宿政策的发展经历了地方先行先试、国家鼓励探路、省级积极推进、全国上下联动等四个阶段。

---

* 刘琳琳，旅游管理硕士研究生，深圳新旅民宿客栈发展研究中心，民宿研究员、旅游策划师，研究方向为民宿发展研究、民宿旅游策划等；徐灵枝，广东民宿发展研究院执行院长，研究方向为旅游民宿政策研究、乡村民宿策划、乡村产业规划等。

（一）第一阶段：地方先行先试

1. 浙江敢为人先，各地市和县区出台民宿扶持政策

在全国各省份之中，浙江省敢为人先、积极探索，率先出台民宿政策以引导民宿产业健康发展。湖州市德清县莫干山是浙江省民宿发展最早的地方之一，莫干山是国内民宿发展的典型代表，在农家乐因产品单一而逐渐走下坡路的时候，以"洋家乐"为代表的高端民宿的发展成为当地乡村旅游转型升级的契机，受到当地政府的高度重视。2014年，德清县出台《德清县民宿管理办法（试行）》（德政办发〔2014〕7号），从建筑设施、消防安全、经营管理等方面制定民宿开办的具体条件，成立德清县民宿发展协调领导小组和由公安、消防等多个相关部门组成的德清县民宿联合审批小组，解决德清县民宿审批和消防等难题，随后德清县在2015年发布《乡村民宿服务质量等级划分与评定》，① 成为国内最早出台民宿管理和民宿标准化政策的县区之一。

莫干山民宿产业的成功让浙江省及各地市、县区认识到民宿这一新兴旅游业态的重要性。2015年9月，浙江省出台《浙江省旅游条例》，民宿发展受到浙江省政府的关注，民宿在全国首次被写入省级地方性法规，该条例更是数次提到民宿：浙江省鼓励城乡居民利用自有住宅或者其他条件兴办民宿；国家机关和企事业单位的活动和工会组织的疗养活动等可委托给符合条件的民宿提供服务；符合条件的民宿，相关部门应发放经营许可；关于民宿的范围和条件，省人民政府将另行制定。② 紧接着在2016年，浙江省先后发布了《浙江省民宿（农家乐）治安消防管理暂行规定》和《浙江省人民政府办公厅关于确定民宿范围和条件的指导意见》。面对新冠疫情对民宿行业的影响，2022年浙江省出台《关于应对新冠肺炎疫情支持民宿行业纾困解难的若干意见》。浙江省是国内最早发布真正意义上民宿政策的省份，对

---

① 资料来源：浙江省标准化研究院官方网站，http：//www.zis.org.cn/Item/1856.aspx。
② 资料来源：浙江省文化和旅游厅官方网站，http：//ct.zj.gov.cn/art/2015/9/25/art_ 1229135376_ 627240.html。

国家和各省市民宿政策的制定起到了带头作用和示范作用，浙江省文化和旅游厅、浙江旅游职业学院也因其对民宿政策的深入研究而参与起草 2017 年发布的国家民宿标准《旅游民宿基本要求与评价》。

在浙江省级民宿政策的引导下，浙江省各市、区、县纷纷出台扶持民宿产业发展的政策。以下以杭州市和丽水市为例。

杭州市民宿产业发展起步较早。早在 2013 年，桐庐县便制定出台了《关于加快发展美丽乡村民宿经济的实施意见》，2015 年 12 月出台《关于加快推进民宿经济转型升级的实施意见》，此外桐庐县还出台了《民宿旅游服务质量等级评定标准》，如今桐庐县已经拥有众多民宿示范村和精品民宿，民宿产业成为桐庐县发展"三农"和乡村振兴的亮点，被中国农村发展研究院授予"中国乡村民宿发展研究基地"称号，成为中国国际民宿发展论坛永久举办地。在杭州市的 13 个区县中，有 7 个区县已出台民宿政策。2014 年 7 月 7 日，杭州市出台《杭州市农村休闲业发展扶持项目及资金管理办法（试行）》；2016 年 6 月 20 日，淳安县出台《淳安县农村现代民宿业扶持项目实施方案（试行）》；2017 年 9 月 22 日，富阳区出台《杭州市富阳区民宿产业发展项目和资金管理办法》；2018 年 8 月，余杭区出台《余杭区鼓励民宿（农家乐）发展的若干政策意见》（余农办〔2018〕20 号）；2018 年 9 月 6 日，临安区出台《临安区民宿经济发展实施细则》；2019 年12 月 24 日，建德市出台《关于进一步加强民宿审批及管理的指导意见（征求意见稿）》；2020 年 8 月 28 日，萧山区出台《萧山区农村现代民宿项目资金管理办法（试行）》。

丽水市是国内民宿产业的典型代表，创立了全国首个地级市注册成功的民宿区域公用品牌"丽水山居"。丽水市自 2014 年开始大力发展民宿产业，相继出台民宿扶持政策、民宿发展计划/发展规范、民宿标准等。2014 年 10 月 15 日，丽水市发布《关于大力发展乡村特色民宿深化农家乐综合体创建的指导意见》；2016 年 1 月，丽水市制定《关于大力发展农家乐民宿经济促进乡村旅游转型升级发展三年行动计划（2016～2018 年）》；2017 年 11 月 27 日，丽水市发布《关于全面提升农家乐民宿规范发展的实施意见》；2017

年 12 月 26 日，丽水市发布《"丽水山居"农家乐综合体和精品民宿示范项目评审认定办法（试行）》；2019 年 12 月 10 日，丽水市发布《"丽水山居"民宿服务要求与评价规范》；2022 年 9 月 16 日，丽水市发布《丽水市人民政府关于推进"丽水山居"农家乐民宿高质量发展的若干意见》（征求意见稿）。在丽水市的 9 个区县（市）中，有 8 个区县（市）已出台地方民宿政策。龙泉市于 2016 年发布《龙泉市加快推进民宿（农家乐）发展扶持办法》；青田县 2016 年出台《关于促进侨家乐与民宿、农村电子商务、来料加工产业发展的三年行动计划》和《青田县侨家乐与民宿发展扶持办法》；缙云县于 2016 年发布《关于促进农家乐民宿经济发展三年行动计划（2016—2018）》《关于大力扶持农家乐民宿经济发展的实施意见（试行）》；2016 年 4 月 11 日，遂昌县发布《遂昌县旅游特色村（农家乐民宿资源村）评定及管理办法》，2020 年 12 月 23 日，遂昌县发布《关于确定民宿范围和条件的指导意见》，此外遂昌县旅游协会于 2021 年 5 月 11 日发布团体标准《温泉民宿等级划分与评定》；云和县自 2016 年起陆续出台了《云和县农家乐民宿发展总体规划（2016—2020）》《云和县农家乐民宿三年行动计划（2016—2018 年）》《云和县促进农家乐民宿经济发展的若干意见》《云和县农家乐民宿成长贷担保管理暂行办法》等民宿政策；庆元县于 2016 年发布《庆元县农家乐民宿经济发展三年行动计划（2016—2018年）》；松阳县于 2017 年发布《松阳县民宿经营服务规范》，于 2018 年发布《松阳县人民政府办公室关于确定民宿范围和条件的指导意见》，此外，为吸引社会资本，松阳县出台了《社会资本投资民宿开发奖励政策》，并在 2022 年 8 月 25 日发布《松阳县金融支持民宿业健康发展的若干意见》；莲都区于 2021 年发布了《莲都区促进农家乐民宿经济发展实施意见（网上征求意见稿）》。

2. 部分地区探索，零星出台民宿发展政策

早在 20 世纪 80 年代，云南的民宿便已经起步，虽然当时还没有兴起"民宿"的说法，但当时的云南"客栈"与如今的"民宿"实为同一概念。2012 年 9 月 20 日，由云南省旅游局提出、云南省质量技术监督局发布的《特色民居客栈等级划分与评定》，提出经营证照等基本条件和管理制度、安全管理、卫生质量、服务质量、公共信息图形符号设置、环境保护等基本要求，并将特色民居客栈分为五个等级，从高到低依次为：五星级、四星级、三星级、二星级、一星级，明确各星级民宿评定需满足的条件。[①]

早在 2013 年，国内一些区县已认识到民宿发展的前景，探索出台了一些地方民宿政策，例如福建省漳州市长泰县。2013 年 6 月 24 日，长泰县人民政府发布《长泰县发展旅游民宿扶持办法》，鼓励长泰人民利用自家住宅在景区景点周边发展民宿，从民宿设施、消防安全、人员管理等方面提出民宿建设标准，制定民宿资金补助及税收优惠政策。[②]

（二）第二阶段：国家鼓励探路

1.国务院出台指导意见，民宿被首次提出

从 2015 年起，国家开始关注"民宿"的发展，在 2015 年 11 月和 12 月发布的《国务院办公厅关于加快发展生活性服务业促进消费结构升级的指导意见》（国办发〔2015〕85 号）和《中共中央 国务院关于落实发展新理念加快农业现代化 实现全面小康目标的若干意见》（中发〔2016〕1 号）两个文件中，首次将"客栈民宿"纳入"生活性服务业"范畴，[③] 民宿有了正式的"身份"，文件鼓励各地依据自身具体条件，有规划地开发休闲农庄、乡村酒店、特色民宿、自驾露营、户外运动等乡村休闲度假产品。[④]

2.相关部委局持续关注，民宿被定义为行业

文化和旅游部、财政部、原环境保护部、住房城乡建设部、质检总局等国家相关部委局持续关注国内民宿产业的发展。2016 年，国家发展改革

---

① 资料来源：瑞丽市人民政府官方网站，http：//www. rl. gov. cn/Web/_ F0_ 0_ 28D06YPV9535NVQPC0QK3UTU2R. htm。
② 资料来源：闽南网，http：//zz. mnw. cn/changtai/xw/566616. html。
③ 资料来源：中华人民共和国中央人民政府官方网站，http：//www. gov. cn/zhengce/content/2015-11/22/content_ 10336. htm。
④ 资料来源：中华人民共和国中央人民政府官方网站，http：//www. gov. cn/zhengce/2016-01/27/content_ 5036698. htm。

委、中宣部等十个部门联合出台了《关于促进绿色消费的指导意见》（发改环资〔2016〕353号），鼓励民宿发展，支持共享经济。[①] 2017年6月30日，国家质量监督检验检疫总局、中国国家标准化管理委员会联合发布的《2017年国民经济行业分类》（GB/T 4754-2017），首次将"民宿服务"纳入我国国民经济行业分类当中，[②] 民宿被定义为行业，"身份"得到进一步确认。

3.民宿职业受人社部重视，民宿管家被列入职业分类大典

2022年，人力资源和社会保障部发布《中华人民共和国职业分类大典（2022年版）》，"民宿管家"作为一种新职业被列入我国职业分类第四大类"社会生产服务和生活服务人员"中的"康养、休闲服务人员"，"民宿管家"被定义为"提供客户住宿、餐饮以及当地自然环境、文化与生活方式体验等定制化服务的人员"。[③]

（三）第三阶段：省级积极推进

1.在浙江带动下，陕西、四川、海南、上海出台省级政策

浙江省民宿产业的成功引起了国内各省份的广泛关注。在2016年浙江省出台《浙江省民宿（农家乐）治安消防管理暂行规定》和《浙江省人民政府办公厅关于确定民宿范围和条件的指导意见》后，多个省、直辖市紧随其后，于2017~2018年纷纷出台省级民宿政策，包括民宿标准、民宿评级、民宿管理、民宿发展意见等不同类型。2017年重庆市出台《乡村民宿旅游服务质量等级划分》。2018年，陕西省出台《陕西省特色民宿示范标准》和《关于规范秦岭地区农家乐（民宿）发展的指导意见》，四川省出台《四川省旅游扶贫示范区、示范村和乡村民宿达标评定管理办法》，海南省

---

① 资料来源：中华人民共和国中央人民政府官方网站，http://www.gov.cn/xinwen/2016-03/02/5048002/files/e0d02a75cff54a3fb51e59295d852245.pdf。

② 资料来源：国家统计局官方网站，http://www.stats.gov.cn/tjsj/tjbz/hyflbz/201710/t20171012_1541679.html。

③ 资料来源：人社部官方网站，http://www.mohrss.gov.cn/SYrlzyhshbzb/zcfg/SYzhengqiuyijian/202207/t20220714_457833.html。

出台《海南省人民政府关于促进乡村民宿发展的指导意见》，上海市出台《关于促进本市乡村民宿发展的指导意见》。

2. 全国各省级单位陆续出台民宿发展政策

2019年，海南省、广东省、福建省、山西省、新疆维吾尔自治区、河南省、北京市等7个省、直辖市、自治区相继出台民宿管理办法、民宿服务标准、民宿扶持办法、民宿发展指导意见等省级民宿政策。2020年，黑龙江省、广西壮族自治区、北京市、山东省、江西省等5个省、直辖市、自治区相继出台民宿设施要求与服务规范、民宿发展规划、民宿建筑消防安全规范、民宿发展指导意见等省级民宿政策。2021年，安徽省、江苏省出台促进民宿发展的意见。2022年，福建省、甘肃省相继出台民宿发展促进政策。

2019年后，省级民宿政策在类型上有了突破和创新，广东省和海南省创新性出台省级民宿管理办法，广西壮族自治区创新性编制全国第一个省级民宿发展规划。全国众多省级单位对于民宿产业的规范化管理逐渐成熟，对于民宿的发展方向逐渐清晰。

（四）第四阶段：全国上下联动

在国家和浙江省的带动下，全国各级政府上下联动，国家级、省级、市级、区县级甚至乡镇级民宿政策纷纷出台。

国家对民宿产业促进乡村旅游和乡村振兴的作用给予肯定，鼓励发展民宿产业，鼓励放宽民宿市场准入条件。2019年9月16日，国家主席习近平考察信阳市新县田铺乡田铺大塆"老家寒舍"民宿，考察了民宿的服务设施，并与民宿主深入交谈，指出"依托丰富的红色文化资源和绿色生态资源发展乡村旅游，搞活了农村经济，是振兴乡村的好做法"，[①]肯定了民宿在乡村振兴中发挥的积极作用，极大地鼓舞了各地发展民宿的决

---

① 资料来源：中华人民共和国中央人民政府官方网站，http：//www.gov.cn/xinwen/2019-09/18/content_ 5431062. htm。

心。2021 年 3 月 31 日，国务院总理李克强在国务院常务会议上提出"合理放宽旅游民宿等市场准入"，① 随后在 4 月 27 日的常务会议中又提出要支持乡村民宿、休闲农业等发展，吸引城市居民下乡消费。②

乡镇也以民宿为抓手，发展乡村旅游，实现乡村振兴。以广东省东莞市麻涌镇为例，2017~2019 年三年时间，麻涌镇陆续出台了《麻涌镇民宿管理暂行办法》《麻涌镇推动民俗客栈（民宿）建设试点扶持暂行办法》《麻涌镇餐饮名店、特色酒店（民宿）评定与管理暂行办法（修订）》等民宿政策，新基村等具有百余年历史的古村落重获生机，变成文艺范十足的民宿村，成为珠三角地区的网红打卡地。

二 中国民宿政策的发展特点

（一）自下而上

国内民宿政策的出台具有"自下而上"的发展特点，即区县级单位首先认识到民宿产业的重要性，根据自身发展需要率先出台民宿政策，随后市级和省级单位为促进全市和全省民宿产业健康发展而出台市级和省级民宿政策。

浙江省民宿产业发达，民宿政策发展较早，呈现"自下而上"的特点。以浙江省湖州市为例，2014 年，湖州市德清县出台《德清县民宿管理办法（试行）》，随后在 2015 年发布了德清县《乡村民宿服务质量等级划分与评定》。2015 年，湖州市长兴县为扶持民宿发展，出台了《长兴县特色民宿发展暂行办法》。湖州市的安吉县等其他区县在 2014、2015 年民宿产业快速发展的时候，也相应出台了一些民宿扶持政策。2015 年，为了规范化管理和

---

① 资料来源：中华人民共和国中央人民政府官方网站，http：//www.gov.cn/premier/2021-03/31/content_ 5597073.htm。
② 资料来源：中华人民共和国中央人民政府官方网站，http：//www.gov.cn/premier/2021-04/27/content_ 5603293.htm。

扶持整个湖州市的民宿产业，湖州市出台了《湖州市乡村民宿管理办法（试行）》。

广东省民宿产业虽相对于浙江省起步较晚，但处于飞速发展阶段，各级民宿政策数量在近三四年快速增长，同样呈现"自下而上"的特点，以广东省韶关市为例。韶关旅游以丹霞山闻名全国，仁化县丹霞山民宿集群是广东十大民宿集群之一，2015年仁化县提出"丹霞仁家"民宿/农家乐公共品牌，并出台《仁化县"丹霞仁家"（农家乐）星级评定标准》和《仁化县"丹霞仁家"特色民宿评定的必备条件》，在民宿标准化建设方面走在全国前列。2016年，韶关市出台《韶关市星级乡村旅游民宿服务质量等级划分与评定标准》，推广仁化县民宿发展经验。2021年，韶关市出台《韶关市民宿管理暂行办法》和《韶关市民宿发展扶持办法（试行）》，促进韶关市民宿产业健康发展。

（二）逐步推进

国内各类民宿政策的出台具有从奖励扶持、评级标准到规范管理"逐步推进"的特点。多数市县在早期就认识到民宿产业的发展潜力，于是出台奖励扶持办法、民宿评级标准等政策，通过星级民宿资金奖励、贷款扶持、基础设施建设、支持房屋流转、简化登记流程等方式鼓励民宿发展。随着民宿产业的快速发展，民宿数量快速增加，同时出现了服务质量参差不齐、经营证照不全、消防安全存在隐患、管理部门职责不清等诸多问题，为了解决这些问题，各地陆续出台民宿管理办法、民宿开办指引、民宿服务规范、民宿消防管理规定等规范化管理政策，引导民宿产业健康发展。

（三）非均衡不充分

综观国内各地出台的民宿政策，整体具有"非均衡不充分"的特点。从省级层面来看，华北、华中、华南、西南大部分省级单位已出台省级民宿政策，西北、东北多数省级单位尚未出台省级民宿政策。从市级层面来看，有的省份多个地市都出台了市级民宿政策，有的省份市级民宿政策则较少。例如，浙江省几乎每个地市都出台了相应的民宿政策，但国内其他省份的市级政策数量却参差不齐。从区县级层面来看，有的地市多数区县都出台了区县级民宿政策，有的地市多数区县未出台民宿政策。例如，广东省佛山市的禅城区、顺德区、南海区、三水区、高明区等五个区全部出台了区县级民宿政策，而广东省湛江市的9个区县均未出台民宿政策。

三　中国民宿政策的变化解读

（一）从单部门发声到多部门联动

国内早期的民宿政策一般是由文旅部门制定并发布，随着民宿产业的发展，文旅部门发现民宿虽小，但它不仅涉及文化旅游，还涉及农村、建筑、消防、卫生、工商、财政等方方面面，单靠文旅部门难以使力，需众多相关部门联合发力，才能解决民宿产业发展中的诸多问题。为促进地方民宿产业发展，国内各地的相关部门开始联合起来，共同发力。于是，国内民宿政策的发布逐渐由文旅部门单独发布向多个相关部门联合发布转变。例如，2019年北京市发布的《关于促进北京市乡村民宿发展的指导意见》便是由北京市文化和旅游局、农业农村局、公安局、规划自然资源委、住房城乡建设委、卫生健康委、市场监督管理局、消防救援总队等8家单位联合发布。[①] 2019年海南省发布的《海南省乡村民宿管理办法》是由海南省住建厅、旅文厅、财政厅、农业农村厅、市场监督管理局、公安厅等6个部门联合发布。[②] 2022年发布的《关于促进乡村民宿高质量发展的指导意见》是由文化和旅游部、公安部、自然资源部、生态环境部、国家卫生健康委、应急管理部、

① 资料来源：北京市文化和旅游局官方网站，http：//whlyj. beijing. gov. cn/zwgk/zcfg/zcjd/202003/t20200324_ 1731294. html。

② 资料来源：海南省人民政府官方网站，https：//www. hainan. gov. cn/hainan/zxxx/201905/1788eeed2ab74b8a988ba6bf0e9c8533. shtml。

市场监管总局、银保监会、国家文物局、国家乡村振兴局等 10 个国家部门联合发布的。①

（二）从指导意见到实施细则落实

国内民宿政策的类型呈现从早期的指导意见到实施细则落实的趋势。民宿发展指导意见以宏观发展方向、扶持政策和保障措施等内容为主。以 2018 年海南省发布的《关于促进乡村民宿发展的指导意见》为例，文件提出统一规划、统筹布局、精心设计、丰富业态、多元投入、规范管理、细化标准等建设内容，制定了加强民宿用房保障、加强金融扶持、加大财政补助力度、鼓励社会各界返乡创业、简化营业证照审评流程等 5 大扶持政策，并从加强领导、制定政策、加强管理、加强宣传、严格考核等方面提出保障措施，从宏观角度明确海南省促进乡村民宿发展的工作方向。② 而民宿实施细则将民宿管理、民宿评级等工作落到实处，制定出清晰的实施内容和实施方法。以 2021 年广东省河源市发布的《河源市民宿管理实施细则》为例，文件明确了县级以上政府、旅游、公安、消防、市场监督、城乡建设、自然资源、卫生健康、生态环境、乡镇人民政府、街道办事处等相关部门的具体工作职责；从民宿客房规模、民宿选址和经营场地、民宿建筑、消防，以及治安、卫生、食品安全、环保、诚信经营、行业自律、标识标示、风险防范、兼营服务、睦邻等经营规范方面提出具体的开办要求；明确证照办理、民宿登记的详细开办程序。③《河源市民宿管理实施细则》为河源市各级政府、相关管理部门、民宿经营者明确了详细具体的工作内容和要求，促进河源民宿产业朝着规范化方向发展。

---

① 资料来源：中华人民共和国中央人民政府官方网站，http：//www.gov.cn/zhengce/zhengceku/2022-07/19/content_ 5701748. htm。
② 资料来源：海南省人民政府官方网站，https：//www.hainan.gov.cn/hainan/szfwj/201802/c4b1d3a2000c49e88487de142a162caf. shtml。
③ 资料来源：河源市人民政府官方网站，http：//www.heyuan.gov.cn/zwgk/zfgb/2021/01/szfwj/content/post_ 423509. html。

（三）从民宿促进到农旅融合促进

民宿产业的发展与农业、农村、农民息息相关，涉及宅基地、雇用农民、利益分红、农业资源开发等诸多复杂的问题。民宿产业只有与农业有机融合、健康发展，才能有效促进乡村旅游、乡村振兴的发展。因此，农业农村管理部门在制定农业相关政策的时候，往往将民宿考虑进去。例如，2019年中央农村工作领导小组办公室和农业农村部发布了《关于进一步加强农村宅基地管理的通知》，文件提出"鼓励村集体和农民盘活利用闲置宅基地和闲置住宅，通过自主经营、合作经营、委托经营等方式，依法依规发展农家乐、民宿、乡村旅游等"，① 解决了民宿利用宅基地开办经营的问题。同时，在各地民宿政策的制定过程和民宿管理过程中，农业农村管理部门、乡村振兴管理部门越来越多地参与其中，重点管理农业农村资源开发、宅基地的利用、民宿企业经营模式等乡村民宿前期开发基础问题，而文旅部门则重点负责民宿市场规范管理、营销推广等工作，两者相互协作，融合发展，共同推进民宿产业健康发展。

2012~2022 年，经过 10 年的发展，中国各级民宿政策数量不断增加，民宿政策种类逐渐增多，民宿政策在引导我国民宿产业标准化、规范化、健康化发展等方面起到了重要的作用。随着我国民宿产业的持续发展，未来中国的民宿政策将朝着更加完善的方向发展，民宿政策的引导和促进作用将越来越凸显。

---

① 资料来源：中国农业农村部官方网站，http：//www.moa.gov.cn/gk/tzgg_ 1/tz/201909/t20190920_ 6328397.htm。

案 例 篇

Case Studies

B.14

苏州太湖国家旅游度假区
民宿发展报告

姚 缘　沈明戈　侍佳雯　杨清婧*

摘　要：　太湖地区的民宿发展源于其旅游名胜地丰富的历史文化资源，主
要为自建自营方式，在数量增长的过程中，形成了一些民宿集
群，产业集群化发展态势初步显现。政府通过宏观调控，对民宿
的发展进行规范化管理，并通过协会实施行业监督管理，构建起
"政府+行业协会"的监督管理体系。在数字技术、IP化、沉浸
式体验游等举措的驱动下，在推动乡村振兴和建设美丽乡村等战
略指引下，太湖地区民宿需要重塑民宿产业经营理念，打造
"太湖度假区民宿特色目的地"；凸显度假区特色，创新营销管
理模式；探索"美丽中国共生模式"，实现绿色发展共同致富；
强化协会和组织两者的有机联合，促进区域内资源共享；谋划行

---

*　姚缘，博士，南京艺术学院副研究员，研究方向为文化治理、文化与科技；沈明戈、侍佳
雯、杨清婧，南京艺术学院学生，研究方向为公共事业管理（文化管理）。

业长远发展，高起点规划民宿发展蓝图。

关键词： 民宿　苏南模式　苏州太湖国家旅游度假区

一　太湖地区旅游民宿发展基础

（一）疫情突发后文旅产业继续增长

2020 年受疫情影响苏州市旅游总收入相比往年有所下降。2021 年，苏州市全年总共接待国内外游客 11273.5 万人次，相比 2020 年增长了 19.8%，旅游总收入达到 2294.4 亿元，比上年增长 11.0%（见图 1）。2021 年苏州市实施了"苏州文化产业倍增计划"，焦点集中于"动漫游戏、影视"等文化产业的核心领域，拓展"创意设计、演出艺术、文化旅游、工艺美术、先进文化制造"等领域的发展。全市规模以上的文化企业营收相比 2020 年增长 15.2%。

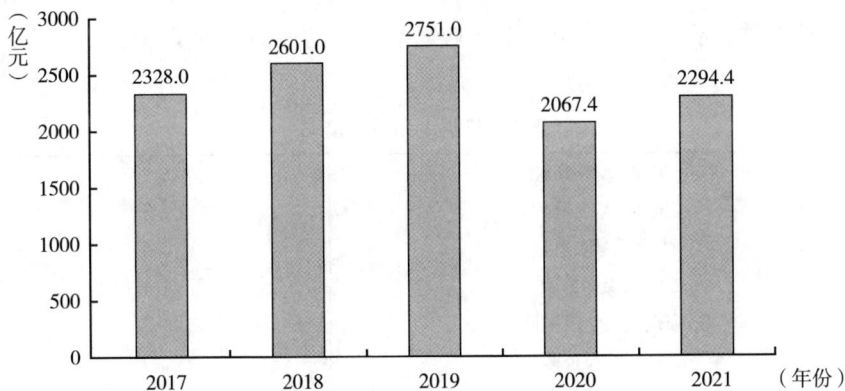

（亿元）

年份	旅游总收入（亿元）
2017	2328.0
2018	2601.0
2019	2751.0
2020	2067.4
2021	2294.4

图 1　2017~2021 年苏州旅游总收入

资料来源：苏州市统计公报。

（二）自然、历史文化资源丰富

1.自然资源禀赋好

苏州太湖国家旅游度假区陆地面积 268.97 平方公里，太湖水域面积 921.05 平方公里，绿地总面积 118.81 平方公里。太湖位于亚热带地区，气候温和湿润，属亚热带季风气候，年平均气温在 16.0℃～18.0℃；河港纵横交错，河道口众多，有主要进出河流 50 多条。

2.旅游资源丰富

太湖度假区连续三年（2018～2020 年）位列省级以上旅游度假区考核第一方阵，荣获中国体育旅游目的地、国家全域旅游示范区等荣誉称号。2021 年实现旅游目的地接待人数 1095.58 万人次，完成旅游总收入 168.83 亿元，同比增幅均超 29%。太湖地区现有 6 个国家 5A 级景点、2 个国家 4A 级景区、3 个太湖风景名胜区、1 个国家森林公园、1 个国家现代农业示范园区、2 个国家地质公园以及 48 个旅游景点（见表 1）。苏州拥有国家级文化产业示范园区（基地）9 家、省级 21 家、市级 63 家。入选国家首批文物保护利用示范区创建名单，被评为国家首批文旅消费示范城市。开发了具有本土特色的产品品牌——太湖礼物。拥有传统手工艺品、特色食品、特色产鲜、日常创意品、商务礼品、艺术收藏品等旅游商品，种类丰富。

表 1　苏州太湖景点清单

国家 5A 级景点	6 个
国家 4A 级景区	2 个
太湖风景名胜区	3 个
国家森林公园	1 个
国家现代农业示范园区	1 个
国家地质公园	2 个
各类旅游景点	48 个

3.历史悠久，文化资源丰富

太湖地区作为吴文化的发源地，历史文化资源丰厚，坐拥两大超级历史

IP "兵圣" 孙武和香山帮鼻祖蒯祥，还有玉雕、核雕、红木雕、佛雕、苏绣、缂丝、吴罗等 "苏工"、"苏作" 非遗技艺。现有国家级、省级工艺美术大师、各级非遗传承人 96 名，地方手工艺从业者达 1 万余人，年产值超10 亿元。太湖度假区是全苏州最具特色的文旅板块，拥有极为丰富的景区景点、历史遗存等资源。它拥有 2 个国家级历史文化名镇、1 个省级历史文化名镇、5 个国家级历史文化名村、12 个中国传统村落（见表 2）、6 个全国重点文物保护单位、17 个省级重点文物保护单位、80 个市级重点文物保护单位。在此基础上，太湖度假区积极探索文化元素与旅游度假、产业发展的有机融合，积极打造 "最江南人文客厅"。例如，玉雕、核雕、红木雕、佛雕、香山帮、苏式刺绣等传统工艺文化的展示推广打响了苏工苏作的太湖品牌。度假区还打造了梅花节、民俗节、采摘节、民宿节、苏作工艺、徒步越野、足球赛事等众多具有全国影响力的节庆活动和体育赛事。此外，太湖度假区还拥有 13 个省级及以上获奖或中华老字号/中华餐饮名菜。

表 2　度假区历史文化资源清单

国家级历史文化名镇	2 个
江苏省历史文化名镇	1 个
国家级历史文化名村	5 个
中国传统村落	12 个
中国工艺雕刻之乡	1 个
中国花木之乡	1 个

（三）区位优越、交通便捷

国务院于 1992 年 10 月批准成立的苏州太湖国家旅游度假区，为全国首批成立的 12 个国家级旅游度假区之一。历经多轮区划调整，太湖度假区管辖面积已由成立之初的 11.2 平方公里扩大至 268.97 平方公里，下辖 "三山一福地"：金庭镇（西山国家现代农业示范园区）、东山镇、香山街道和光福镇，常住人口 20.9 万，太湖水域总面积达 921.05 平方公里，山林覆盖面积达 112.77 平方公里,绿地面积 118.81 平方公里。

太湖度假区位于苏州古城西南 15 公里,位于环太湖文旅产业带 C 位,区位优越,交通便捷,距离上海 95 公里、距离无锡仅 42 公里,具备便捷的水陆空结合的立体交通体系。子胥快速路和轨道交通 5 号线,20 分钟直达苏州市区;苏州绕城高速、沪宁、苏沪、苏嘉杭高速、中环西线高架和 312 国道四通八达,驱车 30 分钟可到达苏南国际机场、驱车 45 分钟可到达上海虹桥国际机场,驱车 90 分钟可到达上海浦东国际机场;京沪高铁、沪宁高铁、苏锡常城际铁路(规划中)将度假区与长三角城市群紧密相连。2021 年 6 月开通苏州轨道交通 5 号线,预示太湖湾将深度融入苏州主城区发展,规划中的苏锡常城际快线也将在太湖湾与轨交 5 号线交会,进一步放大叠加扩散效应。

(四)经济社会发展构筑优良环境

近五年,苏州市 GDP 稳步增长。近 5 年生产总值稳步上升,2020 年苏州市实现地区生产总值 20170.5 亿元(见图 2),占江苏省生产总值的 19.28%,增长 4.86%。人均生产总值在江苏省内位居第 3,高于全国平均水平(7.24 万元)。苏州市的经济发展水平位于全国前列,为文化和旅游产业的发展、文旅产品的消费奠定了坚实可靠的基础。

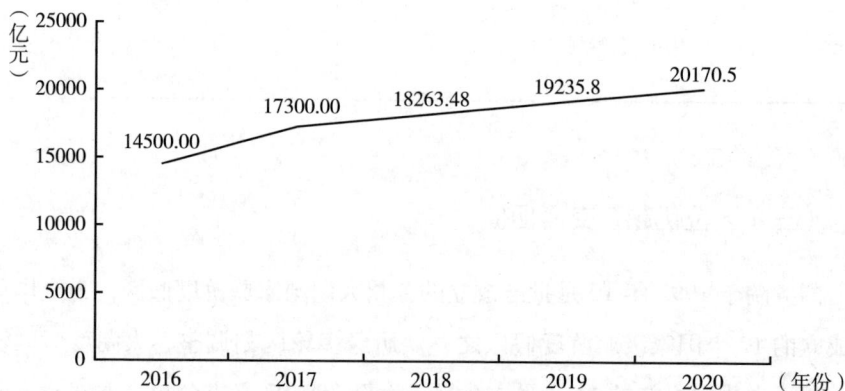

图 2 2016~2020 年苏州市地区生产总值趋势

资料来源:《苏州统计年鉴》。

苏州市常住人口在 2020 年猛增，达到 1284.78 万人（见图 3），占全省人口比重为 15.04%。在江苏各市人口排行中，排名第一，也是江苏唯一的超千万人口的城市。苏州劳动力充足，消费潜力巨大，为文旅产业、民宿发展提供了人才及消费保障。

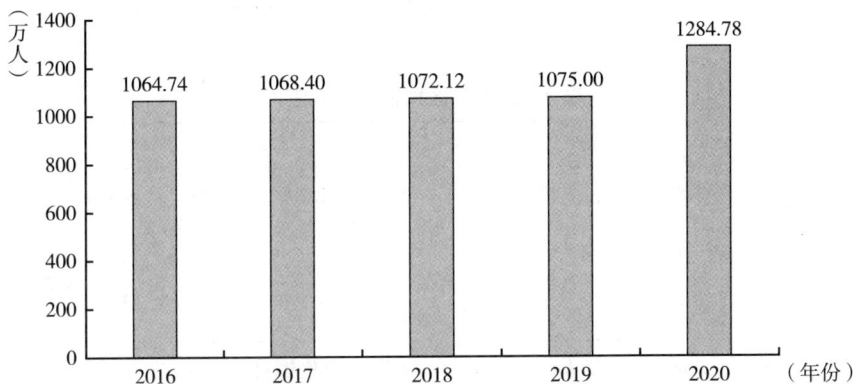

图 3 2016～2020 年苏州市常住人口情况统计

资料来源：苏州市统计公报。

（五）科技创新助推产业升级

近年来，太湖度假区集中发展"天堂苏州·最美吴中"，从高起点入手推动太湖生态岛的"一号任务"，高质量实施文旅+科技"双轮驱动"战略。连续三年（2019～2021 年）获评苏州市推进高质量发展先进地区。围绕智能制造、数字产业、总部经济，大力拓宽太湖科技产业园、太湖湾数字科技园、太湖湾总部经济园这三大载体，凝聚力量实现"三大高地"产业发展。2021年完成一般公共预算收入 13.8 亿元，完成攀高目标的 100%，其中税收收入完成 13.2 亿元，税收占比 95.7%；全年完成政府基金收入 14.32 亿元。吴中区2021 年 GDP 达 1500 亿元，同比增长 11.63%，人均 GDP 达 107991 元。①

①《苏州各区市 2021 年全年 GDP 出炉：工业园区、张家港均突破 3000 亿元》（baidu.com）。

（六）政策规范民宿发展

自 2016 年以来，苏州吴中区、太湖国家旅游度假区等政府部门陆续出台一系列文件助力太湖地区民宿发展。政策主要集中在管理办法、星级评定、安全检查、培训等乡村旅游民宿规范方面（见表 3）。

表 3 太湖地区民宿相关政策

时间	部门	文件名称
2016 年	苏州市吴中区人民政府办公室	《关于申请度假区民宿(农家乐)推广消防简易喷淋系统或火灾蔓延抑制装置补贴专项资金的请示》
2017 年	苏州市吴中区人民政府办公室	《区政府办公室印发关于促进吴中区旅游民宿规范发展的实施办法》
2017 年	苏州市吴中区人民政府办公室	《西山农业园区(金庭镇)民宿(农家乐)管理办法(试行)》
2019 年	苏州市吴中区文化体育和旅游局	关于印发《吴中区旅游民宿等级划分与评定办法(试行)》的通知
2020 年	苏州太湖国家旅游度假区文体旅游发展局	《关于实施 2020 年入住酒店、民宿免景区(点)门票的通告》
2020 年	苏州太湖国家旅游度假区文体旅游发展局	《关于开展 2020 年度假区旅游企业员工服务礼仪和技能提升培训的通知》
2020 年	苏州太湖国家旅游度假区文体旅游发展局	《关于开展 2020 年"端午"节前度假区文体旅游、宗教场所安全联合专项检查的通知》
2020 年	苏州太湖国家旅游度假区管理委员会	《度假区开展 2021 年元旦前旅游、宗教、文保单位安全检查》
2021 年	苏州太湖国家旅游度假区文体旅游发展局	《度假区清明节前文体旅游、宗教场所安全联合检查》
2021 年	苏州市人民政府	《关于支持太湖生态岛建设的若干政策意见》
2021 年	苏州市吴中区人民政府办公室	《关于推动吴中旅游民宿高质量发展的指导意见》
2021 年	苏州市吴中区人民政府办公室	《区政府办公室关于印发吴中旅游公共安全事件应急预案(修订版)的通知》

二 太湖地区旅游民宿发展特点

（一）规模及特色

1. 民宿数量颇具规模

近年来，太湖度假区专注于旅游产业转型升级，大力发展民宿经济，带动人民群众致富，加速推进全区域文旅发展。太湖地区民宿数量不断攀升，产业质量加快提升，截至2022年8月，度假区已有民宿（农家乐）近千家，民宿产业初具规模，涌现出了太美雪绿、林屋小筑、望听、粗衣食吾等多个精品民宿。在数量增加的同时，产业质量也快速提升，喜来春、橘香园、吾乡山舍等民宿经过整改跻身农民自营精品民宿行列。过云山居、花筑等民宿品牌落地生根。

2. 民宿增速有所放缓

1999年起太湖地区民宿的前身——农家乐开始发展，2016年起精品民宿数量显著增加，2017年达到顶峰，增幅超过100%。后受疫情的影响，文旅产业遭受重创，苏州太湖国家旅游度假区新建民宿数量出现负增长，但在疫情常态化条件下，本地市场逐渐回暖，民宿需求仍有一定空间，特别是在疫情影响减少的平稳期，民宿需求恢复较快（见图4）。

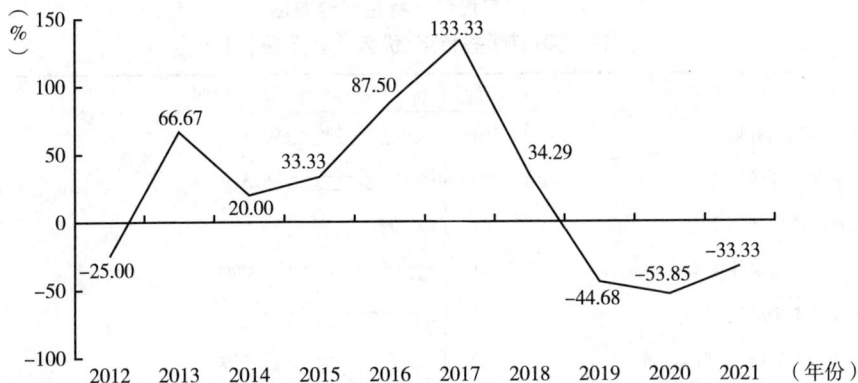

图4 民宿新建、改扩建增长率

3.厚重的人文底蕴是主要优势

毗邻风景名胜区、历史文化环境、民风民俗等丰富的文化因素是太湖地区民宿发展的亮点。太湖地区民宿基于自身厚重的文化底蕴与人文内涵，打造出别具江南风味的特色民宿（见图5、表4）。

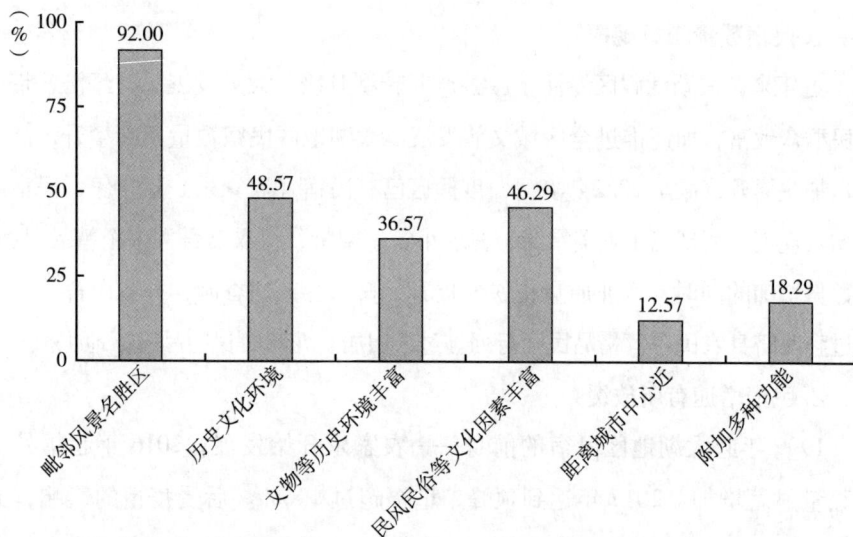

图 5　民宿优势及特色

表 4　民宿优势及特色问卷数据
（您的民宿有哪些特点/优势［多选题］）

选项	小计	比例
毗邻风景名胜区	161	92%
历史文化环境	85	48.57%
文物等历史环境丰富	64	36.57%
民风民俗等文化因素丰富	81	46.29%
距离城市中心近	22	12.57%
附加多种功能（如康养、研学等）	32	18.29%
本题有效填写人次	175	

（二）经营管理情况

1. 自建自有为主要形式

问卷数据显示，太湖地区民宿投资额集中在 100 万~400 万元，其中，投资额在 201 万~400 万元的民宿占比最高，达 35.43%（见图6、表5）。资金来源中有 83.43% 都是自有资金，政府资金支持仅占 1.71%（见图7、表6）。物业属性大部分为个人自有/自建，占比达到 82.86%；12.57% 为其他，大多以租赁形式存在；集体所有（如居委会）占比仅 4.57%（见图8、表7）。

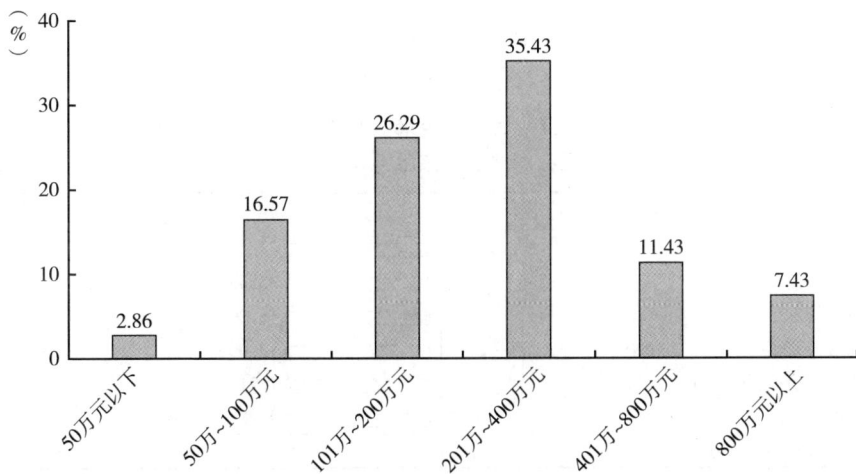

图6　民宿投资额情况

表5　民宿投资额情况问卷数据
（民宿建设总投资［单选题］）

选项	小计	比例
50 万元以下	5	2.86%
50 万~100 万元	29	16.57%
101 万~200 万元	46	26.29%
201 万~400 万元	62	35.43%
401 万~800 万元	20	11.43%
800 万元以上	13	7.43%
本题有效填写人次	175	

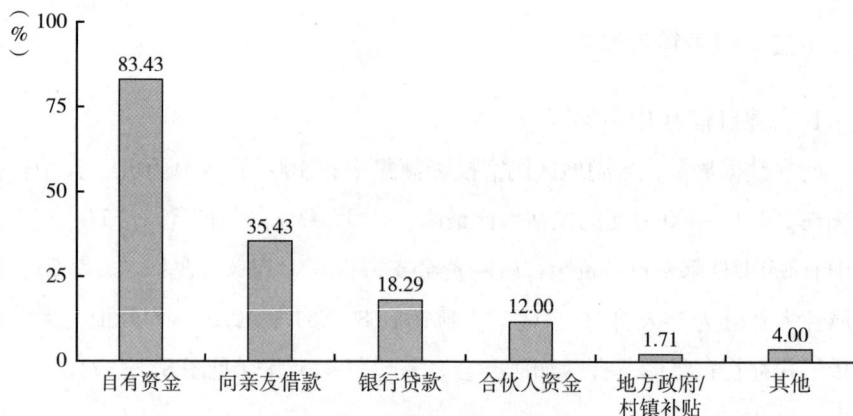

图7 民宿资金来源

表6 民宿资金来源问卷数据
（民宿筹建资金来源［多选题］）

选项	小计	比例
自有资金	146	83.43%
向亲友借款	62	35.43%
银行贷款	32	18.29%
合伙人资金	21	12.00%
地方政府/村镇补贴	3	1.71%
其他	7	4.00%
本题有效填写人次	175	

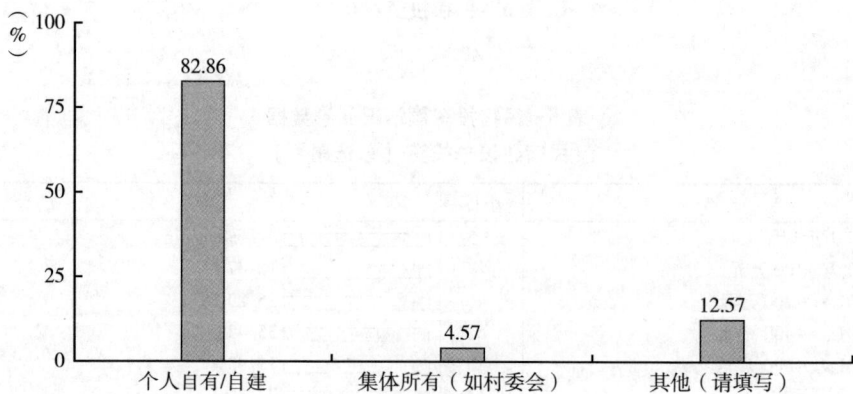

图8 民宿物业属性比例

242

表7　民宿物业属性比例问卷数据

（民宿物业属性［单选题］）

选项	小计	比例
个人自有/自建	145	82.86%
集体所有（如村委会）	8	4.57%
其他（请填写）	22	12.57%
本题有效填写人次	175	

2. 省外游客是主要来源

民宿客源来自本市/地级市、本省、外省，均达到30%以上，其他客源仅占5.4%。其中，因太湖地区民宿得益于长三角一体化战略、强大的交通网络，其省外客源位列第一，占比达31.92%。

3. 规范经营管理手段

度假区积极配合区文旅部门，密切协调属地，推动民宿备案政策落地实施，在设施建设、安全治理、食品安全、消除隐患、预防灾患、公共卫生等方面实现民宿规范化管理。截至目前，度假区已备案民宿302家。

4. 注入了民俗文化体验内容

特色服务主要集中于农事活动体验与地方民俗文化体验。其中，占比最高的特色服务为农事活动体验，达到66.86%，占比相对较多的特色服务还有地方民俗文化体验和美食制作，分别占到41.71%和34.29%（见图9、表8）。此外，特色服务在历史研学或红色研学、心理辅导与心理纾解、禅修课程、营养配餐与慢病调理、术后康复护理这五方面也有所涉猎。

（三）人力资源状况

1. 员工数量少，主要来自家庭成员

员工数量普遍较少，大多数民宿平均员工数量都在5名左右，最多的员工数量也不超过20人。数据显示，56%的民宿都是家庭成员进行经营和服务，75%的民宿员工都是家庭成员或招聘的本地务工人员，25%的民宿聘用了外来务工人员。

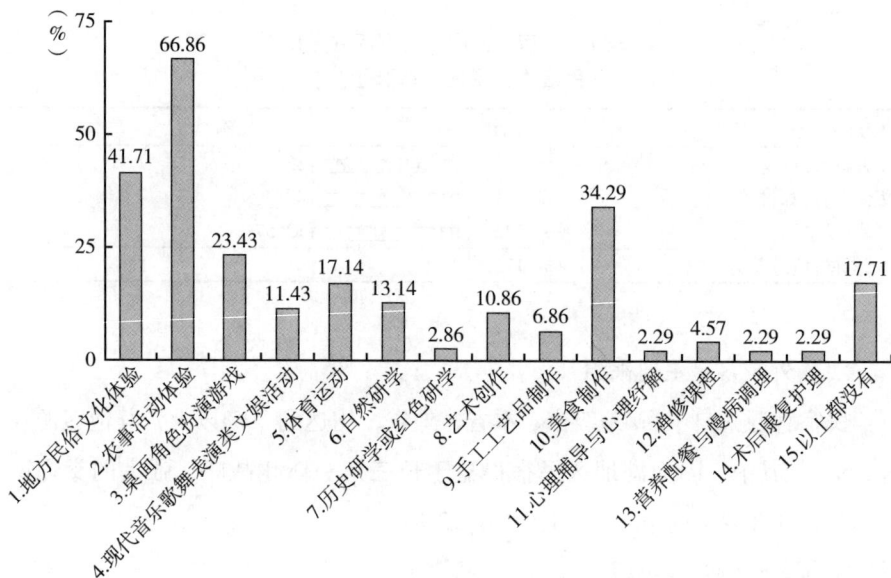

图9　民宿特色活动

表8　民宿特色活动问卷数据
（您的民宿提供哪些特色体验性服务？［多选题］）

选项	小计	比例
1. 地方民俗文化体验	73	41.71%
2. 农事活动体验	117	66.86%
3. 桌面角色扮演游戏（如剧本杀）	41	23.43%
4. 现代音乐歌舞表演类文娱活动	20	11.43%
5. 体育运动（户外运动、武术和瑜伽课程等）	30	17.14%
6. 自然研学	23	13.14%
7. 历史研学或红色研学	5	2.86%
8. 艺术创作（如文学作品和书画作品）	19	10.86%
9. 手工工艺品制作（如草编、竹编、陶瓷）	12	6.86%
10. 美食制作	60	34.29%
11. 心理辅导与心理纾解	4	2.29%
12. 禅修课程	8	4.57%
13. 营养配餐与慢病调理	4	2.29%
14. 术后康复护理	4	2.29%
15. 以上都没有	31	17.71%
本题有效填写人次	175	

2. 员工多为30岁以下的女性

太湖地区55%的民宿聘用的男性员工数量少于女性员工数量，3%的民宿聘用了20岁以下的员工，70%的民宿聘用了30岁以下的员工，65%的民宿聘用了60岁以上的员工，绝大多数民宿的员工年龄都在30~60岁。

3. 年用工成本集中在7万元以下

民宿经营在双休日、节假日比较繁忙，具有灵活用工的特点。超过7成的民宿年均用工成本在7万元以下，其中超过四成的民宿用工成本少于5万元（见图11、表10）。近半数的民宿会为员工缴纳社保，近四成的民宿会对员工进行岗位培训，超过20%的民宿会为员工缴纳医保、养老保险、工伤险（见图12、表11）。

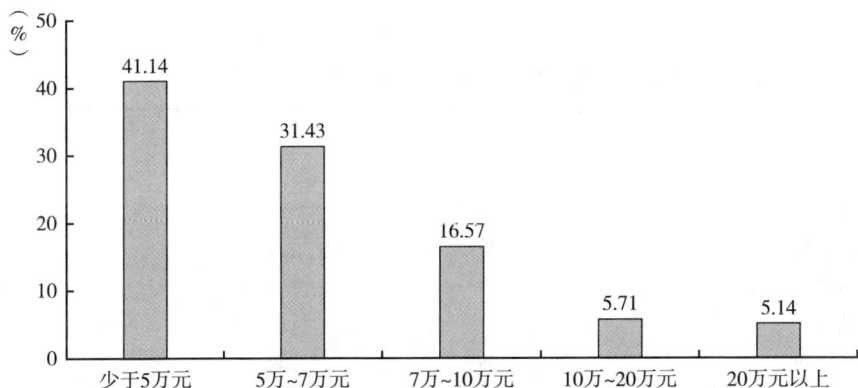

图10　民宿年均用工成本

表9　民宿年均用工成本问卷数据
（年人均用工成本［单选题］）

选项	小计	比例
少于5万元	72	41.14%
5万~7万元	55	31.43%
7万~10万元	29	16.57%
10万~20万元	10	5.71%
20万元以上	9	5.14%
本题有效填写人次	175	

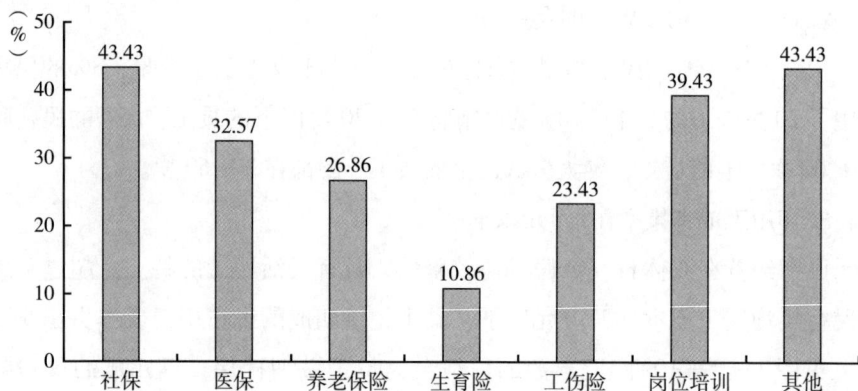

图 11　民宿提供福利情况

表 10　民宿提供福利情况问卷数据
（是否为员工提供以下福利和保障［多选题］）

选项	小计	比例
社保	76	43.43%
医保	57	32.57%
养老保险	47	26.86%
生育险	19	10.86%
工伤险	41	23.43%
岗位培训	69	39.43%
其他	76	43.43%
本题有效填写人次	175	

（四）数字化、信息化建设情况

1. 微信、抖音是主要线上宣传渠道

太湖地区民宿的新媒体平台主要是抖音、微信公众号，少量民宿通过小红书及微信朋友圈和微博等平台进行自我宣传。仍有超过30%的民宿并没有在任何自媒体上宣传推广（见图12、表11）。

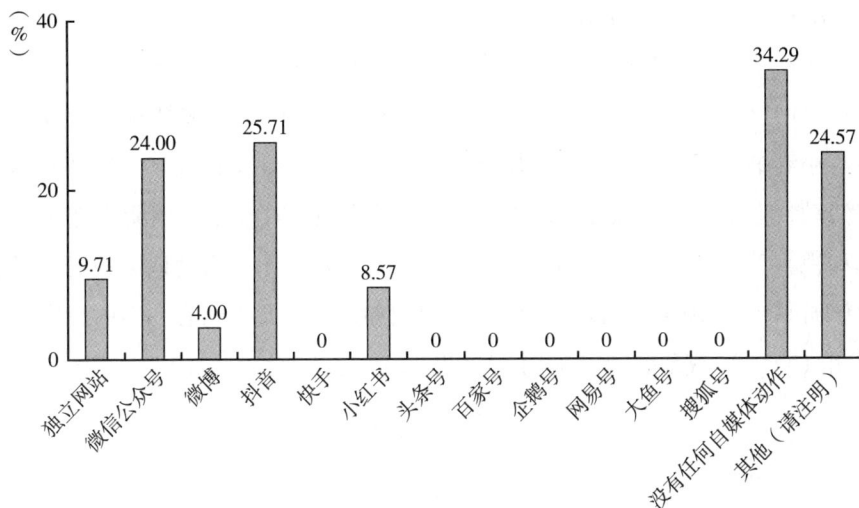

图 12　民宿自媒体使用情况

表 11　民宿自媒体使用情况问卷数据
（您的民宿已经建成了哪些信息化自媒体营销宣传渠道？［多选题］）

选项	小计	比例
独立网站	17	9.71%
微信公众号（订阅号/服务号）	42	24%
微博	7	4%
抖音	45	25.71%
快手	0	0
小红书	15	8.57%
头条号	0	0
百家号	0	0
企鹅号	0	0
网易号	0	0
大鱼号	0	0
搜狐号	0	0
没有任何自媒体动作	60	34.29%
其他（请注明）	43	24.57%
本题有效填写人次	175	

2. OTA 平台使用率较高

在当今信息爆炸的社会，酒香也怕巷子深，所以经营业绩好的民宿，一般在 OTA 平台上都有销售，除了携程、途家、美团、爱彼迎等平台外，还有与小红书、璞缇客等平台开展合作的。虽然有的业主称没有开展特别的营销活动，但他们都有数量可观的朋友圈，经常通过微信、抖音等发布图文消息和视频动态。本次太湖地区民宿调研问卷数据显示，太湖地区的民宿对线上旅游平台的使用率较高，主要为携程网和途家。此外约有一半的民宿选择美团（点评）或爱彼迎（见图 13、表 12）。

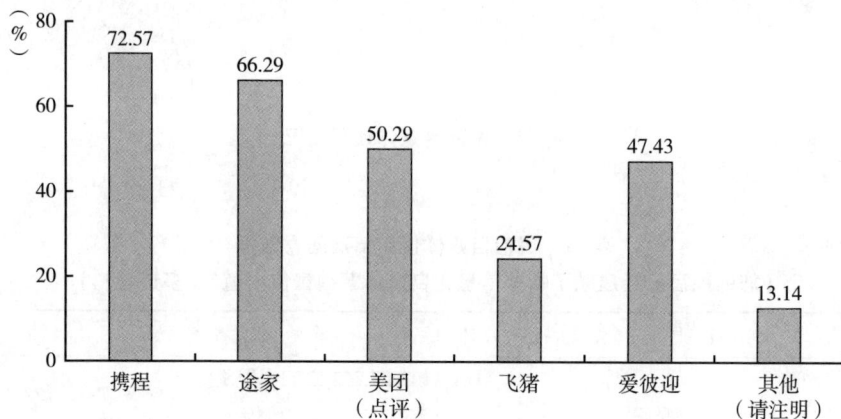

图 13 民宿线上获客渠道

表 12 民宿线上获客渠道问卷数据
（您的民宿是否通过下列线上旅游平台（OTA）进行销售？［多选题］）

选项	小计	比例
携程	127	72.57%
途家	116	66.29%
美团（点评）	88	50.29%
飞猪	43	24.57%
爱彼迎	83	47.43%
其他（请注明）	23	13.14%
本题有效填写人次	175	

3. 共享品牌意愿表现不明显

42.86%的民宿更倾向于自己经营，41.71%的民宿表示可以尝试与其他民宿以特许经营的形式共同享有一个民宿品牌，11.43%的民宿很期待与其他民宿合力，以特许经营的形式共同构建一个民宿品牌（见图14、表13）。

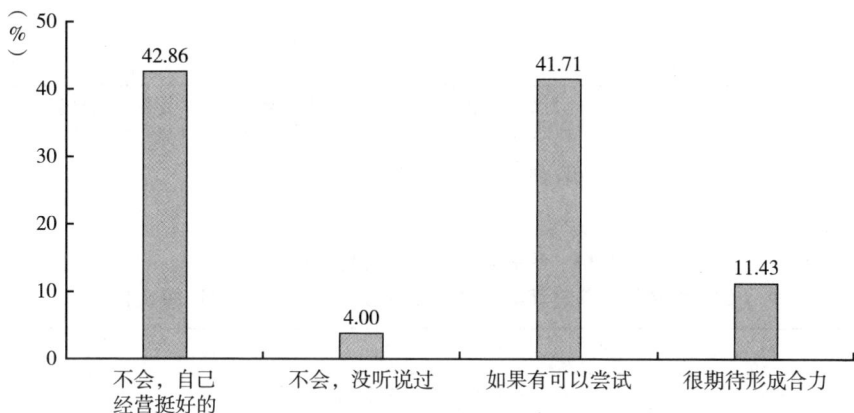

图14 民宿共享品牌建设意愿

表13 民宿共享品牌建设意愿问卷数据
（你会接受与其他民宿通过特许经营的方式共享同一个民宿品牌吗？［单选题］）

选项	小计	比例
不会,自己经营挺好的	75	42.86%
不会,没听说过	7	4%
如果有可以尝试	73	41.71%
很期待形成合力	20	11.43%
本题有效填写人次	175	

4. 具有较强的创新型服务意愿

超过95%的民宿都会保留客人微信，近70%的民宿会为常客提供额外的价格优惠，超过60%的民宿会为客人提供特产代购与快递服务，超过50%的民宿会定期向常客发送自家民宿的新动向（见图15、表14）。

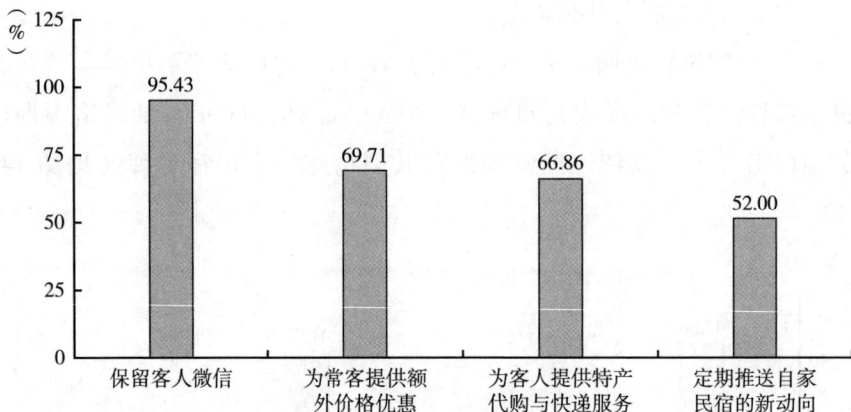

图 15　民宿创新型服务意愿

表 14　民宿创新型服务意愿问卷数据
（你会为招揽回头客而额外提供哪些服务或努力？［多选题］）

选项	小计	比例
保留客人微信	167	95.43%
为常客提供额外价格优惠	122	69.71%
为客人提供特产代购与快递服务	117	66.86%
定期推送自家民宿的新动向	91	52%
本题有效填写人次	175	

三　太湖地区旅游民宿发展实践

太湖地区对于民宿的开发与发展在诸多方面已经有自己的模式与经验。当前，正处于实施乡村振兴战略规划，推动美丽乡村建设，促进乡村旅游提高质量，加快形成农业农村发展新动能的新阶段。民宿作为乡村旅游的新业态，因其综合带动作用强，在带动就业、提高收入、改善环境、文明乡风等方面起到了重要作用，正成为新时代加快乡村振兴的关键举措。

（一）政府层面

1. 立足为民服务，加强调查研究

为全面了解度假区民宿经济发展状况，加强对民宿经济发展趋势的分析研判，助推度假区民宿经济健康持续发展，文旅局组织民宿产业发展调研，通过实地走访、对民宿经营者发放民宿调查表等形式，掌握辖区民宿业整体发展情况，特别是了解民宿业主经营状况，分析民宿经营中存在的困难和问题，并将调研结果形成书面报告，客观全面地反映度假区民宿发展现状，为解决目前存在的主要问题和后续改进建议提供新的思路与启发。

2. 着眼品质提升，强化宣传引导

首先，积极配合吴中区民宿备案会办，加强对民宿行业的安全规范管理，在消防安全、环境和餐饮卫生、公安实名信息登记等方面对民宿开展规范性指导，持续推动度假区民宿规范发展。截至目前，度假区三镇一街道已有302家民宿获得备案。其次，鼓励当地基础条件好、发展潜力大、特色优势明显的民宿经营户，按照《吴中区旅游民宿等级划分与评定办法（试行）》积极申报民宿星级评定。再次，充分利用抖音、微信等官方账号，推出"苏州太湖边的民宿故事"等专栏，提高曝光率和关注度。此外，度假区还可举办春夏秋冬四季旅游发布，打造不同主题、形式多样的"网红打卡点"，紧跟社会消费热点，引导市场需求，推介民宿产品，打响"苏州太湖民宿"品牌。另外，度假区还开展了西山夜话等夜间文旅市场活动，介绍苏州太湖历史文化，丰富夜间住宿休闲旅游产品。2021年度假区举办民宿节等活动，加强交流宣传，多形式、多渠道地扩大宣传面。

3. 分析市场形势，做好服务帮扶

首先，2020年为抗击新冠疫情，市旅游局推出"住宿免景区门票"的优惠政策，这一政策受到广大民宿业主的欢迎，较好地提升了民宿在市场上的竞争能力。其次，度假区通过召开民宿业主座谈会、交流会等形式，认真听取民宿业主的意见、建议，加强民宿业主之间成功经验的交流和学习，摸清民宿情况，分析研究民宿存在的具体问题和解决办法，

引导民宿规范化管理和发展。此外，度假区可针对民宿普遍存在的经营管理问题，有针对性地举办各类培训会，如服务技能培训、宣传营销培训、安全管理培训等。

4. 加快民宿提档升级，差异化打造精品民宿

将民宿作为与普通农家乐不同的高端项目进行差异化打造，进一步明确产业发展思路，突出工作重点。文旅局和度假区可通过加强专业培训引导，不断提高民宿的专业化管理服务水平；通过定期举办针对民宿从业者的营销知识讲座和技能培训，引导经营户更新经营管理理念；通过度假区旅游官方微信、抖音和各类宣传品，高效推荐介绍民宿产品，扩大潜在市场；通过旅游行业协会、民宿联盟，组织从业者学习借鉴外地先进经验做法，从而有序构建政府部门带头、专业团队保障、个体户积极参加的发展格局；通过评选星级民宿、"太湖最受喜爱民宿"等，为民宿提供更广泛的宣传平台，并在行业内部实现引领带动的模范作用。

（二）社会相关组织方面

1. 村民组织的支持

三山村村委加强管理举措。三山村村两委在做好做优农村人居和生态环境治理的基础上，还在不断加强其他管理举措，在村庄环境清洁、房屋周围美化、照明排水系统提升等细节方面，通过做好基本服务工作来美化小岛，让更多游客能在村里找到停下脚步欣赏太湖风光的地方。

2. 行业协会的帮扶

度假区通过吴中区民宿会办和"长三角太湖民宿联盟"等行业协会的帮扶加强民宿行业的管理与推广。

首先，度假区可通过吴中区民宿会办加强对民宿行业的安全规范管理，在消防安全、环境和餐饮卫生、公安实名信息登记等方面对申报备案的民宿开展规范性指导，持续推动度假区民宿获得备案。具体工作包括规范污水接管、油烟净化、简易喷淋的安装工作，积极配合综合执法大队开展民宿、农家乐油烟净化装置、油污隔油池、污水接管工作；对辖区内民宿、农家乐发

展情况进行摸排，针对未办证、不备案、不登记的现象，督促镇、街道办牵头，联合公安部门、城管部门等开展集中专项整治行动。

成立"长三角太湖民宿联盟"。2020年11月7日，苏州市吴中区"相约环太湖 结盟长三角"首届长三角（太湖·吴中）民宿发展大会顺利举办。会上，吴中区正式启用"太湖民宿"区域产业品牌，并联合江苏、浙江、上海、安徽四省市成立"长三角太湖民宿联盟"。2021年12月12日，苏州太湖民宿节在度假区太美雪绿民宿举行。会上，共评选出"苏州太湖最受喜爱民宿"30家。

3. 社会资本助推

文旅开发公司为太湖地区基础设施建设提供资金支持。国资苏州万和商旅发展有限公司按照乡村振兴发展要求，整体推进漫山岛文旅项目，实施乡村振兴。目前岛上鸟类图书馆、花房等营利性空间的改造，漫山客、漫山居等精品民宿项目已经竣工。漫山岛超长湖底电缆供电成功，这一建设不仅为这座太湖小岛上的居民提供可靠的电力保障，还增强了该岛后续发展旅游业的供电稳定性，完善了基础设施建设。

（三）取得的成效

兴旺的民宿业成为吴中区尤其是环太湖地区乡村振兴的新引擎。民宿业的火爆推动了产业结构调整，加快了美丽乡村建设。

1. 带动村民增收、吸引人才回流

截至2021年10月底，度假区民宿（农家乐）直接带动村民就业5000余人，民宿户均收入数十万元。100多家社会资本投资的民宿全年为农民增加房租收入1000多万元。民宿成为重要产业，民宿不仅增加了乡村旅游的内容，还成为一道特别的风景线。

近年来成长起来的高品质民宿大多以有品位、有想法的年轻人作为经营管理者。他们更新了乡村造富血液，为乡村振兴的实现加油助力。

2. 带动相关产业发展

苏州太湖国家旅游度假区每年有超百万人次民宿客人涌入，带动了果

蔬、农鲜等特产的销售，拓宽了农民的收入渠道。度假区通过示范区民宿引领，提高综合整治水平，推进共享农庄、特色化种植等板块建设。

3. 打造IP、走品牌化道路

"太湖民宿"坚持以"品牌引领"为发展路线，提升地区民宿产业发展水平；发起并联动创立"长三角太湖民宿联盟"，加强长三角民宿产业沟通、协作，提高长三角民宿品牌影响力，为长三角民宿区域一体化发展赋予新内涵、新举措；全力建设太湖生态岛、长三角地区第一个生态涵养发展实验区，着力建设高质量发展、高水平保护、高效能管理的绿色生态品牌，推动太湖当好长三角民宿一体化的中心。此外，苏州太湖国家旅游度假区依托各类新媒体平台，打造爆款"网红打卡点"和"核心IP"，扩大民宿影响力。

4. 助力美丽乡村建设

随着农村宅基地以及农村集体资产管理改革逐步推进，各级政府鼓励农民运营民宿，赋能闲置村集体资产，带动城市人才下乡创业，吸引社会资本进行投资，乡村民宿发展规模不断扩大并逐渐形成品牌效应，多个民宿集聚区慢慢打响"太湖民宿"品牌，开始由村民利用自有住宅经营向引入专业团队打造精品民宿转型。通过建设民宿，度假区的基础设施、人居环境得到显著提升，乡村也更具特色和体验感。

四 打造旅游民宿新样板

（一）当前旅游民宿行业发展面临的机遇与挑战

1. 民宿发展迎来政策的蓝海

"十四五"规划指出，推动文旅融合发展，建设一批文化内涵丰富的世界级旅游景点和度假区，打造一批文化特色鲜明的国家级旅游休闲城市和街区，推动红色旅游和乡村旅游发展。《乡村振兴战略规划（2018—2022年）》指出，大力推动生态旅游产业发展，鼓励各类社会主体参与生态保护修复项目、从事旅游等产业开发工作，要求紧跟城乡居民消费拓展升级趋势，依照各地资源禀赋，深挖农业农村的生态环境、休闲观光、文化体验、健康养老等多种功能和多重价值。《中共中央 国务院关于实施乡村振兴战略的意见》中，将乡村旅游作为构建农村农业、工业、服务业融合发展体系，发掘乡村发展新动能的重要方面。

要发展乡村旅游，民宿是切入口。2020 年，文旅部长胡和平表示，乡村民宿是乡村旅游体系重要内容，是带动乡村经济增长重要抓手。在拉动消费（旅游产业链延伸、农产品等）、带动就业、弘扬文化方面均有重要意义；进入 2021 年，在疫情防控常态化背景下，民宿行业将通过政府助力与自我革新，实现行业升级，加快行业发展步伐。

2. 发展中仍面临诸多挑战

获客仍是经营中的最大问题。在太湖地区，民宿经营者面临的最大问题仍是客源的获取及成交，其次是人才管理、安全及品质管理等。从希望得到的帮扶看，推荐客源仍是绝大多数经营者的首选，其次是信息化运营能力建设方面的指导、同行经验交流等。

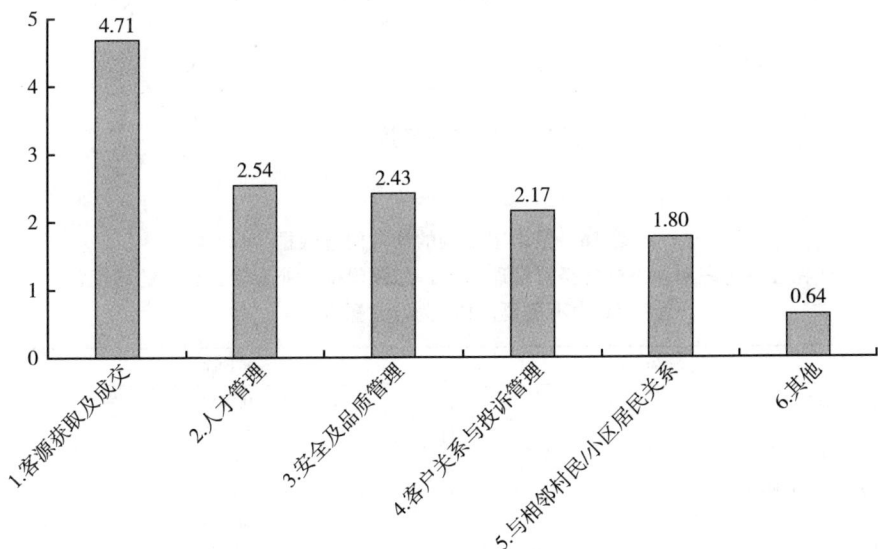

图16 经营中遇到的最大困难

表 15　经营中遇到的最大困难问卷数据
（您认为下述几项在民宿经营中困难程度的排序如何？［排序题］）

选项	平均综合得分
1. 客源获取及成交	4.71
2. 人才管理	2.54
3. 安全及品质管理	2.43
4. 客户关系与投诉管理	2.17
5. 与相邻村民/小区居民关系	1.8
6. 其他	0.64

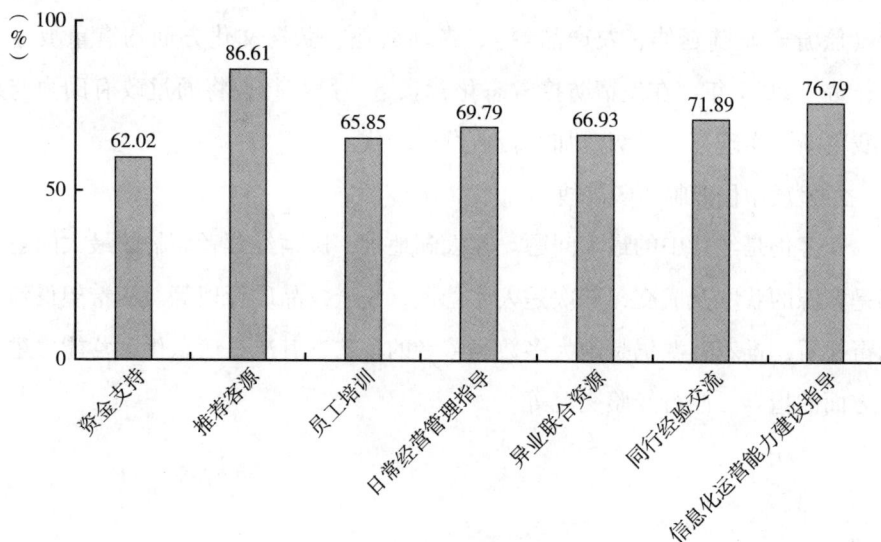

图 17　最希望得到的帮扶

表 16　最希望得到的帮扶问卷数据
（在经营过程中，下述各经营管理选项，您渴望得到外部专业支持的程度？
（0 为不重要，100 为非常重要））

行标题	平均值
资金支持	62.02
推荐客源	86.61
员工培训	65.85
日常经营管理指导	69.79
异业联合资源	66.93
同行经验交流	71.89
信息化运营能力建设指导	76.79

缺乏专业人才。当前太湖地区民宿经营管理者多为当地居民，年龄偏大、学历较低。行业内经营管理人才、建筑设计人才、文旅人才等专精人才不足，成为当下制约民宿发展的重要因素，也将是解决民宿发展难题的重要着力点。

与资本融合发展的探索。当前太湖地区民宿业主加入品牌的意愿不高，然而，经过新冠疫情的考验，随着资本的入局，一批不适应民宿发展要求的企业被淘汰出局，未来，如何借助资本的优势，探索融合发展的机制，需要借助政府引导，提前谋划。

特色化与普及性的协调。民宿究其内涵，便是其在建设运营方面的特色化，这需要注入更多的艺术设计、文化内核，需要 IP 的打造、内容的支撑，而这势必会提升其价格。在乡村振兴与美丽乡村建设的要求下，民宿的普及性同样重要，因此需要构建一种特色化与普及性相协调的发展模式。

政策发展与形势的要求。在国家乡村振兴、文旅政策的指引下，文化数字化建设、文化业态创新、文化科技融合等是未来发展的方向，民宿行业需要在数字基础设施、文化内涵打造、创新衍生业态、智能化建设等方面提早布局。

（二）打造太湖地区旅游民宿新样板

总体来看，太湖地区民宿发展具备了一定的规模和样板雏形，与国内浙江莫干山、云南丽江等民宿发展有特点的其他地区相比较，呈现如下几个方面的特征。第一，太湖地区的民宿发展缘起于其旅游名胜地丰富的历史文化资源吸引了大量游客，为了给游客提供区别于连锁酒店的特色化住宿、服务体验，当地居民将其自有住房改建为特色民宿。第二，太湖地区民宿主要为自建自营方式，民宿业主致力于打造自有品牌，加入品牌的意识不强。第三，在市场规律的引导下，民宿业发展迎来爆发期，在民宿数量增长的过程中，形成了一些民宿集群，产业集群化发展态势开始显现。第四，在民宿蓬勃发展的同时，为了规范经营管理，太湖地区政府通过宏观调控，对民宿的发展进行规范化管理，此外还建立了"政府+行业协会"的监管模式，充分发挥协会对行业的监管作用。第五，在数字技术、IP 化、沉浸式体验等手段驱动下，在乡村振兴、美丽乡村建设等战略引领下，太湖地区民宿需要进一步挖掘文化内涵，朝着高质量方向发展。

五 太湖国家旅游度假区民宿发展的建议

（一）重塑民宿产业经营理念，打造"太湖度假区民宿特色目的地"

度假区域内民宿发展势头良好，硬件上具有高端精品酒店特质，若能够融入在地文化和主人意识这一核心要素，可进一步吸引志同道合的各类合作者共同打造"太湖度假区民宿特色目的地"。

首先，在经营意识上，民宿经营者要重塑产业经营理念，关注经营者、消费者以及合作者的个人爱好、生活习惯、乡土情怀，形成有强烈共鸣的特殊经营共同体。

其次，在服务内容上，经营者应超越住宿产品所提供的"美食好梦"的传统模式，通过整体规划与系统营造，使消费者能全面感受当地的生产、生活、生态文化，通过参与非遗、节庆等活动深化游客的在地性文化体验。

最后，在互动关系上，要注重消费者离开后的关系互动。经营者能充分利用好网络平台和社交软件，开设公众号等分享民宿相关内容，及时更新日常，建立微信群与消费者保持联络、发布优惠信息等，为主客之间、客客之间搭建一个互动交流的虚拟空间，为后续消费奠定基础。同时，度假区管委会可以充分发挥区内独特的优势资源，让消费者体验自然、体验工艺和当地特色等，扩展度假区民宿的核心功能，丰富消费者的体验感，打造具有多样化体验、独特服务内容的"太湖度假区民宿特色目的地"。

（二）凸显度假区特色，创新营销管理模式

民宿的魅力在于其独特性、差异化和沉浸式。度假区民宿经过近几年的发展，已经从"跟学模仿"步入"兼收并蓄"的阶段，即要发挥度假区特点，吸

收消化外来经验，形成度假区特色。可以从如下三个方面进行重点关注。

第一，在民宿建筑风格上，应有意识地彰显江南水乡特有的历史人文、山水交相辉映的自然风光以及度假区内资源禀赋，发挥好经验丰富的建筑设计专业人士的作用，规划设计出特色鲜明、风格各异的江南民宿群落。

第二，在民宿的核心内容上，重点突出江南田园风光，彰显非遗特色，组织区域内民宿经营者凭借独有的生态种植、竹艺编织、书画艺术、茶艺烘焙等民间非遗人才，打造具有度假区特色的民宿体验场景。

第三，在创新营销方式上，积极导入现代营销理念，指导度假区民宿经营者做好各自个性化的系列产品设计，尤其是结合消费者的个性需求，使消费者参与到民宿经营的相关环节之中，通过建立互联网平台，沟通抖音、小红书等互动场景，满足消费者的潜在需求。

（三）探索"美丽中国共生模式"，实现绿色发展、共同致富

"美丽中国共生模式"是各方资源力量在民宿场景下的共赢发展，结合"双创"与太湖生态岛建设，把在地人才创业就业通过共建共享民宿落到实处，实现两个结合。

将一产、二产和三产有机融合。民宿是能够将一二三产业有效结合的综合载体。度假区这三个产业都具备，因此，从区管委会的角度出发，可以将三个产业的发展有机融合起来。一产以种植体验为抓手，建立农业生态园进行养殖和种植；二产以加工制造为主，将当地土特产品进行二次加工；三产以民宿服务体验为纽带，从而构建一二三产业的有机结合。

将创业与就业结合起来，实现在民宿内就业，即依靠民宿发展起来的各个行业有效带动当地就业。管委会通过有效途经吸引当地人才返乡创业，实现共同富裕。

（四）强化协会组织有机联动，实现区域资源共享

从国内其他民宿业发展速度较快的地区经验看，单纯以地方政府为主体的公共服务供给难以满足当地发展需求，建议成立区域内各协会组织之间的

有机联动机制，发挥协会组织的力量，在完善自我管理的前提下，促进各民宿联动合作，破解民宿单体孤立无援的困境。

在专业人才培养上，可以发展"课程+游学"的形式，与相关的培训教育机构合作，为当地民宿经营者答疑解惑并进行定期的系统培训。

在民宿产业链的完善上，可以和各地的民宿规划专家及营销专家就开办民宿的前期调查、实地考察、实际选址、房型设计、装修风格、客源分析等方面的问题进行交流探讨。

在民宿经营内部资源的整合上，可以建立群组进行沟通交流，为客户提供预约、接送、竹艺茶艺体验等服务，在客源分流、民宿服务与当地文化特色宣传等方面发挥作用。

（五）谋划行业长远发展，高起点规划民宿发展蓝图

度假区内的民宿产业要制定长远的发展规划。结合苏州太湖旅游度假区"十四五"发展目标和民宿发展内在规律，管委会应在充分调研的基础上，制定区内民宿"十四五"发展规划。

首先，以发展需求为牵引，坚持全域规划、分区建设，打造不同主题的特色园区，实现差异化经营，加强品牌建设，明确自身发展定位，做好发展规划，完善周边区域的基础设施建设，有序推进度假区周边规划确定的保留村、乡村振兴示范村等地区的相关工作。挖掘当地人文历史和非物质文化遗产，利用资源优势，发挥产业特色，彰显江南韵味和苏州太湖地域特色，避免低质重复建设，逐步形成特色鲜明、规模适度、布局合理的乡村民宿发展格局。

其次，应稳妥出台具体的民宿发展条例，进一步在现有地方政策的基础上细化消防安全、卫生、环保等方面的措施，不断完善营商环境。一是优化证照管理。建议管委会按照"放管服"改革的要求，对符合条件的乡村民宿申请人，由区市场监督管理部门依法核发营业执照及食品经营许可证。符合小型餐饮服务提供者临时备案条件的，可向所在地乡镇政府或者街道办事处申请临时备案。符合消防安全技术要求的乡村民宿申请人，可到民宿所在

地派出所进行乡村民宿备案。对符合条件的乡村民宿申请人，可采用告知承诺制，由辖区卫生计生委核发公共场所卫生许可证。为民宿经营者合法规范经营提供法律保障。

最后，探索多途径用地保障方法。度假区可以通过回购、租赁、置换、退出等方式，依法将闲置宅基地、闲置农房、村集体用房等资源盘活，将盘活的资源优先用于民宿集群及配套设施的建设。农村集体经营组织可以依法通过多种方式与其他单位共同使用集体建设用地，一同开发乡村民宿。对乡村民宿新建的配套服务接待设施，符合旅游度假区规划的，在度假区统一协调下实行"点状"供地。在法律制度不完备的情况下，辖区内各基层单位要充分发挥市场契约作用，宣传普及土地政策、法律意识、契约精神，加强意识形态工作，筑牢思想防线。

参考文献

陈从建、张晓东、钱声源：《中国特色小镇发展模式研究》，《建筑经济》2019 年第 5 期。

黄锦聪、单文君：《基于游客满意度的杭州西湖景区民宿服务质量提升研究》，《价值工程》2019 年第 18 期。

徐一丁、杜耀陆、许立民等：《围绕短板发力 助推脱贫攻坚》，《农业发展与金融》2019 年第 1 期。

陈宗军：《度假区旅游交通规划研究——以苏州太湖度假区为例》，《城市时代，协同规划——2013 中国城市规划年会论文集》，2013。

史立军、江凤香、杜谋涛、王碧霞、杨帆：《供给侧结构性改革背景下西安市乡村经济创新发展模式构建路径》，《乡村科技》2021 年第 11 期。

叶克军：《文旅融合视角下的非物质文化遗产的保护与传承》，《黑河学院学报》2021 年第 11 期。

B.15
莫干"有家",生活美学的践行者

——试论民宿餐饮的审美构建

胡凌波　张毅津*

摘　要： 在实施乡村振兴战略的时代背景下,乡村旅游随着人们对乡村生活的向往、对精神复归自然的渴望而逐渐兴起,其中的内在精神驱动是对生活美学的追求。立足于中国传统文化中诗意栖居的理想境界,本文重点阐述了生活美学的内涵,并以餐饮模块为主要切入点和诠释对象,阐述"有家"如何通过绿色食材、互动式可食生态系统体验、沉浸式自然交互私宴、节气养生餐等实现生活细节与情境的审美创构。作为生活美学的践行者,"有家"为顾客打造极致风雅和自然而然的体验式乡村旅游,进一步启发顾客重新思考生活方式并提升自我生活品质。

关键词： 生活美学　民宿餐饮　体验式乡村旅游

一　生活美学驱动乡村旅游

党的十九大报告提出"中国特色社会主义进入新时代,中国社会主要矛盾已经转化为人民日益增长的美好生活需要和不平衡不充分的发展之间的

---

* 胡凌波,中国美术学院风景建筑设计研究院空间与环境艺术研究院副院长,研究方向为文化产业、人文景观、乡村旅游的创新和发展;张毅津,伦敦大学学院建筑与历史城市环境硕士,现就职于杭州西湖世界文化遗产监测管理中心。

矛盾"的重大政治论断①，并首次提出实施乡村振兴战略。乡村旅游能促进乡村一二三产业融合发展，优化城乡体系和空间布局，是实现乡村振兴的重要路径②。

乡村旅游的兴起不仅是政策推动的结果，更是人们对见朴抱素、复归自然的乡村生活的向往，是文化性与精神寄托趋同的需求。"久在樊笼里，复得返自然"，陶渊明如是说。在东方文化语境下，人们总在追寻一种来源于本心的精神自由，而这种精神自由往往体现为清净之心的回归，又常与回归乡村、回归自然联系在一起。

在快速发展的现代社会，要彻底回归乡村似乎难以实现，但精神层面的回归乡村依然是许多人挥之不去的情结③。于是乡村旅游应运而生，给人们创造了一个脱身忙碌的城市生活、短暂地回归田园、获得片刻宁静栖居的机会。而这种超脱日常，实现精神自由与升华的生活意识与追求"美好生活"的生活态度，就是一种生活美学。换言之，乡村旅游是人们追求生活美学的现实载体。

二　生活美学引领民宿产业迭代升级

乡村旅游经过"农家乐"和"洋家乐"阶段的发展，现已迈入乡村度假阶段。乡村度假不仅为游客提供基本的住宿，而且以打造田园度假生活方式为目标，引导游客沉浸式体验乡村田园生活，从而达到疗养身心的目的。从"农家乐"到乡村度假，在乡村旅游模式的迭代升级过程中，消费群体对生活美学的不断追求起到关键性推动作用。

相关数据表明，中国都市休闲客群人口数量自 2000 年起以 24% 的年复合增长率扩大，截至 2020 年，这个群体已扩大到 2.5 亿人。而到 2030 年，

---

①　习近平：《决胜全面建成小康社会 夺取新时代中国特色社会主义伟大胜利——在中国共产党第十九次全国代表大会上的报告》，2017。

②　陆林、任以胜等：《乡村旅游引导乡村振兴的研究框架与展望》，《地理研究》2019 年第 1 期。

③　郭昭第：《乡村美学的精神寄寓和想象重构》，《美与时代》2018 年第 7 期。

全国都市休闲客群的消费市场价值预期将达到 22.2 万亿元。①

　　都市休闲客群以城市中产阶级、都市白领、年轻一代、亲子家庭为主，他们的生活理念逐渐更迭，更趋于追求一种身心的放松与和谐，慢下来体验生活之美，品味和玩赏那些看似不起眼的细节，从而与生活点滴形成互动的审美关系。这种生活美学驱动下的消费观和度假模式随之产生变化，映射在莫干山旅游业的发展变革上，使得其主体民宿产业不断重新思考顾客消费需求并完善自身经营理念。

三　所谓生活美学

　　生活美学是根源于中国本土，既植根于生活又进入审美层面的悠久传统②，我们确认生活美学，是为了亲近和尊重生活，承认生活原有的审美品质③。

　　生活美学是对雅致生活的追求，是精神上的知足与富足，超越物品本身的实用功能，脱离了单纯的物质享受，以审美愉悦赋活物理空间，使审美成为自觉的生活态度和意识。生活美学意在创造一种如诗的生活情境，使人们得以重新审视和拥抱日常生活，以自然、简单、率真的审美眼光重构生活细节，悠闲自在地全情投入，以宁和清静、自然而然之心经营生活。

　　回望过去，前人对这种诗意栖居的向往与追求从未停止，他们在生活的物质空间的创构中融入文化理想与人生理想，表达自我的精神世界和情怀。事实上，这是中国传统文化中感性个体的审美趣味与审美理想的体现，也是文化知识群体共同的心声④，从晋代的"兰亭之会"到宋代的"西园雅

---

①　仲量联行、第一财经·新一线城市研究所：《新文旅时代：消费升级与去地产化趋势下的产业创新发展》，2018 年 9 月 19 日。

②　刘悦笛：《生活美学：阐释美好生活之道》，《文汇报》2019 年 3 月 11 日第 11 版。

③　王确：《茶馆、劝业会和公园——中国近现代生活美学之一》，《文艺争鸣》2010 年第 13 期。

④　刘金玲：《中国古典美学基本特征的现代阐释》，广西师范大学硕士学位论文，2008。

集",莫不如是。因此,生活美学深植于传统文化的沃土,是一种精神传承和文化归复;一脉生活之流得以跨越时代、绵延不绝、无限伸展,生生相续、新新不停①。

生活美学,是遵循美的规律构筑生活。

四 "有家",生活美学的践行者

古人云"居山水间者为上"②,莫干山景区的晨昏更迭,春夏秋冬四时轮回,晴雨霜雪气象变化,常变常新,富有动态美感,无一不是卓绝风景。莫干"有家",荫山街370号民宿,正坐落于此。623米正是最适合人类居住和植物生长的海拔区间,而山区负氧离子丰富,有利于激活和强化人体生理活动,这都使莫干"有家"成为一处适合宁神养心的得天独厚自然之境。

图1 莫干山景区(作者自摄)

---

① 田军:《〈长物志〉的生活美学研究》,华东师范大学博士学位论文,2014,第163页。

② (明)文震亨著,陈植校注《长物志校注》卷一《室庐》,江苏科学技术出版社,1984,第18页。

图 2　得天独厚的自然环境（作者自摄）

　　"有家"是一家集住宿、餐饮、书吧、咖啡、旅游、休闲娱乐于一体的极具民国风情的主题民宿。民宿利用地形有意识地搭建了层级丰富的多重户外活动空间，搭配多种生活场景，包括但不限于户外庭院、青翠茶园、菜地、儿童趣味拓展区、飞屋等，满足顾客的多种户外活动需求，如品茶赏景、聚会派对、露天电影、亲子活动等。在悠远山景之间、明月星海之下，日升日落就在身侧，真正是将居住空间寓于山野之中，诠释了"有家"以自然为友、以自然为家，天人合一的绿色化生活理念。

　　佛家讲"六根"，眼耳鼻舌身意缺一不可，视觉、听觉、嗅觉、味觉和触觉五蕴共生，共同刺激形成一个完整的感官体验，从而激发情感共鸣。于是人与自然得以和谐共生，与山水林田湖草形成一个生命共同体，正如禅宗对自然万物超越性、神圣性的认同。"有家"不断尝试从顾客的全面感官体验出发，将佛家的"六根"与"六尘"相融合，产生"六有"：有味、有景、有感、有闻、有乐、有家，力求让物质环境的一切细节都变得生动有趣，审美化的细节由此照亮生活，从而为当今社会生活匆促的人们提供片刻张弛有度的舒适节奏，提升顾客的幸福感。

图 3　民宿客房（作者自摄）

图 4　民宿公共空间（作者自摄）

图 5　自然环抱的空间（作者自摄）

图 6　莫干"有家"（作者自摄）

图7　户外平台（作者自摄）

图8　精致的生活细节（作者自摄）

图9 烧烤活动区（作者自摄）

"有家"生活美学的构建，从"吃"开始。

（一）绿色食材，"三无"产品

有家生活的绿色健康食材来源于自栽自种的绿色有机果蔬，他们依循大自然法则，采用可持续的耕种方式，以维护土壤生机的土壤培育为基础，用以自然农法为核心的农业生产方式栽培绝不使用任何化学肥料和农药、不添加任何生长调节剂以及任何有残害土壤的添加物[①]的"三无"产品，种植真正的"生态、有机、无公害"的绿色作物。

（二）可食森林

"可食森林"是"有家"打造的可食用的多样化生态系统。人们可以尽情深入森林，惊喜发现和采摘可食用的花、果实、野菜等作物，尽情体验山野之趣。闻着清淡悠幽的青草气息，听着轻风拂过树梢的打叶声，翻找并品

---

① 陈卫平等：《菜篮子革命：中国社区支持农业典型案例》，经济科学出版社，2015。

尝浅藏在丛林中的野菜果实,可尽情享受不被世俗纷扰的舒畅与惬意。可食食材有板栗、柿子、桑葚、竹笋,可食花如紫藤、芍药、蒲公英等,不同季节的森林会给人们提供意想不到的惊喜。在林中的劳动所得将会在加工后被呈上餐桌,野苋菜可清炒,榆钱凉拌,白果用来与排骨炖汤,早餐吐司上涂抹的果酱是胡颓子制成的,圆润的芽麦圆子的主要原料之一是棉线头,斑斓香酥的花饼中添加了金银花,虾仁所搭配的茶香来源于附近的大片茶田。

图 10　自然风味(作者自摄)

（三）林间私宴

林间私宴是藏在风景里的隐秘私宴，是"有家"建构的全身心投入式用餐模式，有机的食材、匠心的制作、精致的摆盘，不管是生日宴、订婚宴、毕业宴、家宴、团宴、公司年会，"有家"都会依据顾客的需求，提供别样的体验。在这里，顾客融入自然风景，直接置身于山林与竹林中；可坐卧自如与友畅谈，可流连自然风光，或穿行或驻足，人与环境相互敞开、拥抱，处于真实、真切的自然在场状态。阳光透过叶梢的缝隙洒落在长长的木质餐桌上，脚下的卵石带来微微凹凸不平的质感，不远处不断传来孩子们找寻惊喜的尖叫嬉闹，微风拂过不知疲倦滋滋作响的烧烤架时带来阵阵诱人的香气，舌尖菜肴是提前与主厨沟通定制的熟悉又新意的味道，赏、听、闻、食各项活动同时展开，多种感官获得全面的身心皆适的愉悦。

（四）主题餐

以二十四节气养生餐为代表的主题餐，是"有家"为顾客营造的仪式感，是对传统农耕文化的纪念，也是顺应自然时令气候物产的盛筵。立春时节的春卷，雨水时节的元宵，春分时节的春卷，清明时节的青团，立秋时节的红烧肉，白露时节的红烧肉，大寒时节的八宝饭，是大自然的馈赠，也是"有家"对传统文化中关于"敬畏天时，遵行时间发展规律，与自然和谐相生"[1] 理念的实践。

五 "有家"助力日常生活审美化

本文只对"有家"餐饮板块进行了简要的分析，事实上其余空间营造、

---

[1] 任今晶：《二十四节气的审美文化研究——以诗歌为例》，西北民族大学硕士学位论文，2017。

物品选择、活动组织等方面都充满了审美构建。"有家"对无处不在的生活细节进行了审美发掘和经营,且其中蕴含的生活美学并非抽象宏大的概念堆积,而是体现在具体的、直观的、感性的日常生活小处;人们还可以体验花道、茶道、香道等,在此过程中,生活的节奏被放慢,表现出张弛有度的节奏。"休闲是审美走向生活的契机,而审美则是休闲的最高境界"①,告别匆忙和焦虑,放缓脚步,用心并专注地用审美经营生活,这是"有家"践行并试图进一步传达给顾客的生活理念。

图11　生活审美化(作者自摄)

　　"有家"是生活美学的体验地,但不是仅提供片刻心灵休憩的乌托邦,更重要的是,它启发人们对生活美学的思考和自我日常生活的审美化。罗丹曾说:"美到处都有,但我们的眼目看不见美。"② 人们往往缺乏主观能动也不善于发现平凡又烦琐的日常生活中的美;生活中的事物虽人人可见,但其中的妙处并非人人都能意会和赏析。"有家"以处处用心的精妙

---

① 潘立勇:《休闲与审美:自在生命的自由体验》,《浙江大学学报》(人文社会科学版)2005年第6期。

② 〔法〕罗丹口述:《罗丹艺术论》,葛赛尔记录、傅雷译,中国社会科学出版社,2001,第138页。

细节使每个场景都成为充满梦想的处所，使顾客在其中停留的片刻感受足够深刻。当人们离开"有家"回到自己的居所，也能以同样精微、具体和细致的"有家"态度留意自身的日常生活，静下心来悉心留意、细细品味生活中那些不起眼的小细节，从而超越日常生活的繁复、平淡，达到真正的审美境界。

B.16

用文化 IP 吸引游客，提升民宿品牌价值

——来自庐山民宿的实践案例

九江职业大学民宿产业发展研究课题组 *

摘　要： 江西庐山风景名胜区是享誉中外的著名文化与自然遗产，其旅游号召力为景区内民宿带来了大量的游客。近年来，在文旅融合的大背景下，民宿经营者迎来新的经营挑战：如何构建和提升民宿的文化价值、夯实民宿的核心竞争力，使民宿成为景区旅游目的地的有机组成？本文通过庐山三家不同经营模式的民宿案例，呈现民宿如何通过打造文化 IP 向游客传达丰富的文化内涵、提升自身品牌价值，并挖掘其实践中的共性和规律。通过对比，可以发现民宿建筑庭院的设计规划、在地文化挖掘与活化、无微不至的管家服务、多种经营的"民宿＋"、拥抱新媒体运营等五个方面是案例民宿构建和开发自身文化 IP 并取得市场青睐的关键。

关键词： 文化 IP　民宿　品牌　庐山

一　文化 IP 概述

IP 是"Intellectual Property"的缩写，原意为知识产权。文化 IP 特指一种文化产品之间的连接融合，是有着高辨识度、自带流量、强变现穿透能

---

* 九江职业大学民宿产业发展研究课题组成员：熊颖、高坊洪、杨文、阚再春。执笔：熊颖，九江职业大学党委书记，主要研究方向为职业教育、旅游产业等。

力、长变现周期的文化符号。从消费者角度看，文化 IP 代表着某一类标签、文化现象，可以引起兴趣，用户愿意追捧，可能转化为消费行为；从运营商角度看，文化 IP 代表着某一个品牌、无形资产，可以通过商业化运营、产业化融合，转化为消费品，实现价值变现①。

（一）庐山在地文化元素

庐山是 1982 年首批被国务院认可的国家级风景名胜区。1996 年 12 月，联合国教科文组织世界遗产委员会批准庐山以"世界文化景观"列入《世界遗产名录》，并对庐山的人文价值给予了高度评价，指出江西庐山承载了书院教育文化、山水文化、建筑园林文化、宗教文化等诸多文化元素。2003年，庐山被评为中华十大名山之一。2004 年，庐山加入中国第一批世界地质公园名录。2007 年 3 月，被评为国家 AAAAA 级旅游景区。2009 年相继入选"中国十大避暑名山""中国最美十大名山"。

庐山风景秀丽，以雄、奇、险、秀闻名于世，被誉为"人文圣山"，素有"匡庐奇秀甲天下"美誉。全山有 20 多处远古文化遗址、600 多处古文化遗址，有 900 多处摩崖石刻、200 多处古建筑。有 16000 多首诗词赞美庐山。苏轼的《题西林壁》中的诗句"不识庐山真面目，只缘身在此山中"家喻户晓，影响深远。南宋哲学家朱熹更是在此振兴了白鹿洞书院，开创了中国讲学式教育之先河。庐山既是中国山水诗的策源地、中国田园诗的诞生地、中国山水画的发祥地，又是中华文化精粹——理学的诞生地、佛教中国化的完成地、道教殿堂化与规制化的完成地，可以说，庐山实为中华文明的殿堂。自英国传教士李德利光绪二十一年（1895 年），租借庐山长冲谷一带建造别墅起，到1935 年，共有英、法、美、俄等 20 多个国家共建西式别墅 800 余幢，由此庐山从古代隐逸中心转型为国际化的避暑胜地，奠定了今日庐山民宿的雏形。这里曾是国民政府的夏都，新中国成立后又是著名的"庐山会议"召开地。

---

① 2018 中国文化 IP 及创新设计展中国文化产业发展集团：《2018 中国文化 IP 产业发展报告》，2018。

（二）景区旅游促进文化 IP 活起来

文旅融合是将文化产业应用于旅游业，借助旅游业的发展更好地展示文化内涵与特质。文化产品的加持，又可以带来更加丰富的旅游体验，扩大旅游景区的影响力，这成为景区的新卖点。

通常学术和市场层面在谈到文化 IP 的时候，往往会更多关注于文创产品，如伴手礼及其他具有文化创意的小礼品，包括旅游纪念品、日用品、办公文具和艺术品等。通过人格化的文学故事创作进行挖掘，使用多种载体进行传播，并围绕对应的文化元素进行高附加值的产品包装与文化 IP 使用授权。站在乡村旅游的大视角来看，民宿因其包含着丰富的体验价值，自身便可以担当起展示展现文化创意的"大产品"，无论是建筑自身展现出的生活美学还是民宿室内陈设与体验活动都可以深刻融合地区文化与人文精神。关注民宿与文化 IP 方面的结合，可以为民宿提供丰富的、可持续开发的人文资源，为乡村旅游规划师、民宿建筑与环境设计师、民宿主人与民宿管家带来更多创作的灵感和机遇。

（三）民宿文化 IP 的构建

庐山的自然风光、人文气息自古吸引着人们前往游览。在大力发展乡村旅游的今天，民宿作为景区旅游的有机组成，承载着人文价值的传承与展示的重任。将文化 IP 植入民宿的环境、产品和服务中有利于凸显民宿独特的文化底蕴和地方特色，增强民宿的文化亲和力。民宿主动强化游客的文化体验感知，有助于促使文化 IP 动态、持续、深入地发展与演化，形成与外在环境与景色的融合互动，强化景区的人文气息。

文化 IP 具有的较强辨识度和知名度，可以作用于民宿的建筑、装饰及服务等各个方面，让其在激烈的市场竞争中一枝独秀。游客可以通过视觉和体验快速辨识，帮助民宿被关注和被区别。文化 IP 的构建有利于民宿在经营过程中进行客群区分，针对高客单价值的游客进行私域客群的维护建设。

文化 IP 承载着突出的在地特质，有益于民宿与在地文化特征充分融合。

民宿在多种文旅体验活动的研发和推广过程中，便于彰显地方独特的历史人文积淀出的个性魅力。

文化 IP 具有深厚的文化底蕴，在中华文化全面复兴的今天，深得追求国潮的年轻消费群体的价值认同和喜爱。其符合人们对于美好生活的向往，这又与乡村民宿呈现的质朴、惬意、美好的形象相得益彰。

二 不同经营模式下的民宿案例三则

（一）庐山云里客栈

庐山云里客栈地处庐山南麓归宗文化旅游度假区，由央企中航国际投资开发，与千年归宗古禅寺相伴，和陶渊明的诗意田园相临，禅意、诗意、乡壤地气氤氲自生。庐山归宗文化旅游度假区距庐山温泉仅 5 分钟车程，整个度假区占地 956 亩，投资近 7 亿元，配套业态有商业街区、归宗寺、公寓、度假别墅、民宿客栈、生态农业、文创市集、文化 IP 活动等，是中航关于人文美学与营造生活度假新模式的探索与匠心实践。云里客栈正是这里的一处精妙之笔，目前已投入使用的客栈客房总面积 1025 平方米，商业服务配套空间 3660 平方米。

庐山云里客栈 2016 年正式营业，配有专业的管家服务，平均房价在 688~4688 元/日不等（根据房型不同），其品牌影响力跻身江西民宿第一阵容，成为庐山民宿的标杆。其成功的因素是"自由着墨的隐逸美学、文化寻回"的设计和"庐山下，灿生活"度假新模式的营造。整个度假区以"魏晋遗韵"的建筑风格为主，主打人文美学，客栈共有 12 间客房和 3 栋别墅，并通过归宗寺、商业街、望庐书院、雅集空间、灿农场、庐山玉帘泉瀑布、庐山温泉七大旅游配套服务，解决游客定制式乐活度假需求。

1.设计规划，凸显文化 IP 特色

庐山云里客栈并不在庐山山上，也不位于环庐山的六大核心景区（桃

花源、秀峰、观音桥、白鹿洞、三叠泉、碧龙潭），它如何一上线，就能获得市场的青睐？除了背靠央企的实力，更在于它在挖掘、传播、践行庐山文化等各方面匠心独运，传递"庐山下，灿生活"的主题，给城市的人们一种远离繁华尘嚣的净土空间，怪不得陶渊明在此写下"暖暖远人村，依依墟里烟"、"户庭无尘杂，虚室有余闲"的诗篇。

整个客栈的设计非常具有禅意，青砖路、石围墙、木制门牌等。看似不经意间的装束，都蕴含了匠心设计。推门而入，米白色土墙满是细腻的颗粒感，高挑的秸秆屋顶处理让人感觉古朴且开阔。软装布置色调多选取灰、白、原木等素雅禅意的元素，构成了一个简净的舒适生活空间。在屋檐下望向庐山，会发现这里是一个极妙的天然相框，柔和的天光下，庐山仿佛加了滤镜，土墙周围翠色流转，所见之处皆成景。不管是一个人，还是一群人，在这里都可以享受到静谧的时光。

2. 深挖传统，构建文化 IP 感知

针对江西的民间艺术与非遗不断调查挖掘，行程数千公里，从庐山石工号子、金星砚、西河戏到九江剪纸、瑞昌竹编、万载夏布、文港毛笔，再到铅山连四纸、南丰傩舞、婺源徽墨等，项目团队深度探寻从匠人技艺到其背后传承的故事，通过保护与创新，实现了与度假区的融合发展，大力弘扬优秀传统文化，全面促进"大美庐山"经济和社会发展。

归宗景区所在地曾是旧时南康府重要的古驿道，文人墨客、商贾云集于此。每逢特定节日，乡野村民相聚这里举办大型集市，或买卖、或会友、或看戏，形成了归宗景区特定的农耕文明遗俗——灿墟。

2017 年元宵佳节，度假区复兴了"元宵闹归宗"老习俗。通过举办"灿墟市集"，让金星砚、西河戏、古法酿酒、全丰花灯、西河戏、捏泥人、做糖画等留存在乡村的各种传统文化和手工艺品纷纷登台亮相，周边的市民、远方的游客慕名而来。日接待游客近万人次，辐射南昌、武汉、上海、广州等大中城市，春节期间带动周边消费达 1260 多万元（其中民宿的入住和文创产品的销售就有 186 万元）。

连接城市，回归乡村，体验传统文化，为乡村留住原味。度假区通过对非遗文化的保护与传承，为庐山市的文化旅游注入活力，让传统的非遗文化活起来。

3. 管家服务，深化文化IP温度

早在2016年的时候，江西省内的民宿中还没有民宿管家服务的说法。那时，高端民宿还只是以度假酒店高级客房的形式出现，服务方面完全参照星级酒店的标准，属于被动响应式的模式。庐山云里客栈创新性地将地产运营中的管家模式率先引入民宿的运营中，让游客真正感受到宾至如归的体验。

从客人在线下单的那一刻起，云里客栈6名管家就会一对一地联络对接，了解是从哪里来、气温如何、交通的选择、是否需要接站、入住时是否有老人或小孩、是否带了宠物……询问喜好、帮助制定旅游路线、提供饮食的定制化产品。面对这种温情而细致的服务，还有什么理由不选择它呢？

云里客栈目前以廿四节气命名12间客房，分别是立春、雨水、惊蛰、春分、谷雨、立夏、小满、芒种、夏至、小暑、大暑、白露，以及3栋别墅（金轮、云锦、浔阳），房内原色裸呈的罐、钵、瓶等器物，流泛着古旧的气息，来自景德镇的百年古董青花瓷片设计成装饰挂件，木头相框、植物挂画和来自当地竹篾匠人的手工品，看似信手拈来的随意，却是生活之本，与隐士精神一脉相承。

如果客人来到云里客栈，当天入住的房间正好是廿四节气的某一个节气，管家则会提前精心布置出节气的氛围，包括节气文化、习俗等，并会邀请客人一起来感受节气里的美食，让舌尖的诱惑浸入人心。

4. 丰富营销手段，宣传文化IP形象

经营民宿，推广非常重要。虽然云里客栈拥有中航的品牌优势，但在自身的宣传推广方面，一直深度耕耘。早期的微博、微信公众号，到现在的抖音、小红书，都成了云里客栈的"种草"平台。它的文字，会有一种画面感，具有带入性。那种从文字里透出的优雅与静逸，无时不在感召着游客，来一场说走就走的旅行，去体验赣绣、种田、插秧、陶艺、点心、茶艺、香道……

在互动推广方面，庐山云里客栈联动庐山的资源，推出"住民宿免费泡温泉"、"来归宗寻觅年味"活动，让客人一起感受江南独有的秀美，体验各类年俗活动。

事件营销方面，2016 年，中航与开始众筹、乡伴东方、璞缇客等企业联合主办美宿大联唱盛会。2017 年荣获 SMART 中国安吉国际乡创峰会"最佳乡创活动组织奖"，2019 年获评旅居优品"真善美奖·2019 年度真善美旅居客栈"。云里客栈知名度逐年提升，中外慕名而来的客人越来越多，现已经成为高端民宿、商务活动、会议、婚礼等接待的首选地。

5. 庐山样本，凸显文化 IP 特色

度假区的文化 IP 是"灿"文化，作为云里客栈，应承载这一文化，让入住的客人能融入"灿"文化之中，让更多的城里人在这里找回乡村的回忆。

2015 年 5 月，"C. A. N. 计划"落地庐山归宗，这里 C 代表文化（Culture）、A 代表农业（Agriculture）、N 代表自然（Nature），C. A. N. 拼成中文即"灿"，因此，度假区项目取名为"灿村"。通过"灿计划"理念的导入，从传统村落改造、民宿创新入手，以建筑为载体，打造文化、农业和自然的聚合力，探索一种能够让传统与现代相融、文明与自然和谐共生的生活方式。去构建一个满足现代人生活居住、可持续发展的聚落，实现人与自然的美好关系。

有关于"灿"的行动持续在这里开展：美国南加州大学学生来到灿村开展村落改造的课题研究，并参加了德国的包豪斯论坛，这类活动将持续开展，吸引更多的国际友人来到这里；邀请中国民艺专家管祥麟参与中国民艺江西行，在灿村再现江西在地的民间手艺；与南昌大学合作开展在地文化的研究，灿村未来依然会保留传统的民风民俗；聘请日本及国内的生态专家，在灿村营造健康生态环境、开展有机生态种植。灿村所做的就是为城市人在这里实践一个能装载情怀的田园梦。

在灿村，有两项活动连续举办了五年，就是与千年农耕文明紧密相连的"插秧节"和"丰年祭"。在灿村插秧节上，曾请到传承千年的南丰傩舞在灿村的田野中表演。当穿着红花布衣、戴着柳木面具的傩神，从祈福仪式到跳起表现田间地头生产生活的傩舞时，现场的城市游客感动了，这才是过去农耕文明应该有的仪式。在灿村丰年祭上，主办方将庐山当地的星子西河戏从戏台搬到了黄灿灿的稻田舞台，并将其改编成民乐交响乐。一群村民在舞台上有秩序地围成弧形而坐，三四十人在鼓点的指挥下，十几种民乐演绎出一首首古老喜庆的曲子。来到这里的城市人感动了，发现与这片土地相依为命的老百姓是如此多才多艺。

灿村的插秧节和丰年祭活动，每届都有不同的主题。把玩（与稻共生、亲子游戏、稻田秀、非遗展、草地民谣）、食（庐山下的田园餐、长桌宴）、住（云里客栈，禅意生活）进行有效融合，让游客心中的诗和远方，在庐山归宗的丰年大地一并实现。

（二）望庐山居

望庐山居精品民宿项目在原村民 10 余栋老旧房基础上改建而成，由庐山市庐峰文旅发展有限公司投资开发，总投资 1200 万元。聘请中央美院知名专家设计，突出清雅的江南山水园林风格。该民宿位于庐山秀峰风景区（《望庐山瀑布》题诗处）的邱家坳，共有 30 间不同主题和风格的客房，并配有餐厅、小型会议室、K 歌房、茶室。

民宿 2022 年 5 月 1 日正式对外营业，深受消费者的青睐，同时，把周边的其他民宿资源整合在一起，形成了自然的宿集效应，盘活了闲置农房、带动了村民就业、促进了农产品销售和集体经济的发展。这是"美丽活力乡村+乡村民宿"联动建设的"四带动"模式，真正找到了一条乡村民宿发展的新路径，成为全市乃至全省乡村振兴的示范样板。

1. 建设背景

邱家坳，作为庐山市白鹿镇的一个自然村，依山坐落，全村 98 户 441人。2020 年，庐山市提出"一乡一园、一乡一景"的工作思路，邱家坳进行了"七改三网"建设和人居环境整治，道路、房屋、庭院、溪流、小桥、围栏焕然一新又别致美好，原来的村庄改变了模样，曾经很多年轻人都想逃离的邱家坞变成了"让来自城市的游客在这里找到诗意和远方，让人们在这里望得见山，看得见水，留得住乡愁"。

新农村建设是一个平台，也是一种契机。望庐山居，正是在这样的机会下，秉承一种使命和担当，成为环庐山地区民宿中的一颗耀眼明珠，更成为九江乡村民宿经济发展的示范区，每个月接待各级部门的参观考察就有 10 来波。各方都在积极探寻一种乡村产业的可持续发展路径，如何通过小而美的民宿作为入口，引导更多乡村产业的入驻，如何让旅游服务业，更好地助推一、二、三产的融合发展。

随着城市化进程的加快，乡村正在成为越来越多城市人心中的乌托邦。作为乡村旅游业中一种"小而美"的商业形式，乡村民宿以其独特的自然风光、文化习俗和慢生活体验受到广泛欢迎。

2. 联营合作

望庐山居民宿，始终和邱家坞这个村子保持着密切的联动。以民宿为着力点，联营合作的有秀峰景区、庐味草堂（餐饮）、金星砚研学馆、观瀑园（大型儿童主题公园）、景林桃园，并与万杉寺开展禅修体验。同时，联合南昌、九江头部亲子机构，推出周末营和夏令营、冬令营，一下子拓宽了渠道和资源，同时串联起了邱家坞周边的业态，让更多的游客在这里体验到一个充满烟火气息的邱家坞。住过望庐山居民宿的客人说："这是庐山一个拥有完整村落感的民宿，我在这里找到了乡愁。""非常感谢管家的细心，过年因为交通拥堵，从南昌开车过来，凌晨一点多才到，管家一直耐心地和我沟通，还提前开好空调，准备了一些茶点，我和女朋友感到特别温暖。""孩子在这里玩得都不愿意回家了，说要在这里一直住下来。在小溪里找螃蟹、捡石头来创作石头画、一起烤烤、在草地露营，释放了孩子的天性，也让我们找回了童年的时光……"

现在的望庐山居民宿志在打造"感受旅途体验，回归乡野艺术"，助力乡村振兴，带动邱家坞文旅的新发展。虽然体量很小，却能够将文化和流量联系起来。以休闲农业、地方文化、节庆等内容为重点，将民宿与景区、体育、文化、节庆等传统产品深度融合，拓展了餐饮、交通、旅游、研学、娱乐等多个环节，形成"民宿+"乡村旅游模式，实现微旅游，这也是望庐山居民宿和村集体共同探索的另一条出路。

在人心红利时代，消费者的旅游决策不再是简单地跟随人群，而是根据自己的兴趣、爱好和品味做出个性化的选择。2022年度"网红打卡地""最IN民宿"的热潮，实际上是人心红利的最好例证，在这样一个新时代，品牌已经变得非常重要。

目前望庐山居，联营了另外5家民宿，形成了资源共享、客源共享、管家共享、服务共享，并根据不同的主题定位，深度共享、共赢，成为九江首个自然形成的民宿集群。

邱家坞拥有得天独厚的农业生态资源和非遗文化资源。望庐山居把周边的庐山云雾茶园整合起来，开发了茶叶，还与海庐茶博园联合开发出云雾茶口味的茶饼，同时与庐山金星砚非遗传承人合作开发系列金星砚庐山诗词产品等。

3. 营销推广

李白的诗歌《望庐山瀑布》令邱家坞成为国民心生向往的旅游目的地。无论是"飞流直下三千尺，疑是银河落九天"的豪迈，还是那香炉峰在阳光的照射下生起紫色烟霞，都给人无限憧憬与遐想。

2017年11月，国家主席习近平访问美国时，美国前总统唐纳德·特朗普的外孙女阿拉贝拉当面用流利中文背诵了《望庐山瀑布》，无不赞赏中国古诗的魅力。

望庐山居民宿，正是借力这首全国人民都耳熟能详的七言绝句，在自媒体平台迅速打开了知名度，众多游客慕名前来。我们常常会因为一个人而喜欢一座城，也会因为喜欢一首诗而爱上一个地方。

在OTA平台上，望庐山居民宿大量应用了高清图片，图文并茂介绍周边旅游资源，一上线就挂了"四钻"，同时加大对分销体系的推广，并联合"庐山民宿壹号"推出"免费试睡"活动，极大地获得了流量。

在抖音团购推出伊始，望庐山居就抓住了这一波流量期，采取邀约达人的方式来推广民宿，设定好分佣比例，同时联合周边的景区景点，全方位推荐秀峰景区和邱家坳的乡村旅游，让更多的自媒体达人通过分享获得回报。

在抖音账号人设方面，望庐山居以"一位茶艺师的民宿生活"为题材，讲述一位宝妈，因为热爱生活、喜欢茶艺与陶艺，特别想过的一种"悠然见南山"的山居生活。她一边在城市工作，一边在民宿贩卖生活。民宿在她的打理下，逐渐吸引更多同频的年轻人来到这里解压，在繁忙的工作之余，可以在望庐山居歇歇脚、泡一杯茶、看一本书、听一听虫鸣，或是光着脚丫在小溪里玩耍、和女主人聊聊故事……这种"山中方一日，世上已千年"的意境，正是久居城市的人想要的心灵治愈。

作为民宿主人，不仅要让自己的诗与生活得到展现，更要让客人的诗与梦想在这里得到释放。每个人，总会有形形色色的需求，而民宿管家要做的，就是让这样的需求通过民宿这一载体进行链接，让每个人在这里都能找到他们的诗与远方。

4. 清晰定位

民宿的主题定位非常重要，在环庐山的民宿圈，除了冇名堂民宿的民国主题定位外，其他民宿在主题定位方面都非常模糊，而望庐山居，却把目标瞄准了二孩时代，打造出"溜娃经济"的主题民宿。

随着多孩时代的发展，80后、90后的宝妈们对亲子教育特别重视。于是望庐山居民宿抓住这一波红利期，打造出爆款的亲子民宿。

（1）民宿的主理人，本身就是一位90后宝妈，散发着知性的文艺范儿，是圈粉无数同频的宝妈。她可以把"工作、生活、带娃"做到三不误，还有疼爱她的老公，幸福像花儿一样！

（2）民宿的设计风格非常符合孩子的需求，孩子们一来到民宿，就能释放出他们的天性。他们可以尽情地奔跑，可以肆意地追逐，可以到小溪里玩耍，可以在草坪里踢球，还可以在儿童绘本区静静地阅读……这里给孩子们打造出了一个独立的沉浸式空间。

（3）民宿内安装了丰富的亲子娱乐设备，比如木马、秋千、蹦蹦床等。艺术手工、自然美育、户外活动等内容能激发孩子们的潜力。自然教育老师的聘用可以为入住民宿的客人量身打造亲子互动游戏和自然教育课程。

（4）为了缓解父母的教育焦虑，民宿内还喂养了一些萌宠的小动物（如小兔子、茶杯猪、卷毛狗），研发出便于亲子体验的作物种植活动（如根据时令季节，养护不同的时令蔬菜），并配套有相关农耕知识的讲解，让孩子们在玩乐的过程中自然增长见识。

（5）抓住亲子家庭的餐饮需求，为亲子家庭准备时令轻食餐。新鲜、时令、有机的食材，再加上家长的体验和参与，让食材成为游客喜欢的产品。乡村土特产的销售极大地带动了民宿周边农林产业及副业的发展。

（三）庐山松陌民宿

庐山松陌民宿位于世界文化遗产地——庐山美庐别墅旁，其前身为山水别墅，1901年由英国传教士希尔创建，先后有陈立夫、陈布雷、余鸿钧等国民党要员入住，解放后刘海粟、周大集、王稼祥、程子华等先后在此居住，文化氛围极好。四周绿树成荫，自然与人文景观相互映衬，祥和、静谧。

庐山松陌民宿由江西初一酒店管理有限公司投资运营，总投资2500万元，共23套客房，于2018年开始筹备，历经三年，2021年10月正式对外营业，曾获得黑松露中国民宿榜"年度最佳小而美民宿"特殊奖项。

2016年2月1~3日，习近平总书记在视察江西时赞誉"庐山天下悠"。作为民宿行业，松陌在"悠"上做足功夫，传递"悠"的意境，更好地让文化来赋能民宿，通过一栋老别墅、一间客房，由一个个的"点"来诠释"悠"。

1.定位独特文化IP

联合国专家评价道：江西庐山是中华文明的发祥地之一，庐山的历史遗迹以其独特的方式，融汇在具有突出价值的自然美之中，形成了具有极高美学价值、与中华民族精神和文化生活紧密相联的文化景观。

江西初一酒店管理有限公司认为，庐山作为全国避暑胜地，是我国首个世界文化景观遗产，是首批世界地质公园，是中西文化交融合璧之山。庐山的品牌有了，那松陌又如何借势，打造出自己独特的IP呢？

通过3个月的市场调研和客群分析，公司把民宿文化定位为"松"文化主题（民宿周围也都是中华松），通过"松"文化的具象表现，来传递松陌民宿在庐山民宿圈中的标杆作用。众所周知，松树是植物王国的寿星，有"百木之长"之誉。浏览古籍，文人雅士对松也情有独钟。他们歌以赞松，诗以咏松，文以记松，画以绘松，宏篇妙文不胜枚举，丹青杰作传世甚多。据《论语·子罕》，孔子曾赞松曰："岁寒，然后知松柏之后凋也。"松枝舒展，恰似一位好客的主人，挥展双臂，恭迎四方宾客。

2. 设计呈现文化 IP

庐山松陌民宿以其独特美学、原生体验、用心服务，打造出具有特色的高端民宿品牌。设计师以山深、文脉、东方、雅致、宁心等为设计元素，使从空间结构到光线层次，都充满艺术观赏性。提供管家式服务，精心准备的早餐和下午茶，静谧优雅的休闲空间，只为游客能享受到优质的居住感受，开启浪漫的庐山之旅。

室内设计以极简风为主，搭配日式元素，呈现舒适完美空间感，民宿小而精，配备健身房、游泳池、户外温汤泡池、酒吧、书房、瑜伽室、冥想室等公共区域，给住客提供休闲、交友的私密空间。房间客用品从纸巾到漱口杯，每一样都是精挑细选，无不尽显细致与奢华。房间配备戴森、汉斯格雅、BOSS 等高端品牌，给客户极致体验感！

目前松陌民宿共有 23 间客房，分别以"松"和"陌"来命名（松丘、松庭、松岚、松侣、松在、松笠、松堤、松径、松茶、松风、涧松、听松、山松，陌森、陌隐、陌上、陌客、陌野、春陌、里陌、今陌、天陌、长陌），同时打造"松"和"陌"文化，让游客有一个沉浸式的体验。整个民宿极具艺术美感，精心设计的美学场景，把每扇窗户都当做一个画框，从任一窗户往外看去，都是一副绝妙的图画。

3. 扎实做好服务

在 2022 年疫情艰难的时候，平均房价全年仍达到 1500 元/日，这都得益于细致、温情的管理与服务。民宿配备专业管家服务，从客人预定成功到入住民宿，都有专门管家提供服务，在缆车索道出口、车站出口提供免费接送服务，并为游客提供庐山旅游咨询。

（1）地理位置：离索道和牯岭街很近，酒店会派车来回接送，周边就是美庐，步行可达，民宿的位置高差很大，有一种闹中取静的安逸感。

（2）服务态度：按五星酒店的标准服务。从下了索道开始就有司机和服务人员帮忙搬运行李，一对一的微信 24 小时服务，有求必应，反应快，见面都会礼貌招呼，在意细节。

（3）住宿条件：客房基本为大床房，房间约 27 平方米，小情侣和带低幼宝宝适宜，孩子大一点可选择更宽敞的房型。有免费的欢迎水果、山泉水和快乐肥仔饮品，大厅的咖啡也是免费的。每个房间都有浴缸，带上泡澡袋晚上美美地泡个澡，缓解爬山的疲劳。

（4）配套与活动：公共区域空间大，体验活动丰富，节假日也会有特色的主题活动，周边还有露营的配套，很适合年轻人一起玩乐。民宿还可为住店客人提供瑜伽老师、颂钵音疗、芳香疗愈等私人定制服务，为客人另辟禅修服务。

（5）早餐：花样多元，中餐、西餐都有，还有江西特色小吃。

4. 营销让文化 IP 与特色传播更远

民宿在传统营销基础上，尝试新媒体运营，根据客户画像，精准定位客群，在抖音和小红书上获得良好口碑和广大粉丝的信赖。

作为庐山独此一家具有户外汤池的民宿，一经推出，松陌民宿就圈粉无数。很多武汉、广州、上海的客人，就是冲着这个汤池而来。温汤+玫瑰，是一种非常惬意的生活方式。汤池的水温控制在 40℃~45℃，能够让人放松身心。玫瑰的花香，更能带来烂漫的气息。在如此舒适的环境下，客人可以沉浸在自己的世界里，感受生活的美好，忘却生活的烦恼与压力。

三 结语

在"一村一品，一宿一格"的目标下，如何破解同一景区内不同地区、不同民宿间严重的同质化现象，庐山的案例实践似乎已经找到了答案。建筑设计固然重要，更需关注的是建筑和环境的设计应为民宿自身的文化 IP 服务。深度挖掘所在村落、所在景点的历史文化积淀，才能构建起民宿的独特性和竞争优势。文化 IP 是民宿经营建设的"灵魂"。因地制宜地深耕在地文化，巧用、活用文化"IP"探寻合作，在文旅融合大背景下至关重要，也是带领地方致富增收的重要路径。

参考文献

周璇璇：《文化 IP 视角下的旅游文创产品设计思路——以庐山景区为例》，载《中国创意设计年鉴 2020~2021 论文集》，2022。

易开刚等：《文化和旅游 IP：理论溯源与实践探索》，中国旅游出版社，2022。

B.17
中国台湾地区民宿成功经验对重庆民宿发展的启示

龚　娜[*]

摘　要： 本文以台湾地区民宿的成功经验作为启示对象，总结了重庆民宿产业在发展过程中的一些成功经验，如加强秩序规范、对接乡村振兴，探索产业融合、聚焦行业资源，强化自律引导等，同时也分析了重庆民宿存在的行业管理不规范，配套制度落后、区域发展不平衡，层次参差不齐、地域特色不明显，文化空心严重、整体管理水平偏低，从业人员素质不高的问题，通过研究台湾地区民宿发展的成功经验并加以借鉴，有针对性地提出了未来重庆民宿产业发展要科学统筹规划、发挥行业组织的作用、深挖地域文化、拓展产业链、多元化营销、加强人才队伍建设的对策建议。

关键词： 台湾民宿　重庆民宿　高质量发展

前　言

在当前强调生态保护和常态化疫情防控状态下盛行的"微距旅游"的大环境下，民宿作为一种新型的旅游业态，在全国各地呈现迅猛的发展势头。民宿产业正朝向多元化发展，不仅如传统酒店一样提供个性化的住宿餐

---
* 龚娜，重庆青年职业技术学院旅游管理专业教授，重庆市民宿协会文化产业研究院院长，重庆市茶艺师协会副秘书长，研究方向：旅游管理、旅游文化。

饮等接待设施，还能成为当地有特色的休闲去处，并整合乡村的优势资源和相关产业，盘活了乡村旅游的闲置资源，有力地促进乡村旅游的转型升级，成为乡村振兴战略中重要的一环。

随着"微距旅游"的游客人数和旅游次数的增多，加上游客旅游经验的积累，其对旅游品质的追求也在不断提升，朝着个性化、精致化、多元化、深层次发展，这对当前民宿的发展提出了新的要求。而台湾地区民宿发展起步较早，经过近40年的发展，在法律监管、环境保护和文化传承、经营理念、营销模式方面都走在了前面，并较为成功，值得重庆民宿学习和借鉴。

一 民宿的概念界定

民宿一词的起源，一说源自日语的民宿（Minshuku），一说从欧洲的B&B（Bed and Breakfast）而来，在不同的地区和国家，称呼不同，是从提供住宿和早餐的家庭旅馆模式演变而来。2001年，台湾地区出台《民宿管理办法》，其中民宿是指利用自有住宅空闲房间，结合当地人文、自然景观、生态、环境资源及农林渔牧生产活动，以家庭副业方式经营，为旅客提供乡野生活之处所。2019年7月，文化和旅游部公布的新版《旅游民宿基本要求与评价》中，旅游民宿（homestay inn）被定义为利用当地民居等相关闲置资源，经营用客房不超过4层、建筑面积不超过800平方米，主人参与接待，为游客提供体验当地自然、文化与生产生活方式的小型住宿设施。

二 重庆民宿发展概况

2019年11月，北京第二外国语学院发布的《中国首份民宿业大数据报告》显示，重庆的民宿数量居全国第一。截至2020年10月，重庆市城市民宿及乡村民宿总量为13588家，其中，绝大部分为隐藏于商业区、居民区及主城九区主要景点周边的城市民宿，乡村院落式民宿较少。根据重庆市民宿产业协会的相关数据，较为成熟的乡村院落式民宿共计 1358 家，重点分布于主城九区及其周边，分散分布在各区县及风景名胜区。重庆民宿的主要类型，按照投资经营主体区分，主要有家庭自有经营型、合资委托经营型、政府"共享共建"联营型；按照依托资源类型区分有：山水资源型、民俗风情型、温泉康养型、农业生产型。重庆民宿市场的消费特点有：高端民宿占比小，总体的平均价格偏低；以年轻消费群体为主，线上板块发展迅速；短途消费特征明显，评价标准多元化等。

重庆市在发展民宿业方面虽然起步很晚，但是在摸索中前行，积累了一些成功经验。

（一）加强秩序规范

在城市民宿方面，重庆市人大常委会新修订的《重庆市物业管理条例》对民宿的使用进行了规定和规范，如规范房源信息，实现民宿信息统一发布；让乡村民宿积极融入乡村振兴和乡村旅游，依托乡村旅游和乡村小镇，在土地政策、金融贷款、产业协作等方面加大支持力度，还出台了重庆市《乡村民宿旅游服务质量等级划分》标准，为乡村民宿品牌的打造和规范提供了依据。

（二）对接乡村振兴，探索产业融合

为全面贯彻落实国家"乡村振兴战略"，重庆市各级各界依据具体情况不断探索适宜的乡村振兴模式，政府提供相应的政策和资源平台支持，积极倡导资本进入农村民宿产业，进一步整合闲置低效的乡村资源，有效促进农村土地用途的转变和房屋的增值，协助农业相关产业链的延伸，激活乡村乡土文化的生命力和活力。"巴渝民宿"模式就是重庆市以民宿助力乡村振兴的典型模式，即"政府+企业+村集体+农户"全方位参与，该模式在城口、巫溪、彭水、酉阳等地获得实践推广，逐步形成了"共建共享、以地入股、以房联营、文旅融合、网络营销"发展模式，有效助力乡村振兴和防止返贫。重庆市各区县也正在积极探索"民宿+教育""民宿+文化""民宿+农

业""民宿+土地""民宿+产业示范""民宿+金融"等模式，实现民宿产业与农业、生态、文化、旅游、健康、电子商务等领域跨界融合，形成新的业态和新的消费模式。

（三）聚集行业资源，强化自律引导

自 2007 年 12 月成立重庆市农家乐产业协会以来，重庆市陆续成立乡村旅游协会、西南地区首家文创民宿学院、重庆市民宿产业协会，旨在聚集行业资源，力争把重庆民宿产业做大做强。如重庆市民宿产业协会，积极成立重庆乡舍民宿运营管理有限公司，为重庆民宿产业培养输送管理人才，同时也接受托管民宿及民宿资产，积极提高民宿的管理效率，提升服务效率；创办内刊——《重庆民宿》，为扩大重庆民宿的影响力积极宣传和推广；还积极组织相关的专家学者以及行业内经营业主赴市内外通过讲座、考察调研等形式与同行进行成功经验的交流，有力地提升了重庆民宿的凝聚力和竞争力。同时，为重庆民宿行业反映诉求、为其开拓市场及决策提供咨询服务，并接受政府委托积极开展相关的标准制定、产业规划、行业竞赛等活动。

三　重庆民宿发展存在的问题

（一）行业管理不规范，配套制度落后

民宿与酒店、农家乐、民居等概念界限模糊，但也涉及旅游业的六大核心模块——"吃、住、行、游、娱、购"，也覆盖了文旅、工商、公安、卫生、消防、环保等部门，需要有一个合法化的认定和管理，也需要一个固定的对接管理和监管部门。目前，重庆市缺乏独立的完善的系统的监督管理体系，尚未出台有关民宿发展的指导意见和管理办法，对其监管依托工商、消防、卫生、环保等部门的相关法律法规，容易出现交叉监管现象，也容易出现监管的空白地带。

（二）区域发展不均衡，层次参差不齐

由于缺乏政府和相关管理部门的统一规划和有效管理，重庆民宿产业处于无序的自我发展状态。在数量上，主城都市圈民宿的数量占70%，而渝东北三峡库区、渝东南武陵山片区处于明显的弱势地位，不符合区域科学布局和协调发展的要求；重庆市民宿的数量虽居全国前列，但缺乏高质量的民宿品牌。民宿单体规模小，在形式上互相从众模仿，同质化严重，内容上趋同、无特色，功能单一，品牌竞争力和影响力不够，盈利能力较弱，这严重制约了重庆民宿经济的发展。

（三）地域特色不明显，文化空心化严重

重庆的本土文化多样，层次丰富，有地域特征显著的巴文化、码头文化、三峡移民文化、抗战文化和红岩文化、独具特色的火锅文化等。但是，现阶段重庆民宿在主题打造和建设上，大多盲目从众跟风当下流行的所谓的网红风——"小资风""慵懒风""英伦风""ins简约风"等，缺少对重庆本土文化的深入挖掘，没有结合当地的人文地理和民俗风情，盲目的重复建设。多数民宿的功能仅仅停留在住宿和餐食上，仅有装修设计和造型打造，缺乏品牌的精准定位和核心价值，更谈不上品牌延伸，缺乏对地方传统特色文化的保护和传承，同时也未能与游客建立深层次交流的文化纽带。

（四）整体管理水平偏低，从业人员素养不高

因为缺乏有效的监管，民宿行业的"门槛"较低，在后疫情时代出现的"微距旅行"的火爆态势，使得民宿发展呈现"一拥而上"、遍地开花的状态。而民宿的运营和管理涉及建筑设计、经营管理、优质服务、营销推广等各个方面，专业化和职业化的人才队伍是民宿产业对经营管理提出的新要求，所以，从业人员的人文情怀、市场决策、文化感知、创新思维、服务意识等素养尤为重要。而当前重庆民宿经营管理方面呈现经营管理者有情怀、

有文化，一线服务人员文化层次低，缺乏服务意识；只关注硬件设施，忽略软件设施配套的现象等。

四 台湾地区民宿发展的成功经验

台湾地区民宿在 20 世纪八十年代开始萌芽，经过约 40 年的发展，已经进入成熟期。目前，民宿遍及全台湾地区，主要以当地的自然景观、人文历史、社会风俗、手工特产为主题形成空间聚集，主要表现为区域差异化、特色化、精致化、规范化等特点。台湾地区在民宿发展中所取得的成功经验很值得重庆借鉴和学习。

（一）民宿法规相对完善

2001 年，台湾地区相关旅游部门出台《民宿管理办法》，其对民宿的经营资格、登记、经营规模、地理位置、经营管理等方面做出明确规范，对民宿经营进行系统化规范化的指导。台湾地区"交通部"旅游观光局是台湾民宿明确的政府管理机构，其旅宿组专门负责制定和修订民宿管理办法、民宿项目研究、协助民宿宣传和推广、民宿经营者与从业人员的培训等事项。同时，台湾地区针对旅游业出台了相关政策，如 2001 年颁布的"观光政策白皮书"、2006 年的"观光客倍增计划"及近年推出的"旅行台湾就是现在"计划。政策对于旅游业的支持，为民宿发展和增加客源奠定了良好的基础。[5]

（二）民宿协会的有效组织

民宿协会在台湾地区民宿发展历程中发挥着重要作用，它比管理部门更加灵活。参加协会的会员多、组织的交流活动丰富、组织水平高、提供的服务及设施设备完善，对民宿行业的相关人员进行专业知识培训和技术支持，并提供相关的行业标准。

（三）深挖特色文化，打造"附加产品"

"附加项目"是台湾地区民宿的标配。台湾地区民宿在设计理念上，深度挖掘当地特色文化内涵，重点突出当地的地域文化特色，注重保护和传承；围绕特色主题，在民宿的建筑风貌、外围的风格设计、屋内硬件装修、软件装饰和陈设布置、特色食品开发等方面发力；另外，民宿的功能不停留在住宿和餐食上，也特别注重品牌延伸，结合当地土特产等资源，开发伴手礼、发展车辆运输、导游、翻译等，形成较为完善而有特色的产业链，为拉动周边旅游产业的发展起到了巨大的推动作用；而且，让客人在入住期间有故事听、有生活方式分享，从而提高游客的满意度和回游率。

（四）民宿宿主的重要性

民宿区别于酒店的特点之一，就是民宿宿主是民宿的核心，民宿宿主会亲自参与打理民宿内外事务，大到装修设计、运营管理，小到接待客人，是"好客民宿"评选的重要指标之一，这对宿主的整体素质提出了很高的要求，其人格特质、情怀、经营理念、服务意识、专业水平都是民宿发展的无形资产。

（五）品牌运营管理

台湾地区对民宿进行统一的营销运营与管理，打造特色区域品牌。如整合民宿，创立"好客民宿"标志；建立当地行业内的第一家民宿网站——旅宿网，借助互联网整合资源，民宿之间形成商业联盟；并不完全依赖传统的 OTA 进行宣传和推广，可以借助新媒体，如微博、微信公众号、短视频等进行网络营销；加强影视合作和校企合作。同时，基于不同地区的地理位置、气候特点、民宿文化，民宿的空间聚集现象明显，容易给游客形成整体印象，引导民宿针对不同市场需求，吸引差异化客群，从而形成合力。统一集群品牌和联盟的模式可降低顾客的搜寻成本，放大民宿集群的品牌效应，为民宿主人创造更大价值。

五　台湾地区民宿发展对重庆民宿发展的启示

（一）科学统筹规划

重庆市相关部门要结合重庆地理位置、气候和水文条件、自然资源、历史人文等实际情况，因地制宜地规划民宿的数量和选址，尽可能地保留原始地形地貌，突出重庆地势特点和优势，在建筑装饰的选材上尽可能采用当地特色材料，使其与当地自然风貌融为一体。同时，要及时梳理重庆民宿发展现状，明确其发展目标，在相关的政策法规、土地使用、基础建设、监督监管、宣传推广、融资模式等方面给予积极支持，坚持以市场为导向，出台重庆民宿产业发展的指导意见和暂行管理办法。

（二）发挥行业组织的作用

行业协会可以借助自身资源和优势，从制度、规划、管理、宣传等方面进行规范，除了积极配合政府工作，对政府相关条例进行贯彻落实外，建立重庆民宿档案，设立重庆民宿官网，建立民宿专营平台。建立民宿行业的评价指标体系并对其加以推广使用，按标准将民宿进行等级划分，并进行年审制，根据年检结果进行升降级，在行业内形成一种良性循环的鼓励机制和自我管理的约束机制，同时，融入品牌和标准建设，促进民宿的可持续发展。

（三）深挖地域文化

文化是民宿区别于传统酒店的另一个要素，文化是民宿发展的灵魂。重庆悠久的历史造就了丰富多彩的地域文化，民宿的整体风格风貌、建筑设计、屋内装修装饰尽可能结合当地的特色文化，通过讲故事、参与劳动体验、娱乐互动、特色餐食、伴手礼等形式与当地文化融为一体，通过情怀、乡愁、记忆、温度来搭建起和游客交流的桥梁，不要出现"文化空心"现象。

（四）拓展产业链

以民宿为单位，加强周边生态环境保护与乡村旅游、乡村现有资源的整合，在逐层进行基础设施、配套资源建设的基础上，整合旅游资源开发、旅游配套产业链、农副产品深加工等，通过"民宿+研学""民宿+乡村旅游""民宿+文创""民宿+体育""民宿+亲子游"等联动形式带动民宿与周边产业的融合，形成跨区域跨产业的融合。

（五）多元化营销手段

充分利用互联网的影响力。整合民宿资源，建立重庆民宿联盟，建立重庆民宿官方网站，在网上共享资源信息，分享营销活动，不定期举办节事庆典、最美民宿评比、民宿餐食技能大赛等活动，还可以开设在线咨询、预定、意见反馈、交流等版块。也可以借助知名网络社区，如知乎、百度、Google、豆瓣等的旅游版和旅游讨论区，以文字、图片、视频的形式发布相关的旅游攻略、游记等，介绍民宿的特色美景、美食等。借助一些自媒体等数字平台，如小红书、微信公众号、抖音、快手短视频等分享体验和经历，通过流量的转化来吸引客流，从而扩展订房的新渠道。加入美团、驴妈妈、携程、淘宝等网络营销平台的旅游版块，分享营销信息，提升民宿的知名度和影响力，不断增加潜在客户。

（六）加强人才队伍建设

主管部门应与教育部门共同研究制定重庆民宿人才建设规划，在财政、税收、就业、创新创业上给予支持。依托和整合现有的教育资源，建立重庆市终生学习学分银行，与各类大专院校合作，进行专家讲座、现场培训教学和技术指导，为民宿行业的从业人员提供学习成果登记、认证、积累与转换等服务，以及学习资源推荐和宣传等扩展性服务，以提高相关从业人员的文化知识水平和专业技能，以及提供法律法规、国家政策、卫生、安全、消防、文化内涵建设、旅游、生态保护等方面的培训，不仅要提高从业人员的管理水平和服务技能，还要引导他们形成正确的经营理念，不要局限于眼前利益，还要考虑可持续发展问题，从而全面提高从业人员的综合素质。

参考文献

刘庭甄：《台湾民宿产业发展态势及对云南民居客栈的借鉴》，云南大学硕士学位论文，2017。

刘晴晴：《民宿业态发展研究——台湾经验及其借鉴》，青岛大学硕士学位论文，2015。

宋新硕、龚娜、张云耀、邓华：《重庆市民宿产业发展报告》，载过聚荣主编《中国民宿发展报告（2020~2021）》，社会科学文献出版社，2021。

王文鑫：《重庆市民宿空间分布特征及影响因素研究》，西南大学硕士学位论文，2021。

罗敏、陈晓梅：《台湾民宿发展经验对桂林的启示》，《经营与管理》2019年第11期。

陈怡婷、王珏、黄蔚艳：《台湾民宿业对舟山民宿发展的启示》，《农村经济与科技》2018年第9期。

许莲：《浅析台湾民宿对大陆民宿的借鉴及启示》，《价值工程》2019年第10期。

附 录

Appendix

B.18
2020~2022年民宿大事记

2020年

11月

11月3日 创投媒体36氪发布《2020年度中国新经济独角兽TOP100》榜单，住宿预订平台小猪民宿入选。（来源：中国经济网）

11月4日 由郴州市文化旅游广电体育局主办的"民宿，下一站郴州"民宿调研活动如期举行。（来源：中国网）

11月5日 途家"Super见面会"在重庆南之山·小森林书店举行，上百位途家重庆房东集聚一堂，共同研讨后疫情时代的民宿运营新思路。（来源：中国新闻网）

11月7日 "相约环太湖 结盟长三角"首届长三角（太湖·吴中）民宿发展大会在苏州市吴中区举行。会上，吴中区正式启动"太湖民宿"区

域产业品牌，并联合江浙沪皖四省市成立"长三角太湖民宿联盟"。（来源：江西网络广播电视台）

11月7日 融创西南民宿产业平台发布暨环球融创青城溪村民宿入驻签约仪式在青城溪村旅居中心举行。融创西南民宿产业平台与21家民宿品牌完成集中签约，同时"融创西南民宿产业平台"和环融千里走单骑·六悦民宿酒店也在当天正式揭牌。（来源：融创中国）

11月11日 宁波宁海艺术赋能团队"援梦"贵州晴隆定汪村首家民宿开业。在中国人民大学团队和宁海"葛家军""巧娘"等的帮助下，贵州省晴隆县定汪村村民罗运权的民宿——"布依情浓"正式开业了，前来参观的客人们高高兴兴地吃上了该家民宿开张后的第一顿农家乐。（来源：《潇湘晨报》）

11月15日 河源市文化广电旅游体育局下发了《关于开展旅游民宿登记备案工作的通知》，正式启动全市民宿登记备案工作。据悉，登记备案后的民宿将纳入广东省民宿管理系统统一管理，有权使用"广东民宿"统一LOGO和享受政府及职能部门相关扶持政策。（来源：《潇湘晨报》）

11月18日 国务院召开常务会议，确定了支持"互联网+旅游"发展的措施。据了解，出台的措施不仅支持建设智慧旅游景区，普及电子地图、语音导览等服务，打造特色景区数字展览馆等，推动道路、旅游厕所等数字化建设，并且鼓励景区加大线上营销力度，引导云旅游等新业态发展，出台规范发展互联网+旅游民宿的措施，为老年人等特殊群体保留线下服务，同时还完善包容审慎监管，加强旅游安全监测和线上投诉处理，打击坑蒙拐骗。（来源：天津市文化和旅游局）

11月23日 首届全国民宿主人大会在浙江宁波成功召开。浙江省文化和旅游厅领导表示，在接下来的浙江省精品民宿评定中，将坚持把有无民宿主人服务作为评分的重要条件加以权衡，通过标准规范和评定引导促使民宿回归本位。（来源：凤凰网）

11月27日 北京市文旅局与延庆区共同主办的北京首届乡村民宿大会暨第四届北方民宿大会在世园公园举办。大会在解读北京促进民宿业发展的

政策和标准的同时，也提倡民宿主要直接参与经营，发挥好"主人文化"。（来源：人民视觉）

11 月 28 日 2020 环球旅讯峰会 & 数字旅游展在上海开幕，分论坛"中国住宿业峰会"也同期举行。途家是国内领先的民宿短租预定平台，现场，途家首席运营官王玉琛出席，并围绕"差异化定位，回归民宿本源"主题与现场嘉宾展开了热烈研讨。（来源：闪电新闻）

11 月 29 日 "决胜 2020"网络媒体采访团走进陵川县松庙村，集中采访该村脱贫攻坚、乡村振兴等方面的生动实践和成果亮点。松庙村通过"驿站进农村"的方式盘活农村资源，发展旅游民宿、特色药膳等产业，逐步打造成远近闻名的康养园区。（来源：《潇湘晨报》）

12月

12 月 1 日 广西壮族自治区政府办公厅印发《广西旅游民宿管理暂行办法》，对民宿开办要求、开办程序、经营规范、服务与监管等方面作出明确规定。（来源：广西壮族自治区人民政府）

12 月 4 日 2020 中国厦门民宿产业交易展览会、第二届中国厦门民宿产业投资峰会暨首届南方民宿大会开幕式在厦门国际会展中心 A4-A5 馆举办，展览将持续四天。现场约有 300 人参加会议，近 200 个展商参展，政府官员、专家学者、行业平台和全国文旅投资者、民宿头部品牌汇聚一堂，围绕民宿行业共谋共生共拓共赢与乡村振兴、乡村旅游等主题进行交流。同期，作为本次大会的一大亮点，由途家民宿联合福建省旅游协会民宿分会共同评选的福建省首批五钻、四钻民宿名单也正式公布。（来源：台海网）

12 月 8 日 江西省投资项目在线审批监管平台数据显示，江西赣州市燕德文化旅游发展有限公司赣州市燕德野奢民宿农旅综合体项目总投资 10 亿元，拟于 2021 年动工，于 2030 年竣工。资料显示，项目总体占地面积 2377.5 亩，项目建设用地面积约 100 亩，建筑总面积约 3.5 万平方米。据了解，项目主要打造集高端民宿、主题会议和奇趣游乐三大业态于一体的田园综合体，以高端民宿和企业主题论坛为两大主线，构筑集高端精致民宿、

论坛会议、旅游观光、休闲体验于一体的田园综合体。（来源：执惠）

12月9日 文化和旅游部办公厅、中国农业银行办公室联合印发《关于进一步加强金融支持全国乡村旅游重点村建设的通知》。《通知》特别提出大力支持重点村民宿项目建设。重点村范围内新建的民宿项目融资，可执行差异化的住宿行业准入标准，贷款期限可适当延长。（来源：《潇湘晨报》）

12月11日 美东时间12月10日，民宿巨头Airbnb（爱彼迎）登陆纳斯达克，开盘价为每股146美元，是IPO发行价68美元的两倍多。爱彼迎此次上市融资约35亿美元，成为2020年美股最大IPO。业内人士表示，在2020年全球旅游行业受到疫情严重影响下，Airbnb的上市确实让人始料未及，同时也给民宿短租行业注入了信心，不过，接下来，Airbnb亦将面临民宿市场日趋严格的监管。（来源：亚时财经）

12月16日 2020年大湘西、神奇湘东文化生态旅游精品线路服务提升培训在张家界收官。这次培训历时1个月，分别在长沙、怀化、邵阳、郴州及张家界举办，大湘西、神奇湘东地区625个文化生态旅游融合发展精品线路"送客入村"特色村旅游专干，20家省特色文旅小镇负责人，437家挂牌"湘村客栈"经营业主及部分特色民宿经营业主，相关市州、县市区文旅广（体）局、发展改革委（局）工作人员等共计1350人参加培训，规模为历年之最。（来源：红网）

12月17日 华侨城西部集团与临夏州永靖县签订临夏州永靖县黄河三峡大旅游区项目合作协议书。项目将采取整体推进、分项分步实施的模式，以整体推进黄河三峡大旅游区建设为目标，分项分步实施黄河三湾旅游度假区项目和黄河三峡太阳岛项目。其中，一期建设项目黄河三湾旅游度假区将按照"华侨城美丽乡村"的建设模式，打造一个以村民共生融合发展和民宿集群为引领、集休闲度假功能于一体的美丽乡村项目，成为西北精品旅游度假目的地。（来源：央广网）

12月18日 由《扬子晚报》主办、《精品民宿》和二十八宿新媒体平台承办的行业高峰论坛"万物生长——2020长三角民宿峰会暨中国民宿紫

微星奖颁奖盛典"在南京开幕。（来源：《扬子晚报》）

12月22日 2020年佛山民宿发展工作会议暨民宿专题培训于佛山市图书馆召开。会上举行了民宿扶持资金发放仪式，向2020年新增民宿企业颁授"佛山民宿标识牌"，并邀请两位民宿行业大咖开展民宿专题培训。（来源：新浪网）

12月24日 北京市住房城乡建设委、市公安局、市网信办、市文旅局正式印发《关于规范管理短租住房的通知》（以下简称"通知"）。通知明确指出，将规范短租住房管理。其中，首都功能核心区内禁止经营短租房，此外，在其他区域经营短租住房的，需要符合本小区管理规约，无管理规约的应当取得业委会、物管会或本栋楼内其他业主的书面同意。此外，通知还明确了短租住房经营者、互联网平台、房客、物业服务企业及属地管理部门等相关各方的责任。在业内人士看来，该措施的出台也预示着北京城市民宿将迎来最严监管，未来一批不符合条件的民宿将被清理出市场。（来源：北京市住房和城乡建设委）

12月24日 以"融合赋能、创新发展"为主题的延庆区全域旅游发展论坛举办。中国旅游研究院发布了延庆全域旅游发展经验和模式。延庆区商务局围绕"推进两区建设，助力全域旅游发展"发言。延庆区民宿联盟、中关村延庆园分别围绕"全域旅游下的民宿共生""长城脚下的创新家园"发言。（来源：中新网）

12月25日 在"自驾雪峰山 嗨游甜甜的怀化"2020年怀化市冬季自驾旅游主题活动启动仪式现场，公布了"嗨购街区 行宿怀化"2020年怀化市首批十大文旅商品、十大精品民宿、五个经典网红民宿、六个文旅消费集聚特色街区名单，并对获评单位进行授牌。（来源：怀化新闻网）

12月30日 第五届"龙雀奖"入围名单正式揭晓：入围年度最佳生活方式住宿品牌：锦江都城酒店、亚朵酒店、Cass Cook以及Cook's Club、花筑民宿酒店、有戏电影酒店、隐沫酒店、塔亚普拉运动健康度假区、朴宿·微澜山居、大乐之野、群山之心民宿、享筑、伊间民宿、扉缦酒店、开元森泊度假乐园、鱼儿的家、乡伴原舍民宿。（来源：执惠）

12月31日 近期，民宿短租预定平台途家发布《2021元旦民宿出游数据报告》（以下简称"报告"）。报告显示，元旦假期用户出游热情高涨，民宿提前预定量是去年同期的1.5倍；元旦出行呈"南来北往"趋势，"避寒游""冰雪游"升温，滑雪目的地民宿订单量增长超600%；广州、长沙、重庆入围元旦最热门城市；多人出游、家庭出行是主流，温泉疗愈、滑雪、携宠出游、聚会轰趴成为游客最青睐的度假体验。（来源：光明网）

2021年

1月

1月4日 山东省级首批"绿水青山就是金山银山"实践创新基地花落淄川，依托得天独厚的自然环境和太河水库这个"金字招牌"，太河镇大力发展生态旅游、特色采摘、民宿、写生、文化等绿色富民产业。（来源：《齐鲁晚报》）

1月6日 由青岛市文化和旅游局起草的《青岛市旅游民宿管理办法（征求意见稿）》向社会各界征求意见，这是青岛市对旅游民宿监管和服务的重要探索。《办法》对旅游民宿的概念进行了界定，旅游民宿"谁来管"的问题得到进一步明确。（来源：《潇湘晨报》）

1月8日 "走遍福建·首届福建亲子民宿节"在福州盛大开幕。本届盛典以"聚焦亲子，赋能民宿"为主题，将通过大众评选和专家评审等方式，评选出最具人气亲子民宿奖、最佳亲子体验民宿奖、最美亲子民宿奖、最佳亲子民宿品牌奖等民宿或品牌，以评选带动展示，为福建亲子民宿搭建一个曝光的媒介平台，扩大亲子民宿的行业影响力；同时，借助媒体力量和直播平台，多方联动带货，推动亲子民宿的精准营销。（来源：台海网）

1月10日 苏州市吴中区"吴中太湖民宿特展"在上海虹桥高铁站乡愁小栈城市形象展厅开展，打造太湖民宿新样本，助推长三角文旅融合高质量发展。（来源：旅新网）

1月13日 借助赣深高铁即将开通之际，龙南市着力打造正桂民宿旅游项目，目前正在兴建的民宿点有花样年华、拾光、钱苑后院、半藏莲花、栖一宿、夏公馆、豆一宿等七处。为了做好全省民宿证照办理现场推进会及市第四届旅游文化节筹备工作、打造正桂民宿旅游"名片"，市安委会多措并举促发展。（来源：大江网）

1月13日 胡润百富携手全球领先的分享住宿运营机构斯维登联合发布了《2021斯维登·胡润最具潜力民宿片区》，包括《2021斯维登·胡润最具潜力景区民宿片区百强榜》和《2021斯维登·胡润最具潜力商圈民宿片区百强榜》。在此次发布的民宿榜中，全国54个城市的民宿片区上榜，以新兴旅游城市居多。其中，成都的商圈民宿片区和景区民宿片区上榜数量均位列第一，共19个。（来源：胡润百富）

1月13日 《湖南日报》文旅投融资服务中心发布消息称，该中心联合农业银行湖南省分行和湖南省文化旅游融资担保有限公司推出创新金融产品"民宿贷"。据了解，该产品半年来累计放款1亿多元，反映湖南"文旅+金融"发展来势看好。（来源：《湖南日报》）

1月14日 浙江安吉发布全域旅游地方标准规范，不能以民宿农家乐名义搞违章建筑。（来源：《中国青年报》）

1月19日 为加快推进全域旅游示范区创建工作，深入挖掘锦州乡村旅游优质资源，发挥精品民宿的引领示范作用，按照辽宁省文化和旅游厅的要求，锦州市积极开展旅游民宿统计评定工作。目前，黑山县仙桃人家、北镇市华山小居、凌海市北方山水人家、义县韩家大院等52家民宿入选辽宁省乡村民宿名录库。（来源：《潇湘晨报》）

1月19日 发展民宿经济已成为三亚推动乡村振兴工作的重要抓手。三亚"两会"期间，诸多政协委员就如何促进民宿经济发展发表真知灼见。委员们认为，要加速制度创新、解决发展的痛点问题，通过规范引导、加强管理、加强培训等方式，推动产业向好发展。（来源：人民网）

1月19日 为了更好促进泉州民宿产业健康有序发展，民革泉州市委会在2021年"两会"上提交了《关于促进我市民宿产业发展的建议》：出台相

关实施意见，扶持资金投入，完善配套设施，加强宣传推介等。（来源：新浪网）

1月20日　民宿PMS系统提供商订单来了已于2020年完成A及A+轮融资，投资方分别是杭州安益盛银和有赞，两轮投资金额共近7000万元。据悉，融资资金将主要用于业务拓展，一方面为民宿商家提供更多深度服务，另一方面会从民宿拓展到精品酒店等其他品类。（来源：36氪）

1月20日　政协北京市十三届四次会议进入委员报到日，其中有题为"关于认真落实，规范旅游民宿市场"的提案，提案中指出，乡村民宿大多未按《北京市旅游条例》要求获得民宿经营的登记，多是以企业或个人的名义开展经营，造成监管不到位。建议各级政府部门要认真对标对表《北京市旅游条例》，从起步伊始，就要做好民宿用房合法性、工商登记以及环保、消防、治安、卫生等的监督和执法工作，让民宿发展始终在法治化轨道上平稳向前。（来源：《潇湘晨报》）

1月20日　由南京市人社局、市文旅局、市农业农村局、南旅集团等部门联合主办的"美丽乡村"民宿职业技能公益大讲堂在溧水区傅家边启动。据悉，这是南京市首次对民宿从业人员开展职业技能培训。（来源：中国江苏网）

1月21日　长安民宿联盟筹办的"住民宿 来长安，这个冬天不太冷——长安民宿联盟·中国年暖冬行"活动火热进行中，陆续推出了H5全景游民宿，唐村·诗唐花朝汉服直播民宿秀，云裳花栖、诺言云涧民宿主人带您线上看民宿，H5抽奖免费体验长安民宿等一系列精彩项目，通过多种方式引领广大游客朋友领略长安民宿的独特魅力。当日，长安民宿联盟联动旅游网红达人和媒体代表，再度欢聚诺言云涧民宿，共同召开了活动推进座谈会，共同探讨长安区民宿发展中的切实问题及未来方向。（来源：长安宣传）

1月26日　2020年苏州共享农庄（乡村民宿）名单公布，吴江的太湖雪共享农庄、众安桥村共享农庄、村上·长漾里共享农庄、如家小镇乡野趣乐部、花伴湾共享农庄、同里湿地共享农庄等6家单位上榜。至此，吴江区共有苏州共享农庄（乡村民宿）8家，占苏州市总量的14%。（来源：中国

江苏网）

1月26日 从湖南省住建厅获悉，《关于规范和推进乡村民宿建设的指导意见》（以下简称《意见》）2020年12月17日正式发布，对民宿建设的风貌特色、生态环境、配套设施、结构安全八个方面等进行了规定。《意见》对提升民宿建筑水平，促进民宿业健康可持续发展，推进稳增长、稳就业，助力乡村振兴等具有重要意义。（来源：湖南省住房和城乡建设厅）

1月26日 上海"两会"期间，市政协委员、虹口区政协主席提到，城市民宿存在门槛低、经营管理较随意等问题，有一些"网红民宿"成了附近居民的"吐槽焦点"。她建议，研究制定城市民宿准入的指导性意见，出台便于操作的城市民宿经营备案管理制度，将城市民宿纳入相关部门的监管范畴。（来源：上观新闻）

1月27日 木鸟民宿发布的2020年度数据显示，2020年木鸟民宿平台订单同比2019年恢复至8成，截至2020年底，木鸟民宿房源增加至110万套，覆盖海内外700多个城市。（来源：东方财富网）

1月27日 入冬以来，全国疫情呈现多地局部暴发和零星散发状态，防控压力陡然升级。受疫情影响，长兴县水口乡500多家民宿将从1月28日起，停止一切经营。虽然线下停止营业，但大家提前做足了准备，通过拍摄视频线上推广吸粉等举措，在农特产品销售上逐渐开辟出一条新"赛道"。（来源：浙江新闻）

1月27日 大鹏所城首个精品民宿集群"大鹏所城·有集"正式开业，市民游客可以住进古民宅中，体验这座国内现存最完好的明清海防遗存的韵味。同时，大鹏所城文化旅游区将在春节期间举办2021大鹏所城新春庙会活动。（来源：《深圳商报》）

1月28日 去哪儿网工作人员告诉记者，2021年除夕前后和情人节前后的酒店预订都比较火爆，特别是除夕，预订量比2019年同期增长30%。飞猪方面告诉记者，在"就地过年"的背景下，近一周春节期间高星酒店的订单量环比前一周增长超过90%，民宿订单量上涨83%。（来源：新浪财经）

1月28日 市委宣传部、市文化广电和旅游局、市公安局、市财政局等 13 个部门联合印发《郑州市乡村旅游民宿高质量发展实施意见》。围绕"东强""西美"布局，郑州将以郑少高速、郑登快速通道、陇海西路西延、中原西路西延、郑上路—310 国道、沿黄快速通道等道路沿线地区及中牟郑州国际文化创意产业园区域为重点，着力开发建设不同类型、不同主题的"慢生活、微度假"乡村旅游民宿集群，促进乡村旅游，助力乡村振兴。（来源：央广网）

2月

2月4日　据企查查数据，民宿联盟品牌如程完成 A 轮融资，投资方为华盖资本、晟道投资、云锋基金、引爆点资本、昆仑万维。据了解，如程是一个民宿联盟品牌，成立于 2019 年 4 月，提供集旅行攻略咨询等一站式旅行服务。（来源：企查查财经）

2月23日　2 月 4 日，重庆市政府办公厅印发《利用存量闲置房屋发展旅游民宿试点方案》，鼓励各区县规划旅游民宿试点示范区，探索"民宿+非遗""民宿+艺术"等方式，打造系列重庆本地旅游民宿主题 IP。除规定旅游民宿的范围外，《方案》还要求各区县（自治县）政府重点特色小镇、旅游度假区、乡村旅游等重点村规划区域确定 2~3 个旅游民宿试点示范区。据悉，重庆市力争通过 3 年时间，打造一批差异化、特色化、个性化旅游民宿产品，培育一批特色鲜明、有较强市场影响力和号召力的旅游民宿品牌。（来源：《潇湘晨报》）

2月25日　北京市朝阳区太阳宫北街 1 号，"国务院扶贫开发领导小组"的牌子永久性摘下，"国家乡村振兴局"的牌子正式挂上。国家乡村振兴局的正式亮相，为乡村旅游发展带来了新曙光，"十四五"规划纲要也明确提出要推动文旅融合，壮大休闲农业、乡村旅游、民宿经济等特色产业，乡村旅游民宿无疑会成为 2021 年文旅行业的一大热词。（来源：央视新闻）

3月

3月2日　2021 年 2 月 25 日，文化和旅游部批准发布旅游行业标准《旅游民宿基本要求与评价》第 1 号修改单,并宣布自发布之日起实施。根据公告,修订标准最大的变化在"等级和标志"部分。修订前,旅游民宿等级分为 3 个级别,由低到高分别为三星级、四星级和五星级。修订后的表述为,旅游民宿等级分为 3 个级别,由低到高分别为丙级、乙级和甲级。此外,修订前的星级旅游民宿标志由民居与五角星图案构成,用三颗五角星表示三星级,四颗五角星表示四星级,五颗五角星表示五星级。修订后文件规定,等级旅游民宿标志由民居图案与相应文字构成。(来源:文化和旅游部)

3 月 12 日 安徽省办公厅印发《关于促进旅游民宿发展的指导意见》提出,旅游民宿是指利用闲置资源,经营用客房不超过 4 层、建筑面积不超过 800 平方米,为游客提供体验当地自然、文化与生产生活方式的小型住宿设施。(来源:《安徽日报》)

3 月 15 日 从海南省住房和城乡建设厅获悉,海南省多部门已对《海南省乡村民宿管理办法》进行全面修订,明确乡村民宿的开办实行承诺即入的备案登记制度。据悉,今后在乡村民宿的开办流程上,海南将特种行业经营许可、公共卫生许可、食品经营许可等进行整合,乡村民宿经营者只要作出一次有关承诺,即给予登记备案,做到"一张表单、一套材料、一次提交、多方复用",方便群众办理。同时,海南鼓励盘活农村闲置宅基地,支持乡村休闲旅游和乡村民宿产业加快发展。海南对乡村民宿单栋的建筑规模规定,乡村民宿的营业客房应在 14 间房、800 平方米和高度在 3 层以内。(来源:海南省住房和城乡建设厅)

3 月 16 日 江苏文峰集团、江苏文峰股份拟联手对高端民宿业的独角兽企业"泊心云舍"进行 PRE-A 轮战略投资,总计金额上亿元。据了解,获得资本助力后,泊心云舍将在产业整合、市场拓展、品牌建设等方面加大投入。据悉,泊心云舍定位高端,平均房价在两千元以上,目标消费人群八成以上是企业家精英、文艺界明星、艺术家,这些是资本较为看重的实力,也是泊心云舍高端定位所带来的差异化用户体验及竞争优势。而第一家泊心云舍·MCA 大理店已于 2016 年 10 月开业,之后在 4 年多时间内另有 3 家新店开业。(来源:环球网)

3月26日　第一届广东民宿大会在梅州举办。大会以"发展民宿产业助力乡村振兴"为主题，旨在提升广东文化旅游形象，打造旅游品牌，促进高端民宿品牌落地广东。作为国内共享住宿行业的引领者，途家执行副总裁兼首席商务官受邀出席，并围绕《解锁新市场 民宿新机遇》进行主题分享。会上，途家民宿成功当选广东省旅游协会民宿分会副会长单位。同期，由途家联合广东省旅游协会民宿分会共同评选的广东省首批五钻、四钻民宿名单也正式公布。（来源：澎湃新闻）

3月29日　广西旅游协会民宿客栈与精品酒店分会2021年第一届第二次会员代表大会在南宁举办。（来源：广西壮族自治区文化和旅游厅）

3月30日　由执惠集团与上海博华国际展览有限公司共同举办的第二届INNOLAB商业空间新物种发布大会暨第五届中国文旅大住宿创新论坛在上海新国际博览中心成功举办。本次大会以"沉浸未来 无限进化"为主题，多位住宿品牌创始人、企业高管及项目负责人齐聚会场，同台论道，充分结合疫后文旅市场新趋势与新兴技术，多层次多角度剖析住宿行业痛点与机遇，为大住宿行业迭代升级建言献策。（来源：执惠）

4月

4月1日　上海浦东新国际博览中心N5馆，美国《室内设计》中文版与HOTEL PLUS上海国际酒店工程设计与用品博览会携手举办的"民宿设计主题论坛"圆满落幕。（来源：民间爱心网）

4月6日　广东市海丰县乡村旅游及民宿产业招商推介暨共建乡村振兴学院签约大会在县迎宾楼举行，会上，7个项目总投资159亿元。据了解，项目包括6个乡村旅游项目和1个招才引智项目。其中，总投资80亿元的"中健森林康养示范基地"为此次签约额最大的项目，该项目选址于海城镇，以建设国家级森林康养基地为核心目标，打造一个集红色文化、自然研学、食育教育、健康疗养等多功能、多业态于一体的复合型国家级国际化的森林康养基地。（来源：《潇湘晨报》）

4月9～10日　贵州乡村旅游与民宿产业高质量发展大会在丹寨县万达

小镇举行。据了解，2017 年至 2019 年 3 年间，贵州省民宿客栈总量较之前增长 5 倍。在全省住宿设施中，民宿客栈总量占 10%。据初步统计，截至 2020 年 10 月，贵州民宿客栈总量达 4500 家、床位数约 90000 个。其中，中高端精品民宿占比仅为 4%。（来源：丹寨县融媒体中心）

4 月 11 日 陆丰第一届民宿招商大会在汕尾陆丰市金厢镇十二岗村举行。据了解，此次推介会集中签约 21 个民宿项目，计划总投资 438.84 亿元。据悉，该项目总占地约 300 亩，预计总投资超过 200 亿元，计划 5 年内携手客天下引进高端酒店、康养、办公等高端综合体，打造集生态、商业、文旅产业于一体的综合型项目。（来源：《南方日报》）

4 月 14 日 严州古城举行民宿项目集中签约仪式，7 个精品民宿项目总投资达 4.6 亿元。据了解，七个精品民宿项目分别是花间堂、漫珊瑚、筱隐、九野、睦之道、宿缘、九进士。其中，花间堂酒店总投资 2.6 亿元；漫珊瑚精品酒店总投资 1.6 亿元；九野精品民宿项目总投资 1000 万元。另外，睦之道精品民宿总投资 500 万元；宿缘精品民宿总投资 600 万元；筱隐精品民宿总投资 1000 万元；九进士客栈总投资 400 万元。（来源：《杭州日报》）

4 月 15 日 国务院办公厅印发《关于服务"六稳""六保"进一步做好"放管服"改革有关工作的意见》，提出"进一步推动激发消费潜力"，包括"清除消费隐性壁垒"，其中涉及"鼓励各地区适当放宽旅游民宿市场准入，推进实施旅游民宿行业标准"。（来源：新华社）

4 月 15 日 近期，经过海量大数据筛选、行业协会评选推介、途家美宿家（网红 KOL）实地探店评测认证的途家 2021"民宿必睡榜"终于正式公布。该榜单旨在为用户提供快速、专业和精准的精品住宿预定指南，首期覆盖国内 20 座热门城市，共有 200 家优质民宿上榜。（来源：旅新网）

4 月 18 日 2021 中国民宿发展大会在河南郑州新密隆重召开，来自全国各地的知名民宿创始人及运营团队、民宿专家、旅游投融资公司负责人等齐聚一堂，共商民宿赋能乡村振兴、共谋中部民宿未来发展。95 个河南文旅项目进行了集中签约，现场签约金额 530.1 亿元。据了解，这次大会签约的项目涵盖旅游度假区、精品民宿、古镇古街、乡村旅游、文旅融合等领域。其中重大旅游合同签约项目 37 个，签约金额 406.32 亿元；民宿签约项目 58 个，签约金额 123.78 亿元。（来源：《河南日报》）

4 月 24 日 云南文旅厅发布 2020 年新增精品酒店、五星级旅游民宿及新引进国际知名酒店品牌管理公司补助名单，按照 20 万~50 万元的补助标准，全省 291 家中高端住宿企业拟获补助 6030 万元。据了解，按照《云南省精品酒店建设和管理规范（试行）》《旅游民宿基本要求与评价》等标准，评出云南省 99 家精品酒店、185 家旅游民宿和 7 家国际知名酒店品牌管理公司。其中，昆明市有 7 家精品酒店、7 家五星级旅游民宿和 3 家国际知名酒店品牌管理公司进入补助公示名单，17 家住宿企业拟获补助 430 万元。（来源：《昆明日报》）

5月

5 月 11 日 广东河源市举行 2021 年美丽乡村民宿招商推介会活动。会上共有 188 个民宿建设项目达成意向投资，投资总额约 63 亿元，其中在推介会上实现签约的项目有 14 个。据了解，此次集中签约的民宿建设项目分别为东源白马渡民宿集群建设项目、东源县陂头乡村民宿建设项目、联合推进埔前镇民宿产业发展合作项目、龙川石头湖美丽乡村·康养民宿小镇·智慧农业文旅开发项目等。（来源：中国发展网）

5 月 17 日 途家发布的《2021 五一民宿出游大数据报告》显示，途家五一期间的民宿订单量同比增长超 130%，对比 2019 年同期增长超 50%，交易额同期增长超 60%，全面赶超疫情前高峰水平。和以往不同，在 2021 年出游打卡的人群中，越来越多的人喜欢避开热闹的网红城市与网红旅游景点，偏向于去更小众的目的地深度旅游。休闲度假和文化体验正在取代传统的观光游，年轻游客对于"体验型民宿"的关注度显著提升。（来源：新浪财经）

5 月 18 日 2021 中国·山西（晋城）康养产业发展大会在晋城市举行。大会深入贯彻习近平总书记视察山西重要讲话重要指示和关于康养发展的重要论述，以"康养山西、夏养山西"为主题，汇聚国内外专家学者客商，共谋康养产业发展大计。高峰论坛上还发布了《中国民宿发展报告》2021版蓝皮书、地方标准《太行人家康养村落建设服务与管理》。（来源：《山西日报》）

5月20日 "太行论道 康养陵川"首届康养民宿论坛在陵川县举办。论坛由晋城市文化和旅游局、陵川县人民政府、中国民宿发展报告编委会、省文化旅游产业研究院主办，陵川县文化和旅游局、上海蕴思文化传播有限公司承办。论坛分为领导致辞、主旨发言、"中国民宿评价体系"发布仪式、头脑风暴迸发集体智慧圆桌论坛四个环节。（来源：黄河新闻网晋城频道）

5月21日 木鸟在成立9周年的内部信中宣布，木鸟短租更名木鸟民宿，新的名字新的开始。对更名原因，木鸟民宿解释称，木鸟平台成立之初，选用短租是为了最大限度降低用户理解门槛。如今，民宿市场步入一个新阶段，用户对民宿的认知和接受度不断提升，民宿作为细分品类，是对平台业务最精准的描述。木鸟发展迈上新台阶，品牌需要新指导方向。据木鸟民宿相关负责人表示，此次品牌调整只涉及品牌名，原组织架构、运营模式和业务方向均保持不变。此次品牌升级意在"精准定义品类，深耕民宿业务，提升品牌认可度，用极致体验助力住宿消费升级"。（来源：木鸟民宿）

6月

6月9日 途家发布《2021端午节民宿出游预测报告》（以下简称"报告"）。报告显示，国内旅游民宿市场持续向好，居民出游意愿强烈。截至6月6日，端午民宿提前预订量是2019年同期的1.1倍，2021年端午民宿订单量将有望超过2019年假期水平；与五一黄金周选择中长途出游不同，端午大部分旅行者选择中短途旅行，家庭亲子游、周边游、乡村民俗游等成为主要出游形式；"民宿式度假"成为端午出行一大亮点：另辟蹊径选择一处小众目的地，以民宿为中心进行2~3天的深度旅行，吃住娱一站式体验的休闲方式受到追捧。（来源：《北京商报》）

6月16日 从北京全面推进乡村振兴专场发布会获悉，北京市将以乡村民宿为重点，计划五年评定星级民宿1000家，带动5800余家传统农家乐转型升级，提高乡村旅游现代化服务水平。据了解，端午期间，北京乡村游累计接待游客 184.6 万人次，同比增长 12.9 倍，恢复到 2019 年同期的 89.3%；营业收入 25130.6 万元，同比增长 13.9 倍，与 2019 年相比增长 14.2%。（来源：人民网）

6 月 17 日　为保障辖区民宿行业的高质量发展，深圳市大鹏新区大鹏办事处破题开路，对辖区较场尾景区民宿全面"体检"，并首开先河，在全市率先推出首个民宿消防安全管理的样本。大鹏办事处编制的《较场尾片区民宿消防安全调研报告》和《较场尾片区民宿消防安全标准化管理标准（试行）》为该区域的消防安全管理提供有力依据，此举填补了深圳市民宿消防安全管理标准的空白。（来源：《潇湘晨报》）

6 月 18 日　黟县按照"新时代、新乡村、新民宿"的新思路，积极探索"民宿+"发展模式，创新民宿营销模式，做强县域民宿经济圈，推动民宿经济成为新的增长极，着力打造生态、文化、体育、农业与旅游深度融合发展的"黟县样板"，助推乡村振兴。截至目前，黟县注册登记的住宿业单位有 1195 家，其中民宿 903 家，年均接待过夜游客 400 万人次。（来源：《黄山日报》）

6 月 18 日　影珠山乡村文化音乐节启动暨影宿开营仪式在长沙县福临镇影珠山举行。伴随着悠扬的音乐，桐乐民宿"影宿"正式开营。现场为"乡村相见"小院、湖南慈善影珠山村志愿服务站授牌，湖南省文旅厅资源开发与全域旅游推进处处长宣布影珠山乡村文化音乐节正式启动。（来源：搜狐网）

6 月 19 日　成都市民宿客栈协会成立大会在都江堰举行。协会的成立，是成都民宿业发展进程中新的里程碑，也意味着，成都 2 万余家旅游民宿有了"娘家人"。（来源：封面新闻）

6 月 21 日　江宁东山佘村首创"股份制民宿"，东山建发集团携手佘村，量身定做"股份制民宿"模式。这样的制度设计引导村集体和村民参与经营管理，推动资源变资产、资金变股金、农民变股东。（来源：《新华日报》）

6月22日 来自山西省11个地市文旅局、旅游开发公司、民宿开发运营机构和旅游电商机构的管理者在平顺县文化中心的教室就民宿的产业发展和运营实践等展开专题学习。山西省文旅厅负责人表示，民宿对于实施乡村振兴战略和城乡融合发展具有独特价值，希望通过定期培训、交流和学习，为山西打造一批具有产业思维、融合创新和实践能力，应用性和实用性结合的人才队伍，为山西的文化旅游和乡村振兴注入动力。（来源：九派新闻）

6月25日 五朵山景区涉及的8个行政村已经流转民宿用地300多亩。有116户农民争取到了20万元的"民宿贷"，共获得贷款2320万元。第一批200座民宿已经建成62座，第二批300座民宿已经列入规划，南阳五朵山旅游度假区民宿集群布局已经形成。相关人士说，发展民宿经济，促进乡村振兴，带动的就是村民。让他们变成集房东、股东、产业工人于一体的新型农民，真正享受到乡村振兴的政策红利。（来源：《河南日报》）

6月28日 近2000万毕业群体即将进入暑期度假模式，旅游住宿行业迎来旺季。6月28日，木鸟民宿《毕业季民宿预订报告》出炉，数据显示，2021年毕业季民宿订单总量同比2020年增长1.7倍，毕业生出行需求旺盛，网红民宿备受追捧，小众景点民宿预订量同比增长三成。（来源：《齐鲁晚报》）

6月28日 连云港市旅游协会召开自驾游与民宿分会成立仪式暨第一届会员代表大会，标志着市旅游协会自驾游和民宿分会正式成立。（来源：中国江苏网）

7月

7月8日 Airbnb爱彼迎数据显示，截至2021年4月，全球旅行者对富于独特体验的奇妙民宿的搜索量，较疫情前的2019年同期增长近2倍，其中蒙古包、茅屋、船屋等类型房源的搜索量激增达10倍以上。奇妙民宿正成为新一代旅行者探索小众秘境目的地的入口，也成为民宿房东提升房源吸引力和盈利能力的经营新思路。自2020年3月至7月，在世界各地运营奇妙民宿的爱彼迎房东们，已经累计创收超过3亿美元（约合人民币19.4亿

元）。奇妙民宿数量较 2019 年 5 月增长 3 成。（来源：东方财富网）

7 月 8 日 2021 南京首届乡村民宿服务技能大赛初赛在南京旅游职业学院正式开启。这也是近年来南京举办的规格最高、规模最大、群众参与最广泛的一次民宿行业比赛。大赛由市文旅局、市农业农村局、市人社局、市总工会、南京旅游集团主办，旨在通过技能培训、行业交流、技能竞赛、会展交流等活动，进一步提升南京民宿服务水平，展现民宿特色品牌，助力农民持续稳定增收。（来源：《扬子晚报》）

7 月 8 日 2021 中国（兰溪）民宿产业发展对话暨浙江省旅游民宿产业联合会第一届第三次会员代表大会在浙江兰溪举行，来自旅游、文化、农业等领域的专家学者和广大民宿从业者们齐聚一堂，围绕以上问题开展对话，共商民宿产业未来发展。（来源：中国发展网）

7 月 8 日 途家发布的《红色旅游目的地民宿出游报告》显示，2021年上半年国内主要红色旅游目的地的民宿订单量是上年同期的 2.1 倍；以"80 后""90 后"为代表的年轻群体参与红色旅游比例显著提升，红色旅游正呈现年轻化、融合化、亲子化态势；北京、重庆、上海、遵义成为"Z 世代"（通常意指在 1995~2009 年间出生的人）群体红色之旅首选，跟着红色热播剧场景"沉浸式打卡"成为暑期出游新玩法。（来源：极目新闻）

7 月 8 日 江苏省旅游协会民宿客栈与精品酒店分会揭牌活动在镇江句容宝华山国家森林公园千华古村举行。此次成立的民宿客栈与精品酒店分会是在江苏省旅游协会的全程指导下，全省 120 家民宿客栈与精品酒店单位共同发起成立。（来源：《扬子晚报》）

7 月 8~9 日 为提升全市星级农家乐、乡村酒店、旅游民宿管理水平和服务质量，做好天府旅游民宿创建工作，推进乡村旅游高质量发展，由四川省南充市文广旅局主办，市旅游协会承办的推进星级农家乐、乡村酒店、旅游民宿、天府旅游民宿高质量发展培训在阆中举办。本次培训采取集中授课与现场观摩相结合的模式进行。（来源：上游新闻）

7 月 9 日 国内领先的民宿短租预定平台途家发布的《2021 上半年乡村民宿发展报告》显示，2021 年乡村民宿继续蓬勃发展，平台上半年国内乡村民宿房源总量超过 63 万套，同比 2020 年增长超 16%，相较 2019 年增长超 2.9 倍；截至 6 月 30 日，途家平台的乡村民宿已累计接待超过 310 万名房客，为乡村房东创收超 9 亿元，预计 2021 全年创收将突破 20 亿元，约是上年创收水平的 1.2 倍。（来源：《证券日报》）

7 月 9 日　盐城市旅游饭店和民宿建设工作会议暨最佳特色品牌酒店颁奖典礼在东台市黄海森林公园举行。活动期间，与会领导、嘉宾集中参观了巴斗村渔家民宿、黄海森林"野奢杉墅"、木屋群落等业态。（来源：新华报业网）

7 月 13 日　为进一步展现新时代女职工巾帼风采，并调动其在经济社会建设中的积极性、主动性和创造性，江西省靖安县总工会在中源乡举办"互保杯"民宿行业女职工岗位练兵和技能比赛。此次厨艺比赛旨在为女职工提供一个展示个人魅力的平台，弘扬家庭美德，传承并培育好家风，促进家庭和谐文明，促进靖安县民宿行业的发展。（来源：新浪网）

7 月 13 日　由河北省文化和旅游厅主办的《旅游民宿基本要求与评价》标准推广暨民宿发展经验交流活动在保定市秀兰饭店启动。国家文化和旅游部领导、河北省文化和旅游厅领导、河北省各市文化和旅游部门旅游民宿等级评定分管领导和处室负责同志、旅游和民宿行业专家、省级旅游民宿等级评定专家库成员、民宿投资/运营单位部分代表共计 110 多人参加本次交流活动。（来源：保定广播电视台融媒体）

7 月 17 日　6 月 30 日，三亚市出台了《三亚市乡村民宿促进和管理条例》（以下简称《条例》），这是海南首部专门规范乡村民宿工作的地方性法规，自 2021 年 8 月 1 日起施行。7 月 16 日，三亚市人大常委会召开新闻发布会，就《条例》制定背景、意义、主要内容和重点举措等进行进一步解读。（来源：《海南日报》）

7 月 19 日　据报道，黄果树旅游区提出了"民宿发展 135 计划"，计划在 3 年引进 100 家客房均价在 1000 元以上的高端民宿、引进 300 家客房均价在 500~1000 元的精品民宿、带动提升本地客栈 500 家。其中包括匠庐·阅山、尧珈·凡舍、倾山精品民宿等。（来源：《贵州日报》）

7月20日 为促进民宿产业持续健康发展，晋江出台促进民宿规范发展暂行规定，采取试点先行、循序渐进的原则，首批选取五店市、梧林传统村落等单位为试点，条件成熟后再全面推开，打造一批富有晋江特色的民宿和文化。（来源：台海网）

7月20日 由浙江省杭州市临安区文化和广电旅游体育局主办的临安区民宿集群发展座谈会在临安召开。座谈会以"组团发展再升级 民宿集群话共富"为主题，邀请临安区文旅局主要负责人、临安乡镇干部、行业专家、民宿运营商、民宿业主等齐聚一堂，共话"民宿小集群"发展对带动乡村经济、助力乡村振兴等方面的作用。由此，临安"民宿小集群"运营工作的大幕正式拉开。（来源：海外网）

7月21日 全国旅游标准化技术委员会向各省、自治区、直辖市及新疆生产建设兵团旅游民宿等级评定机构发出《关于推荐申报首批甲级、乙级旅游民宿的函》。这标志着首批甲级、乙级旅游民宿推荐申报工作正式启动。（来源：《中国旅游报》）

7月21日 针对河南暴雨实况，木鸟民宿升级应急措施：凡在21日前（含7月21日）通过木鸟民宿平台下单，入住日期在7月25日（含7月25日）前，如因暴雨原因影响行程，均可致电400-056-0055联系客服，申请无责取消。木鸟民宿也将继续密切关注河南暴雨最新进展，及时响应国家相关部门的要求，第一时间为用户提供保障服务。（来源：木鸟民宿）

7月23日 青岛市民宿行业协会成立，将为民宿从业者解决办证难问题，同时，也将组织引导民宿企业者群策群力，打造出一批避暑休闲、温泉度假、康养保健、特色餐饮等特点分明的青岛民宿集群品牌。在青岛市民宿行业协会成立大会上，审议通过筹备工作报告、《章程》草案。（来源：《齐鲁晚报》）

7月23日 小猪民宿发布《2021亲子民宿大数据报告》。报告显示，暑期亲子订单占比超6成，较19年增长11%。报告显示，最受亲子家庭欢迎的目的地主要有成都、西安、重庆、北京、上海、三亚、长沙、广州、敦煌、呼伦贝尔等热门城市。从出行目的地来看，动物园、游乐场、博物馆、

海洋馆、历史人文场馆等备受欢迎，其周边民宿的平均订单环比 6 月增长超 150%。（来源：《北京商报》）

7 月 23 日 由松阳县人民政府、上海景域驴妈妈集团主办的首届乡宿产业发展大会暨松阳民宿招商推介会举行开幕式。来自国内多领域的专家们齐聚一堂，围绕乡村振兴、产业部署、民宿未来等内容展开对话和讨论。（来源：陕西法制网）

7 月 26 日 浙江省桐庐县气象局会同中国人民财产保险股份有限公司、县农业农村局一起将全省第一单民宿假日台风气象保险赔款的 4000 元，送到富春江镇芦茨村蟹坑口"溪山深渡"精品民宿业主李梅手中。（来源：中国气象新闻网）

7 月 26 日 由山西晋城妇联主办、佳乡寒舍学院承办的晋城乡村民宿技能培训班在山西晋城洞头村廉政教育基地举办。据介绍，本次培训共分六个板块，分别从互联网背景下的乡村民宿发展数据、乡村民宿餐饮特色操作办法、民宿客房维护标准、乡村美学如何助力乡村民宿、乡村旅游服务标准及突发事件应对指南来对晋城乡村民宿的发展进行整理梳理和培训。（来源：人民网）

7 月 27 日 由南昌市农业农村局主办、江西凤凰村培训基地承办的全市休闲乡村民宿从业人员培训班正式开班，来自南昌市各县区近 50 名休闲乡村民宿从业人员代表将参加此次为期 10 天的培训。（来源：中国江西网）

7 月 28 日 《甘肃省旅游条例》由省十三届人大常委会第二十五次会议修订通过，修订后的《甘肃省旅游条例》自 2021 年 10 月 1 日起施行。条例在旅游品牌发展、民宿和农家乐管理、旅游安全、旅游投诉等方面作了相关规定，立法护航甘肃省旅游业高质量发展。（来源：《兰州日报》）

7 月 29 日 《2021 年木鸟民宿暑期预测报告》正式发布。从总体来看，民宿行业将迎爆发旺季，木鸟民宿平台暑期房间预订量预计为 2020 年的 2.8 倍，报告显示，暑期海滨城市依旧火爆，年轻群体重视"旅行社交"，偏爱"居住式度假"；亲子出游妈妈群体居于主导地位，重视旅行意义，首选文化旅游地点。（来源：新华报业网）

7月30日　产业融合正在成为地产行业发展的新趋势。近期，趣活集团（QH. US）与首钢地产达成战略共识，双方将以"地产+民宿"的新业态新模式，就首钢·柒里风华项目展开合作，提供更加多样化的服务。（来源：中国民商）

8月

8月2日　在江苏省农业农村厅、省财政厅指导下，昆山市首次运用区块链技术完成农村闲置住宅使用权流转交易。这是江苏继射阳探索农村土地线上全流程"不见面"交易、金湖探索"区块链+农村产权交易+抵押贷款"服务后，农村产权交易领域的再创新。（来源：新华网）

8月3日　河源市文广旅体局发布《关于进一步做好当前疫情防控和安全生产、防汛工作的紧急通知》。通知要求，暂停组团赴省外旅游，暂停举办大型体育活动，星级饭店、民宿不接待来自中高风险区域的旅客。（来源：《河源日报》）

8月4日　由大连市餐饮行业协会、大连市旅游协会共同主办的2021首届大连百姓和游客喜爱的大连名厨、餐饮名店、品牌民宿评选暨颁奖典礼在星海婚礼广场隆重举行。（来源：大连市餐饮行业协会）

8月5日　成都市文广旅局编制的《成都市旅游民宿管理办法（征求意见稿）》目前已向社会公开征求意见，对民宿开办要求、审办备案、经营规范、监督管理等方面作出明确规定。据悉，这也是成都聚焦企业和群众办事创业的难点堵点，坚持放管结合、并重，适当放宽旅游民宿市场准入，推进实施旅游民宿行业标准的再次创新探索。（来源：成都商报红星新闻）

8月7日　肇庆市"石牌里民俗民宿文创街区"项目举行动工仪式，并现场进行银行授信签约。"石牌里街区"项目位于端州城区狮岗地段，原属企业老旧宿舍区。项目通过对老旧建筑进行整改活化，注入新业态，形成娱乐、民宿、餐饮于一体的文旅街区，打造肇庆文旅新地标。（来源：九派新闻）

8月9日　山东省文化和旅游厅发布《关于组织开展旅游民宿集聚区创

建的通知》，明确了旅游民宿集聚区的申报主体及范围、数量、遴选推荐标准等内容。通知明确，旅游民宿集聚区的申报主体为行政建制乡镇，重点依托景区化村庄和乡村旅游重点村集中连片打造，创建范围限定在一个行政乡镇区域内。申报创建数量每市不超过 2 个，国家和省级全域旅游示范区每区 1 个（不占各市名额）。（来源：《潇湘晨报》）

8 月 12 日 云南省文化和旅游厅发布《2020 年全省精品酒店、五星级旅游民宿及新引进国际知名酒店品牌管理公司奖补资金的通知》，拟奖补全省 99 家精品酒店、179 家旅游民宿和 7 家国际知名酒店品牌管理公司。其中，玉溪市 6 家精品酒店、14 家旅游民宿上榜。（来源：中国网）

8 月 14 日 由海南省旅文厅统筹、海南省旅游民宿协会协助组织的 2021 年海南省第三批"金银宿"级乡村民宿服务质量等级评定完成了对全省 41 家参评民宿的现场检查和评审工作。（来源：中国融媒产业网）

8 月 16 日 浙江省文化和旅游厅印发了《浙江省文化和旅游厅推进文化和旅游高质量发展促进共同富裕示范区建设行动计划（2021－2025 年）》。计划提出，到 2025 年，浙江力争基本建成新时代文化高地、中国最佳旅游目的地、全国文化和旅游融合发展样板地。其中，实施万户农家旅游致富计划：推进民宿经济全产业链发展，深化民宿（农家乐）助力乡村振兴改革试点，到 2025 年，乡村民宿超过 2.2 万家，经营总收入比"十三五"时期增长 50% 以上，全面促进浙江乡村旅游富民增收。（来源：浙江省文化和旅游厅）

8 月 19 日 为积极助力乡村振兴战略实施，带动广东乡村经济疫后复苏，刺激乡村民宿产业发展，在广东省农业农村厅的指导下，中国邮政集团有限公司广东省分公司发起 2021 发现广东最美民宿"寻找最美民宿，致敬最美的人"活动。（来源：《新快报》）

8 月 20 日 根据四川省政府办公厅《关于开展"天府旅游名牌"建设的实施意见》文件精神，由文化和旅游厅牵头，会同省直相关部门，按照规定程序、评选标准和原则，组织开展了"天府旅游名牌"评选工作。将拟命名发布的天府旅游名镇、天府旅游名宿等名单予以公示，其中，合江龙

挂山·半山云舍民宿拟被命名为天府旅游名宿。（来源：新浪网）

8月22日 全国公安机关围绕寄递物流、长租公寓、民宿、网约房等新业态新领域，有针对性地加强治安管理，推动落实主管部门监管责任、企业单位主体责任，依法打击违法犯罪，共同维护新领域安全稳定、促进新业态健康发展。加强民宿、网约房治安管理，保障群众入住安全：公安部指导各地公安机关会同文化旅游、住房和城乡建设等部门探索加强乡村民宿治安管理，坚持便民利企、民宿经营者"零投入"原则，督促乡村民宿经营者落实住宿实名登记制度，共纳管乡村民宿11.5万家。（来源：央广网）

8月24日 北京住建委发布关于对《北京市住房租赁条例》（征求意见稿）公开征求意见的公告。《条例》中的第五十六条指出，鼓励村民将宅基地房屋依法交由村集体经济组织对外出租，村集体经济组织可引入规模化、专业化住房租赁企业统一运营。目前北京的民宿市场正在由城市短租逐渐向乡村民宿发展，未来乡村民宿游也将会进一步向品质化迈进。（来源：《北京商报》）

8月26日 为进一步优化民宿办证业务受理流程，精简审批程序，武当山将"我要办民宿"纳入"一事联办"，公安局、住建局、消防队等多部门协同联动，开展业务流程再造和数据资源共享，推出"边受理边完善材料"的容缺受理模式，打造"一套材料，一窗办结，一天领证"集成化服务。（来源：中新网湖北新闻）

8月31日 由中国饭店协会主办的"乡村振兴民宿提升公益课程启动会"在线举行。本次公益培训课程由中国饭店协会联合各地文旅局、乡村振兴局、民宿行业协会以及中国饭店协会文旅（民宿）专业委员会重点成员单位共同发布，重点针对民宿企业投资经营过程中服务规范流程、经营管理能力等进行培训指导。该课程将首先联合浙江、广东、云南、湖南等主要民宿聚集区行业协会，及连云港市、伊春市等申报城市率先展开试点，预计每年将服务数万名民宿从业者。（来源：《工人日报》）

8月31日 京东旅行与寒舍文旅集团达成战略合作。双方将积极响应国家乡村振兴号召，通过文旅深度融合，带动农旅一体发展，促进当地旅游产业发展，推进美丽乡村建设。此次双方的战略合作，在社会普惠领域持续助力在项目规划与策划、产品开发与运营、IP 产品输出、营销渠道、文化活动、泛文旅综合开发等相关业务领域展开深度合作，通过对古村落、古镇、特色小镇等田园综合体非标精品民宿、酒店的开发、建设与运营，打造乡村振兴标杆项目，构建文化产业生态与全产业链运营体系。（来源：中国质量新闻网）

9月

9月1日至4日　为贯彻落实文化和旅游部全国文化和旅游市场管理工作会议精神，全面提升内蒙古全区旅游住宿业管理水平，内蒙古自治区文化和旅游厅在成都市举办全区旅游饭店星级评定员暨旅游民宿等级评定员培训班，自治区 12 个盟市文旅局分管领导、市场管理科负责人、拟聘区级旅游饭店星级评定员及旅游民宿等级评定员近百人参加了培训。（来源：中国山东网）

9月2日　安徽省潜山市召开民宿协会筹备会。这是潜山市继发放首批民宿《特种行业许可证》后，推进民宿业规范发展的又一项举措。从"游击队"到"正规军"，从"单打独斗"到"抱团发展"，潜山民宿产业逐步走上规范管理、良性发展的快车道。（来源：《中国旅游报》）

9月2日　北京市通州区组织网信、公安（网安、人口、治安）、住建等部门，于一周前联合召开规范短租住房经营管理工作部署会，面向途家、爱彼迎、同程艺龙、携程、美团、小猪民宿等多家平台进行了政策宣贯，要求不合规房源需在 7 日内完成下架。（来源：《中国旅游报》）

9月5日　北京市第四届"创业北京"创业创新大赛乡村振兴专项赛圆满结束，18 个项目分获一、二、三等奖和优秀奖。其中，平谷区的民宿项目"闲屋变'现'文化赋能惠四方"获得一等奖，该项目通过"企业+村集体+村民"共建等方式，在平谷区 13 个乡镇建立了 27 家精品民宿，示范带动了100 余家民宿发展，为村民增收 3000 余万元。（来源：《北京日报》）

9月7日　延庆井庄镇聚焦服务保障冬奥会的民宿品质提升培训班开

班。50 多位民宿从业者跟随民宿行业专家，学习国际礼仪、冬奥知识、民宿规范，开展民宿活动实操、消防演练等，为即将到来的冬奥会做准备。（来源：新浪网）

9 月 7 日　民宿短租预定平台途家发布《2021 暑期民宿出游报告》。报告显示，受疫情影响，2021 年暑期短途、高频的周边游占据主流，北上广游客出行人次最多；疫情反复下，乡村民宿持续发力成为更多人安全度假首选，暑期乡村民宿订单量同比 2020 年同期增长超 20%；Z 世代（通常意指在 1995~2009 年间出生的人）成暑期消费新势力，假期远离都市喧嚣，住进房车营地，去大自然露营成为潮流新风尚。（来源：中华网）

9 月 7 日　深圳大鹏新区 2021 年民宿里的书香启动仪式在艺象琴闲居·阅读空间民宿举行。大鹏新区文化广电旅游体育局、新区纪工委、综合办、组织人事局、群团工作部及各办事处相关负责人参加。活动现场为首期 5 家"书香民宿"授牌，为 10 名阅读推广人颁发荣誉证书。同时，开启"图书馆+民宿"文旅融合探索模式，将公共图书资源和文化服务引进民宿集群，打通公共图书馆阅读服务的最后一公里。（来源：《广州日报》）

9 月 7 日　"潮智汇"潮州文化沙龙第十六期开讲。围绕"民宿与潮州文化融合发展之路"这一主题，与会嘉宾提出民宿客栈修复要遵循"修旧如旧"原则，充分利用原有建筑特色，将潮州传统工艺美术和潮州文化融入其中；要坚持民宿企业错位发展，开展各类富有潮州文化特色的文艺活动，提供个性化、精细化服务，加快文化旅游服务配套设施建设，全力打造特色化、高端化潮州民宿品牌。（来源：潮州广播电视）

9 月 7 日　武当山民宿产业发展座谈会在旅游发展中心召开。武汉大学质量发展战略研究院院长、特区领导及相关部门负责人等参加座谈。（来源：新浪网）

9 月 9 日　由台盟北京市委和门头沟区台办联合主办、以"交流互鉴，合作发展"为主题的"2021 门台精品民宿论坛暨永定河·高屏溪山水文化交流"活动在北京举行，六十余名两岸嘉宾参与。（来源：中新社北京）

9 月 9 日　为拓展乡村旅游产品营销渠道，培养旅游网络营销人才，由密云区文化和旅游局主办的密云区 2021 年民宿业网络直播带货人才培训班正式开班。密云区文旅局文化旅游人才发展中心主任、密云区镇街（地区）文化和旅游办主任、密云区精品民宿网络直播带货负责人、渔阳集团负责人约 140 人参与培训。（来源：中国小康网）

9 月 13 日 河源市和平县文广旅体局举行民宿登记证颁发仪式，向和平县 13 家民宿颁发《和平县民宿登记证》，这 13 家民宿成为和平县首批"持证上岗"的民宿。（来源：新华网）

9 月 14 日 为进一步贯彻落实乡村振兴战略，以点带面，促进西宁市乡村旅游发展提质升级，推动乡村旅游经济发展，经多方推荐、现场核查、专家评审，西宁市 7 家单位被评定为首批西宁市河湟精品民宿。据了解，首批西宁市河湟精品民宿为群加黑峡生态农庄、云谷川印象小镇、日月山下 24 庄廊、虫二小院、逸舍小院、木易春民宿、九宫伍民宿。（来源：青海新闻网）

9 月 18 日 民宿短租预定平台途家发布《2021 中秋国庆民宿出游趋势报告》。报告指出：中秋国庆假期北京、上海、成都出行人次最多，家庭和多人出游是出行主流，精品客栈、独栋别墅、四合院、复式房型等更受用户青睐；乡村民宿预订火爆，国庆订单量超 35%；西北地区人气大涨，喀什民宿订单量同比去年暴增 10 倍；消费者对跨省游为主的国内长线游信心不减，中秋国庆跨省游民宿订单占比超过 40%，随着十一黄金周临近，长线出游趋势将愈发明显。（来源：中华网）

9 月 20 日 北京通州区推出首批 10 家特色乡村民宿，均位于环球度假区周边镇。通过预订平台审核成功后，这些民宿可接受预订。推出首批 10 家特色乡村民宿，标志着通州区服务保障环球度假区游客的多元化住宿体系正在不断丰富和完善。（来源：北青网）

9 月 21 日 "乌当人家"品牌民宿评选结果揭晓，来自贵阳市乌当区的寻篱原舍、美住酒店、荷塘悦色、坡里·小苑、景尚原舍、树舍、四金苑、森呼吸、纸墨书香艺术酒店、紫钧山庄 10 家民宿榜上有名。（来源：彩贵州网）

9 月 22 日 飞猪旅行宣布战略投资小猪民宿。双方之后将达成深度战略合作，针对民宿业的长期、可持续发展探索更完善的解决方案，丰富用户的民宿消费选择。小猪房源将全量接入飞猪民宿频道。（来源：《新京报》）

9月22日 木鸟民宿发布《2021国庆出游住宿数据预测》，用户国庆长假玩到嗨，3~6天是主流，网红城市的网红民宿备受欢迎，乡村民宿订单增长115%。（来源：TechWeb）

9月24日 为期两天的2021中国民宿产业生态大会暨第四届龙门山民宿发展大会在四川彭州举行，吸引了高端民宿代表、业界大咖、专家学者、人文学者、行业KOL等400余人参加，共商民宿产业生态构建，带来行业前沿的思想碰撞。（来源：封面新闻）

9月27日 由巴南区文化旅游委、招商投资局、巴洲文旅集团共同主办的"2021年巴南民宿项目招商推介活动"在巴南区重庆融汇半岛酒店举行。巴南区委领导、巴南区相关部门、镇街领导及"成渝双城经济圈"战略合作方—成都市温江区、重庆市"一区两群"协同发展区县—丰都县、市民宿协会领导、民宿行业代表、意向投资企业家等出席了本次活动。（来源：《重庆晨报》·上游新闻）

9月27日 首届蓟州区民宿设计大赛颁奖仪式在黄崖关正关广场举行，最终来自下营镇常州村的"慢点儿拾间"和西井峪村的"石忆·院"分别夺得了优秀作品组和设计在建组的金奖。（来源：北方网）

9月28日 以"走进雁翅小院 畅游锦绣田园"为主题的门头沟区雁翅镇2021旅游文化节在淤白村白瀑云景大草坪开幕，标志着雁翅镇9家精品民宿已经做好接待准备。"十一"期间，门头沟区共有46家精品民宿营业，项目覆盖6个镇33个村，约有200套院落营业可接纳1500余名游客，精品民宿预订率已达90%。（来源：《北京日报》）

9月28日 2021年"贵州特色民宿"和"贵州长征路上好民宿"评选暨贵州优质民宿线上推广活动正式启动。此次活动主题为"乡约宿多彩"，旨在通过小民宿带动大产业、小乡村实现大旅游，向全国、全世界展现贵州特色多彩民宿和乡村旅游融合发展成就。（来源：金台资讯）

9月29日 湖北省神农架林区出台《关于推进神农架林区民宿经济快

速健康发展的实施方案》，将着力构建民宿业发展的要素保障体系，带动民宿产业规范化、品牌化发展。神农架鼓励发展特色精品民宿，引导民宿差异化发展，以"生态富氧""中医康养""田园农耕""运动休闲"等为特色主题，打造一批精品民宿。加大民宿产业文化融合的力度，通过"民宿+非遗""民宿+艺术""民宿+书屋""民宿+民俗"等形式，植入特色文化元素。鼓励民宿进一步丰富内容，发展相配套的手工艺坊、茶艺坊、花艺坊、书法室、乡村图书室、电影院等休闲业态。引导民宿在趣味性、参与性、体验性上下功夫，推进民宿深度体验，延长民宿产业链。（来源：《中国经济时报》）

9月29日 河南省安阳举行2021中国（安阳）文化旅游峰会暨中国旅行者大会，在此次大会上发布新版民宿蓝皮书，有"旅游业奥斯卡"之称的携程口碑榜在中国旅行者大会口碑榜颁奖盛典上逐一公布，此次纳入最受欢迎国内民宿榜单民宿品牌，反馈出多元化的民宿需求。（来源：携程研究院）

10月

10月6日 济南市文化和旅游局发布国庆假日文旅简报。值得注意的是，国庆假期前六天，全市重点监测的7家民宿接待住宿人数同比增长15.7%，营业收入同比增长40%。其中，九如山民宿群、时养山居民宿等入住率最高时达100%。（来源：《齐鲁晚报》）

10月8日 紫阳县政府办公室印发《关于支持民宿产业发展的实施意见》。意见提出，到2025年实现全县民宿产业规模化发展，民宿总数不少于80家，精品民宿不少于20家，形成具有一定影响力的民宿接待品牌，有力地推进全县旅游业高质量发展。（来源：西部网）

10月9日 在门头沟小院联盟就业培训基地，由北京市农业农村局、北京市门头沟区人民政府主办的"乡村民宿的创新发展"——北京休闲农业高质量发展论坛上，北京市民宿领域的专家学者、投资商、经营者、政府部门负责人围绕乡村民宿的文化挖掘、投资运营以及生态文明等主题，探讨民宿发展的最新理念和经营模式，以及京郊民俗接待户与乡村民宿的发展前

景。（来源：《新京报》）

10月10日 在2021北京国际设计周"中国传统工艺振兴主题设计展"上推出了"美宿中国行—民宿设计展"，成为美宿中国行计划的首个专题展。在开展之际，为推广民宿美学，由中华世纪坛艺术馆、中国建筑文化研究会主办，中国工艺美术学会支持，中国建筑文化研究会民宿产业分会承办的"美宿中国—城市更新、乡村振兴与民宿美学论坛"在中华世纪坛举行。本届论坛以"美宿中国、发现之旅"为主题，论坛分为嘉宾致辞、主题演讲、专题分享、民宿产业分会理事证书颁发仪式、"美宿中国"对话等环节。（来源：中国文化观察网）

10月11日 天津市规范民宿管理出台新规，对民宿的建筑要求、消防安全、治安安全、卫生安全、食品安全等提出明确要求。其中明确规定，住宅小区中的业主利用其住宅经营城镇民宿，应遵守法律法规、管理规约，并经有利害关系的业主一致同意。（来源：新浪天津）

10月11日 民宿短租预订平台途家发布的《2021国庆民宿出游数据报告》显示，国庆假期，平台民宿订单量表现抢眼，整体已恢复至疫情前的9成，用户的民宿高品质消费特点鲜明，乡村民宿的价格增幅相较平台平均间夜价格提高约28%。（来源：《新京报》）

10月12~14日 以"导出精彩黟县创意宿造未来"为主题的黟县导游暨第二届民宿管家技能大赛正在火热进行。本次大赛为期3天（2021年10月12~14日），分为"黟县导游红色讲解大赛"及"第二届黟县民宿管家技能大赛"两个分赛场。（来源：中安在线）

10月14日 由彭州市文化体育和旅游局、彭州市龙门山湔江河谷生态旅游区管委会主办，阳朔民宿与精品酒店协会、彭州市龙门山民宿协会协办的四川成都·彭州龙门山民宿推介会在广西桂林阳朔凤凰山水尚境酒店隆重召开。桂林阳朔、彭州相关领导、民宿企业创始人、知名媒体代表等80余人出席会议。（来源：新浪网）

10月14~15日 乌兰察布市召开民宿产业发展推进工作现场会。会议以实施乡村振兴战略、建设美丽乡村为契机，依托乌兰察布市独特的区位优势、自然风光、生态环境、旅游资源和文化底蕴，打造特色化、品牌化、规范化的民宿经济新业态，努力形成布局合理、规模适度、特色鲜明的旅游民宿发展格局，促进农民增收，助力乡村振兴。（来源：新华网）

10月17日　山西省民宿文化协会和山西省旅游协会美丽乡村分会成立大会在太原龙泉山庄召开。来自省文旅厅、省农业农村厅、省旅游协会、全省各地乡村旅游和民宿企业等单位的代表以及业内专家学者参加了大会。（来源：山西新闻网）

10月17日　2021年海南省第三批乡村民宿等级评定结果揭晓，共评选出22家省级"金银宿"。其中，儋州松涛书院、琼海路坡居室民宿、三亚亚龙湾子水青庐民宿、昌江王下浪悦黎奢民宿，从41家参评民宿中脱颖而出，获评"金宿"。海口海控瑶城、定安文笔峰居善观逸居民宿、三亚栖岛海岛民宿等18家民宿被评定为"银宿"。截至10月，海南已评选出省级"金银宿"级民宿61家，其中"金宿"11家。（来源：《海南日报》）

10月18日　海南印发《关于进一步支持共享农庄发展的十一条措施》，旨在解决共享农庄发展中存在的"堵点、难题"，促进共享农庄健康有序发展，把共享农庄作为乡村振兴的有力抓手。《措施》明确，共享农庄的民宿可根据消费者需求进行个性化订制，采取租赁方式提供给消费者，租赁期限可至20年。（来源：劲旅网）

10月19日　以"桃醉平谷·宿造幸福"为主题的平谷区民宿管家专项能力提升培训活动在平谷区金海湖镇启动。首批培训共分三期218人参训，将精准提升平谷民宿从业人员的核心技能，为乡村振兴输送实用技能人才，并为打造"横过来的五星级乡村休闲酒店"提供内在的"软实力"。（来源：《北京青年报》）

10月19日　思明区举办备案民宿授牌仪式暨"一宿一品"文创交流会，现场为包括兰琴古厝、花邸、索居、山屿悦等在内的60家民宿授牌，这60家民宿也成为思明区首批备案民宿。备案登记有利于规范民宿市场的经营管理，有助于民宿业健康、有序发展。（来源：厦门网）

10月19~20日　由农业农村部农村经济研究中心主办，开化县人民政府、浙江联众文旅集团股份有限公司、农道联众（北京）城乡规划设计研究院有限公司承办的"智汇钱江源 民宿开化论"乡村民宿发展研讨会在浙江省衢州市开化县举办，约40位来自社会各界的相关专家学者、民宿从业者参加。（来源：新浪吉林）

10月21日 云南省文旅厅办公室印发《云南省旅游民宿等级评定和复核实施方案》。《方案》提出，"必备项目检查表"分别规定了丙级、乙级、甲级旅游民宿的必备项目。《方案》还提到，旅游民宿取得等级后，民宿主人每年度应对照标准进行自我评估，针对存在的问题自查自纠，报相应旅游民宿等级评定机构备案，相应旅游民宿等级评定机构根据上报材料按比例组织抽查。因发生环境和建筑、设施和设备、服务和接待、特色和其他的变化，导致达不到原等级标准要求的，应按原程序重新申请评定。旅游民宿取得等级满3年后，由相应旅游民宿等级评定机构进行复核。（来源：红河州文化和旅游局）

10月21日 莫干山国际民宿生活节在德清莫干山拉开序幕，整个民宿生活节将持续至11月底，举办论坛峰会、推介会、派对、嘉年华、艺术沙龙、特色市集等12项系列活动。（来源：新浪浙江）

10月21日 山西省长治市平顺县召开首届民宿发展大会，来自全国各地的众多专家学者、投资商、民宿人与会，石城镇源头村民宿等3个项目现场签约。此前，山西省民宿文化协会和山西省旅游协会美丽乡村（民宿）分会刚刚成立，旨在助力行业主管部门、市场、企业及会员，携手促进乡村民宿、三晋文化融合发展，打造具有山西特色的民宿品牌，重点推出一批乡村旅游精品，共同探索出一条"乡村旅游+民宿"的乡村振兴发展新路径。这都表明，民宿供需双向激增，民宿社团质量齐增，亟待政府和有关部门更好发挥主导作用，把民宿业扶持好发展好。（来源：山西新闻网）

10月22日 "创意黄山美在徽宿"，2021中国（黄山）民宿发展大会在黟县开幕。来自全国各地民宿行业的精英代表共同汇聚2021中国（黄山）民宿发展大会，分享交流经验，链接整合资源。（来源：央广网）

10月23日 首届"迎客松"杯民宿管家技能大赛在黟县举办。此次大赛通过网上招聘和定向邀请相结合的方式邀请到了黄山市及安庆、衢州、上饶等地市的 26 名优秀民宿管家代表参赛，比赛包含民宿游玩攻略演示、"秋日物语"微场景布置及展示等内容，大赛旨在推动民宿管理服务精细化。（来源：新浪安徽）

10 月 25 日　为推动民宿产业健康、快速发展，永州举办了旅游民宿产业发展座谈会。会上，市文旅广体局汇报了永州民宿发展调研情况，民宿业主围绕项目发展现状、下一步发展思路以及存在的问题等方面进行了发言，与会市直单位就民宿业主提出的问题进行了回复。（来源：永州新闻网）

10 月 26 日　为落实中央全面推进乡村振兴战略部署和省委省政府关于乡村振兴工作安排，深入实施"乡村振兴巾帼行动"，充分发挥广大妇女在发展乡村旅游、休闲农业、民宿产业中的独特作用，山东省妇联、省文化和旅游厅联合开展命名山东省"最美巾帼民宿"活动。活动由省民宿研究学会承办，经过专家评审和现场考察，最终确定"最佳创意民宿""最具人气民宿""最美民宿女主人"各 10 个。（来源：《滨州日报》）

10 月 26 日　延边朝鲜族自治州妇联在延吉市举办全州民宿女主人培训班暨巾帼民宿现场会，进一步深化"乡村振兴巾帼行动"，提升民宿女主人的经营水平和服务理念，促进延边朝鲜族自治州乡村民宿产业发展。本次培训为期 3 天，邀请相关领域资深专家为学员进行专题授课，深入讲解"全域旅游背景下的民宿品牌打造""民宿特色活动策划及案例分析""民宿管理标准和服务规范"等内容。这期间，学员到珲春市敬信镇防川民俗村、珲春市民族花园国际酒店、延吉市朝阳川镇太兴村、延吉市延盛阁山庄等地实地观摩，学习现代民宿管理理念。（来源：延边新闻网）

10 月 30 日　为提升民宿经营管理人员的整体素质和工作能力，加快推动乡村旅游业发展，由兴化市文体广电和旅游局指导，中共千垛镇民宿行业委员会、千垛万家民宿（农家乐）行业联盟主办的千垛镇民宿（农家乐）从业人员职业技能培训班在东罗村大会堂举办，镇书记项目组成员，及民宿（农家乐）经营业主等 50 多人参加培训。（来源：中国江苏网）

11月

11月1日 山东选定 34 个旅游民宿集聚区创建单位，覆盖全省 16 市基础条件较好、具备一定规模优势的镇街，以精品化、品牌化、连锁化发展为目标，打造一批以民宿发展为核心的旅游目的地。（来源：齐鲁网·闪电新闻）

11月6日 济南国际时尚创意中心柴坊巷内，又一民宿酒店——8 号院民宿酒店开业。由济南明府城酒店管理有限公司经营管理的济南首家"沉浸体验式城市民宿"，与百花洲泉水人家民宿、大明湖悦苑酒店共同打造济南古城（明府城）片区高端度假酒店民宿集群。（来源：《齐鲁晚报》）

11月8日 全国旅游标准化技术委员会公示了全国甲级、乙级旅游民宿评定结果。经旅游民宿自愿申报、省级等级旅游民宿评定机构初审，全国旅游标准化技术委员会最终评定后，认定 58 家民宿达到甲级、乙级旅游民宿标准。其中甲级旅游民宿 31 家，乙级旅游民宿 27 家。公示期为 2021 年11月 8 日至 2021 年 11 月 12 日。（来源：文化和旅游部官网）

11月9日 广东省民宿与主题酒店设计思享会暨品类先锋馆超级单品发布会圆满落幕。该活动由广东民宿发展研究院与中国陶瓷城联合主办，广东酒店行业协会是战略合作单位，佛山陶博会与和山集共同协办。（来源：新浪家居）

11月9日 宜春市公安局明月山分局为一家名叫"旧舍"的民宿送上了明月山温泉风景名胜区发放的首张民宿业"特种行业许可证"。为推动民宿进入规范化管理，明月山温泉风景名胜区积极研究相应管理办法，确定了民宿申办条件、特种行业许可证等证照的办证流程、等级评定等方面管理办法。目前，该区正积极推动相关部门加强联动，分批完成辖区民宿业"特种行业许可证"的核发工作，持续推动民宿规范化、特色化、品牌化经营，促进民宿业持续健康发展。（来源：江西新闻）

11月9日 黄冈市蕲春县首期民宿创业培训班在该县向桥乡棠树岭开班，来自全县 30 余名民宿从业者、农家乐从业者和有意愿从事民宿创业人

员参加了此次培训。（来源：国际在线）

11 月 11 日　北京市文旅局、北京烹饪协会等部门联合发起的"大厨下乡"结对活动，以培育乡村民宿从业者餐饮专业技能、塑造乡村民宿餐饮服务良好品质，打造极具北京地方特色的民宿餐饮品牌为目标，通过将知名大厨与优质民宿结对共创，助力民宿品牌开发特色餐饮产品，推动北京市乡村民宿餐饮服务接待水平全面提升。花筑·北京妫心宿四合院成为"大厨下乡"的首批结对民宿。（来源：北青网）

11 月 11 日　"环球旅讯峰会"圆桌论坛上，旅悦集团 CEO 周荣与众多行业大咖围绕"城市民宿与乡村民宿未来的态势"议题展开深入激烈探讨。（来源：新浪财经）

11 月 12 日　为深入推进创建全国县级文明城市工作，全面提升农民群众生活品质，展现新农村形象，尖扎县坎布拉镇采取"清、拆、建、管、创"措施，开展古日羊麻村容村貌全面整治提升行动，打造新时代生态文明美丽村庄及宜居宜业的"民宿村"。（来源：中国新闻网）

11 月 12 日　广西壮族自治区政协召开跨区域协商座谈会。自治区政协委员与浙江、四川、贵州、云南四地政协委员、企业代表，围绕"借鉴西部省份民宿与产业小镇发展经验，助推民营企业参与乡村建设行动"议题协商建言。与会人士提出，广西要进一步优化营商环境，加快构建"南向、北联、东融、西合"全方位开放发展新格局，助推民营经济健康发展。通过政协平台，广西与各省份的委员企业家建立更紧密的合作交流机制，互通有无、合作共赢。（来源：《人民政协报》）

11 月 15 日　通过质量诊断为民宿产业"把脉开方"，目前共发现问题 48 项，提出改进建议 64 条，引领民宿产业向标准化、品牌化、特色化转变……这是近日四川省彭州市市场监管局在助推民宿产业高质量发展中交出的"成绩单"。据了解，为进一步用好质量提升这把"金钥匙"，全力争创天府旅游名县，深入实施"一一二三六"发展战略，彭州市市场监管局以构建良好营商环境，服务经济高质量发展为主线，以产业融合、构建城乡发展新格局为动力，以发现问题、解决问题为导向，继联合成都市标准化研究院，连续两年开展高风险领域、制造业企业质量诊断之后，2021年继续携手该院开展民宿业质量诊断，以质量诊断服务2.0版打造最美民宿"新样板"。（来源：《中国质量报》）

11月16日 由安徽省池州市消保委提出并牵头起草，安徽省消保委、安徽省万联标准化研究中心及安庆、芜湖、马鞍山、铜陵、宣城、黄山等六地消保委参与制定的团体标准《民宿服务消费纠纷多元化解工作指南》（T/AQB 10-2021）正式发布实施。这是安徽省首个民宿服务消费纠纷多元化解工作区域性团体标准。（来源：《中国消费者报》）

11月17日 常熟市政协对全市特色民宿建设情况开展主席集体调研。座谈会上，主席在听取常熟市文体旅局关于常熟市特色民宿发展情况汇报后指出，建设好、发展好特色民宿，以其作为休闲娱乐、文旅融合、经济发展的重要载体，对于促进乡村振兴、实现共同富裕、提升城市舒适度和经济社会高质量发展都具有十分重要的现实意义。（来源：苏州政协）

11月17日 第七届张家界市旅游协会民宿客栈分会召开会员代表大会暨换届选举会议。会议就民宿客栈分会届度工作情况、民宿客栈分会届度财务审计情况分别作了报告；宣读了《张家界市旅游协会民宿客栈分会换届工作方案》；审议通过选举办法和监票办法（草案）等。（来源：红网时刻）

11月19日 农业农村部印发《关于拓展农业多种功能 促进乡村产业高质量发展的指导意见》，着力推动乡村产业高质量发展，为全面推进乡村振兴、加快农业农村现代化提供有力支撑。其中强调将乡村民俗文化、人文精神与现代要素、时尚元素和美学艺术相结合，打造具有农耕特质、民族特色、地域特点的乡村文化项目，发展历史赋能、独具特色、还原传统的乡村民宿经济。打造乡村休闲体验产品。依托乡村资源，围绕多功能拓展、多业态聚集、多场景应用，开发乡宿、乡游、乡食、乡购、乡娱等综合体验项目。（来源：中国网）

11月21日 "雅游佛山"展演汇暨"旅图·晓读夜宿"逢简水乡文旅融合活动在和之梁公祠举办，活动现场的图书展览、美食讲座、阅读等丰富内容吸引了众多游客参与。据了解，为大力推动文旅融合，佛山全市已开

设了 12 家民宿图书馆。(来源：《羊城晚报》)

11 月 24 日 由北京市文化和旅游局主办，北京产权交易所、北京文旅资源交易平台承办的"2022 年北京文旅重点项目投融资推介会"通过北京产权交易所直播平台召开。此举也意味着北京文旅投融资服务专题板块在北京文旅资源交易平台正式改版上线，10 大类 45 个文旅投融资项目陆续在平台亮相，创新业态，引资引智，涵盖创意旅游、民宿酒店、旅游景区等。(来源：《北京日报》)

11 月 24 日 武陵源区召开"洞庭清波"专项行动民宿客栈问题整改推进会。会议宣读了《关于调整张家界市武陵源风景名胜区核心保护区民宿客栈问题集中整治工作领导小组组成人员名单的通知》(讨论稿)、《关于调整〈张家界市武陵源风景名胜区核心保护区民宿客栈问题集中整治工作实施方案〉的通知》。与会人员对落实相关工作提出意见建议。(来源：红网)

11 月 24 日 Airbnb 爱彼迎民宿榜自 2021 年第二季度上线以来，已成为旅行者们发现国内特色品质民宿的"优选种草机"。爱彼迎中国数据显示，榜单房源的用户浏览量和收藏量增长近 2 倍，吸引超过 500 家优质民宿房源入驻。近日，爱彼迎民宿榜特别甄选全国各地百家优质乡野民宿，首度发布以"住进乡野自然"为主题的年度民宿榜单。(来源：《全球旅报》)

11 月 24 日 山东省济南市出台《关于加快推进民宿业发展的实施意见》《济南市民宿管理办法》《济南市民宿业发展专项资金使用管理办法》和四个配套标准，构建起"1+2+4"的民宿业发展整套制度体系，填补了政策空白，完善了保障机制，促进了全市民宿业快速健康发展。(来源：环球网)

11 月 25 日 "美好乡村头部计划"网络公益培训启动仪式暨网红民宿培训班在洛阳栾川县举行。此次活动由市委宣传部、市委网信办、市文广旅局共同举办，围绕民宿如何利用抖音提升宣传效果、民宿微营地打造与运营等方面展开，邀请洛阳新媒体宣传营销专家和国内知名民宿专家授课。(来源：《洛阳晚报》)

11 月 25 日 在广州市文化广电旅游局组织的广州市民宿培训工作会议上，广州市首批旅游星级民宿获颁牌，包含红棉三星精品民宿 2 家、红棉二星精品民宿 7 家。与会民宿代表、专家就广州民宿发展经验及民宿内涵、品牌与个性化发展等议题展开交流探讨，并对如何发展具有广州特色的民宿产业提出观点。此次培训工作会议上，广州市文化广电旅游局民宿管理业务部门负责人对由广州市文化广电旅游局、广州市公安局、广州市规划和自然资源局等六部门在 2021 年 7 月联合印发实施的《广州市民宿开办指引（试行）》进行了介绍。（来源：《羊城晚报》）

11 月 26 日 为进一步规范涠洲岛旅游区民宿报建审批管理工作，推动民宿业提质升级，涠洲岛旅游区管委会印发了《涠洲岛旅游区民宿报建审批管理办法》。（来源：北海新闻网）

11 月 29 日 住房和城乡建设部通知称，将通过多种宣传途径，加强对农村自建房的监管，特别要加强对民宿、农家乐等具有经营用途的农村自建房的监管，确保公共安全。（来源：《北京青年报》）

11 月 30 日 广东省乡村民宿发展现场推进会在清远召开。此次会议总结交流广东乡村民宿发展的经验做法，研究部署下一步工作。近年来，广东各地依托资源禀赋、区位优势、产业基础，积极拓展农业农村多种功能开发，推动休闲农业与乡村旅游产业融合发展。目前，广东省累计创建全国休闲农业示范（重点）县（区）11 个、中国美丽休闲乡村 42 个、省级休闲农业与乡村旅游示范镇（点）604 个，培育乡村民宿 6628 家，涌现了一批规范化、特色化、品牌化的乡村民宿经营点，形成了广州从化和增城、深圳大鹏新区、惠州南昆山和双月湾、清远清新清城和英德、汕头南澳县、阳江海陵岛等乡村民宿集聚区。（来源：央广网）

12月

12 月 1 日 由共青团清远市委员会牵头，联合清远市农业农村局、清远市清城区人才驿站主办，清远市笑笑丰农电子商务有限公司承办的 2021 年清远市青年乡村旅游（民宿）行系列活动即将启动。本次活动包含五大专场，大学生乡村旅游（民宿）直播人才孵化、8 场县（市、区）青年乡村旅游（民宿）直播活动、两天一夜的沉浸式民宿体验、清远青年最喜爱民宿评选活

动和清远大学生乡村旅游（民宿）短视频大赛。（来源：《羊城晚报》）

12月1日　国新办举行新闻发布会，介绍推动北京城市副中心高质量发展有关情况，并表示环球主题公园二期目前正在谋划建设中。主题公园原计划建设一个文化旅游区、7个酒店，目前只建了2个酒店。因酒店房间数量有限，这在一定程度上带动了副中心周边和北三县香河、大厂、三河等地的民宿旅游，包括通州区的民宿旅游也得到了很好的发展。（来源：央广网）

12月1日　广东省全省累计创建全国休闲农业示范（重点）县（区）11个、中国美丽休闲乡村42个、省级休闲农业与乡村旅游示范镇（点）604个，培育乡村民宿6628家，涌现了一批规范化、特色化、品牌化的乡村民宿经营点，形成了广州从化和增城、深圳大鹏新区、惠州南昆山和双月湾、清远清新清城和英德、汕头南澳县、阳江海陵岛等乡村民宿集聚区。（来源：《南方日报》）

12月2日　四川省启动乡镇行政区划和村级建制调整"两项改革"后，都江堰市调整部分乡镇（街道）行政区划，原向峨乡与蒲阳镇撤并成立蒲阳街道，总建筑面积3000余平方米的原向峨乡政府大楼一度闲置。都江堰市蒲阳街道（青城山旅游装备产业功能区）日前与四川秋果益田酒店管理有限公司签订《原向峨乡政府大楼及附属设施租赁合同》。根据双方约定，原向峨乡政府大楼将于2022年"变身"特色民宿。（来源：川观新闻）

12月3日　"十大民宿进黎里"活动引起广泛关注，30多位全国民宿行业、文旅界的精英代表齐聚黎里，以古镇开发为题，从民宿经济出发，为汾湖"一体化"和"高质量"发展建言献策。（来源：江苏微旅游）

12月6日　由文旅部主办，甘肃省文旅厅承办的"全国乡村旅游和民宿管理人才培训班"正式线上开班。此次培训采取理论与实践相结合的模式，突出思维开拓和案例教学，围绕"巩固拓展脱贫攻坚成果，把乡村振兴作为培养锻炼干部的广阔舞台""区域发展与新农村建设""文化创意与全域旅游和乡村振兴的深度融合"等7个专题，开展系统性、针对性、操作性的专项培训，着力提升行业管理者推动乡村旅游与民宿管理高质量发展能力，积极融入乡村振兴和促进基层社会治理能力现代化建设。（来源：

《甘肃日报》）

12月6日 西峡县召开中安大田野奢民宿旅居康养项目汇报会。中安大田野奢民宿旅居康养项目是以一码通平台为抓手，高标准做好西峡全域农旅融合发展规划、建设及运营。采用"三金两收益"（三金：股金、薪金、佣金，两收益：运营收益、资产收益）模式，打造西峡民宿样板，使西峡民宿项目成为河南民宿项目"标杆"，基于"一码通"平台的技术优势，打造西峡全域农旅综合服务平台。（来源：新浪网）

12月8日 湖南省旅游民宿协会第一届会员代表大会暨成立大会在长沙召开，会上选举产生了协会第一届理事会会长、副会长及秘书长。会上宣读了湖南省民政厅社会组织管理局关于成立湖南省旅游民宿协会的批复，并表决通过了《湖南省旅游民宿协会章程》《湖南省旅游民宿协会会费标准》。（来源：红网）

12月8日 游行迹教育倾力打造的线上教育空中课堂"民宿客栈大讲堂"正式上线喜马拉雅平台，将以专业教材、音频、视频等内容形式，为民宿产业的开发者和从业者提供民宿客栈从0到1的开店实战指导，运营、服务、管理等一系列课程帮助学员随时随地边听边看边学习，轻松收获干货知识。（来源：新浪网）

12月9日 市文化旅游局表示，上海乡村民宿已经成为上海美丽乡村的展示窗口，是百姓周末、假期休闲度假的好去处。2021年通过市五星级乡村民宿评定新增九园草堂1家，复核评定8家。市四星级乡村民宿评定新增7家，复核评定10家。市三星级乡村民宿评定新增8家，复核评定10家。（来源：上观新闻）

12月9日 在房山区党代会上了解到，近年来，房山区大力实施文旅融合发展战略，不断利用闲置民宅发展精品民宿产业，带动农村地区经济社会发展，促进农民增收致富。截至2021年11月，房山区已改造完成民宿院落313个，形成民宿品牌99个，其中已投入运营的民宿品牌95个、民宿院落288个。（来源：《北京日报》）

12月9日 2021年繁昌区首届文化旅游节"慢享原居"民宿体验周暨

"山水长寺"乡村振兴摄影采风活动在长寺村"原居·春谷民宿"风景区举行。（来源：《芜湖日报》）

12 月 10 日　雅安市旅游民宿发展座谈会在石棉县孟获城召开，会议为新成立的"雅安熊猫雅宿发展联盟"和"雅宿联盟"理事会第一届会员授牌，并揭晓了雅安"十佳熊猫雅宿"名单。雅安市文化体育和旅游局相关负责人表示，为推动雅安旅游民宿品牌建设，相关部门根据《天府旅游名宿评选管理办法》及评分细则，经旅游民宿自主申请，在县（区）推选的基础上，经资料评审、实地检查和综合评议等程序，从资源禀赋、安全管理、文化特色、服务质量、引领示范和社会评价等 6 个方面组织评选，评选出首批"十佳熊猫雅宿"。（来源：川观新闻）

12 月 10 日　渝北区旅游民宿产业协会成立大会在华辰国际大酒店举行，渝北区旅游民宿企业代表近 100 人参加大会。会议表决通过了《重庆市渝北区旅游民宿产业协会章程》《重庆市渝北区旅游民宿产业协会会费标准》，选举产生了民宿产业协会会长、副会长、秘书长、监事长，以及第一届理事会。（来源：上游新闻）

12 月 10 日　为进一步提升南京市民宿服务水平，展现民宿特色品牌，助力农民持续稳定增收，市文旅局、市人社局、市农业农村局、市旅游集团共同主办了 2021 年南京首届乡村民宿服务技能大赛，并于 12 月 9 日举办了总结会。（来源：新华报业网）

12 月 11 日　2021 年清远市青年乡村旅游（民宿）行系列活动在 10 日进行了大学生直播团队的 PK 赛。经过 2 小时 40 分钟的紧张角逐，"大橘大梨组"团队获得一等奖。本次活动是为了培养大学生的新媒体营销实践能力和营销创新能力，以高校力量助力清远乡村经济蓬勃健康发展。所以活动采用政校企"三结合"的模式，它由共青团清远市委员会牵头，联合清远市农业农村局、清远市清城区人才驿站主办，清远市笑笑丰农电子商务公司承办。（来源：《羊城晚报》）

12 月 11 日　"对话文旅融合·助力乡村振兴"——2021 年齐鲁乡村旅游与民宿发展论坛在临沂尹家峪田园综合体举行。与会专家围绕民宿和乡村旅游，以"对话文旅融合，助力乡村振兴"为主题分享研究成果，吸引了山东省旅游行业协会民宿与乡村旅游分会副会长单位代表、部分省内乡村旅游地和民宿典型代表参加。（来源：齐鲁网·闪电新闻）

12月12日 由苏州市文化广电和旅游局、苏州太湖国家旅游度假区管委会、吴中区文化体育和旅游局、《中国民宿发展报告》编委会主办，苏州太湖国家旅游度假区文体旅游发展局承办的2021苏州太湖民宿节开幕式于12月12日下午在太美·雪绿民宿举办。来自苏州市和吴中区的文旅领导，携程、同程、字节跳动、美团、马蜂窝和过云山居、西坡、大乐之野等头部民宿企业嘉宾，以及度假区管委会、三镇一街道领导、民宿业主代表和各大媒体出席了此次开幕式活动。（来源：度假区文旅局）

12月12日 三亚旅文局牵头有关旅游专业协会，加强与预订平台和酒店民宿的沟通协调，全力化解游客、OTA（在线旅游平台）、酒店民宿之间的利益冲突，组织成立酒店退订专班，制定《三亚市住宿业退订专班工作组细化工作方案》，指导预订平台和酒店民宿安排专人专责，简化各环节退订手续，在实践探索过程中，形成了旅游住宿业"政会企"三级高效无忧退订机制。该机制下成立的退订专班工作组于2021年7月12日至8月30日期间，处理酒店民宿退订1000多件，将游客退订客房的周期从最慢1个月缩减到平均3个工作日、最快30分钟内，为游客直接争取"安心无忧"的旅游住宿退订实惠，极大提高了退订效率与游客满意度，为广大游客树立了来三亚旅游"放心订、无忧退"的信心。（来源：澎湃新闻）

12月13日 最近一周，北京的滑雪场所相继开业，北京滑雪季开启。滑雪人群的增多，带动了相关培训、雪具销售以及雪场周边民宿业的发展。在北京冬奥会三大赛区之一的延庆区，目前，两家大众滑雪场都已开门迎客。专业滑雪教练正在为初级滑雪爱好者们进行系统培训。滑雪教练表示，现在滑雪的热度越来越高，普及度也越来越广泛，客源不断。滑雪人群的增多，不仅让雪场自营的酒店生意红火，也带动了周边民宿的发展。在长城脚下、改造自农宅的民宿院落群，成了滑雪度假目的地。（来源：《潇湘晨报》）

12月14日 温州市农业农村局发布《关于从严从紧抓好当前农村地区新冠肺炎疫情常态化防控工作的通知》，对农家乐、民宿加强管理，对农村聚集性活动加强管控。（来源：温州发布）

12月14日 记者从北戴河区发改局获悉，2021年以来，北戴河区以开展"三重四创五优化"活动为契机，环环相扣地推进乡村住宿接待业健康发展，新评选出23家精品民宿，使全区精品民宿达到113家，其中，A级15家、B级42家、C级56家。（来源：《秦皇岛日报》）

12月15日 为推进旅游产业化，提升全省民宿产业品质和服务质量，打造贵州民宿知名品牌，形成示范效应，助推民宿产业发展，助力长征国家文化公园建设，经市场经营业主自愿申报，各市（州）文化和旅游部门推荐，省直相关部门和专家进行评审和公示等，经研究决定，授予坡里·小苑等29家民宿2021年"贵州特色民宿"称号，授予青岩古镇寻棠巷客栈等16家民宿2021年"贵州长征路上好民宿"称号。入选2021年"贵州特色民宿"和"贵州长征路上好民宿"的民宿将优先享受省内有关政策支持。（来源：贵州省文化和旅游厅）

12月15日 2021年"三峡·宜昌最美民宿"颁奖仪式举行，山与山寻民宿、楚源农夫民宿、百度民俗客栈、美栖美宿创意艺术民宿、昭君别院、梵璞山居、溪外民宿、拈花谷民宿、渡心·南岔湾石屋、清舍客栈10家民宿获评2021年"三峡·宜昌最美民宿"。2021年"三峡·宜昌最美民宿"评选活动由宜昌市文化和旅游局主办，湖北日报传媒集团三峡分社承办，旨在进一步丰富旅游业态，挖掘最具民俗风情、文化底蕴、鲜明特色的旅游民宿，推动宜昌市旅游民宿提档升级。（来源：中新网湖北新闻）

12月16日 按照商洛打造中国康养之都年度目标任务要求，为全力推进"酒店民宿提升工程"，根据市文化和旅游局《关于开展精品民宿评选的通知》要求和《商洛市民宿评定标准（试行）》，经过民宿经营单位自愿申报、县区审查推荐、市文旅局评定和会议研究，结合商洛市"中国康养之都·最美民宿评选"活动，现对达到精品民宿评定标准的柞水县阳坡院子、丹凤县丽呈别院·望山居、商南县暮光山院、洛南县亲农·溪乐谷、洛南县

音乐小镇民宿等5家民宿予以公示。（来源：商洛市文化和旅游局）

12月21日 为进一步规范茂名市民宿经营管理，促进民宿业持续健康发展，盘活城乡闲置资源，推动茂名市乡村振兴。近日，茂名市文化广电旅游体育局在高州仙人洞景区举办2021年茂名市第二期民宿发展工作培训班。希望通过本次培训，使各级管理工作人员和民宿业主了解国家"十四五"规划和省市关于民宿发展的土地方面政策，拓展视野，更新发展观念，为推动茂名市民宿行业创新发展、助力乡村振兴战略实施做出应有的贡献。（来源：南方PLUS）

12月22日 南昌市湾里管理局民宿行业协会成立仪式暨湾里民宿行业协会第一届第一次会员大会正式举行。该民宿行业协会成立的初衷是全面提升南昌湾里现有民宿服务水平及完善旅游业品牌，能够满足湾里民宿行业现阶段拓展民宿市场、提升经营业绩的现实需求，解决包括民宿行业规范管理、民宿职业技能培训在内的各种行业问题。（来源：南昌新闻网）

12月22日 为贯彻《中华人民共和国乡村振兴促进法》，推进茂名乡村振兴，丰富乡村旅游产品供给，让更多游客体验茂名美好民宿，茂名发行首批"好心茂名民宿卡"。发行"好心茂名民宿卡"是茂名文旅行业推进民宿发展的重要抓手，也是在市文化广电旅游体育局指导下，茂名文旅行业积极响应国家号召，促进茂名本地文旅消费的创新举措，充分实现了让利于民，深入挖掘、带动群众消费意愿的惠民目标。（来源：新浪网）

12月23日 福建文旅厅印发福建省滨海休闲带民宿发展专项规划的通知。其中，规划范围为福建省"六市一区"的沿海区域，即宁德市、福州市、平潭综合实验区、莆田市、泉州市、厦门市、漳州市的沿海区域范围，规划期限为2021~2035年。该规划指出，要以民宿为切入点，链接旅游、交通、商业、渔业、农业、文创等相关产业，实现"民宿+"和"+旅游"，构建多元化、多层次的滨海休闲产业链，拓展民宿的深度与广度，打造滨海休闲度假带。规划还提出，将围绕"一个区域一个核心主题引领、多种主题共同发展"的"1+N"民宿产品体系，促进民宿上下游产业链的不断整合延伸，打造滨海民宿十大主题产品。（来源：执惠旅游）

12 月 23 日 山西省民宿文化协会与省文旅山旅集团组织专家在文旅大厦召开了"最美太行人家"评审会，此次是第一届评选活动，为今后乡村旅游振兴和乡村民宿的发展、百村百院品牌的打造，为下一步黄河人家和长城人家的评选起到示范和引领作用。（来源：新浪网）

12 月 23 日至 24 日 为全力推动乡村民宿发展，增强民宿从业人员服务技能，促进广大从业人员学习技能、钻研业务、提高技艺，由桠溪街道工会主办，蓝溪村工会联合会承办，街道旅游办、妇联、乡村旅游行业协会协办的 2021 年桠溪乡村民宿服务技能竞赛活动在桠溪国际慢城半城房车度假区进行，来自桠溪国际慢城精品民宿村石墙围村，农家乐旅游大山村和田园驿站吕家村 40 多名民宿从业人员参加赛前培训和技能竞赛。（来源：新华报业网）

12 月 25 日 由五指山市旅游和文化广电体育局主办、人民网海南频道组织的海南特色民宿融媒推介活动五指山站将全面启动，届时，来自各地的网络知名博主、短视频大咖以及媒体记者，将全方位走进五指山的民宿世界，探究每个民宿背后的内涵，为网友讲述有温度、有情怀的民宿故事。（来源：人民网）

12 月 27 日 据"快手"公众号消息，美团将在快手开放平台上线美团小程序，为美团商家提供套餐、代金券、预订等商品展示、线上交易和售后服务等完整服务能力，快手用户将能够通过美团小程序直达。目前，美团小程序已率先完成餐饮品类的试点上线，未来还将陆续上线酒店、民宿、景区、休闲玩乐、美容美发、剧本杀等多个生活服务品类。（来源：执惠旅游）

12 月 27 日 伴随着"青年最喜爱民宿评选结果"的揭晓，持续将近一个月的清远市青年乡村旅游（民宿）行系列活动落下帷幕，本次活动共吸引线上围观人数超 35.6 万，圆满实现了预期效果。（来源：《羊城晚报》）

12 月 28 日 这场以"花开四季，未来可期"为主题的"年度花筑民宿线上峰会"收获 5.3 万次点赞，点燃了全年即将收官之际的"民宿之火"。以"线上+线下"协同形式，大会总结了 2021 年旅悦集团旗下花筑民宿的卓越成绩、展望 2022 年发展新机遇。临近全年收官，这场聚集着花筑民宿全球近 1700 家开业及签约门店的合作伙伴的线上盛会，回顾全年拼搏印记的同时，也带来了诸多启发和思考。（来源：劲旅网）

12 月 28 日 为促进炎陵县民宿提档升级，引导民宿向高端化、精品化、多功能化转变，提升民宿行业人员素质，带动群众就业，炎陵县文旅广体局举办的炎陵县乡村旅游民宿从业人员培训班在霞阳镇枧田洲村卷耳木居门前三小示范点百姓讲堂正式开班。各乡镇民宿从业人员 100 余人参加培训。本次培训主要采取专题讲座、案例教学、交流互动等形式，做到理论与实践相结合、案例分析与互动交流相结合。（来源：九派新闻）

12 月 29 日 由衢州市文化广电旅游局主办，浙江青艺服务有限公司承办的"阙里人家"衢派民宿品牌交流会在常山塞外农场季意民宿举办。本次活动旨在宣传本地艺术家以"'阙里人家'衢派民宿"为主题的艺术创作作品，在衢派民宿的"原生态"环境中为在场嘉宾提供一个艺术鉴赏与交流的平台。（来源：中国网）

12 月 30 日 2021 年京台美丽乡村论坛在北京市怀柔区成功举办。论坛上，京台两岸专家以"新农村·新视野·新民宿"为主题，通过视频连线方式交流两岸农业发展经验。（来源：《新京报》）

12 月 30 日至 31 日 第七届全国民宿大会在云上召开。本次大会首次采用网络直播的方式，以主会场与分会场相结合、北京与各地相结合、大会与专题活动相结合的形式举办，小鹅通、小红书、狐椒文旅、新浪微博同步进行直播，来自五湖四海的文化旅游工作者和民宿从业者通过线上直播平台，以"民宿：乡村振兴共同体"为主题，共同就民宿发展与乡村振兴进行广泛交流。（来源：新浪体育）

2022年

1月

1 月 4 日 木鸟民宿平台发布《2022 元旦假期民宿预订数据报告》，数据显示，元旦假期民宿订单量达到上年同期1.6倍，市场增幅明显。从木鸟民宿平台预订数据来看，民宿消费品质化趋势明显。元旦期间，以四木房源为代表的品质民宿订单量同比增长90%。（来源：木鸟民宿）

1月4日 携程度假农庄（河南济源小有洞天联营店）开幕仪式在河南济源举行。携程官方主播通过携程直播间，对项目的特色，以及周边独特的旅游资源进行了详细介绍，作为政企合作的典型项目，携程度假农庄（河南济源小有洞天联营店）的启幕也标志着携程集团与济源文旅集团在助力乡村振兴，塑造"行走河南·读懂中国"的品牌形象等方面迈出了坚实的一步。在携程度假农庄（河南济源小有洞天联营店）启幕当天，携程集团还与济源文旅集团签署了战略合作协议。双方将以携程度假农庄（河南济源小有洞天联营店）为依托，进一步深耕乡村民宿产业，打造河南乡村旅游民宿新标杆。（来源：中国网财经）

1月6日 据全国文化和旅游厅局长会议消息，作为2022年的重点工作，文化和旅游部将出台促进乡村民宿高质量发展政策文件，制订等级旅游民宿培育三年行动计划，开展旅游服务品牌建设培育、信用经济发展试点，探索剧本杀、电竞酒店、云服务等新业态新模式管理试点工作。（来源：格隆汇）

1月6日 《关于促进崇明生态新文旅产业发展的扶持奖励办法》最近已出台。扶持新政在旅游住宿、旅游景区、旅游新业态、旅游服务、旅游导入等项目方面进行了细化，将对后花博时代的崇明文旅产业发展注入新动力。（来源：新浪网）

1月6日 河北省农业农村系统工作会议在石家庄召开。2022年，河北省将在粮食生产措施、防止耕地"非粮化"力度、农村人居环境整治提升等方面实现突破。再建设2000个美丽乡村，重点创建100个乡村旅游民宿示范村。（来源：新浪网）

1月8日 梵亚集团联合万科大都会与阿里巴巴集团旗下旅行品牌飞猪及美团宣布达成深度战略合作。各合作方将在"住宿+"新品打造、会员深度合作、新模式开发等方面开展全方位创新合作。（来源：新浪大连地方站）

1月12日 以"新时代鱼米之乡、新动能文旅赋能"为主题的2021年度"江苏乡村振兴百镇论坛暨长三角民宿峰会"在宁成功举办。本次峰会由新华报业传媒集团携手江苏省乡村振兴局、江苏省旅游协会、江苏省农业资源开发学会联合主办,《扬子晚报》、江苏乡村振兴智库研究院、《精品民宿》杂志和江苏省旅游协会民宿客栈与精品酒店分会共同承办。会上同步揭晓"2021年度中国民宿紫微星奖"。(来源:《扬子晚报》)

1月12日 平潭在全国首创推出乡村民宿经营备案登记"全程网办",申请者仅需在手机上登录"闽政通"App,由"平潭通"进入"民宿备案"页面,按照提示线上操作提交相关材料即可办理。(来源:《福建日报》)

1月11日 由湖南省文化和旅游厅指导,湖南省旅游民宿协会主办的"湖南省旅游民宿市场消费趋势研讨会"在长沙宁乡足迹岛民宿顺利召开。(来源:新浪湖南)

1月14日 由夷陵区文化和旅游局、夷陵区农业农村局、夷陵区乡村振兴局联合主办的"美宿峡江 静泊夷陵"精品民宿评选颁奖暨民宿发展论坛在夷陵文化中心剧场圆满落幕。(来源:新浪网)

1月16日 在甘肃省文化和旅游厅的指导下,由中国扶贫基金会与支付宝公益基金会支持,百美村宿主办,甘肃青松旅游管理有限责任公司承办的"乡村民宿管家职业技能提升计划"二期培训班在甘肃省兰州市榆中县顺利开班。(来源:中国日报网)

1月17日 为切实加强崇左市农家乐、民宿消防安全管理,预防小火灾事故发生,崇左市出台《崇左市农家乐(民宿)消防安全管理规定(试行)》。(来源:九派新闻)

1月17日 吉首市召开民宿产业座谈会。会上,天桥仙居、司马茶居、觅境古城、云溪山谷四家民宿酒店获评2021年吉首"最美民宿酒店"。(来源:《团结报》)

1月18日 2022年山东省文化和旅游工作会议召开。据了解,2022年山东省进一步加大政策支持力度,对中小微企业进行分类指导、引导扶持,开展"知名文旅企业家山东行"活动;实施"精品景区建设三年行动",大力丰富旅游业态，提升文创产品开发水平，完善旅游民宿标准，强化高端旅游市场培育，提升乡村旅游品质；新创建储备一批省级旅游度假区。同时，完善"好客山东云游齐鲁"智慧文旅平台功能；积极推进"互联网+演艺"，打造"文艺山东"网上演艺平台；实施"好客山东"品牌提升行动，加强线上文化旅游交流，打响"好客山东·孔子家乡"品牌。（来源：执惠旅游）

1月18日 上海市崇明中兴镇民宿协会在镇文化活动中心正式成立。中兴镇党委政府整合资源，在区域内成立民宿协会，并颁布崇明首个乡镇层面的民宿奖补政策，为产业发展持续"加码"。（来源：新浪网）

1月19日 木鸟民宿发布2021年度数据报告。报告显示，2021年木鸟民宿全年订单量达到2020年的2.2倍，网红民宿订单量同比增长90%，国内民宿市场进一步恢复。报告同时指出，预订民宿的用户中，"90后"和"00后"的消费占比进一步提升。新一线及二线城市用户民宿预订需求占比上升。（来源：新浪科技）

1月20日 国务院印发"十四五"旅游业发展规划。规划提出，推进智慧旅游发展。通过互联网有效整合线上线下资源，促进旅行社等旅游企业转型升级，鼓励旅游景区、度假区、旅游饭店、主题公园、民宿等与互联网服务平台合作建设网上旗舰店。鼓励依法依规利用大数据等手段，提高旅游营销传播的针对性和有效性。（来源：中国政府网）

1月20日 贵州省黔南州荔波县100家民宿经营者及职工代表齐聚盘古广场，共同加入工会组织，标志着黔南州首个民宿行业工会组织正式成立。（来源：中工网）

1月21日 "2022兴义万峰林民宿产业发展与乡村振兴沙龙"活动在国际山地旅游联盟基地总部成功举办。本次活动由贵州省文化和旅游厅主办，贵州旅游协会、贵州旅游协会乡村旅游与民宿发展分会、贵州吉客空间科技有限公司协办，知乎城市—贵阳作为媒体支持并作全程报道，来自兴义万峰林11家高端民宿的民宿主参加活动。同时活动也邀请了银行、媒体、航空、民谣乐队等行业代表为民宿业的发展建言献策。（来源：贵阳网）

1月24日 浙江省旅游民宿产业联合会公布了2021年度浙江省等级民

宿和文化主题（非遗）民宿名单。（来源：凤凰网）

1月24日 "2022马蜂窝旅行者之选"重磅发布，根据年轻旅行者的偏好变化，本年度的"马蜂窝旅行者之选"新增民宿榜单，从美食、景区景点、酒店和民宿等方面为消费者深度解析旅行目的地。（来源：中国网）

1月24日 《2022广东省政府工作报告》发布，"民宿"首次被写入广东省政府工作报告。报告提出："强化农房管控和乡村风貌提升，推进'五美'专项行动，连线成片建设一批特色鲜明、辐射带动能力强的乡村振兴示范带，打造一批美丽乡村精品线路和高品质民宿。"（来源：广东省人民政府）

1月25日 为促进崇明民宿高质量发展，2021年9月，区文化旅游局启动了2021年度崇明星级精品民宿评定工作，经民宿自愿申报、乡镇初审和区文化旅游局综合评审，最终有159家民宿被评定为崇明区2021年星级精品民宿。（来源：上观新闻）

1月25日 木鸟民宿发布《2022春节民宿预订趋势报告》。报告显示，受全国各地相继下发"就地过年"倡议影响，消费者春节期间周边游、自驾游趋势愈发明显，微旅游成为新宠。报告同时指出，用户出行趋势或将发生变化，冰雪与民俗主题热度大涨。（来源：木鸟民宿）

1月25日 在北京市即将推出的首批37个办事场景建设中，密云区立足生态涵养区功能定位和产业发展方向，推动"民宿一件事"改革落地，着力实现民宿行业准入集成审批、准营分级分类监管的全生命周期服务，以保水和富民为根本，推动密云区生态优势转化为发展优势。（来源：《北京商报》）

1月27日 "中国元未来低碳民宿设计大赛"正式启动。大赛由河北省张家口市住房和城乡建设局、中国建材市场协会主办，同济大学上海国际设计创新研究院、同济大学国家土建结构预制装配化工程技术研究中心等机构联合主办。大赛成果将培育引导乡村振兴的新产业、新业态、新模式。大赛以"可持续低碳民宿"为主题，以"生态和谐、地域文化、乡村振兴、零碳绿色、产业激活"为核心，鼓励院校教师及学生、国内外各设计机构、企业单位、独立设计师等，依托大赛，抓住绿色经济、绿色产业、绿色生活方式等机遇，创意设计适合乡村振兴发展的绿色开发、低碳建造、高品质低造价的健康社区、可持续低碳的民居及民宿原型。（来源：中国网）

2月

2月8日 江西省加强和改进乡村治理暨农村人居环境整治提升工作领导小组办公室公布了《关于认定全省首批"美丽活力乡村+民宿"联动建设先行县的通知》，根据《通知》精神，省农业农村厅组织开展了全省首批"美丽活力乡村+民宿"联动建设先行县认定工作，经县级申报、市级推荐、省级审定等程序，南昌市湾里管理局被评为全省首批"美丽活力乡村+民宿"联动建设先行单位。（来源：南昌新闻网）

2月8日 蓝鲸财经记者获悉，木鸟民宿发布《2022春节民宿消费报告》。报告显示，春节期间总订单量达到2021年春节假期的1.5倍，"本地人游本地"特征明显。同时，全国乡村民宿订单量同比增长40%，"80后""90后"更爱入住乡村民宿。（来源：蓝鲸财经）

2月8日 中国选手谷爱凌在冬奥会自由式滑雪女子大跳台决赛中摘得金牌，进一步带火了"全民上雪场"的热度。途家民宿的数据显示，2022年2月8日中午12点到下午4点，平台上以"滑雪"为关键词的主题民宿实时搜索热度环比上涨了3倍，但民宿价格较春节期间普遍下调了3成至5成，对于想错峰滑雪的雪友们"比较友好"。（来源：中国新闻网）

2月9日 小猪民宿发布的《2022春节旅行住宿报告》（以下简称《报告》）显示，围绕着北京、上海、广州、珠三角、长三角等一线及新一线城市，就地过年带动了周边游频次的提高，返乡过年增加本地居民出游需求，让春节期间的本地游及周边游市场十分火热，城市近郊周边精品民宿预订占比高达65%，平均间夜2.5天，其中，亲子度假、温泉私汤、滑雪场周边、海滨风光等主题特色度假民宿最受游客欢迎，亲子消费力环比增长超30%。（来源：《北京商报》）

2月9日 北京市发展改革委联合市文化和旅游局共同制定并印发《北京市"十四五"时期推进旅游业高质量发展行动方案》（以下简称《方

案》）。据悉，《方案》介绍了北京市旅游业高质量发展的成效，其中乡村旅游提质增优。推进实施《关于促进北京市乡村民宿发展的指导意见》，全市累计785家乡村民宿完成证照办理。实施乡村民宿餐饮提升工程，开展"大厨下乡"结对帮扶活动。推出《我的桃花源》大型文旅体验节目第二季。（来源：《北京商报》）

2月9日 河北省级旅游民宿等级评定委员会组建评定专家库，省级旅游民宿等级评定专家库由旅游民宿及相关行业专家、行业协会代表、民宿经营者等组成，专家库成员受省评定委员会委派开展全省旅游民宿等级评定和复核工作，旨在提升旅游民宿规范化管理水平和服务品质，推动旅游民宿行业高质量发展。（来源：新浪网）

2月9日 2021年度浙江省等级民宿和文化（非遗）民宿评定结果出炉，萧山区云锦民宿被评为浙江省首批文化主题民宿，东山玫瑰园民宿被评为浙江省银宿。（来源：杭州市萧山区政府网站）

2月10日 禹会区出台《关于鼓励优秀人才共建乡村旅游民宿的意见》，大力鼓励和促进各类优秀人才共建乡村旅游民宿，做好"民宿+"旅游大文章。根据规划设计，此次以环涂山党建引领示范区先行试点。到2022年底，新建民宿不少于10家。到2025年，实现全区民宿从规模到质量的全面提升，新建民宿不少于50家。推出一批精品乡村旅游民宿，打造一批特色乡村旅游民宿集群，将禹会区乡村旅游民宿培育成具有鲜明地域特色、一定市场知名度、服务水平一流和一定规模的重要产业。（来源：新浪网）

2月12日 《辽宁省"十四五"文化和旅游市场发展规划》印发，明确"十四五"期间文化和旅游市场发展主要任务。辽宁省将培育发展新型市场主体。支持建设集合歌舞娱乐、游艺娱乐、上网服务、小剧场、画廊画店等多业态共同经营或混业经营的演艺、娱乐空间。加强对体验式演艺、沉浸式娱乐、在线演出、在线艺术品拍卖、自助式上网、电竞酒店、电竞娱乐赛事等新业态新模式及综合性文化娱乐场所的引导、管理和服务，培育新型文化市场主体，统筹用地、治安、消防、卫生等方面政策，开展等级旅游民宿评定，推动旅游民宿高质量发展。（来源：《辽沈晚报》）

2月14日 近日发布的《北京城市副中心（通州区）"十四五"时期乡村振兴规划》提出，以潞城、台湖、张家湾、宋庄为民宿先行发展示范点，在建筑设计、形象标识和服务形式上更好体现通州文化，打造运河人家、影都人家、漕运人家、艺术人家等8大主题品牌集群。（来源：《北京日报》）

2月17日 山东省文化和旅游厅制定并印发《旅游民宿集聚区创建导则（试行）》（以下简称《导则》）。《导则》提出，旅游民宿集聚区以"乡村振兴示范区、共同富裕先行区、三产融合样板区、生态环境保护区、品牌打造创新区"为创建目标，以"乡村振兴、共同富裕为统领，坚持高质量发展，遵循因地制宜、统筹发展、融合发展、绿色发展、各美其美、美美与共"为原则，以"创新体制机制，完善治理体系；突出创建特色，促进高质量发展；坚持融合创新，丰富产品业态；实施联动营销，打造特色品牌；完善基础设施，实现共建共享；加强指导监管，提升服务水平"为创建任务。（来源：新浪财经）

2月18日 《深圳市文体旅游发展"十四五"规划》发布，规划提出要建立民宿发展标准和样板，打造一批具有鲜明特色的民宿，在民宿周边地区策划举办一批文体旅游活动和赛事，打造国内民宿产业高地。（来源：深圳市文化广电旅游体育局）

2月21日 上海市召开了市政府常务会议，强调按照市委部署，扎实做好稳外贸工作，加快中心城区零星地块旧改，促进乡村民宿健康发展。会议原则同意《关于进一步促进上海乡村民宿健康发展的指导意见》并指出，上海发展乡村民宿，可以满足市民文旅休闲消费新需求，也是未来打响"上海旅游"品牌、振兴上海郊区农村地区的关键载体。要进一步推动乡村民宿规范发展、能级提升。发挥得天独厚的多元文化优势，推动文化与民宿深入融合。鼓励多方主体共同参与，注重引入高端开发运营主体，更多开发研学、商务、休闲度假等高附加值产品，增强消费黏性，提升体验。引导乡村民宿在重点区域集聚发展，确保安全和品质，打响上海精品乡村民宿品牌。（来源：上观新闻）

2月22日 仙岗聚星里民宿项目在佛山市南海区丹灶镇仙岗村举行签约仪式。项目将引入专业团队运营，带动仙岗民宿抱团发展，全面赋能乡村振兴，计划2022年5月开业。仙岗聚星里民宿项目作为丹灶"有为水道"乡村振兴连片示范区内引入的民宿项目，也有望进一步促进丹灶全域特色景点、非遗民俗文化、特色美食等资源整合发展，充分发挥"1+1>2"的整合效应，擦亮丹灶全域旅游品牌，助力丹灶打造岭南广府文脉的文旅新高地。（来源：新浪网）

2月22日 "乡村民宿"第一次写入中央一号文件：《中共中央国务院关于做好2022年全面推进乡村振兴重点工作的意见》。

摘录：

（十六）持续推进农村一二三产业融合发展。鼓励各地拓展农业多种功能、挖掘乡村多元价值，重点发展农产品加工、乡村休闲旅游、农村电商等产业。支持农业大县聚焦农产品加工业，引导企业到产地发展粮油加工、食品制造。推进现代农业产业园和农业产业强镇建设，培育优势特色产业集群，继续支持创建一批国家农村产业融合发展示范园。实施乡村休闲旅游提升计划。支持农民直接经营或参与经营的乡村民宿、农家乐特色村（点）发展。将符合要求的乡村休闲旅游项目纳入科普基地和中小学学农劳动实践基地范围。实施"数商兴农"工程，推进电子商务进乡村。促进农副产品直播带货规范健康发展。开展农业品种培优、品质提升、品牌打造和标准化生产提升行动，推进食用农产品承诺达标合格证制度，完善全产业链质量安全追溯体系。加快落实保障和规范农村一二三产业融合发展用地政策。（来源：新华社）

2月24日 广东省自然资源厅网站公布了《关于保障农村一二三产业融合发展用地促进乡村振兴的指导意见》，其中提出，保障农村一二三产业融合发展合理用地需求，为农村产业发展壮大留出用地空间，推动农村一二三产业融合发展，全面实现乡村振兴。值得关注的是，指导意见中还提出，鼓励宅基地复合利用，发展农家乐、民宿、乡村旅游、农产品初加工、电子商务等农村产业。（来源：新浪网）

3月

3月3日 广东省文化和旅游厅公示首批广东省驿道乡村酒店，进一步活化利用南粤古驿道，发挥南粤古驿道对全域旅游和乡村振兴的带动作用。此次共有46家酒店入选。（来源：南方报业）

3月4日 惠州首批广东旅游民宿揭牌、授牌仪式在惠城区举行。即日起，惠州市首批41家民宿将统一使用"广东旅游民宿"品牌标识，各挂牌民宿将进一步改善经营条件，推动行业健康和可持续发展。（来源：中新网惠州）

3月5日 为贯彻落实《国务院关于支持贵州在新时代西部大开发上闯新路的意见》，全力推动旅游产业化，围绕农文旅融合，大力发展赏花经济，推出一批具有吸引力的新型花海主题民宿，根据《2022年贵州"最美花海民宿"评选活动方案》，省文化和旅游厅组织开展了2022年贵州"最美花海民宿"评选活动。经资料审核、专家论证、现场考评、综合评审等程序，拟确定贵阳市花溪区星宿民宿等10家民宿为2022年贵州"最美花海民宿"。（来源：贵州省文化和旅游厅）

3月7日 商洛市召开"22℃商洛·中国康养之都"景区民宿推进视频会，专题研究部署全市景区民宿发展工作，全力推动中国康养之都建设。（来源：商洛新闻网）

3月9日 为顺应发展大势，围绕彩虹城市建设和"金张掖·乐居"环境营造，《张掖市全域旅游业提质增效三年行动方案（2022-2024年）》明确提出"推进民宿规范发展、建立张掖旅游民宿联盟、打造民宿宣传推广App，推进旅游民宿标准化、精品化发展，到2024年培育国家级品牌精品民宿40家以上"。为进一步推动张掖民宿的发展，张掖市设计开发"金张掖民宿"平台。（来源：甘肃张掖网）

3月9日 途家民宿公布了一组数据，2021年途家平台上乡村民宿订单量，同比2020年增长了3成，为乡村房东创收逾20亿元。2021年四川的乡村民宿订单数增长50%，营收增长35%。订单量top10城市是：成都、乐山、绵

阳、宜宾、凉山、甘孜、眉山、南充、阿坝、雅安。（来源：封面新闻）

3月10日 途家民宿副总裁胡阳介绍，目前，途家平台已运营有200多万家民宿房源。从行业看，全国范围民宿房源数量已超过350万家。其中，乡村民宿是疫情后增速最快的市场之一。（来源：途家民宿）

3月11日 2022年多彩贵州春季赏花行启动仪式暨"多彩贵州美如画"金海雪山首届布依族山歌大赛启动仪式在贵定县金海雪山景区举行。启动仪式上，2022年贵州"最美花海民宿"名单公布。（来源：多彩贵州网）

3月11日 按照贵州省文化和旅游厅《关于举办"全国民宿职业技能（美食烹饪）大赛"贵州赛区活动的通知》要求，已于2022年3月11日在黔南州贵定县金海雪山景区内举办首届"全国民宿职业技能（美食烹饪）大赛"贵州赛区决赛。（来源：贵州省文化和旅游厅）

3月14日 记者从国内最大民宿预订平台途家民宿获悉，2021年湖北乡村民宿订单数和营收均较前一年增加50%，武汉、恩施、宜昌民宿预订排名全省前三。（来源：《湖北日报》）

3月14日 由扬子晚报社主办、江苏省旅游协会民宿客栈与精品酒店分会、精品民宿杂志社承办的江苏省"民宿用户满意度调查"网络投票活动截止。本次活动在网络投票的基础上，广泛听取民宿消费者的感受和意见，最终推出"民宿用户满意度调查"榜单，并设置有"江苏省3·15消费者口碑排行榜TOP10民宿"奖项。（来源：新华报业网）

3月17日 文化和旅游部办公厅日前发出关于申报2022年全国甲级、乙级旅游民宿的通知，旨在进一步推进实施旅游民宿行业标准，培育等级旅游民宿品牌，引导旅游民宿健康发展。（来源：《中国旅游报》）

3月17日 在甘肃省文化和旅游厅的指导下，由中国扶贫基金会与浙江支付宝公益基金会支持、百美村宿项目部主办的"乡村民宿管家职业技能提升计划"二期培训班在甘肃省乡村民宿培训基地——黄河驿窑洞民宿开班，20名乡村民宿管家参加了培训。此次培训班的举办，旨在借助公益力量撬动乡村女性就业，通过培训和咨询答疑，帮助参训人员进一步拓宽视野，提升服务理念、服务技能、审美意识，强化女性在民宿发展中的积极作

用。（来源：兰州新闻网）

3月22日 浙江省人力资源和社会保障厅公布了一批专项职业能力考核规范，包括"香菇生产""临安山核桃加工""建德豆腐包制作"等111个项目有了明确的职业技能评价标准。据了解，在浙江最近连续公布的多批一百多个专项职业能力考核项目中，既有"油条制作""义乌红糖制作"等易学易上手的家常技能，也有"龙泉青瓷刻花""剪纸制作"等非遗传承和地方传统特色技艺，更有"民宿管家服务""家庭教育指导"等新行业新职业。（来源：《文汇报》）

3月23日 河源市文广旅体局率先在全省启动旅游民宿等级评定工作，正式接受全市旅游民宿等级评定报名。截至2022年3月15日，全市申报民宿等级评定共57家。据介绍，河源相当重视民宿产业发展，2018年到2022年，河源市政府工作报告连续五年提出民宿发展的相关规划。2022年1月28日，河源市人民政府印发的《河源市2022年国民经济和社会发展计划》提出："加大力度支持乡村旅游发展，重点引导民宿业集群布点、抱团经营、整体推广，推动民宿业做精做强。"（来源：南方报业传媒集团南方+客户端）

3月25日 为进一步推进旅游服务品质提升，近日，福建省平潭实验区印发《平潭综合实验区乡村民宿服务导则》（以下简称《导则》），规范民宿业经营行为，引导广大民宿业者共同维护实验区旅游市场秩序。据悉，《导则》是实验区旅游市场综合治理和规范提升攻坚行动的一项提升内容，印发后将由各片区管理局结合旅游市场秩序整治行动及网格化管理，指导各民宿业主认真遵守。为了推进行业标准化体系建设，实验区还制定了景区、餐饮服务导则，并推动相关行业统一培训和统一着装。（来源：新浪网）

3月25日 根据北京市政府采购中心最新发布的《北京市2021~2022年度会议定点单位协议采购项目（民宿）征集结果公告》，北京市共有57家乡村民宿入围，其中怀柔区有34家，占比达到六成，这是怀柔区民宿首次入围政府会议定点采购。（来源：中新网北京新闻）

3月25日 深圳市人民政府印发《关于应对新冠肺炎疫情进一步帮助

市场主体纾困解难若干措施》，在文体旅游业纾困方面，《措施》提到，暂退旅行社全部质保金。更大力度实施旅行社暂退旅游服务质量保证金政策，对符合条件旅行社的暂退比例由80%提高到100%。争取实施以保险替代现金或银行保函交纳旅游服务质量保证金试点。同时，鼓励企事业单位、社会团体委托旅行社开展公务、工会、会展等活动，支持基层工会购买市域内演出赛事、景区门票等文体旅游产品和服务。将符合条件的民宿、文化街区、红色旅游景区等纳入疗休养活动范围。旅行社可按规定开具普通发票并提供与合同内容一致的费用清单作为费用报销依据。（来源：执惠旅游）

3月27日 上虞区旅游民宿产业联合会成立，岭南乡覆卮山居、陈溪乡"雪花谷·隐山"等36家民宿走上抱团奔共富之路。上虞区旅游民宿产业联合会有关负责人表示，联合会成立后，将在塑造民宿品牌、提升旅游民宿行业服务质量、引导旅游民宿创新发展、国家和省级等级旅游民宿评定创建、引导金融服务、助推乡村振兴等方面为全区民宿行业发展提供服务，通过政策咨询、人才培训、线上线下营销等方式，确保区内旅游民宿真正惠民利民。同时加强与省内外的学习交流，强化行业自律，发挥民宿行业协会的桥梁和纽带作用，推动上虞民宿行业的高质量发展。（来源：人民资讯）

3月28日 为实现民宿产业集聚性发展，日前，黄山区汤口镇召开民宿联盟成立大会，围绕民宿产业发展，积极出台扶持政策、推出办证服务等，多措并举助推民宿产业高质量、高水平发展。（来源：人民资讯）

3月29日 最新发布的《中国·甘肃乡村旅游发展指数报告（2021）》显示，甘肃把发展乡村民宿融入乡村旅游提质升级和乡村振兴战略，不断发挥乡村民宿在激活乡村文旅产业、促进村集体增收和农民致富等方面的积极作用。（来源：新华财经兰州）

3月30日 途家民宿发布清明小长假出行报告，平台数据显示，2021年清明节假期民宿整体预定量相比上年同期下降，民宿平均预定价格较上年下降18%，部分高端民宿甚至跌至百元。据途家提供的数据，省内订单占比达到7成以上，原因是受疫情影响，省内住客成为清明假期预定的民宿主要客源。清明期间，民宿预订量较高的城市包括成都、重庆、广州、北京

等。此外，本地游带动部分乡村民宿预定量增长显著。（来源：新浪网）

3月31日 《广东省乡村休闲产业"十四五"规划》发布，政策提出要构建乡村休闲产业体系和优化乡村休闲产品体系，并发挥乡村民宿的担当作用。据了解，《规划》在广东省级各项规划中对民宿方面规划着墨最多。全文提及"民宿"17次，把民宿列为乡村特色产业类中"接待服务地"。发展乡村民宿被列为《规划》推进重点突破点的首要点。（来源：广东省农业农村厅）

4月

4月1日 山东省文化和旅游厅决定面向省内外公开征集旅游民宿设计师（团队）。为加快旅游民宿集聚区精品化、特色化发展，建立旅游民宿设计人才智库，搭建全省旅游民宿设计供需对接平台，提升全省旅游民宿行业设计水平，此次山东面向全国范围征集具有丰富设计经验、较高旅游民宿设计水平和行业知名度的民宿设计机构、团队或个人。（来源：新浪网）

4月2日 途家及斯维登集团联合创始人连线新象财经节目，就"政策利好之下的中国民宿产业现状及发展"问题，以斯维登集团在民宿运营管理中的成功经验为例，进行了深度探讨和解读。（来源：新浪新闻）

4月5日 携程、去哪儿、同程旅行纷纷发布清明小长假消费数据。数据显示，在疫情防控大背景下，游客出行范围有限，"摘星"城市旅游市场需求反弹，同时为了避免人流聚集，乡村游、民宿露营成了很多人的假期新选择。（来源：封面新闻）

4月7日 2022年伊宁市共实施11个重点文旅项目，项目总投资11.48亿元，本年度计划投资2.91亿元。其中包括伊犁喀赞其传统民俗文化展示区、伊犁河夜宴、巴彦岱村王蒙主体文化乡村旅游项目在内的3个州直重点项目、六星街民宿建设、伊犁喀赞其特色文旅街区建设、伊犁喀赞其民宿集聚区建设等8个市直重点项目。（来源：执惠旅游）

4月9日 贡井区莲花镇首家民宿——白仓省庐正式对外开放，标志着当地乡村旅游业发展迈出重要一步。该镇将以白仓省庐开业为契机，全力抓好农旅项目建设，以项目带动乡村旅游提质升级，全面促进农业和第三产业发展，在保留绿水青山的同时，引领群众走上致富道路。（来源：自贡网）

4月10日 博乐市达勒特镇破城子村古风貌文旅小镇项目开工建设。该项目计划分两期打造，一期计划投资3000万元，主要对现有村道、房屋进行改造及业态植入，重点打造特色民宿、餐饮、文创等文化旅游体验店，并引入亲子寻宝、古物修复、汉服展览等考古研学体验项目，还原古法汤池、琉璃制造、陶瓷烧制等手工制作展示馆，将破城子村打造成特色文化旅游创客小镇。（来源：《博尔塔拉报》）

4月12日 河源市文化广电旅游体育局（以下简称"市文广旅体局"）在市图书馆召开河源市第一批国家等级民宿创建动员会。市文广旅体局局长，省旅游协会民宿分会专家代表，省民宿发展研究院专家代表，市、县文广旅体局相关业务骨干，市民宿行业协会专家代表，31家民宿代表等参加会议。（来源：南方PLUS）

4月12日 用艺术点亮乡村，"民宿+美术"模式助力乡村振兴。由省文化和旅游厅主办、省美术馆承办的河南省"豫见民宿"美术作品大赛正式启动，2022年4月15日起，面向全省征集反映河南民宿及相关人文历史、自然风光的优秀美术作品。本次大赛旨在倡导艺术家深入基层、深入乡村，用画笔表现民宿与自然和谐共生，展现河南文旅的风土人情和艺术情怀，创作一批反映河南乡村美景的优秀美术作品，并于2022年11月在省美术馆举办专题展览。（来源：《郑州日报》）

4月13日 新京报贝壳财经会客厅举办以"京郊微度假，民宿正当时"为主题的第一期沙龙活动。此前，"长城脚下看冬奥"引发广泛关注，后冬奥时代，京郊民宿迎来巨大发展机遇。疫情防控常态化背景下，周边游带动"微度假"概念兴起，民宿进一步站上风口。为此，新京报贝壳财经邀请民宿业主、行业专家、互联网平台从业者等各界人士，共同探讨京郊民宿发展新趋势、新变化。（来源：《新京报》）

4月13日 为了发挥党建引领作用，抓紧落实"举全党全社会之力推动乡村振兴"精神要求，努力构建中国乡村振兴工作新格局，在共青团北京市委员会、共青团北京市怀柔区委员会和中国共产党渤海镇委员会指导下，海底捞集团党委与四渡河村党支部共建帮扶机制，结合四渡河村民宿旅游业发展需求，举办"喜迎二十大——四渡河民宿服务水平提升"系列活动。北京团市委、怀柔团区委、成都市驻京办、中共海底捞党委等单位参与活动。（来源：中国网）

4月13日 "民宿+"系列怎样逐步打造、民宿内涵式发展意义、"民宿贷款"帮扶政策解读、从业人员应具备哪些素质、北戴河区民宿产业发展方向……近日，河北省秦皇岛市北戴河区第一期民宿线上直播课程正式开讲。据了解，此次活动是北戴河区旅游和文化广电局开展"我为群众办实事、党建引领新发展"活动的一项重要举措，在培训策划前期，通过线上发放调查问卷，广泛了解乡村旅游和民宿从业人员需求，有针对性地为民宿业主量身定制培训内容。同时，多方联合自媒体公司等策划线上系列公益课堂，邀请行业专家、银行工作人员为乡村旅游和民宿发展"传经送宝"，1000余名民宿业主在线学习了本次课程。（来源：河北新闻广播）

4月13日 《民宿管理办法》实施已满一年有效期。为进一步规范全区民宿经营行为，思明区结合管理办法出台后的工作实际，形成了《民宿管理办法（修订稿）》，并面向社会公开征求意见。（来源：《厦门日报》）

4月15日 山东省政府新闻办召开新闻发布会，解读《山东省促进服务业领域困难行业恢复发展的实施方案》。其中明确提出，创新证照办理方式，探索推行由公安、消防、文化和旅游等多部门联审联批运行机制，推进旅游民宿证照办理。业内专家表示，这是山东旅游民宿产业发展的重大利好消息，有望破解长期以来制约旅游民宿的办证难问题。（来源：中国交通广播）

4月15日 第6届中国民宿榜黑松露奖颁奖典礼在上海旅游产业博览会上举办，广西6家民宿获奖。中国民宿榜黑松露奖原名中国民宿榜榜单，2017年由国内知名民宿品牌运营商"借宿"发起，全国资深民宿客、民宿践行者及生活旅行媒体人士共同评审产生，被誉为国内民宿品牌的"奥斯卡"。（来源：《广西日报》）

4月15日 大别山百家主题民宿示范工程建设启动暨签约仪式举行。

边际、青麓、曼舍溪园等首批 10 家品牌民宿签约入驻信阳民宿产业园，大别山百家主题民宿示范工程正式启动。（来源：新浪网）

4 月 15 日　以民宿为主题的"美好大讲堂"在信阳市行政中心举行，特邀旅游民宿专家，分别以"为什么是民宿？"和"大别原乡·美好生活目的地——五个大别下的信阳文旅破局之路"为题授课。（来源：《信阳日报》）

4 月 15 日　《中共广东省委广东省人民政府关于做好 2022 年全面推进乡村振兴重点工作的实施意见》印发。意见提出："聚焦产业促进乡村发展，大力发展乡村民宿。规范建设乡村民宿，发展休闲农业与乡村旅游。培育建设省级乡村民宿示范点，鼓励创建省级以上休闲农业与乡村旅游示范村，打造省域乡村休闲旅游精品线路。"（来源：《南方农村报》）

4 月 18 日　民建荆州市委直属综合总支组成专题调研组赴荆州区开展"民宿品牌升级助推乡村振兴"专题调研。调研组走进八岭山花洞堂度假酒店、颐康园康养民宿、川店镇金家窑驿，实地了解荆州民宿文化、规模、特色及餐饮服务等方面情况，并就如何打造"楚宿荆南"民宿品牌进行了深入交流。（来源：《荆州日报》）

4 月 19 日　焦作市委十二届二次全会暨市委经济工作会议提出，要加快文旅文创融合发展，打造"北方民宿之都"，在焦作市文旅界引起了广泛热议。大家纷纷表示，要尽快推动重点民宿项目建成投用、开花结果，以民宿高质量发展为"高能级文旅"助力添彩。（来源：《焦作日报》）

4 月 21 日　为了更好地发挥天津市旅游业商会的平台作用，帮助广大旅游业企业纾困自救，近日，天津市旅游业商会启动了成立"天津市旅游业商会旅行社及民宿、景区分会"筹备组工作，开展筹备相关组织搭建、会员招募、活动计划等工作。（来源：天津北方网）

4 月 21 日　"民宿风险与防范研讨会"（以下简称"研讨会"）在京召开，研讨会由中国旅游协会民宿客栈与精品酒店分会主办，江泰保险经纪股份有限公司承办，旨在促进民宿企业安全健康发展，加强对民宿经营过程中的风险防范，提升民宿企业、行业抗风险能力。（来源：澎湃新闻）

4 月 22 日　重庆市文化旅游委在铜梁区组织召开"文旅赋能乡村振

兴——乡村文化旅游产业发展现场会"，邀请各区县文化旅游委、相关行业协会及文旅企业负责人等嘉宾，通过实地考察、广泛交流与合作，为全市乡村文旅产业赋能乡村振兴探索新的有效路径。（来源：惠游重庆）

4月23日 在潍坊创建"东亚文化之都"的关键时期，青州市文化和旅游局联合青州市公安局、青州市市场监督管理局、青州市行政审批服务局、青州市消防救援大队、青州市文化和旅游局分管负责人、青州市民宿协会等单位，召开青州市民宿审批手续协商机制，本次会议重点围绕民宿行业有序发展进行深入探讨，为民宿行业规范发展奠定良好基础，为有序"创都"营造氛围。（来源：潍坊市旅游发展委员会）

4月26日 浙江省湖州市德清县莫干山镇残疾人就业创业培训基地以就业市场需求为导向，联合莫干山民宿管家培训中心开展"山春暖"民宿爱心助共富培训班。为辖区残疾人免费提供管家服务、客房技能、餐饮知识等民宿管家技能培训课程，有效提高当地残疾人就业率，为残疾人事业的高质量发展贡献力量。（来源：新华社）

4月28日 浙江省仙居县举行"让农民持股、村集体入股"农村共富计划签约仪式。该县淡竹乡首批民宿代表与低收入农户代表签署了共同富裕合作协议。16家民宿被授予"仙居县共富示范民宿"称号。（来源：新浪财经）

4月28日 门头沟区税务局和市税务局第五稽查局在妙峰山镇共同举办"税收助力红绿蓝，惠企利民促发展"活动，推出12项服务举措，推动区域红色文旅和精品民宿产业高质量发展。（来源：《北京日报》）

4月30日 途家民宿发布的"五一"出游趋势显示，截至2022年4月22日，五一期间乡村民宿的订单量占比达到51%，较上年占比提升20%，这也是五一乡村民宿订单量首次超过城市民宿。途家数据显示，"五一"期间北京京郊民宿预订量同比2021年"五一"时期已增长一倍。疫情影响下，近郊游兴起，乡村民宿预订量不降反增，显示了人们对于旅游消费的刚需依旧存在。乡村民宿的红火有望带动乡村综合消费的提升，助力乡村振兴。目前，途家民宿平台上，国内乡村民宿房源总量已达近80万套。（来源：《齐鲁晚报》）

5月

5月1日 日照五莲县依托良好的生态优势和地理优势，大力发展民宿产业，目前已经发展田园、民俗、文创、康养等为主题的各类精品民宿，让乡村"美丽资源"转化成"美丽经济"。（来源：齐鲁网·闪电新闻）

5月4日 根据第三方大数据监测，四川全省"五一"假期累计接待游客4401.08万人次，实现旅游综合收入134.43亿元，按可比口径均恢复到2021年同期八成以上水平，较2020年同期分别增长10.4%和26.2%。其中，成都地区乡村民宿订单量、露营热度均位居全国第二，有力地拉动了假日文旅市场回暖。（来源：《四川日报》）

5月4日 飞猪发布的"五一"出游消费趋势观察显示，甘肃省"五一"期间家庭出游"2小时度假圈"成主流，本地游订单量占比达8成以上。在疫情防控常态化背景下，兰州"五一"假期旅游市场消费呈现本地化、小半径特征。（来源：兰州新闻网）

5月5日 一码贵州·享趣睡发布的《2022"五一"假期民宿消费报告》显示，贵州民宿市场持续升温，民宿总订单量环比清明假期增长十倍。相比清明小长假的春寒料峭，"五一"假期贵州省气温转暖，更亲近自然的户外活动成为旅游市场"新宠"。城市周边的精品民宿和露营地价格较平日大幅上涨，出现"一床难求"的现象。（来源：贵阳发布）

5月5日 从杭州市文化广电旅游局获悉，受疫情反复影响，2022年"五一"假期杭州全市各景区景点共接待游客343.17万人次，与上年同期相比减少62.8%。其中外地来杭游客163万人次，同比减少69.53%。据介绍，受疫情影响，杭州旅游市场发生相应变化，城市周边自驾游、乡村近郊游、运动休闲游等"轻度假"旅游形态成为市民的主流出行选择，露营、民宿等新业态新产品持续升温。（来源：澎湃新闻）

5月5日 木鸟民宿发布《2022五一假期民宿消费报告》。报告显示，2022年"五一"民宿市场相较清明假期回暖，民宿总订单量环比清明假期增长137%，其中川渝民宿市场消费依然强劲，珠三角区域上升势头明显。

露营消费供需两旺，周边游仍为"五一"出行的主力市场。此外，节前三天成为预订高峰，"当日订次日住"成为用户主流选择。（来源：蓝鲸财经）

5月5日 株洲市渌口区召开五号山谷民宿项目推进会。朱亭古镇五号山谷民宿项目致力于古镇整体开发，以高端古镇客栈为主要业态，含书吧、茶吧、咖啡、小博物馆、餐厅、手工作坊等，以古镇周边休闲旅游为辅助业态。项目分二期建设，打造时间7个月，预计2022年底完成。（来源：红网时刻）

5月7日 北京市文旅局制定、北京市疾控中心归口发布《新冠肺炎流行期间北京市乡村旅游经营单位（户）防控指引（第九版）》，要求乡村民宿以及已经评定的北京市等级民俗旅游户、乡村旅游特色业态健全常态化核酸筛查机制。（来源：《北京商报》）

5月16日 由思明区人民政府指导、思明区文化和旅游局主办、思明区民宿协会筹备组承办、厦门旅集民宿平台运营管理有限公司协办，厦门市思明区民宿协会成立大会在和平码头波塞东·海上会客厅隆重举行。据了解，思明区民宿协会的成立将进一步规范思明区民宿经营行为，提升管理、服务水平，为思明区民宿产业带来全新的发展契机；也为思明民宿业主搭建起政府与行业的沟通桥梁，为全区民宿业特色化、品牌化发展增添动力。（来源：《海西晨报》）

5月17日 山东省文化和旅游厅、山东省公安厅、山东省消防救援总队联合印发通知，切实帮助旅游企业纾困解困，推进旅游民宿消防安全许可、特种行业许可等证照办理。济南、日照、临沂等地先行先试，建立了民宿证照办理联审联批机制，济南市出台了《济南市民宿管理办法》。（来源：新华网）

5月18日 在"中国旅游日"即将到来之际，文化和旅游部旅游质量监督管理所（全国旅游标准化技术委员会）近日为全国首批58家甲级、乙级旅游民宿颁发等级民宿标牌及证书。（来源：《潇湘晨报》）

5月19日 三亚市旅游和文化广电体育局发布《三亚市旅游民宿行业高质量服务标准》，并为首批10家民宿高质量服务企业进行授牌。（来源：

国际旅游岛商报）

5月20日 由秦皇岛市北戴河区总工会、区旅游和文化广电局主办，北戴河区民宿协会工会承办的北戴河区民宿协会工会揭牌暨"提升服务品质 助力乡村旅游振兴"民宿行业系列技能培训活动在该区费石庄村桃李同春民宿举行。（来源：《河北工人报》）

5月21日 为全面推进健康中国建设，根据《中华人民共和国国民经济和社会发展第十四个五年规划和二〇三五年远景目标纲要》《"健康中国2030"规划纲要》等要求，由全国卫生产业企业管理协会立项审批，健康生活方式产业分会牵头组织、研发、编制的《健康民宿服务质量规范》团体标准工作启动会暨第一次工作沟通会议正式启动。大会主要围绕健康民宿的服务质量标准展开探讨，以推动健康民宿发展。（来源：新浪网）

5月23日 由湖南省文化和旅游厅指导，湖南省旅游民宿协会主办，相关市州民宿行业协会、享梦游科技股份有限公司协办的2022"宿美湖南"民宿体验季暨民宿品牌推介活动在长沙正式启动。据悉，本次活动将构建以民宿为主体、市场为导向、产业融合的创新体系，吸引超过500家旅游民宿、超过200名大V博主参与本次活动。其主体活动包括："湖南民宿体验官招募计划""湖南民宿VLOG大赛""'宿美湖南·界边独好'品牌推介""湖南民宿品牌推介暨颁奖盛典"。（来源：新浪湖南）

5月23日 木鸟民宿发布《2022端午假期民宿预订趋势报告》。报告显示，端午假期民宿"微度假"仍为主流，民宿复苏趋势逐渐强化。端午期间露营热度有所下降，桨板相关民宿成为用户预订新宠儿。此外，文化游关注度提升，年轻用户对市集展览、博物馆等人文类场所搜索热度增长较快。数据显示，截至2022年5月23日，订单量环比"五一"节前增长125%。（来源：蓝鲸财经）

5月24日 全球民宿巨头Airbnb（爱彼迎）发表声明称，正式关闭中国大陆业务。爱彼迎中国将完全下线中国本土的近15万个房源和体验业务，仅保留出境业务，从2022年7月30日零点起境内App将停止相关服务。（来源：NBS新品略）

5月24日 在爱彼迎中国宣布暂停中国境内民宿预订业务后,多家民宿预订平台宣布帮助爱彼迎中国大陆地区房东平稳过渡。

据悉,途家宣布已于2022年5月24日开通"绿色审核通道",成立了一支专门的商服,负责与爱彼迎房东沟通,点对点协助其上线的相关事宜。同时,途家即将推出"一键上线"等快速上线功能,并配备专门的民宿运营专家,帮助爱彼迎房东继续深耕中国境内市场,提供优质的民宿入住体验。这意味着,途家开始填补爱彼迎留下的市场真空。

飞猪方面表示,对于其线上房东面临的服务过渡问题,飞猪民宿、小猪民宿今日推出房东专属绿色服务通道、房源同步发布、新房东入驻扶持计划等系列举措,帮助房东继续经营。截至目前,商家客服已处理数百个房东入驻的后台申请,并帮助其在飞猪民宿、小猪民宿上线。

此外,美团公布的相关政策显示,除了帮助房东快速上线房源之外,考虑到平台差异性和操作习惯不同,美团民宿还将提供专项的运营课程,迭代房东、房源荣誉激励规则,推出新版的房东端App,从而使爱彼迎房东更好更快地融入美团民宿社区。(来源:《北京商报》)

5月26日 陆河县文化广电旅游体育局在螺溪谷景区举行"中国旅游日"暨"陆河县首批旅游民宿授牌仪式"活动。该县螺溪谷民宿、南告名宿、畔山民宿、知春归民宿被授予"广东旅游民宿"牌匾。这是陆河县第一批,也是汕尾市首批民宿获得广东旅游民宿的牌照。(来源:《汕尾日报》)

6月

6月1日 为进一步凝聚行业力量,以高质量党建推动民宿行业健康规范、高质量发展,江苏省溧阳市召开中共溧阳市民宿行业委员会成立大会。溧阳市民宿行业党委的成立,是推动溧阳民宿行业高质量发展的重要事件,接下来,溧阳市民宿行业党委将积极发挥党建引领作用,团结带领民宿业主砥砺前行、共克时艰,奋力在推动民宿行业规范发展、高质量发展中展现新作为。(来源:《扬子晚报》)

6月1日 广东省人民代表大会常务委员会发布《广东省乡村振兴促进条例》，《条例》第二十条提出："鼓励和支持村集体利用闲置的办公用房、校舍、仓库、旧厂房等资产，通过租赁、托管、合作等方式，发展休闲农业、乡村旅游、餐饮民宿、电子商务等符合乡村特点的新产业、新业态、新模式。"（来源：广东人大网）

6月3日 爱彼迎中国正式向本土民宿短租平台开放房东/房源的相关内容与信息迁移渠道，与小猪/飞猪等民宿平台达成合作，为房东提供多个迁移选项，供其根据意愿和需要进行申请。截至2022年6月5日，选择迁移到飞猪、小猪双平台的度假精品民宿商户已达千家规模。（来源：财经网）

6月5日 飞猪发布端午消费观察，酒店、乡村民宿、租车订单量较五一同期均实现翻倍增长；火车票订单量增幅亦达70%。端午节是上半年最后一个小长假，飞猪数据反映出，相较清明和五一，端午旅游市场呈现有序回暖态势。（来源：劲旅网）

6月6日 木鸟民宿发布《2022端午假期民宿消费报告》，内容显示，近郊游、省内游仍为端午假期出行主流，但伴随熔断机制调整，长线出行逐步释放。2022年端午假期民宿市场订单较节前持续攀升，其中川渝地区民宿消费仍占据前列，厦门、青岛、大连等海滨城市迎来增长高峰，广州、长沙、南京等城市热度大涨，古镇民俗成热门，泳池民宿受热捧。（来源：TechWeb）

6月6日 记者从北京市文旅局获悉，端午假期，北京市旅游接待总人数191.2万人次，旅游总收入13197.4万元。其中，2022年6月3日至2022年6月5日，乡村游累计接待游客36.4万人次，营业收入4923.9万元。乡村民宿接待总人数3.4万人次，客房平均入住率47.9%。北京民宿市场加速回暖，乡村民宿逐渐成为市民到郊区出游的住宿首选。北京市乡村民宿经营客房保持在8000~9000间的水平，尽管假期时间较短，但是乡村民宿客房入住率仍保持在50%左右，远高于城区、近郊区、远郊区饭店的平均出租率。（来源：环球网）

6月7日 浙江省文化和旅游厅、省财政厅等部门近日联合印发《关于应对新冠肺炎疫情支持民宿行业纾困解难的若干意见》，从加强金融支持、支持稳定岗位、促进就业创业、推动持续发展4个方面提出15项具体措施。（来源：人民资讯）

6月9日 河北省张家口市住房和城乡建设局，中国建材市场协会，联合同济大学上海国际设计创新研究院、联合国工业发展组织全球创新网络项目上海全球科技创新中心、同济大学国家土建结构预制装配化工程技术研究中心，主办了第一届"中国元未来低碳民宿设计大赛"。大赛从2022年1月25日开始至2022年4月30日结束，经过5位行业专家和网络人气投票评价，最终从近百个参赛院校和设计机构的众多优秀参赛作品中，评选出1个金奖、2个银奖、3个优秀奖、10个提名奖、3个人气奖和若干入围奖。本届大赛的获奖作品将分期分批在元村居（上海）实业参与投资建设、管理运营的不同项目基地进行落地建设、展示推广。（来源：《新民晚报》）

6月10日 山东省文旅厅到文祖街道验收旅游民宿集聚区，省验收组对文祖街道旅游民宿集聚区创建工作给予高度肯定，认为文祖街道打造"一廊五区"规划清晰，发展全域旅游潜力巨大，并表示希望文祖街道下一步加快文旅融合，以"齐鲁古道·文旅走廊"为中心，发挥城区近郊优势，挖掘潜在资源，点、线、面相结合，打造高质量旅游民宿集聚区，构建全域旅游格局。（来源：闪电新闻）

6月10日 在韶关市翁源县总工会的指导下，翁源县湖心坝民俗旅游度假有限公司工会成立，大会依法选举产生翁源县湖心坝民俗旅游度假有限公司工会第一届委员会成员。（来源：《南方工报》）

6月14日 人力资源和社会保障部向社会公示18个新职业信息并广泛征求意见，其中包括研学旅行指导师、民宿管家等。其中，人社部对研学旅行指导师的定义为策划、制订、实施研学旅行方案，组织、指导开展研学体验活动的人员。而民宿管家的定义为提供客户住宿、餐饮以及当地自然环境、文化与生活方式体验等定制化服务的人员。（来源：执惠旅游）

6月16日 为认真贯彻国务院安委会安全生产十五条措施和省委省政

府《关于进一步强化安全生产责任落实坚决防范遏制重特大事故的实施意见》，认真汲取湖南长沙居民自建房倒塌事故教训，坚决遏制亡人和较大以上火灾事故的发生，近日，临夏支队联合市场监督管理局、文化广电和旅游局联合印发《关于加强农家乐和乡村民宿消防安全工作的通知》，就进一步加强农家乐和乡村民宿消防安全工作提出明确要求。（来源：临夏消防）

6月17日 为支持乡村民宿人才的发展，中国扶贫基金会与浙江蚂蚁公益基金会共同发起"数字木兰民宿管家培训计划"，旨在通过提供免费的系统性培训，帮助欠发达地区乡村民宿培养合格管家人才，在助力乡村人口就业的同时，助力当地文旅产业发展。"数字木兰民宿管家培训计划"第六期培训班在四川省雅安市碧峰峡旅游区管委会顺利开班。（来源：金台资讯）

6月17日 全省乡村旅游高质量发展座谈会在浙江杭州召开。会上，浙江省文化和旅游厅领导表示，浙江省乡村旅游发展走在中国前列。据统计，浙江省目前拥有民宿1.9万余家，农民收入中旅游贡献率达11.5%，且休闲农业和乡村旅游产业规模超千亿元。（来源：中国新闻网）

6月17日 六安市文化和旅游局发布消息，该市将加快旅游民宿发展，实施民宿发展"1289"工程，到2025年，建设1个民宿品牌（"大别·乡宿"）、200家精品民宿、8个民宿风景带、9个民宿产业集聚区。（来源：《新安晚报》）

6月18日 2022长岛海洋生态文明建设主题沙龙——"澎湃生态蓝"海岛对话系列活动，在长岛冬梅衡宇民宿举办，行业专家、行业主管部门负责人和长岛渔家乐从业者，以及新闻媒体记者，共同参加了本次对话活动。（来源：齐鲁壹点）

6月20日 昆明市民宿产业人才示范培训班在晋宁开班，来自全市各县（市）区、开发（度假）区的90余名民宿产业经营管理人才参加培训。今后，晋宁区将持续配合市级举办各类产业人才培训活动，推动市级乃至省级的优质教学资源、创新的培训模式下沉产业一线、项目一线、工作一线，促进全市产业人才综合素质整体提升。（来源：昆明晋宁发布）

6月22日 民宿PMS系统提供商"订单来了"获得由安吉政府领投、

携程集团跟投的共 5000 万元 B 轮融资。本轮融资后"订单来了"将进一步提升产品竞争力，提升 PMS 在民宿市场占有率，以及在露营地市场、电竞酒店市场、海外市场等新兴市场进行拓展。（来源：投资界）

6 月 22 日 由遵义职业技术学院和余庆县文化旅游局联合举办的"山水之约·醉美余庆"余庆县 2022 年民宿旅游推介活动在娄山大讲堂开展。学院党委委员、宣传（统战）部部长出席活动并讲话，来自各教学系的 300 余名学生在现场参加推介活动。（来源：教育新快线）

6 月 23 日 北京美丽乡村联合会民宿协会成立暨北沟宿集项目发布在美丽的怀柔区北沟村举行。协会的成立将改变以往民宿各自为政、缺乏产业配套、软硬环境配套欠缺、整体宣传营销欠缺等相关问题。小星球转转作为新旅行生活服务平台正式加入协会，将通过大数据等数字化运营方式，赋能民宿产业高质量发展，为促进京郊民宿业发展、乡村振兴、农民共同富裕积极贡献力量。（来源：劲旅网）

6 月 23 日 江西省农业农村厅领导一行来到武宁县调研休闲乡村民宿发展工作。调研组到武宁县五星级休闲乡村民宿林云山居进行实地调研，详细了解了林云山居民宿建设、发展、运营等情况，对林云山居民宿联盟发展和"五股"运营模式给予充分肯定，并就民宿联盟 LOGO 设计方案进行了探讨和完善。（来源：九江新闻网）

6 月 23 日 柳州市鱼峰区 2022 年乡村旅游人才培训班开班。集中授课与实地考察相结合的培训形式，帮助学员们开思路、增见识、转观念。（来源：《南国今报》）

6 月 24 日 "伏羲山杯"2022 年全国大学生民宿与乡创设计大赛新闻发布会在河南大象融媒一楼新闻发布厅隆重举行，青春新密 设计河南——"伏羲山杯"2022 年全国大学生民宿与乡创设计大赛正式启动。（来源：新视线）

6 月 26 日 为进一步优化民宿服务流程，提高核心竞争力，树立市场标杆，助力区域民宿产业的规范化及品牌化，彭州市市场监管局以"标准+认证"为培育手段，率先开展民宿服务认证，标志着成都民宿业正式进入服务认证时代。（来源：质量观察家）

6月26至27日　2022第三届中国南方民宿大会暨海陵岛民宿投资大会在广州召开。本届大会以"活力阳江　四季海陵　乐在粤宿"为主题，旨在贯彻落实全省乡村民宿发展现场推进会精神，阳江市第八次党代会关于发展以海陵岛为牵引的全域旅游、全力以赴推动建设四季海陵的精神，促进阳江和海陵岛经济开发试验区民宿发展，持续为广东乡村振兴赋能。（来源：新浪广东）

6月27日　由浙江省总工会主办，湖州市总工会、湖州市人力资源和社会保障局、德清县总工会等承办的浙江省民宿女管家技能竞赛在湖州市德清县莫干山镇五四村举行。（来源：中工网）

6月27日至28日　由浙江省嘉善县政府主办，嘉善县文化和广电旅游体育局、嘉善县总工会、姚庄镇镇政府承办，浙江省旅游民宿产业联合会协办的"游在嘉乡·筑梦浙里"嘉善民宿品牌发布暨九寨沟嘉善文旅交流活动在嘉兴市嘉善县举办。（来源：中视快报）

6月28日　"6·18"活动期间，小猪民宿套餐商品总成交额较上月环比增长458%，平均客单价超过1500元，仅西坡浙江4店通兑套餐产品售出1300余套。数据显示，"6·18"期间，成都、杭州、广州、重庆、北京、三亚、厦门、深圳、昆明、桂林等地民宿套餐最受欢迎，亲子遛娃、温泉泳池、网红美宿、田园避暑等类型民宿备受青睐。（来源：新视线）

6月30日　广东省人民政府办公厅印发《农业农村部 广东省人民政府共同推进广东乡村振兴战略实施2022年度工作要点》的通知，《要点》提出："推动农村消费提质升级。持续推进农房外立面改造、乡村民宿提升、农贸市场升级改造、田头智慧小站建设。"（来源：广东省人民政府）

7月

7月6日　Airbnb宣布将与全球20个目的地合作，包括巴厘岛、加那利群岛、哥伦比亚、开普敦、加勒比海等。在接下来的几个月里，Airbnb将与每个组织密切合作，为目的地创建专门的定制中心，展示当地最好的长期住宿清单以及与入境要求和税收政策有关的重要信息。平台还将与目的地合作开展教育活动，以促进负责任的托管和远程工作者的旅行。据悉，Airbnb曾在 2022 年 4 月宣布允许员工自由选择办公地点的同时，推出了"在任何地方生活和工作"的计划。（来源：执惠旅游）

7 月 9 日 河南省图书馆"蒲公英驿站石板岩站"签约暨揭牌仪式在河南省林州市石板岩镇举行，现场为林州市石板岩镇民宿协会精选的云述山居、岩语、楼泉一号、一家人、雨后千山等 5 家不同风格的民宿，配送 5800 册图书及数字资源，内容涵盖人文、社科、少儿、旅游、生活百科等领域。这也是河南省图书馆第二次把图书馆开进民宿。（来源：中国新闻出版广电报/网）

7 月 10 日 北京市 8 部门联合印发《关于助企纾困促进消费加快恢复的具体措施》，提出了 7 方面总计 27 条政策，旨在帮助企业应对疫情等不利因素影响，促进消费加快有序恢复。（来源：贝壳财经）

7 月 11 日 广州市文化广电旅游局发布《广州市文化广电旅游局关于开展旅游民宿等级评定工作的通知》，开展第二批市级旅游民宿等级评定工作，遴选符合条件、具有突出特色的民宿，持续推动广州市民宿向品牌化方向发展！（来源：广州市文化广电旅游局）

7 月 14 日 由中国乡村发展基金会（原中国扶贫基金会）、蚂蚁公益基金会联合发起的 2022"数字木兰"民宿管家培训计划启动。2022 年 7 月 13 日，贵州首个"数字木兰"民宿管家培训基地在黔东南揭牌启用。（来源：中新网）

7 月 14 日 "这笔资金纾解了疫情之下我们短期资金的困难，也坚定了我们发展乡村旅游的信心。"近日，在获得中国银行仪征支行发放的 300 万元"民宿贷"后，扬州润德菲尔生态农业科技发展有限公司董事长高兴地说。据悉，这也是中国银行扬州首笔、江苏省第二笔"民宿贷"业务。（来源：《扬州日报》）

8月

8 月 10 日 文化和旅游部提出的《旅游民宿基本要求与等级划分》（GB/T 41648-2022）、《旅游厕所质量要求与评定》（GB/T 18973-2022）、

《旅游度假区等级划分》（GB/T 26358-2022）等 3 项旅游国家标准，是贯彻落实中央精神和国家战略，推动《国家标准化发展纲要》实施，积极谋划推动疫后旅游高质量发展的具体措施，将在指导各地分级分类推进民宿持续健康发展、促进旅游厕所提质升级、加强旅游度假区品牌建设等方面发挥重要作用。（来源：铜仁市文体广电旅游局）

8 月 27 日　第十届海峡两岸旅游观光研讨会暨民宿旅游发展高峰论坛在北京门头沟举办。本届研讨会作为"2022 年海峡两岸社团交流节"的重点活动，以"携手共建美丽乡村"为主题，共同探讨疫情后两岸乡村旅游及民宿发展领域的新议题和新趋势。（来源：《中国青年报》）

8 月 29 日　广东省旅游协会发布《民宿管家职业能力等级评定规范》。这是全省第一个民宿管家职业能力评定规范，有助于广东省民宿管家人才培养。（来源：广东省旅游协会）

9月

9 月 6 日　为加强民宿客栈行业管理，潮州市向社会公开《潮州市民宿客栈管理办法（征求意见稿）》。该管理办法提出："对位于历史文化街区、景区周边、特色旅游村镇、南粤古驿道等区域，生态环境良好、人文特色鲜明的民宿客栈聚集地，给予相应的政策扶持，引导民宿客栈规范有序发展。"这对保障旅游者与经营者合法权益，促进民宿客栈业持续健康发展，提高民宿客栈的服务质量，大力促进潮州全域旅游发展将起到积极作用。（来源：《羊城晚报》）

9 月 12 日　甘肃省文旅厅等十部门印发《关于促进乡村民宿高质量发展的指导意见》，引导乡村民宿开发和建设，推动乡村民宿提质升级，为巩固拓展脱贫攻坚成果、全面推进乡村振兴战略做出积极贡献。（来源：甘肃省文化和旅游厅）

9 月 15 日　由江苏省文化和旅游厅、中国旅游协会民宿客栈和精品酒店分会指导，江苏省旅游协会、句容市政府等联合主办的 2022 江苏民宿高质量发展大会在句容市举办。大会以"多元联动促民宿 融合创新振乡村"

为主题，围绕疫情防控常态化下民宿业态创新、民宿与乡村振兴、民宿与年轻化消费等话题，通过主题演讲、圆桌论坛等方式，探讨江苏民宿高质量发展路径。（来源：《中国旅游报》）

9月17日 由湖南省文化和旅游厅、张家界市政府联合主办的"宿美湖南·界边独好"——2022年湖南省旅游民宿博览会（云展）在张家界武陵源举办。本次博览会采取云展播形式，通过文字图片、视频直播、网红达人巡展直播带货等方式，推介民宿新产品、新科技、新设备，旨在展示湖南旅游民宿发展成果，通过多类目资源整合与多元化发展连接，构建完善的"旅游民宿+"产业链，壮大旅游民宿产业集群。（来源：《中国旅游报》）

9月18日 携程度假农庄·留坝秦岭1号联营店的落成仪式在陕西汉中市留坝县正式举行。用一座农庄，点亮一方土地。自2021年3月携程启动乡村旅游振兴战略以来，携程度假农庄作为这一战略的核心项目，已在安徽、河南、湖南、新疆、江西、广西等6省区上线10家农庄，为目的地的乡村民宿的高端化发展提供了标杆。（来源：北国网）

9月19日 广东省旅游协会发布《装配式建筑乡村民宿建设与服务规范》。国内第一个涉及装配式建筑的乡村民宿服务规范。（来源：广东省旅游协会）

9月20日 湖南省旅游民宿等级评定委员会发布了湖南省五星级、四星级旅游民宿名单，确定铜官窑古镇陶源居客栈等15家为湖南省五星级旅游民宿，泊田生活民宿等15家为湖南省四星级旅游民宿。本次评定依照湖南省地方标准《旅游民宿等级划分与评定》和《湖南省旅游民宿等级评定管理办法》，经各市州旅游民宿等级评定委员会初选和推荐后，组织专家评审并于2022年9月11日完成公示。（来源：文旅湖南）

9月22日 关于首批山东省旅游民宿集聚区拟入选名单的公示：为全面贯彻新发展理念，推进乡村振兴旅游样板建设，山东省创新性提出建设旅游民宿集聚区，开展了旅游民宿集聚区创建活动。经相关市申请、会议评审、现场验收等环节，共有九如山旅游民宿集聚区等16个单位达标，拟授予其山东省旅游民宿集聚区称号。（来源：齐鲁壹点）

10月

10月8日　闵行区文旅局、闵行区卫健委、闵行区农业农村委、闵行公安分局、闵行区市场局、闵行区规划资源局、闵行区消防救援支队等7部门联合出台了《闵行区乡村民宿管理办法》。该办法以文件的形式明确了乡村民宿品质化标准，鼓励乡村民宿所在镇村发挥属地管理职能，并建立了联合审查机制和事中事后管理机制，全方位完善乡村民宿保障机制。（来源：《新民晚报》）

12月

12月5日　江苏联合职业技术学院南京工程分院装饰专业2018级的学生在专业老师的带领下来到了高淳东坝街道沛桥村，开展红色民宿设计研学活动。红色民宿是以红色文化为文化特质，以传承、创新和弘扬红色文化为社会责任，提供红色旅游、红色研学、红色教育等特色服务的主题旅游民宿，是伴随着民宿与红色旅游的发展而逐步形成一种新型的民宿发展类型，也是红色文化活态传承的产物，更是民宿再发展的新生力量。（来源：《新华日报》）

12月7日　国务院联防联控机制综合组发布优化疫情防控十条措施（即"新十条"），不再对跨地区流动人员查验核酸检测阴性证明和健康码。"新十条"发布后，多家旅游平台的酒店、机票搜索量应声上涨。马蜂窝平台数据显示，海南、云南等热门旅游目的地搜索量大幅上涨。（来源：《时代周报》）

12月15~16日　为助力三亚建设国家文化和旅游消费试点城市，推广三亚民宿旅游资源，进一步促进三亚旅游民宿产业发展，由三亚市旅游和文化广电体育局主办，三亚市旅游行业协会联合会及三亚市旅游民宿协会承办的三亚民宿产业发展论坛暨投资考察洽谈会顺利举行。（来源：新浪海南）

12月16日　2022莫干山民宿大会暨浙江省"百县千宿"乡村共富论

坛在湖州德清县莫干山举行。百余位业界大咖齐聚一堂，共评选出 60 家有影响力的民宿，其中 35% 的民宿来自德清县，而莫干山民宿又占了德清上榜民宿的 60%。（来源：金牛财经）

12 月 16 日 广东省人民政府办公厅发布《广东省"十四五"旅游业发展规划实施方案》。方案提出："深入挖掘文化文物资源，丰富乡村民宿文化内涵，将农耕文化、传统工艺、民俗礼仪、风土人情等融入乡村民宿建设，注重与周边社区的文化互动，推动乡村民宿落实公共安全、食品安全主体责任，培育一批高等级乡村民宿。持续推进旅游住宿行业标准贯彻落实，开展星级旅游饭店、文化主题旅游饭店、旅游民宿、旅行社等级评定工作"！（来源：广东省人民政府办公厅）

12 月 19 日 木鸟民宿发布《2023 元旦假期民宿预订趋势报告》。报告显示，元旦及春节旅游住宿市场复苏态势明显，预计元旦假期民宿订单有望达到 2022 年元旦的 1.5 倍左右。随着跨区域流动的逐渐开放，用户入住时长增加，跨省民宿订单升温迅速，订单占比近五成。报告同时指出，以四木民宿为代表的高品质民宿订单恢复情况好于预期，预订量达到 2022 年元旦的 1.55 倍，轰趴民宿预订量超过平台平均增速，预订量达到 2022 年元旦的 1.7 倍。精品乡村民宿预订量相较 2022 年元旦增长近五成，围炉煮茶等体验走红。（来源：松果财经）

12 月 20 日 为充分发挥典型的引领带动作用，广东民宿发展研究院联合广东省旅游协会民宿分会，开展一批广东省民宿发展助力乡村振兴典型案例征集遴选。在各地推荐、自荐基础上，从强化特色鲜明、成效明显、借鉴意义强等方面，优中选优，精心选取 10~20 个典型案例汇编成册。（来源：广东民宿发展研究院）

12 月 22 日 2022 年雅安市旅游饭店（民宿）服务技能培训会在蜀天·星月宾馆举行，旨在全力提升雅安市旅游住宿行业员工服务技能和应变能力，培养优秀文旅人才，提高雅安市文旅服务品质、服务技能。培训会采用理论和实际操作相结合的方式，让学员现场观摩全国、全省赛事冠军的操作流程、操作风范、操作水平，也为雅安市即将举办的"2022 年雅

安市旅游饭店（民宿）服务技能大赛"做赛前热身培训。（来源：《雅安日报》）

12月28日 云南省文化和旅游厅发布了《关于确定157家民宿为国家丙级旅游民宿的通知》，经各州市文化和旅游局初评、推荐，云南省文化和旅游厅指导省等级旅游民宿评定委员会按程序组织综合评定，确定了157家民宿为云南省2022年国家丙级旅游民宿。（来源：普洱旅游资讯）

12月28日 闵行两家单位被授予"闵行区乡村民宿"铭牌，成为区内首批乡村民宿聚集发展示范点。（来源：新民网）

12月28日 为全面贯彻落实乡村振兴战略，落实《中共中央国务院关于做好2022年全面推进乡村振兴重点工作的意见》提出的"启动实施文化产业赋能乡村振兴计划"，充分展示文化产业和旅游产业赋能乡村振兴成果，在第十八届中国（深圳）国际文化产业博览交易会上，文化和旅游部首次组织设置了文化产业赋能乡村振兴展区。文化产业赋能乡村振兴展区面积592平方米，由文化产业赋能、数字文化赋能、非物质文化遗产赋能、文旅融合赋能4个板块组成，涉及14个省区市及知名企业和机构的30个文化和旅游赋能乡村振兴的典型案例项目。（来源：文旅中国）

12月30日 山东省文化和旅游厅对外公布了2022年山东省旅游民宿设计评选入选名单。经初步筛选、专家投票、网站公示等环节，共评选出十佳建筑设计民宿、十佳产品开发民宿、十佳运营管理民宿三个品类。（来源：济宁新闻网）

12月30日 重庆市文化和旅游发展委正式发布了《重庆市旅游民宿名录》。名录中一共收录了超过80家分布于重庆各区县、风格各异的特色民宿。据介绍，推出《重庆市旅游民宿名录》旨在推动重庆旅游民宿高质量发展。此前，重庆各区县积极推动闲置房屋资源转型发展为旅游民宿，有效盘活城乡闲置房屋资源，逐步构建起"标准化、品牌化、产业化、品质化"的重庆旅游民宿产品体系。（来源：上游新闻）

12月31日 北京市"文旅振兴加油站"延庆专场暨第九届北京非遗大观园发布会在延庆区万达广场举办。活动以"住民宿·品非遗·享生活"

为主题，将汇集延庆、海淀和内蒙古乌兰察布、河北张家口等地的 50 余个优秀非遗项目，涉及民间文学、传统体育、曲艺、传统美术、传统技艺、传统音乐、传统舞蹈、民俗等各非遗门类，其中不乏省级、国家级项目。（来源：新浪网）

Abstract

In 2021, the third year of the COVID-19 outbreak, the country's domestic tourism industry is limping along under the shadow of the pandemic. Nationwide, this year, the homestay industry has shifted from a stage of rapid growth of enthusiasm to a new stage of focus on connotation construction, and has shown different development characteristics. Under the guidance of the slogan "The nation must be revitalized, the countryside must be revitalized" proposed in the No. 1 Central Document of 2021, rural homestays have become the most core strength and composition of China's homestays. On the basis of the previous two blue books, the editing committee of China Homestay Development Report organized relevant experts and local homestay industry associations to jointly conduct a systematic analysis of hot issues and phenomena in the development of China homestay in 2021 by means of questionnaire survey, field survey, open source report research, interviews with key or representative figures and other methods.

This report records how homestays in China explore and practice under the epidemic prevention and control. "Inner volume" is the biggest feature of homestays in 2021-2022, which is the inevitable result of the large-scale investment and construction that all regions have experienced before 2020. Against the backdrop of the ongoing epidemic, the low occupancy rate encourages homestay operators who are unwilling to lie down to do everything possible to seize the limited customer source. In the severe business situation, most of the homestay operators are emotional, entangled and distressed. At this time, different business models showed completely different survival resilience. Rural homestays with farmers as the main body of management became the absolute protagonist in the homestay market, which once again brought homestays back to its original definition. In recent years, the new media platform of Internet content community has become a trend marketing channel for homestay management. Homestay management is no longer satisfied with one-way communication in the form of graphics. More homestay operators take short videos and interaction of interest circles as their operation to promote homestay, which greatly caters to young people's Internet usage and consumption habits. Live streaming and short videos are being accepted by more and more homestay operators. Homestay is no longer simply a building or a courtyard, and it is no longer just a provider of accommodation services. Homestay has developed into a kind of desirable life experience. "Homestay +" is a key trend in the development of homestay operations in 2021 and for a long time to come. In China, homestays have developed into local village meeting rooms, local products exhibition halls, custom and culture exhibition halls, etc. Homestays are showing new vitality, pushing forward the pace of "rural revitalization" in China.

The report includes four parts: general report, regional studies, comprehensive studies and case studies. The general report focuses on summarizing the basic situation, basic characteristics and trend outlook of homestay development in 2021. In the part of regional studies, the present situation and problems of homestay development in Beijing, Jiangsu, Zhejiang, Shandong, Hainan and other representative areas were investigated, and the policy suggestions for homestay development were put forward according to local conditions. The comprehensive studies focuse on exploring the impact and management of homestay on residents' environmental life, the innovative mode of integrated development of intangible cultural heritage, homestay management talents, rural tourism, health care homestay and other dimensions of exploration. The case studies share the best practice of homestay development in Suzhou Taihu National Tourism Resort, Zhejiang Moganshan and Chongqing. The book clearly records the characteristics of homestay development in China from 2020 to 2022, showing in-depth think tank insights into the operation and research of homestay in China.

Keywords: Homestay; Rural Revitalization; Rural Homestay; Resilience

Contents

I General Report

B . 1 The Analysis and Trend of China's Homestay Development

in 2021   *Research Group of Blue Book* / 001

1. Analysis of the Development Environment of China's

Homestay Industry in 2021   / 002

2. Basic Situation of Chinese Homestays in 2021   / 006

3. Basic Features of Chinese Homestays in 2021   / 015

4. Development Trend of China's Homestay Industry in 2022   / 021

Abstract: 2021 is the first year of the 14th Five-Year Plan, and also the year of the convergence and transformation of the two centenary goals. The No. 1 Document of the Central Committee of 2021 points out: To rejuvenate the nation, the countryside must be revitalized. Under the background of comprehensively promoting rural revitalization, homestay has become the focus of attention of all parties, and has been highly valued by local governments at all levels and widely introduced local standards. 2021 is also the third year that COVID-19 has swept the world. Proper domestic epidemic prevention and control measures have greatly boosted people's cultural confidence. The domestic tourism market has cautiously picked up, and the home accommodation industry has continued to explore and develop in the face of challenges, showing great resilience. In the era of Internet and new media, Chinese homesays actively embrace digital technology and begin to actively try in marketing and customer group maintenance. Across the country, as an important part of rural revitalization, homestays have become micro-commercial complexes that boost local economy, including new channels for local specialty publicity and sales. On the whole, starting from 2021, China's homestays will shift from the stage of crazy high-speed growth to a new stage of connotation construction quality improvement.

Keywords: Homestay; Rural Revitalization; Tourism Product; Resilience

II Regional Studies

B.2 Development Status, Problems and Suggestions of Beijing

B&B Industry

Zou Tongqian, Chang Dongfang, Qiu Rui and Miao Hui / 026

Abstract: China has now entered a period of mass tourism, with the type of tourism changing further from sightseeing to leisure travel. B&Bs, as an important way to allow travelers to experience the atmosphere of life during their journey, are increasingly winning the hearts of the public, and this has led to capital beginning to pour its attention into the B&B industry. As a major tourist city in China, Beijing is rich in tourism resources and has a large market for B&B guests. However, there are still many hidden problems in the B&B industry in Beijing that need to be addressed. This report takes a look at the current state of development of the B&B industry in Beijing and identifies its problems: a weak economic base that prevents owners from securing their income; an unregulated industry that drives out good money; and poor regulation that leads to frequent safety problems, and concludes that the future of the industry in Beijing should start with strengthening government guidance and industry self-regulation; creating a "symbiotic" development model for communities; and creating a "host" culture. In the future, Beijing should start by strengthening government guidance and industry self-regulation, creating a "symbiotic" development model for communities, creating a "master" culture, strengthening the intelligent construction of B&Bs, and strengthening awareness of B&B branding to promote the orderly and healthy development of the B&B industry in Beijing.

Keywords: B&B; Rural Tourism; Beijing

B.3 Development Bottleneck and Countermeasures of Village Homestay in Jiangsu under the Background of High Quality Development

Zhou Wei, Yu Linhui, Zhang Yu and Ruan Xiaowen / 039

Abstract: During the 14th Five-Year Plan period, high-quality development has become the main theme of the times. Village homestay plays an important role in helping the overall revitalization of rural areas, breaking the imbalance between urban and rural development, and enhancing people's livelihood for the final high-quality lives. By investigating the typical cases of village homestay in Jiangsu province, the study analyzes some bottlenecks of the development such as reshuffling under the normal situation of the epidemic, uneven spatial distribution and insufficient development, the fragmentation and the divided policies from various sources, the single effect of industrial therapy to benefit farmers, the low efficiency of digital governance, the weak degree of operation standardization and service normalization, etc. Therefore, the following suggestions can be put to use. First, stick to the people-centered philosophy of development to build a happy industry of village homestay. Second, find out the family background, plan scientifically and create a model of village homestay cluster in Jiangsu province. Third, give priority for ecology development and set formulation of green standards for the homestay industry. Last, insist the development which is enabled by technology, driven by information to improve the efficiency of digital governance of village homestay.

Keywords: High Quality Development; Village Homestay; Jiangsu Province

B.4　Tourism Homestay Development Report of Zhejiang Province

Zhou Chenggong, *Yang Jie* / 053

Abstract: This paper summarizes and refines the new characteristics, new problems and new trends of the development of Zhejiang B&B in the past year, presents the typical cases, and tries to make an in-depth analysis of some common problems among them. This paper analyzes the different characteristics of the development of rural B&Bs, urban B&Bs and suburban B&Bs under the background of the epidemic, summarizes the high risk resistance ability of rural B&Bs, and analyzes the digital application ability of B&Bs operation and management. Finally, the article carries on the multi-dimensional analysis, research and judgment to the classification of homestay. On the whole, Zhejiang B&B has gone out of its own development characteristics, and also walks in the forefront of the country in the aspects of grade evaluation, which has a certain demonstration effect.

Keywords: Homestay; High Quality Development; Zhejiang Province

B.5　Tourism Homestay Development Report of Shandong Province

Zhang Qing / 067

Abstract: This paper combs and expounds the process of tourist homestaying in Shandong Province from germination, starting and rapid development to gradually becoming standardized and starting the cluster construction, and analyzes the dynamic mechanism of the government to promote the industrial progress. It summarizes the characteristics of tourism homestays in Shandong Province, such as integrating regional resources, pursuing design features, highlighting individuality by market segmentation, highlighting quality effect of homestays at the top, and promoting the transformation and upgrading of B&Bs into gathering areas. Countermeasures and suggestions for sustainable development of homestay industry in the future are put forward: it is necessary to clearly define the concept of homestay tourism, strengthen policy linkage, scientific planning, strict management quality, deep integration of regional culture, and continue to promote the development of chain operation and industrial cluster.

Keywords: Tourist Homestay; High Quality Development; Shandong Province

B. 6   Institutional Integration Innovation Experience and High Quality Development Path of Rural Homestay Development in Hainan

Xie Xiangxiang, Zhang Lin and Wu Jue / 093

Abstract: With the deepening of the construction of Hainan Free Trade Port, positive results have been achieved in the construction of Hainan International tourism and consumption Center, especially in the scale, speed and quality of rural tourism and rural B&Bs. This report reviews the overall development pattern of rural B&Bs in Hainan, and summarizes the experience of the rural B&Bs cluster in Bohou Village, Yalong Bay, Sanya, as a development model. On this basis, it focuses on the significant promoting role and great value of institutional integration innovation for rural B&Bs in Hainan. At the same time, in view of the main problems in the development of rural B&Bs in Hainan, the author puts forward six suggestions for high-quality development of rural B&Bs in Hainan.

Keywords: Rural B&Bs; Institutional Integration Innovation; High Quality Development; Hainan

Ⅲ   Comprehensive Studies

B. 7   Solve the Rural Tourism and Rural Homestay Business Dilemma under the Rural Revitalization Strategy   *You Jin* / 109

Abstract: With the continuous promotion of the rural revitalization strategy, rural homestay has become a key grasping hand for improving rural tourism experience, improving rural living environment, promoting rural industrial integration and boosting rural economic income. The development of rural B&Bs is not limited to the suburbs of cities. Traditional farms, forest farms and even remote mountain areas are actively trying to take advantage of the situation. However, in the actual operation process, the living conditions of many rural B&Bs is not ideal. With the rapid development of rural B&Bs everywhere, there is a huge and profound crisis of operation and management Based on the field visits and field investigations of homestays in Anhui, Henan, Hebei, Shanxi, Shaanxi and other places in China, and combined with the research results of over 100 academic journal articles and over 30 doctoral/master's degree dissertations with the keywords of "rural homestays" and "rural tourism" in 2020~2021, this paper conducts literature research and summary analysis. This paper sorted out the typical common problems in rural homestay operation in mainland China, sorted out the relationship between rural revitalization, rural tourism and rural homestay, constructed the evaluation index system of rural tourism maturity, and put forward the supporting factor model of rural tourism and rural B&B operation, which provided a constructive path for the healthy development of rural tourism and rural homestay.

Keywords: Rural Homestays; Rural Tourism; Rural Revitalization; Agricultural and Tourism Industry Integration; Evaluation of Maturity

B.8　The Impact of B&B Development on Residents' Environmental Life and Its Coordinated Development

Guo Yingzhi, Zhang Miao, Xu Ningning, Yang Ruohan,

Liu Sai and Xu Qianqian / 132

Abstract: The impact of B&B development development on the environmental living standards of residents in East and West has great regional differences. On the one hand, from the theoretical significance of B&B development on regional differences in environmental living standards and coordinated development of East and West residents, the study of regional differences based on B&B development on East and West residents expands the research perspective on the environmental impact of B&B development on residents; on the other hand, from the practical significance of B&B development on regional differences in environmental living standards of East and West residents, as the main stakeholder of B&B development, East and West residents play an important role in the sustainable development and coordinated development of B&B development. This study shows that there are significant regional differences in the impact of B&B development on the ecological life, security life, tourism development life, political life, and general life of residents in East and West China. Through the development of B&B development, the regional differences in the environmental life of residents in East and West China can be reduced, and the unbalanced development and insufficient development of B&B development in East and West China can be effectively resolved. In view of the regional differences in the environmental life of East and West residents of B&B development, this study aims at the ecological environmental life, security environmental life, tourism development environmental life, political environmental life, and general life of residents of the East and West, so as to effectively balance the environmental differences of East and West residents, make B&B development a grasp of a good life for East and West people, and contribute to the construction of a better ecological environment.

Keywords: B&B Development; Environmental Life Impact; Regional Differences between East and West; Coordinated Development

B.9   The Innovative Mode of Integrated Development of Chinese Homestay and Intangible Cultural Heritage

Ma Yong and Zeng Xiaoqing / 155

Abstract: In recent years, homestay have become a hot spot in the tourism industry with their significant advantages such as personalization and strong experience. Intangible cultural heritage is the essence of regional culture, and the integration of homestays and intangible cultural heritage allows tourists to have a deeper perception of regional culture. The integration of two can not only promote the construction of homestays, but also spread intangible cultural heritage. This paper analyzes the current situation of the integration and development of the two. The development types of integration of homestays and intangible cultural heritage in China are summarized as integrated utilization, activation and inheritance, participation and experience, art derivation, and creativity-driven. It further provides ideas for the integration and innovative development of homestay and intangible cultural heritage from six aspects: concept orientation, function orientation, activity orientation, wisdom orientation, market orientation and brand orientation, in order to provide inspiration for the integrated development of both.

Keywords: Homestay; Intangible Cultural Heritage; Integrated Development

B . 10　Analysis of the Development Phenomenon of
Rural Health Homestay

Hou Manping, Cai Zhanjun, Tian Ye,

Mu Pengyun and Guo Qian / 169

Abstract: In the middle of the 21st century, with the rich material data, people's pursuit of material life is no longer as urgent as before, but for spiritual and cultural demand, people are eager to travel to the countryside to get relaxation and a sense of belonging, experience in rural tourism is different from big cities local flavor and physical and mental freedom. Therefore, rural tourism can adapt to the needs of the times and constantly develop continuously, and its leisure vacation, as an emerging business form, has been loved by more and more consumers and can be tested by the market. In 2021, the No. 1 central document pointed out that to continue to promote the strategy of rural revitalization, home stay tourism, as an important component of rural tourism industry, is an important supporting force for rural revitalization. Based on the development of the rural health accommodation industry and deficiencies, through the analysis of the time characteristics and its function, puts forward the future development direction of leisure vacation and health tourism, for the future rural health in China provides the development ideas, expected the good prospect of rural health in China.

Keywords: Homestay; Leisure Vacation; Health Care Tourism

B.11 Optimize the Development Environment of Healthy

Homestay and Promote the Improvement of the

Business Quality of Homestay

Yao Yuan, Yang Qingjing and Chen Siyu / 179

Abstract: Nowadays, the level of public consumption continues to increase, the proportion of leisure and entertainment consumption in life consumption has increased, and vacation tourism has become a very important part of people's lives, while ordinary hotels have been unable to meet people's growing demand in vacation, so the homestay has gained new opportunities for innovative upgrading and development of tourism. The well-being Health Home Stay with high-quality natural resources will be an industry with large appreciation space and high security in the next 10 years. Starting from the environmental elements of industrial development, this paper analyzes the current development environment of China's Health Home Stay in terms of economic environment, policy environment, resource environment, population and consumption environment, science and technology environment and talent guarantee, so as to provide reference for further promoting the high-quality development of China's Health Home Stay.

Keywords: Health Homestay; Qinshui County; High Quality Development

B.12　Research Report on Talent Demand and Countermeasures

of Homestay Industry

Cao Yang, *Su Wei*, *Ji Wenjing and Yao Jianyuan* / 196

Abstract: In recent years, driven by the policies of local governments at all levels, the homestay business environment has been continuously optimized, the supply side capacity of China's homestay industry has been continuously released, and the development trend of homestay industry is sound, but the supply of professional and professional homestay talents is insufficient. Based on the survey of 86 homestay companies and 30 homestay industry and enterprise experts, this report has a more comprehensive understanding of the current situation of the human resources of Chinese homestay, clarified the bottleneck problems restricting the development of human resources of homestay enterprises and the characteristics of the demand for talents in the development of homestay enterprises, and put forward countermeasures and suggestions from the level of government, industry, enterprises and colleges. It aims to provide decision-making basis and support for the reform of the supply side of homestay talent training.

Keywords: Homestay; Homestay Industry; Talent Demand

B.13　The Change and Interpretation of China's Homestay Policy

Liu Linlin and Xu Lingzhi / 220

Abstract: Since 2012, the number of domestic homestay policies has gradually increased. The development of China's homestay policies has experienced four stages: local pilot, national encouragement and exploration, provincial active promotion, and national linkage. During the development of China's homestaying policy in the past 10 years, it presents the characteristics of bottom-up, progressive, unbalanced and inadequate. The homestay policy has changed from a single department to a multi-department joint release, from guidance to detailed implementation rules, and from promoting the development of the homestay industry to promoting the integrated development of agriculture and homestay.

Keywords: Homestay Policy; High Quality Development; Integrated Development

Ⅳ　Case Studies

B.14　Suzhou Taihu National Tourism Resort Homestay

　　Development Report

Yao Yuan, Shen Mingge, Shi Jiawen and Yang Qingjing ╱ 232

Abstract: The development of homestay in Taihu Lake area is due to the rich historical and cultural resources in its tourist resorts, which are mainly self-built and self-operated. In the process of quantity growth, some homestay clusters have been formed, and the development trend of industrial clusters has initially appeared. The government standardizes the development of homestays through macro-control, and implements industry supervision and management through associations to build a supervision and management system of "government + industry association". Driven by digital technology, IP, immersive experience tourism and other measures, and guided by the strategic guidance of promoting rural revitalization and building beautiful villages, homestay in Taihu Lake region needs to reshape the business philosophy of homestay industry and create a "characteristic destination of homestay in Taihu Lake Resort". In addition, it needs to highlight the characteristics of the resort, innovate the marketing management model, explore the "beautiful China symbiosis model", achieve green development and common prosperity, strengthen the organic combination of associations and organizations, promote the sharing of resources in the region, plan the long-term development of the industry, and plan the development blueprint of home stay at a high starting point.

Keywords: Homestay; Southern Jiangsu Model; Suzhou Taihu National Tourist Resort

B.15 Mo Gan "You-Jia", the Practitioner of Life Aesthetics:

—*On the Aesthetic Construction of Homestay Catering*

Hu Lingbo and Zhang Yijin / 262

Abstract: Under the background of rural revitalization, rural tourism has gradually emerged with people's aspiration for country life and their desire to return to nature in spirit. Based on the ideal realm of poetic dwelling in traditional Chinese culture, this paper focuses on the connotation of life aesthetics, and takes the dining module as the main entry point to explain how "Youjia" realizes the details and aesthetic creation of life through green ingredients, interactive edible ecosystem experience, immersive nature interactive private banquet, and seasonal health meals. As a practitioner of life aesthetics, "Youjia" provides customers with the ultimate elegant and natural experience of rural tourism, further inspiring them to rethink their lifestyles and improve their quality of life.

Keywords: Aesthetics of Life; B & B Dining; Experiential Rural Tourism

B.16 Attract Tourists with Cultural IP to Enhance the Brand Value

of Homestay: A Practical Case from Lushan Mountain

Jiujiang Vocational University Homestay Industry

Development Research Group / 275

Abstract: The Lushan Mountain Scenic Spot in Jiangxi Province is a famous cultural and natural heritage, and its tourism appeal has brought market potential for the homestays in the scenic spot. In recent years, under the background of the integration of culture and tourism, an important topic that the operators of scenic spot homestays need to explore continuously is how to build their own cultural value and core competitiveness, so as to make them an organic component of scenic spots. In this paper, three homestays with different business modes in Lushan Mountain are used to demonstrate how homestays convey rich cultural connotations to tourists by creating cultural IP, enhance their own brand value, and explore the commonalities and rules in their practices. Through comparison, it can be found that five aspects of the design and planning of the courtyard of homestay building, excavation and activation of local culture, meticulous butler service, diversified management of "homestay +", and embracing new media operation are the keys to the construction and development of the cultural IP of homestay in the case and to gain the favor of the market.

Keywords: Cultural IP; Homestay; Brand; Lushan Mountain

B.17　The Enlightenment of Successful Experience of Homestay in Taiwan Area to the Development of Chongqing Homestay

Gong Na / 290

Abstract: Taking Taiwan as the object of inspiration, this paper summarizes some successful experience of Chongqing homestay industry in the development process, such as strengthening order and norms, docking with rural revitalization, exploring industrial integration, focusing industrial resources, strengthening self-discipline guidance, etc. Meanwhile, it also analyzes the industry management of Chongqing homestay is not standard, supporting system is backward, and regional development is unbalanced. The level is uneven, the regional characteristics are not obvious, the culture hollow serious, the overall management level is low, the quality of employees is not high, through the study of Taiwan B&B development successful experience and reference, This paper puts forward some countermeasures and suggestions for the future development of Chongqing homestay industry, including scientific overall planning, giving full play to the role of industry organizations, exploring regional culture, expanding industrial chain, diversifying marketing means and strengthening the construction of talent team.

Keywords: Taiwan Homestay; Chongqing Homestay; High Quality Development

V Appendix

B.18　Events of Homestay in 2020−2022　　　　　　　／300

皮 书

智库成果出版与传播平台

❖ 皮书定义 ❖

皮书是对中国与世界发展状况和热点问题进行年度监测，以专业的角度、专家的视野和实证研究方法，针对某一领域或区域现状与发展态势展开分析和预测，具备前沿性、原创性、实证性、连续性、时效性等特点的公开出版物，由一系列权威研究报告组成。

❖ 皮书作者 ❖

皮书系列报告作者以国内外一流研究机构、知名高校等重点智库的研究人员为主，多为相关领域一流专家学者，他们的观点代表了当下学界对中国与世界的现实和未来最高水平的解读与分析。截至 2022 年底，皮书研创机构逾千家，报告作者累计超过 10 万人。

❖ 皮书荣誉 ❖

皮书作为中国社会科学院基础理论研究与应用对策研究融合发展的代表性成果，不仅是哲学社会科学工作者服务中国特色社会主义现代化建设的重要成果，更是助力中国特色新型智库建设、构建中国特色哲学社会科学"三大体系"的重要平台。皮书系列先后被列入"十二五""十三五""十四五"时期国家重点出版物出版专项规划项目；2013~2023 年，重点皮书列入中国社会科学院国家哲学社会科学创新工程项目。

皮书网

（网址：www.pishu.cn）

发布皮书研创资讯，传播皮书精彩内容
引领皮书出版潮流，打造皮书服务平台

栏目设置

◆**关于皮书**
何谓皮书、皮书分类、皮书大事记、
皮书荣誉、皮书出版第一人、皮书编辑部

◆**最新资讯**
通知公告、新闻动态、媒体聚焦、
网站专题、视频直播、下载专区

◆**皮书研创**
皮书规范、皮书选题、皮书出版、
皮书研究、研创团队

◆**皮书评奖评价**
指标体系、皮书评价、皮书评奖

◆**皮书研究院理事会**
理事会章程、理事单位、个人理事、高级
研究员、理事会秘书处、入会指南

所获荣誉

◆2008 年、2011 年、2014 年，皮书网均
在全国新闻出版业网站荣誉评选中获得
"最具商业价值网站"称号；
◆2012 年，获得"出版业网站百强"称号。

网库合一

2014年，皮书网与皮书数据库端口合
一，实现资源共享，搭建智库成果融合创
新平台。

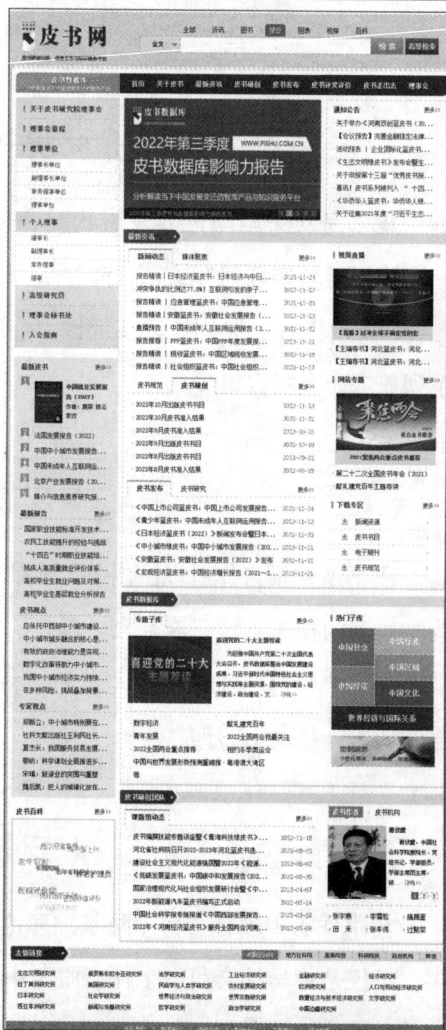

皮书网

"皮书说"
微信公众号

皮书微博

权威报告·连续出版·独家资源

皮书数据库
ANNUAL REPORT(YEARBOOK)
DATABASE

分析解读当下中国发展变迁的高端智库平台

所获荣誉

- 2020年，入选全国新闻出版深度融合发展创新案例
- 2019年，入选国家新闻出版署数字出版精品遴选推荐计划
- 2016年，入选"十三五"国家重点电子出版物出版规划骨干工程
- 2013年，荣获"中国出版政府奖·网络出版物奖"提名奖
- 连续多年荣获中国数字出版博览会"数字出版·优秀品牌"奖

皮书数据库　"社科数托邦"
微信公众号

成为用户

登录网址www.pishu.com.cn访问皮书数据库网站或下载皮书数据库APP，通过手机号码验证或邮箱验证即可成为皮书数据库用户。

用户福利

- 已注册用户购书后可免费获赠100元皮书数据库充值卡。刮开充值卡涂层获取充值密码，登录并进入"会员中心"—"在线充值"—"充值卡充值"，充值成功即可购买和查看数据库内容。
- 用户福利最终解释权归社会科学文献出版社所有。

数据库服务热线：400-008-6695
数据库服务QQ：2475522410
数据库服务邮箱：database@ssap.cn
图书销售热线：010-59367070/7028
图书服务QQ：1265056568
图书服务邮箱：duzhe@ssap.cn

社会科学文献出版社　皮书系列
SOCIAL SCIENCES ACADEMIC PRESS (CHINA)
卡号：515383876862
密码：

S 基本子库
SUB DATABASE

中国社会发展数据库（下设 12 个专题子库）

紧扣人口、政治、外交、法律、教育、医疗卫生、资源环境等 12 个社会发展领域的前沿和热点，全面整合专业著作、智库报告、学术资讯、调研数据等类型资源，帮助用户追踪中国社会发展动态、研究社会发展战略与政策、了解社会热点问题、分析社会发展趋势。

中国经济发展数据库（下设 12 专题子库）

内容涵盖宏观经济、产业经济、工业经济、农业经济、财政金融、房地产经济、城市经济、商业贸易等 12 个重点经济领域，为把握经济运行态势、洞察经济发展规律、研判经济发展趋势、进行经济调控决策提供参考和依据。

中国行业发展数据库（下设 17 个专题子库）

以中国国民经济行业分类为依据，覆盖金融业、旅游业、交通运输业、能源矿产业、制造业等 100 多个行业，跟踪分析国民经济相关行业市场运行状况和政策导向，汇集行业发展前沿资讯，为投资、从业及各种经济决策提供理论支撑和实践指导。

中国区域发展数据库（下设 4 个专题子库）

对中国特定区域内的经济、社会、文化等领域现状与发展情况进行深度分析和预测，涉及省级行政区、城市群、城市、农村等不同维度，研究层级至县及县以下行政区，为学者研究地方经济社会宏观态势、经验模式、发展案例提供支撑，为地方政府决策提供参考。

中国文化传媒数据库（下设 18 个专题子库）

内容覆盖文化产业、新闻传播、电影娱乐、文学艺术、群众文化、图书情报等 18 个重点研究领域，聚焦文化传媒领域发展前沿、热点话题、行业实践，服务用户的教学科研、文化投资、企业规划等需要。

世界经济与国际关系数据库（下设 6 个专题子库）

整合世界经济、国际政治、世界文化与科技、全球性问题、国际组织与国际法、区域研究 6 大领域研究成果，对世界经济形势、国际形势进行连续性深度分析，对年度热点问题进行专题解读，为研判全球发展趋势提供事实和数据支持。

法律声明

"皮书系列"（含蓝皮书、绿皮书、黄皮书）之品牌由社会科学文献出版社最早使用并持续至今，现已被中国图书行业所熟知。"皮书系列"的相关商标已在国家商标管理部门商标局注册，包括但不限于 LOGO（▨）、皮书、Pishu、经济蓝皮书、社会蓝皮书等。"皮书系列"图书的注册商标专用权及封面设计、版式设计的著作权均为社会科学文献出版社所有。未经社会科学文献出版社书面授权许可，任何使用与"皮书系列"图书注册商标、封面设计、版式设计相同或者近似的文字、图形或其组合的行为均系侵权行为。

经作者授权，本书的专有出版权及信息网络传播权等为社会科学文献出版社享有。未经社会科学文献出版社书面授权许可，任何就本书内容的复制、发行或以数字形式进行网络传播的行为均系侵权行为。

社会科学文献出版社将通过法律途径追究上述侵权行为的法律责任，维护自身合法权益。

欢迎社会各界人士对侵犯社会科学文献出版社上述权利的侵权行为进行举报。电话：010-59367121，电子邮箱：fawubu@ssap.cn。

社会科学文献出版社